市县国土空间总体规划重点问题研究

◎ 程茂吉 袁 秀 韩四阳 张 彦 王媛媛 著

东南大学出版社
·南京·

图书在版编目(CIP)数据

市县国土空间总体规划重点问题研究 / 程茂吉等著. 南京：东南大学出版社, 2025.7. -- ISBN 978-7-5766-2207-2

Ⅰ. F129.9

中国国家版本馆CIP数据核字第2025KV7884号

责任编辑：许 进 责任校对：张万莹 封面设计：王 玥 责任印制：周荣虎

市县国土空间总体规划重点问题研究
Shixian Guotu Kongjian Zongti Guihua Zhongdian Wenti Yanjiu

著　　者	程茂吉　袁　秀　韩四阳　张　彦　王媛媛
出版发行	东南大学出版社
出 版 人	白云飞
社　　址	南京四牌楼2号　邮编：210096
网　　址	http://www.seupress.com
电子邮件	press@seupress.com
经　　销	全国各地新华书店
印　　刷	广东虎彩云印刷有限公司
开　　本	787毫米×1092毫米　1/16
印　　张	23
字　　数	520千
版　　次	2025年7月第1版
印　　次	2025年7月第1次印刷
书　　号	ISBN 978-7-5766-2207-2
定　　价	198.00元

本社图书若有印装质量问题，请直接与营销部联系。电话(传真)：025-83791830

序言

　　国土空间总体规划编制工作从2019年开始启动，大致经历了三个阶段：第一阶段是2019—2020年，各地的"省—市—区县—乡镇"多层级编制工作同步部署，与此同时，国家和地方各种关于国土空间规划编制的新标准陆续出台，从征求意见稿到暂行稿、试行稿再到报批稿层出不穷。第二阶段是2020—2022年，"三区三线"划定阶段。自2020年下半年开始，"三区三线"划定成为国土空间规划工作的重点，划定工作经历了试划、试点到划定的不同阶段，直到2022年10月，按照全国统一规则完成"三区三线"划定工作。第三阶段是2022年至今，规划成果完善和报审阶段。2022年10月，自然资源部明确了除报国务院审批的省级、市级总体规划成果之外，其他市级、县级总体规划应于2023年6月底之前完成审批工作。截至2024年12月，全国市县级国土空间总体规划均已编制完成，基本完成报批工作。

　　2022年1月，由南京市规划设计研究院有限责任公司编著的《市县国土空间总体规划》一书，将市县国土空间总体规划的编制流程、编制内容进行概括总结，初步形成了针对市县国土空间总体规划编制的教材，解决了市县国土空间总体规划基本内容框架问题。由于该书写作时国土空间规划编制尚处于实践探索阶段，面临着编制规则、编制深度等诸多不确定性，与此同时，各种政策和技术指南变化快，内容更新多，很多编制要求到编制中后期才出台，比如基数转换怎么转、"三区三线"具体如何划定、市县域总图如何表达等等，因此该书撰写时很多编制的重点问题没有说透。在编制过程中，作者深切体会到相关土地管理政策对规划编制有着重要影响，几十年来形成的基于不同治理目标的统计口径和管理体制，给国土空间规划进行自然资源要素保护统筹协调提出了更大挑战。为此，本书重点设置了几个章节对相关管理制度、自然资源调查统计管理制度的差异进行了解读。此外，规划编制中的一些重点技术问题需要更加深入准确的解读，以及成果报批和数据库建设等其他方面的规定、要求、政策不断更新，这些重点、难点问题有必要及时总结出来与大家讨论交流。

　　本书共分为10章。第一章规划底图底数，重点介绍了土地调查制度、"三调"以及基数转换的要求，解释了国土空间规划底图底数的准确要求。第二章自然资源调查口径及保护规划，总结了不同口径下林地、湿地、水域、城乡绿地等自然资源的主要差异并进行了矛盾分析，以南京市为例，介绍了在分类资源口径衔接方面的探索与衔接举措。第三章国土空间规划相关管理政策，依次介绍了耕地、永久基本农田、建设用地审批、城乡建设用地增减挂钩、工矿废弃地复垦等相关管理政策，这些管理政策对国土空间的保护和利用提出了具体要求，而国土空间规划则需要将这些要求落实到具体的空间布局中，以实现国土空间的合理利用和有效保护。第四章"三线"统筹划定，主要阐述了"三线"划定的主要历程、理论技术基础，对具体如何划定"三线"进行指导，并提出了现行"三线"划定潜在的问题及优化思路。第五章人口和建设用地规模，人口方面重点考虑城市的发展需求和资源环境承载能力两方面影响因素进行城市人口规模预测，指出城市人口规模的重要作用及规划引导；建设用地规模方面，主要阐述了建设用地指标的内涵及管理制度、建设用地规模预测及管理思路。第六章市县域空间规划总图表达，详细阐述了原城市总体规划和土地利用总体规划市域总图表达的优缺点，明确了市级国土空间总体规划市域土地使用规划总图的作用定位，对市县域土地使用规划总图以及中心城区空间规划总体如何表达进行了详解。第七章"三线"管控制度，就耕地和永久基本农田、生态保护红线、城镇开发边界的管控制度进行了详细讲解。第八章市县国土空间总体规划传导，阐述了总体规划传导的政策要求及传导方式，明确了"市—县（区）"两级规划以及总体规划对专项规划的传导思路、传导方式等。第九章规划成果数据库，阐述了规划数据库的作用、建设标准以及汇交要求，讲解了如何进行数据库建设实践，并提出了数据库建设的思考。第十章规划成果和规划报批，介绍了市县国土空间总体规划审查报批的程序以及报批成果的主要内容。

　　本书主要结合南京市规划和自然资源局组织编制的《南京市国土空间总体规划（2021—2035年）》和其他部分市县国土空间总体规划编制工作编写，得到了南京市规划和自然资源局何流局长、郑晓华副局长，罗海明分局局长，赵勇处长，赵华佳书记，季菲菲，宋蔚副处长和刘小庆等同志的指导。在南京市国土空间总体规划编制过程中的时任南京市规划和自然资源局局长叶斌、副局长徐明尧也给予很多指导，有些技术思路来源于本次南京市国土空间总体规划联合编制团队的其他设计单位成员。编写中引用了许多南京市国土空间总体规划专题研究、专项规划和区国土空间总体规划成果,参考了许多国内外专业书刊和文献,丰富了本书的内容,对此深表谢意。

本书由南京市规划设计研究院有限责任公司程茂吉拟定框架,各章编写者分别为:第一章袁秀、韩四阳,第二章张彦、程茂吉,第三章袁秀,第四、第五、第六章程茂吉,第七章袁秀,第八章王媛媛、程茂吉、袁秀,第九章、第十章韩四阳,全书由程茂吉统稿和定稿。本书部分内容也吸收了南京市规划设计研究院有限责任公司汪毅副总规划师、陶修华副总规划师的有关项目成果和南京市城市规划编制研究中心沈洁书记、宋晶晶高级规划师有关规划传导方面的研究成果。在本书编写过程中,本书责编在书的结构和选材方面做了大量工作,并提出了许多有益的建议,特表示感谢。

国土空间规划是一门相对新兴的综合性学科,其学科的研究内容非常广泛,市县国土空间总体规划是国土空间规划体系中的重要组成部分。由于著者水平有限,书中的缺点、不足在所难免,敬请广大读者批评指正。

目录

第一章 规划底图底数 ……………………… 001

1.1 土地调查制度 ………………………………… 001
 1.1.1 土地调查的基本内容 …………………… 001
 1.1.2 土地调查类型 …………………………… 001
 1.1.3 土地调查的组织实施 …………………… 002
 1.1.4 土地调查成果 …………………………… 002
 1.1.5 土地调查分类 …………………………… 003

1.2 "三调" ………………………………………… 005
 1.2.1 "三调"基本内涵 ………………………… 005
 1.2.2 "三调"对象和内容 ……………………… 006
 1.2.3 "三调"主要数据成果 …………………… 006

1.3 基数转换 ……………………………………… 007
 1.3.1 "三调"工作分类与国土空间规划用途分类衔接 ……………………………… 007
 1.3.2 "三调"用地分类的细化工作 …………… 008
 1.3.3 规划管理数据转换 ……………………… 009
 1.3.4 国土空间功能结构调整表 ……………… 011
 1.3.5 基数转换地方实践——以南京市为例 …… 014

1.4 市县国土空间总体规划底图底数 …………… 032

第二章 自然资源调查口径及保护规划 ………… 037

2.1 林地 …………………………………………… 037
 2.1.1 "三调"数据启用前林地定义 …………… 038
 2.1.2 "三调"的林地定义 ……………………… 040
 2.1.3 衔接"三调"的2021版《林地分类》 …… 040
 2.1.4 主要差异和矛盾分析 …………………… 042
 2.1.5 市县国土空间总体规划有关林地规划要求 ……………………………………… 047

2.2 湿地 ··· 051
2.2.1 "三调"启用前湿地的定义 ·· 051
2.2.2 基于"三调"的湿地定义 ··· 054
2.2.3 主要差异和矛盾分析 ··· 054
2.2.4 市县国土空间总体规划有关湿地保护要求 ······················· 057

2.3 水域 ··· 059
2.3.1 "三调"数据启用前水域的定义 ······································ 060
2.3.2 基于"三调"的水域定义 ··· 061
2.3.3 主要差异和矛盾分析 ··· 062
2.3.4 市县国土空间总体规划有关水域面积保护要求 ·················· 064

2.4 城乡绿地 ··· 067
2.4.1 "三调"启用前绿地定义 ··· 067
2.4.2 基于"三调"的绿地定义 ··· 072
2.4.3 主要差异 ·· 072
2.4.4 市县国土空间总体规划中绿地规划相关内容 ····················· 073

第三章 国土空间规划相关管理政策 ·· 077

3.1 耕地 ··· 077
3.1.1 耕地与耕地类型概述 ·· 077
3.1.2 耕地的数量与质量 ·· 077
3.1.3 高标准农田 ··· 079
3.1.4 耕地占补平衡制度 ·· 082
3.1.5 耕地进出平衡制度 ·· 087

3.2 永久基本农田 ··· 090
3.2.1 永久基本农田基本概念 ·· 090
3.2.2 永久基本农田划定范围 ·· 091
3.2.3 永久基本农田储备区 ··· 091
3.2.4 永久基本农田管理 ·· 093

3.3 建设用地审批 ··· 095
3.3.1 建设用地审批类型 ·· 095
3.3.2 建设用地审批层级 ·· 095

3.4 审批环节：征地报批、征地、供地、登记 ································ 096
3.4.1 征地前期工作 ··· 096

  3.4.2　征地报批 097
  3.4.3　征地公告并组织实施 097
  3.4.4　土地供应 097
  3.4.5　土地登记 098
 3.5　城乡建设用地增减挂钩 098
  3.5.1　基本概念 098
  3.5.2　发展历程 098
  3.5.3　增减挂钩项目类型 099
  3.5.4　地方实践 100
 3.6　工矿废弃地复垦 101
  3.6.1　基本概念 101
  3.6.2　历史遗留工矿废弃地复垦利用的由来 102
  3.6.3　历史遗留工矿废弃地复垦利用主体 102
  3.6.4　历史遗留工矿废弃地复垦利用指标管理 102
  3.6.5　工矿废弃地复垦案例——矿山宕口蝶变"桃花源" 102
 3.7　报批方式 104
  3.7.1　报批分类 104
  3.7.2　用地审批工作开展概述 104

第四章　"三线"统筹划定　107

 4.1　"三线"统筹划定的主要历程 107
  4.1.1　国土空间规划体系改革前的试点 108
  4.1.2　"三线"各地自主试划阶段 109
  4.1.3　国家统一规则下的"三线"划定阶段 113
 4.2　"三线"划定的理论技术基础 117
  4.2.1　基本理念：贯彻落实总体国家安全观 118
  4.2.2　治理体系：我国一、二级土地发展权分置的空间治理模式 119
  4.2.3　技术支撑：以"双评价"分析城市空间保护开发适宜性 122
 4.3　耕地保护任务和永久基本农田划定 123
 4.4　生态保护红线划定 126
 4.5　城镇开发边界划定 130
 4.6　现行"三线"划定潜在的问题及优化思路 133
  4.6.1　"双评价"等技术支撑的科学性问题 134

4.6.2 保护责任分解和空间发展权分配的地区差异问题 135
4.6.3 纳入保护目标的耕地和永久基本农田破碎化 137
4.6.4 规划新城新区城镇建设空间的破碎化 137

第五章 人口和建设用地规模 140

5.1 城市人口规模 140
    5.1.1 常住人口规模预测 141
    5.1.2 城市服务人口预测 145
    5.1.3 城市人口规模的重要作用 146
    5.1.4 城市人口规模规划引导 147

5.2 建设用地的构成及概念 149
    5.2.1 建设用地 149
    5.2.2 城乡建设用地与城镇建设用地 150
    5.2.3 区域基础设施用地 155

5.3 建设用地规模预测 155
    5.3.1 规划建设用地指标及管理 155
    5.3.2 建设用地规模预测 156
    5.3.3 新增建设用地规模管理思路 159

第六章 市县域空间规划总图表达 161

6.1 原城市总体规划和土地利用总体规划市域总图表达 161
    6.1.1 原城市总体规划市域用途规划总图 161
    6.1.2 原土地利用总体规划市域土地使用规划总图 164

6.2 市级国土空间总体规划市域土地使用规划总图的作用定位 166
    6.2.1 市级国土空间总体规划最基础的空间蓝图 166
    6.2.2 主要界定集中建设与非集中建设空间分区 166
    6.2.3 与市级政府国土空间管理事权相适应 167
    6.2.4 统筹各类专项规划和传导下位规划 167

6.3 市县域土地使用规划总图的表达原则 168
    6.3.1 遵守和落实"三区三线"底线管控要求 168
    6.3.2 落实空间分区到土地使用地类传导要求 169
    6.3.3 衔接管理需要细分空间规划分区 170

6.4 市县域土地使用规划总图的表达 173

####### 6.4.1 市县域土地使用规划分区 173
####### 6.4.2 各类土地使用规划分区 176
####### 6.4.3 线性基础设施的多种表达方式 182
####### 6.4.4 城镇开发边界外零星规划建设用地表达 184
6.5 中心城区空间规划总图 188
6.6 项目清单：特殊的规划预控方式 194

第七章 "三线"管控制度 196

7.1 耕地和永久基本农田 196
####### 7.1.1 耕地用途管制 196
####### 7.1.2 永久基本农田特殊保护 198
####### 7.1.3 永久基本农田保护红线调整 209
7.2 生态保护红线 211
####### 7.2.1 生态保护红线差异化用途管控 212
####### 7.2.2 严格项目占用生态红线审批 214
####### 7.2.3 重大建设项目占用生态保护红线不可避让论证程序
———以XX省为例 216
####### 7.2.4 生态保护红线调整 218
####### 7.2.5 生态保护红线管控措施探索 219
7.3 城镇开发边界 220
####### 7.3.1 以往建设用地空间管制思路 220
####### 7.3.2 城镇开发边界管控主要内容 222
####### 7.3.3 城镇开发边界调整 224
####### 7.3.4 城镇开发边界全生命周期管理 224
####### 7.3.5 城镇开发边界管理地方细化探索 225

第八章 市县国土空间总体规划传导 229

8.1 规划传导的内涵和重要作用 229
####### 8.1.1 规划传导内涵 229
####### 8.1.2 规划传导重要作用 230
8.2 规划传导既有实践经验 232
####### 8.2.1 原相关规划的做法 232
####### 8.2.2 已批国土空间总体规划的城市经验 234

8.2.3　首轮国土空间总体规划相关城市做法 ………………………… 241
　　8.2.4　国际经验 ………………………………………………………… 249
8.3　规划传导的总体思路 …………………………………………………… 253
　　8.3.1　对应事权的分层传导 …………………………………………… 253
　　8.3.2　因地制宜的分区传导 …………………………………………… 254
　　8.3.3　适应动态平衡的传导尺度 ……………………………………… 254
8.4　市级国土空间总体规划—县区级国土空间总体规划传导 …………… 255
　　8.4.1　市级国土空间总体规划—县区级国土空间总体规划的传导体系 … 255
　　8.4.2　市级国土空间总体规划—县区级国土空间总体规划传导内容和
　　　　　方式 ………………………………………………………………… 257

第九章　规划成果数据库 …………………………………………………… 274

9.1　规划成果数据库定位 …………………………………………………… 274
　　9.1.1　数据库发展历程 ………………………………………………… 274
　　9.1.2　数据库定位与作用 ……………………………………………… 277
9.2　数据库建设标准 ………………………………………………………… 279
　　9.2.1　数据基础 ………………………………………………………… 279
　　9.2.2　数据库内容 ……………………………………………………… 283
　　9.2.3　要素分类与编码 ………………………………………………… 284
　　9.2.4　空间要素组织管理 ……………………………………………… 285
　　9.2.5　非空间要素组织管理 …………………………………………… 289
　　9.2.6　数据库属性代码值 ……………………………………………… 293
9.3　数据库汇交要求 ………………………………………………………… 294
　　9.3.1　总体要求 ………………………………………………………… 294
　　9.3.2　数据内容、格式和命名要求 …………………………………… 296
　　9.3.3　成果数据组织形式 ……………………………………………… 296
　　9.3.4　数据质量要求 …………………………………………………… 296
9.4　数据库建设实践 ………………………………………………………… 302
　　9.4.1　软件准备 ………………………………………………………… 302
　　9.4.2　数据准备 ………………………………………………………… 302
　　9.4.3　数据建库 ………………………………………………………… 304
　　9.4.4　数据检查 ………………………………………………………… 308
　　9.4.5　问题处理 ………………………………………………………… 308

9.5　数据库建设思考 ·· 318

第十章　规划成果和规划报批 ·· 320

10.1　规划公示 ··· 320
  10.1.1　公示方式与期限 ··· 320
  10.1.2　公示内容 ·· 321
  10.1.3　公示意见采纳 ·· 324

10.2　规划成果审查 ·· 324
  10.2.1　审查程序 ·· 325
  10.2.2　审查内容 ·· 326

10.3　审查意见修改 ·· 328
  10.3.1　审查意见修改原则 ·· 328
  10.3.2　审查意见修改建议 ·· 329

10.4　报批成果 ··· 335
  10.4.1　规划文本 ·· 335
  10.4.2　规划说明 ·· 340
  10.4.3　有关材料 ·· 342
  10.4.4　规划环境影响评价 ·· 342
  10.4.5　承诺事项落实 ·· 344
  10.4.6　规划成果数据库 ··· 344

主要参考文献 ··· 351

1.1 土地调查制度

土地调查是指对土地的地类、位置、面积、分布等自然属性和土地权属等社会属性及其变化情况，以及永久基本农田状况进行的调查、监测、统计、分析的活动。

1984年至1996年，我国开展了第一次全国土地利用现状调查。自《中华人民共和国土地管理法》（简称《土地管理法》）于1986年6月25日颁布，土地调查制度由此在法律层面予以确立。根据《土地管理法》，国务院和国土资源部（现为"自然资源部"）分别制定《土地调查条例》和《土地调查条例实施办法》，对土地调查制度进一步细化。为保持其成果的现势性，从1996年起我国每年组织开展一次土地变更调查工作。2007年7月1日启动第二次全国土地调查。

1.1.1 土地调查的基本内容

1. 土地调查内容

土地调查包括下列内容：① 土地利用现状及变化情况，包括地类、位置、面积、分布等状况。进行土地利用现状及变化情况调查时，应当重点调查基本农田现状及变化情况，包括基本农田的数量、分布和保护状况。② 土地权属及变化情况，包括土地的所有权和使用权状况。③ 土地条件，包括土地的自然条件、社会经济条件等状况。

2. 土地调查方法及标准

土地调查综合运用实地调查统计、遥感监测等手段。同时土地调查应当执行国家统一的土地利用现状分类标准和技术规程，保证土地调查数据的统一性和准确性。

1.1.2 土地调查类型

1. 全国土地调查

国家根据国民经济和社会发展需要，每10年进行一次全国土地调查。全国土地调查包括下列内容：① 土地利用现状及变化情况，包括地类、位置、面积、分布等状况；② 土地权属及变化情况，包括土地的所有权和使用权状况；③ 土地条件，包括土地的自然条件、社会经济条件等状况。进行土地利用现状及变化情况调查时,应当重点调查基本农田现状及变化情况,包括基本农田的数量、分布和保护状况。

2. 土地变更调查

土地变更调查是指在全国土地调查的基础上,根据城乡土地利用现状及权属变化情况,随时进行城镇和村庄地籍变更调查和土地利用变更调查,并定期进行汇总统计。土地变更调查包括下列内容:① 行政和权属界线变化状况;② 土地所有权和使用权变化情况;③ 地类变化情况;④ 永久基本农田位置、数量变化情况;⑤ 自然资源部规定的其他内容。

土地变更调查中的城镇和村庄地籍变更调查,应当根据土地权属等变化情况,以宗地为单位,随时调查,及时变更地籍图件和数据库。土地变更调查中的土地利用变更调查,应当以全国土地调查和上一年度土地变更调查结果为基础,全面查清本年度本行政区域内土地利用状况变化情况,更新土地利用现状图件和土地利用数据库,逐级汇总上报各类土地利用变化数据。

3. 土地专项调查

土地专项调查是指根据自然资源管理需要,在特定范围、特定时间内对特定对象进行的专门调查,包括耕地后备资源调查、土地利用动态遥感监测和勘测定界等。

1.1.3　土地调查的组织实施

1. 全国土地调查

全国土地调查,由国务院全国土地调查领导小组统一组织,自然资源部会同有关部门在开始前一年度拟订全国土地调查总体方案,报国务院批准后实施。

县级以上人民政府土地调查领导小组遵照要求实施。具体由县级以上地方自然资源主管部门会同同级有关部门,根据全国土地调查总体方案和上级土地调查实施方案的要求,拟定本行政区域的土地调查实施方案,报上一级人民政府自然资源主管部门备案。

2. 土地变更调查

土地变更调查的统一时点为每年12月31日。土地变更调查由自然资源部统一部署,以县级行政区为单位组织实施。县级以上自然资源主管部门应当按照国家统一要求,组织实施土地变更调查,保持调查成果的现势性和准确性。

3. 土地专项调查

土地专项调查由县级以上自然资源主管部门组织实施,专项调查成果报上一级自然资源主管部门备案。

全国性的土地专项调查,由自然资源部组织实施。

1.1.4　土地调查成果

1. 土地调查成果的内容

土地调查成果包括数据成果、图件成果、文字成果和数据库成果。

① 土地调查数据成果,包括各类土地分类面积数据、不同权属性质面积数据、基本农田面积数据和耕地坡度分级面积数据等。

② 土地调查图件成果,包括土地利用现状图、地籍图、宗地图、永久基本农田分布图、耕地坡度分级专题图等。

③ 土地调查文字成果,包括土地调查工作报告、技术报告、成果分析报告和其他专题报告等。

④ 土地调查数据库成果,包括土地利用数据库和地籍数据库等。

2. 成果的汇交汇总统计制度

土地调查成果实行逐级汇交、汇总统计制度。土地调查数据的处理和上报应当按照全国土地调查总体方案和有关标准进行。

1.1.5 土地调查分类

土地利用类型是根据土地利用的地域差异划分的,是反映土地用途、性质及其分布规律的基本地域单位。土地调查分类参照《土地利用现状分类》(GB/T 21010—2017)标准,采用一级、二级两个层次的分类体系,其中一级类包括12大类。土地利用现状分类与《土地管理法》"三大类"对照如表1-1:

表1-1　土地利用现状调查分类表

类型	一级类	二级类
农用地	耕地	水田
		水浇地
		旱地
	园地	果园
		茶园
		橡胶园
		其他园地
	林地	乔木林地
		竹林地
		红树林地
		森林沼泽
		灌木林地
		灌丛沼泽
		其他林地
	草地	天然牧草地
		沼泽草地
		人工牧草地

续表

类型	一级类	二级类
农用地	交通运输用地	农村道路
	水域及水利设施用地	水库水面
		坑塘水面
		沟渠
	其他土地	设施农用地
		田坎
建设用地	商服用地	零售商业用地
		批发市场用地
		餐饮用地
		旅馆用地
		商务金融用地
		娱乐用地
		其他商服用地
	工矿仓储用地	工业用地
		采矿用地
		盐田
		仓储用地
	住宅用地	城镇住宅用地
		农村宅基地
	公共管理与公共服务用地	机关团体用地
		新闻出版用地
		教育用地
		科研用地
		医疗卫生用地
		社会福利用地
		文化设施用地
		体育用地
		公用设施用地
		公园与绿地
	特殊用地	军事设施用地
		使领馆用地

续表

类型	一级类	二级类
建设用地	特殊用地	监教场所用地
		宗教用地
		殡葬用地
		风景名胜设施用地
	交通运输用地	铁路用地
		轨道交通用地
		公路用地
		城镇村道路用地
		交通服务场站用地
		机场用地
		港口码头用地
		管道运输用地
	水域及水利设施用地	水工建筑用地
	其他土地	空闲地
未利用地	草地	其他草地
	水域及水利设施用地	河流水面
		湖泊水面
		沿海滩涂
		内陆滩涂
		沼泽地
		冰川及永久积雪
	其他土地	盐碱地
		沙地
		裸土地
		裸岩石砾地

1.2 "三调"

1.2.1 "三调"基本内涵

根据《土地管理法》《土地调查条例》有关规定,国务院决定自2017年起开展第三次全国土地调查。2018年8月29日,根据国家机构改革的需要,国务院决定,第三次全国土地调查调整为第三次全国国土调查,简称"三调"。

依据《土地利用现状分类》(GB/T 21010—2017)、《第三次全国国土调查技术规程》(TD/T 1055—2019)及相关规定,秉承"所见即所得"原则,"三调"坚持按实地现状认定地类,反映调查时点的土地利用现状。也就是说,现场看到地里种上粮食就调查为耕地,看到种上树木就调查为林地,种的是果树就调查为园地,盖了房子就调查为建设用地,而不去管这块地种树木、盖房子是不是经过批准。

在土地分类上,采用"第三次全国国土调查工作分类",对部分地类进行了归并或细化,共分为湿地、耕地、种植园用地、林地、草地、商业服务业用地、工矿用地、住宅用地、公共管理与公共服务用地、特殊用地、交通运输用地、水域及水利设施用地、其他用地13个一级类。

1.2.2 "三调"对象和内容

第三次全国国土调查的对象是我国陆地国土,调查内容为:

① 土地利用现状调查。包括农村土地利用现状调查和城市、建制镇、村庄内部土地利用现状调查,查清全国城乡各类土地的分布和利用状况。

② 土地权属调查。将城镇国有建设用地范围外已完成的集体土地所有权确权登记和国有土地使用权登记成果落实在国土调查成果中,对发生变化的土地开展补充调查。

③ 专项用地调查与评价。主要包括耕地细化调查、已审批未建设的建设用地调查、永久基本农田调查、耕地质量等级调查评价和耕地分等定级调查评价。

④ 国土调查数据库建设。包括建立国家、省、地、县四级国土调查数据库,建立各级国土调查数据分析与共享服务平台。

⑤ 成果汇总。主要包括数据汇总、成果分析以及数据成果制作与图件编制等工作。

1.2.3 "三调"主要数据成果

"三调"以2019年12月31日为标准时点,全面采用优于1 m分辨率的卫星遥感影像制作调查底图,应用移动互联网、云计算、无人机等新技术,创新运用"互联网+调查"机制,历时3年,汇集了2.95亿个调查图斑数据,全面查清了全国国土利用状况,建立了覆盖国家、省、地、县四级的国土调查数据库,全面掌握了全国主要地类数据。

2021年8月,国务院第三次全国国土调查领导小组办公室、自然资源部、国家统计局发布《第三次全国国土调查主要数据公报》。数据显示,我国耕地面积约19.18亿亩,园地约3.03亿亩,林地约42.62亿亩,草地约39.68亿亩,湿地约3.52亿亩(表1-2)。数据还显示,10年间,生态功能较强的林地、草地、湿地,以及水域及水利设施用地中的河流水面、湖泊水面等地类合计增加了2.6亿亩,可以看出我国生态建设取得积极成效。

表1-2 "三调"全国主要地类数据统计

主要地类	面积	
	万hm²	亿亩
耕地	12 786.19	19.18
园地	2 017.16	3.03
林地	28 412.59	42.62
草地	26 453.01	39.68
湿地	2 346.93	3.52
城镇村及工矿用地	3 530.64	5.30
交通运输用地	955.31	1.43
水域及水利设施用地	3 628.79	5.44

1.3 基数转换

"三调"成果是国土空间规划现状的基础性依据，国土空间规划用途分类应与"三调"工作分类充分对接、有机衔接[1]。2021年5月，自然资源部办公厅印发《自然资源部办公厅关于规范和统一市县国土空间规划现状基数的通知》（简称《通知》），为基数转换明确了具体规则。《通知》明确了两方面具体工作：一是"三调"工作地类与用地用海地类标准之间的转换；二是对"三调"中未能反映的规划管理系列信息进行转换。

1.3.1 "三调"工作分类与国土空间规划用途分类衔接

"三调"工作分类与《国土空间调查、规划、用途管制用地用海分类指南》（自然资发〔2023〕234号）用地分类存在"一对一""多对一""一对多"之间的地类转换关系（表1-3）。

表1-3 "三调"工作分类与国土空间规划用途分类衔接一览表

国土空间规划一级分类名称	"三调"工作分类名称
01耕地	水田、水浇地、旱地
02园地	果园、茶园、橡胶园、其他园地
03林地	乔木林地、竹林地、灌木林地、其他林地
04草地	天然牧草地、人工牧草地、其他草地
05湿地	红树林地、森林沼泽、灌丛沼泽、沼泽草地、沼泽地、沿海滩涂、内陆滩涂

---

[1] 冯银静，苏墨，廖琦，等.三调视野下的自然资源调查探索与思考[J].中国国土资源经济，2020，33（3）：50.

续表

国土空间规划一级分类名称	"三调"工作分类名称
06 农业设施建设用地	农村道路、设施农用地
07 居住用地	城镇住宅用地、农村宅基地（另含商业服务业设施用地和科教文卫用地中的城镇社区、农村社区层面的服务设施用地）
08 公共管理与公共服务用地	机关团体新闻出版用地、科教文卫用地（不含城镇社区、农村社区层面的科教文卫设施用地）
09 商业服务业用地	商业服务业设施用地（不含城镇社区、农村社区层面的商业服务业用地）
10 工矿用地	工业用地、采矿用地、盐田
11 仓储用地	物流仓储用地
12 交通运输用地	铁路用地、轨道交通用地、公路用地、城镇村道路用地、交通服务场站用地、机场用地、港口码头用地、管道运输用地
13 公用设施用地	公用设施用地、水工建筑用地
14 绿地与开敞空间用地	公园与绿地
15 特殊用地	特殊用地
16 留白用地	—
17 陆地水域	河流水面、湖泊水面、水库水面、坑塘水面、沟渠（不含干渠）、冰川及永久积雪
18 渔业用海	—
19 工矿通信用海	—
20 交通运输用海	—
21 游憩用海	—
22 特殊用海	—
23 其他土地	空闲地、其他草地（后备耕地）、田坎、盐碱地、沙地、裸土地、裸岩石砾地
24 其他海域	—

1.3.2 "三调"用地分类的细化工作

① 对于上述地类转换涉及"一对多"，即"三调"工作地类对应国土空间规划两个或两个以上分类的，需要开展用地分类细化工作，如应将"三调"中的商业服务业设施用地和科教文卫用地中服务城镇社区、农村社区的商业服务业设施用地和科教文卫用地，归并至居住用地。其他草地根据其可用于开发补充耕地细分为后备耕地，并归并至其他土地。

② 除上述地类之间的转换外，应根据需要开展补充调查，尤其是涉及县（市、区）中心城区层面的规划，应充分应用地形图和城乡规划已有的基础，结合外业补充调查，将"三调"数据进行细分：

其他园地细分为油料园地和其他园地；

科教文卫用地细分为科研用地、文化用地、教育用地、体育用地、医疗卫生用地、社会福利用地；

商业服务业设施用地细分为商业用地、商务金融用地、娱乐用地、其他商业服务业用地；

工业用地细分为一类工业用地、二类工业用地、三类工业用地；

物流仓储用地细分为一类物流仓储用地、二类物流仓储用地和三类物流仓储用地；

公用设施用地细分为供水用地、排水用地、供电用地、供燃气用地、供热用地、通信用地、邮政用地、广播电视设施用地、环卫用地、消防用地、其他公用设施用地；

公园与绿地细分为公园绿地、防护绿地和广场用地；

铁路用地细分为铁路用地、交通场站用地，港口码头用地细分为港口码头用地、交通场站用地；

交通服务场站用地细分为交通场站用地和其他交通设施用地；

特殊用地细分为军事设施用地、使领馆用地、宗教用地、文物古迹用地、监教场所用地、殡葬用地和其他特殊用地[①]。

1.3.3 规划管理数据转换

由于"三调"的原则是所见即所得，因此调查成果对规划审批信息和不动产登记信息反映不全，产生很多现状用地不准确的问题，主要表现为几个方面：

一是已批未建用地，规划基期年以前已办理建设用地审批手续或拥有产权登记证明，"三调"时被调查为非建设用地的情形（图1-1）。

图1-1 已批未建用地被调查为林地等非建设用地案例
资料来源：《南京市国土空间总体规划（2021—2035年）》

二是存量建设用地，因低效用地二次开发、原拆原建或集体土地预征以及采矿用地复耕复绿等而先行拆除，"三调"时被调查为非建设用地的地块。

---

① 程茂吉,陶修华.市县国土空间总体规划[M].南京：东南大学出版社,2022.

例如，某机场用地，"三调"按"所见即所得"原则将其调查为其他草地，实际为国有建设用地二次开发利用，2018年变更调查为机场用地，且规划用途为建设用地（图1-2）。

现状影像图　　　　　　　　"三调"成果　　　　　　　　2018年变更调查成果

图1-2　现状国有建设用地被调查为园地、林地等案例
资料来源：《南京市国土空间总体规划（2021—2035年）》

例如，某矿山宕口复绿，"三调"按"所见即所得"原则将其调查为其他草地、其他林地等，2018年变更调查为风景名胜及特殊用地，且有规划建设用途（图1-3）。

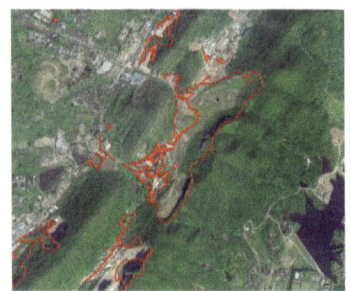  

现状影像图　　　　　　　　"三调"成果　　　　　　　　2018年变更调查成果

图1-3　风景名胜区用地被调查为园地、林地等案例
资料来源：《南京市国土空间总体规划（2021—2035年）》

三是绿地与广场用地，现状为在建设范围内，"三调"时被调查为林地、草地等其他地类的地块。例如，某规划公园绿地，"三调"按"所见即所得"原则将其调查为其他园地，城乡用地现状为公园绿地，且规划用途为公园绿地（图1-4）。

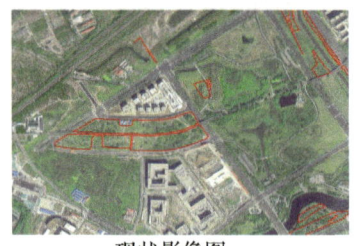  

现状影像图　　　　　　　　"三调"成果　　　　　　　　城乡规划现状图

图1-4　城市公园用地被调查为园地、林地等案例
资料来源：《南京市国土空间总体规划（2021—2035年）》

《通知》明确，规划现状基数矢量图斑和矢量成果专项用于国土空间规划编制，经审核后纳入国土空间规划"一张图"，不得更改"三调"成果数据，不得通过基数转换擅自将违法用地、用海合法化。但"三调"主要基于"所见即所得"原则反映土地利用现状，缺乏与规划管理数据的衔接，服务于国土空间规划编制仍有局限。

为进一步规范和统一国土空间规划现状基数，尊重建设用地合法权益，在符合相关政策要求和规划管理规定的前提下，对已审批未建设的用地、未审批已建设的用地、已拆除建筑物或构筑物的原建设用地、已审批未建设的用海、未确权用海等五种情形，按照《通知》给出的处理规则分类进行转换，以使国土调查成果反映规划管理的合理性（表1-4）。

表1-4 规划现状基数分类转换规则

类别	具体情形	处理规则	"三调"地类情况
已审批未建设的用地	①已完成农转用审批手续（含增减挂钩建新用地手续），但尚未供地的	按照农转用审批范围和用途认定为建设用地	"三调"为非建设用地
	②已办理供地手续，但尚未办理土地使用权登记的	按土地出让合同或划拨决定书的范围和用途认定为建设用地	
	③已办理土地使用权登记的	按登记的范围和用途认定为建设用地	
未审批已建设的用地	"二调"以来新增的未审批已建设的用地（"二调"为非建设用地）	2020年1月1日以来已补办用地手续的，按照"三调"地类认定，其余按照"二调"地类认定	"三调"为建设用地
已拆除建筑物或构筑物的原建设用地	因低效用地再开发、原拆原建、矿山关闭后再利用等已先行拆除的	"二调"或年度变更调查结果为建设用地且合法的（取得合法审批手续或1999年以前调查为建设用地的），按照拆除前地类认定	"三调"为非建设用地
已审批未建设的用海	已取得用海批文或办理海域使用权登记的，允许继续填海的	按照用海批文或登记的范围和用途认定（用途为建设用地的认定为建设用地，用途为农用地的认定为农用地）	位于0 m线之上，"三调"为非建设用地
未确权用海	围填海历史遗留问题清单中未确权已填海已建设的	按照围填海现状调查图斑范围和报自然资源部备案的省级人民政府围填海历史遗留问题处置方案认定（处置意见为拆除的，按照填海前分类认定；处置意见为保留的，按照"三调"地类认定）	位于0 m线之上，"三调"为建设用地

1.3.4 国土空间功能结构调整表

对"三调"数据进行归并、细化，并叠加规划管理数据后，形成国土空间功能结构调整表，详见表1-5：

表1-5 国土空间功能结构调整表

国土空间功能结构调整表		《国土空间调查、规划、用途管制用地用海分类指南》		
		代码	名称	备注
耕地		01	耕地	
园地		02	园地	
林地		03	林地	
草地		04	草地	
湿地		05	湿地	
农业设施建设用地		0601	农村道路	
		0602	设施农用地	
城乡建设用地	城镇用地	07	居住用地	含城中村
		08	公共管理与公共服务用地	
		09	商业服务业用地	
		1001	工业用地	
		11	仓储用地	
		1207	城镇道路用地	
		1208	交通场站用地	
		1209	其他交通设施用地	
		1301—1310,1312	公用设施用地	包括供水用地等11个二级类,不包括水工设施用地
		14	绿地与开敞空间用地	
		16	留白用地	
		2301	空闲地	
			城市、建制镇范围(201、202)内的其他用地	
	村庄用地	07	居住用地	
		08	公共管理与公共服务用地	
		09	商业服务业用地	
		1001	工业用地	
		11	仓储用地	
		1207	城镇村道路用地	村庄范围内的村庄内部道路用地
		1208	交通场站用地	
		1209	其他交通设施用地	
		1301—1310,1312	公用设施用地	包括供水用地等11个二级类,不包括水工设施用地

续表

国土空间功能结构调整表		《国土空间调查、规划、用途管制用地用海分类指南》		
		代码	名称	备注
城乡建设用地	村庄用地	14	绿地与开敞空间用地	
		16	留白用地	
		2301	空闲地	
			村庄范围（203）内的其他用地	
区域基础设施用地		1201	铁路用地	
		1202	公路用地	
		1203	机场用地	
		1204	港口码头用地	
		1205	管道运输用地	
		1206	城市轨道交通用地	
		1311	水工设施用地	
其他建设用地		15	特殊用地	
		1002	采矿用地	
		1003	盐田	
渔业用海		18	渔业用海	
工矿通信用海		19	工矿通信用海	
交通运输用海		20	交通运输用海	
游憩用海		21	游憩用海	
特殊用海		22	特殊用海	
陆地水域		1701	河流水面	
		1702	湖泊水面	
		1703	水库水面	
		1704	坑塘水面	
		1705	沟渠	
		1706	冰川及常年积雪	
其他土地		2302	后备耕地	
		2303	田坎	
		2304	盐碱地	
		2305	沙地	
		2306	裸土地	
		2307	裸岩石砾地	
其他海域		24	其他海域	

备注：建设用地=城乡建设用地+区域基础设施用地+其他建设用地。

1.3.5 基数转换地方实践——以南京市为例

按照部、省关于基数转换规则的相关要求,南京市于2019年下半年开展了国土空间规划现状基数转换工作,总体上分为6个步骤:明确工作要求—梳理基础数据—健全转换规则—筛选转换图斑—开展图斑举证—成果更新汇总。

1. 明确工作要求

① 总体要求:区级自然资源主管部门负责规划现状基数的细化、转换及举证工作。设区市的自然资源部门负责所辖区的现状基数的初审和汇总上报。

② 基数转换规则:包括已审批未建设的用地、用海等五种情形。"三调"成果以2019年12月31日为统一时点,坐标系为2000国家大地坐标系。

③ 成果内容:包括基数转换报告、基数转换汇总表和国土空间功能结构调整表、转换标示图和成果图、基数转换矢量图层和相关证明材料。

④ 审查及备案:以市县国土空间规划编制单元为单位(设区市的市辖区为一个单元,不含单独编制规划的区;县、市和单独编制空间规划的区分别为单元),形成基数转换成果。

2. 梳理基础数据

按照基数转换工作要求,协调国土空间用途管制、自然资源开发利用、国土空间生态修复、自然资源调查监测、不动产登记等业务工作,全面收集整理相关基础数据和规划管理数据。规划现状基数转换包括建设用地及非建设用地多种情形转换,涉及第三次国土调查成果、"二调"及历年变更调查成果等基础本底数据和报批、供地、不动产登记、采矿权等规划管理数据,以及历史影像图、大比例尺地形图、城乡规划现状图等其他辅助数据。

3. 健全转换规则

2021年4月,自然资源部下发的征求意见稿主要围绕已审批未建设的用地,未审批已建设的用地,已拆除建筑物、构筑物的原建设用地和其他情形4类展开。至2021年6月,部省出台正式通知,基数转换主要分为3大类,5小类。

南京市在部省转换规则的基础上进行细化完善,将3大类基数转换类型细化为11种小类,并给出具体说明,提供举证路径,规范举证材料,明确责任处室,形成"南京市国土空间总体规划现状基数转换举证方式及证明材料一览表",进一步指导辖区工作有序开展(表1-6)。

表1-6 南京市国土空间总体规划现状基数转换举证方式及证明材料一览表

类列	类型代码	具体情形	处理规则	说明	举证路径	举证材料	审核责任处室
一、已审批未建设的用地	A	①已完成农转用审批手续的（含增减挂钩、工矿废弃地复垦利用，同一乡镇建新用地手续转新等）	按照农转用批准范围认定为建设用地。用地批复后期撤销、调整及其他转换情形均不得转换为非设用地。相关证工作与2009年以来的闲置用地处置工作相衔接	已办理农转用审批手续的批复而未供地，"三调"为非建设用地	纳入省自然资源"一张图"信息平台的，由分局获取用地批复文件、范围等；未纳入省平台的通过市局至分局获取证明材料（用地批复、范围等）；未报批数据，市局未供地的批复而未供，由分局提供用地批复、范围等	1. 农用地转用等审批文件；2. 与批准用地批准SHP格式地块范围红线；3. 实地照片或遥感影像	管制处、整理征收中心负责，利用处配合
	B	②已办理供地手续，但尚未办理土地使用权登记的	按土地出让合同或划拨决定书[租赁合同，作价出资（入股）文件]或建设用地批准书中的用途和用地范围认定为建设用地	已办理供地手续而未登记的数据，"三调"为非建设用地	纳入省自然资源"一张图"信息平台的，由分局通过市局至分局获取证明材料（供地批复、范围等）；未纳入省平台的通过市局至分局打印相关证明材料（供地批复、范围等）；未报批数据，市局未供地的供而未供，由分局提供供地证明、范围等	1. 提供土地出让合同或划拨决定书[租赁合同，作价出资（入股）文件]或建设用地批准书；2. 与批式地块范围一致的SHP格式地块范围红线；3. 实地照片或遥感影像	利用处
	C	③已办理土地使用权登记（包括登记范围内的绿地、水面等）	按登记的范围和用途认定为建设用地	不动产登记系统中已有土地使用权证	由分局至市局平台获取权属证明、范围等（土地权属证明）	1. 不动产登记权证；2. 与登记范围一致的SHP格式地块范围红线（权属宗地图）；3. 实地照片或遥感影像	登记局、不动产登记中心
				因历史原因，不在不动产登记系统中，但有土地使用权证	由分局提供权属证明等	1. 土地使用权证等相关权属资料；2. 与登记范围一致的SHP格式地块范围红线（权属宗地图）；3. 实地照片或遥感影像	登记局、不动产登记中心

续表

类别	类型代码	具体情形	处理规则	说明	举证路径	举证材料	审核责任处室
二、未审批已建设的用地	D1			完成农转用审批手续（含增减挂钩，工矿废弃地复垦利用、同一乡镇村型创新等）	参考A类转换举证路径		管制处，整理征收中心
	D2			完成供地手续	参考B类转换举证路径		利用处
	D3	2009年"二调"以来新增的未审批已建设用地	应当按照2009年"二调"地类认定；2020年1月1日以来已补办用地手续的，按照"三调"地类认定	完成土地使用权登记（含农房登记）	参考C类转换举证路径	1. 审批文件（批复，用地手续、登记权属证等）；2. 与批准范围一致的SHP格式地块红线；3. 实地照片或遥感影像	登记局，不动产登记中心
	D4			完成采矿权手续	在全国矿业权登记信息及发布系统中的，由分局至相应分局获取证明材料，系统外的由分局提供相应证明材料		修复处
	D5			其他用地情形的结构分析	无需举证		监测处，执法处，信息中心，局、执法支队
三、已拆除建筑物、构筑物的原建设用地	E1	国有已建设用地二次审批开发、原拆原建、矿山关闭后未再利用等已先行拆除的	"二调"或变更调查地且合法审批手续（取得），1999年以前有合法土地（含山、矿），已拆除前用地类认定（已纳入"矿地合，试点，已复垦的，按照"三调"地类认定	国有已建设用地二次开发、集体土地预征收等，历史上调查审批开发或建设用地，1999年以前但不包含在"二调"中的，已审批已建设用地，"三调"为非拆除原建设用地	由分局结合土地利用变更调查、国有存量建设用地、房屋征收开发（补偿方案实施合同等）审批手续及影像历史影像判读	1. 国有存量建设用地二次开发（含原征收、房屋征收）审批文件；2. 与批复范围一致的SHP格式地块共范围红线或图查数据和1999年变更数据；3. "二调"数据，实地照片或历史影像	利用处负责，采矿处配合
	E2			国有拆原建、预征材料（补偿方案公告、决定通知书、征收实施前补偿手续公告、决定、合同等）判读	由分局结合"一调"、"二调"数据（补偿方案实施通知书，征收公告、决定、合同等）判读	1. 原拆原建、预征材料（补偿方案通知书、征收合同等）；2. 与批复范围一致的SHP格式地块共范围红线或图查数据和1999年变更数据；3. "二调"数据，实地照片或历史影像	耕保处、征收中心负责，采测处配合
	E3			国有采矿用地等，历史上调查审批开发或利用的，1999年以前但不包含在"二调"中的，已审批已建设用地，"三调"为非拆除原建设用地	结合土地利用变更调查、历年已验收工矿废弃地复垦项目等影像等比对分析	1. 国有土地使用相关权证许可证或资料；2. 与批复范围一致的SHP格式地块共范围红线或图查数据和1999年变更数据；3. "二调"数据，实地照片或历史影像	修复处负责，采测处配合

4. 筛选转换图斑

数据预处理主要包括"三调"和"二调"数据建设与非建设用地口径的区分、规划管理数据的筛选,以及其他数据的坐标转换等。

(1) 类型一:已审批未建设用地图斑筛选

已审批未建设的用地分为3个小类,将"三调"非建设用地(不闭合口径下的非建设用地)与审批数据进行空间分析,筛选转换图斑。

其中,A类为已办理农转用审批手续的批而未供数据,"三调"为非建设用地的情形。将"三调"非建设用地与报批数据叠加分析,报批数据覆盖的即为A类转换图斑。

B类为已办理供地手续而未登记的数据,"三调"为非建设用地的情形。将报批数据未覆盖的"三调"非建设用地,进一步与供地数据叠加,供地数据覆盖的则为B类转换图斑。

C类为已有土地使用权证,"三调"为非建设用地的情形。将上述无报批和供地信息覆盖的数据与登记数据叠加分析,登记数据覆盖的则为C类转换图斑。

剩余无审批数据覆盖的"三调"非建设用地,进行下一步原拆原建类型判读。

参与A、B、C类图斑筛选的审批数据时间截点为2019年12月31日,审批数据应区分平台优先级和类型优先级。按照数据来源,平台优先级为省平台>市平台>区平台>系统外,数据类型优先级为报批>供地>登记。

(2) 类型二:未审批已建设的用地图斑筛选

D类为2009年"二调"以来新增的未审批已建设的用地,应当按照2009年"二调"地类认定;2020年1月1日以来已补办用地手续的,按照"三调"地类认定。

将"三调"建设用地与"二调"建设用地进行擦除分析,筛选出2009年"二调"以来新增的建设用地,然后与各类审批数据叠加进行核减,无审批数据覆盖的则为"未审批已建设的用地"。

研究发现,在D5类中存在因"二调"和"三调"调查规则变化、地类认定差异、调查精度差异以及审批管理客观因素等而产生的未批已建用地,因此南京市结合"二调"、"三调"和最新的影响图进一步开展内部构成分析,摸清具体情况。

(3) 类型三:已拆除建筑物、构筑物的原建设用地图斑筛选

E类转换是因国有建设用地二次开发、原拆原建、矿山关闭后再利用等已先行拆除的,"二调"或年度变更调查结果为建设用地且合法的(取得合法审批手续或1999年以前调查为建设用地的),按照拆除前地类认定。结合拆除原因,将E类转换细化成3个小类。

5. 开展图斑举证

部省文件对证明材料提出制式要求,主要包括批文扫描件、SHP格式地块范围红线和jpg格式实地照片或遥感影像。

（1）A类案例：已完成农转用审批手续但尚未供地

案例位于雨花台区西善桥街道西寇村。转换图斑"三调"为水浇地、坑塘水面、其他草地等非建设用地；影像图为耕地、沟渠、坑塘水面等。规划基期年以前已办理农转用审批手续，但尚未供地，应按农转用审批范围和用途认定为建设用地（图1-5）。

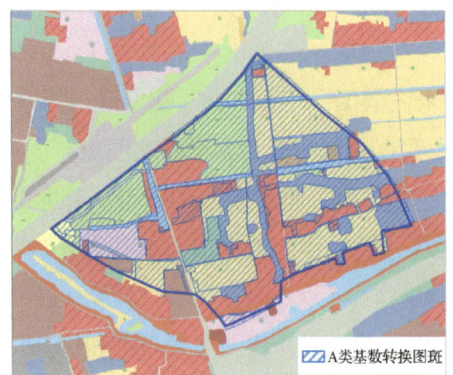
"三调"叠加基数转换图斑

2019年影像图叠加基数转换图斑

2019年影像图叠加征地范围

征地审批文件（省自然资源"一张图"信息平台）

图1-5　A类案例

资料来源：南京市规划和自然资源局等《南京市国土空间总体规划基数转换研究报告》

（2）B类案例：已办理供地手续但尚未登记

案例位于江宁区诚信大道和开源路西北侧。转换图斑"三调"为其他林地、坑塘水面等非建设用地；影像图为工业地块内空闲场地。规划基期年以前已办理供地手续（用途为工业用地），但尚未办理土地使用权登记的，应按土地出让合同或划拨决定书或建设用地批准证书的范围和用途认定为建设用地（图1-6）。

（3）C类案例：已登记未建设

案例位于江宁区将军大道和秣周中路西南侧。转换图斑"三调"为旱地、其他草地、坑塘水面等非建设用地；影像图为大单位工业地块内空闲场地。规划基期年以前已办理土地使用权登记（市登记，登记用途为工业用地），应按登记的范围和用途认定为建设用地（图1-7）。

"三调"叠加基数转换图斑

2019年影像图叠加基数转换图斑

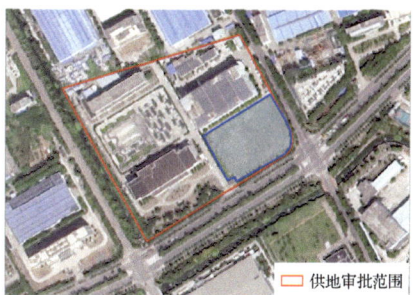
2019年影像图叠加供地范围

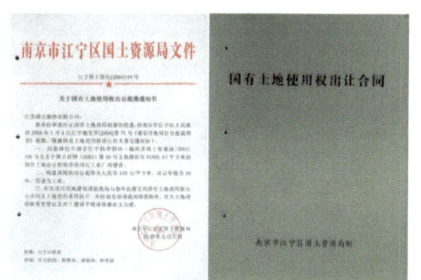
供地审批信息（区自然资源"一张图"信息平台）

图1-6　B类案例

资料来源：南京市规划和自然资源局等《南京市国土空间总体规划基数转换研究报告》

"三调"叠加基数转换图斑

2019年影像图叠加基数转换图斑

2019年影像图叠加不动产登记范围

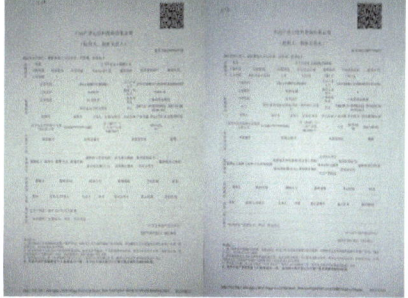
登记信息（区不动产登记信息平台）

图1-7　C类案例

资料来源：南京市规划和自然资源局等《南京市国土空间总体规划基数转换研究报告》

（4）D类案例："二调"以来新增的未审批已建设的用地

①D1类案例："二调"以来新增建设，已报批，不纳入未批已建用地

案例位于玄武区科利华中学（紫金分校）、紫金华府小区周边。转换图斑"二调"为园地，"三调"为城镇住宅用地、商业服务业设施用地、科教文卫用地、交通服务场站用地等建设用地，2019年影像图为城镇住宅用地、交通场站用地、中小学用地等，土地已征收，按照"三调"认定为建设用地（图1-8）。

2009年"二调"（园地）　　2019年"三调"（城镇住宅用地等）　　2019年遥感影像

征地信息

图1-8　D1类案例

资料来源：南京市规划和自然资源局等《南京市国土空间总体规划基数转换研究报告》

②D2类案例："二调"以来新增建设，已供地，不纳入未批已建用地

案例位于江北新区浦滨路西侧，高芯科谷·中科创新广场附近。"二调"为园地，"三调"为商业服务业设施用地，2019年影像图地表有建（构）筑物，已供地，按照"三调"认定为建设用地（图1-9）。

③D3类案例："二调"以来新增建设，已登记，不纳入未批已建用地

案例位于江宁区弘景大道西侧的景枫法兰谷。"二调"为林地、园地，"三调"为城镇住宅用地，2019年影像图为城镇住宅用地，已经登记，按照"三调"认定为建设用地（图1-10）。

④D4类案例："二调"以来新增建设，有合法采矿权，不纳入未批已建用地

案例位于溧水区芳山。"二调"为林地，"三调"为采矿用地，2019年影像图为采矿用地，且具有合法采矿权，不纳入未审批已建设用地（图1-11）。

2009年"二调"（园地）　　2019年"三调"（商业服务业设施用地）　　2019年遥感影像

```
GDID    37b6952e-814e-4b0e-97fa-21c3f5f624fb
GDDWMC  南京中科新达加速器有限公司
HTH     3201112013CR0009
XMPFWH
TDYT    工业研发用地
JSXMMC  兴隆路以北、丰子河路以西工业地块
PZSH    NO.宁浦（2012）GY050号
```

供地信息

图1-9　D2类案例

资料来源：南京市规划和自然资源局等《南京市国土空间总体规划基数转换研究报告》

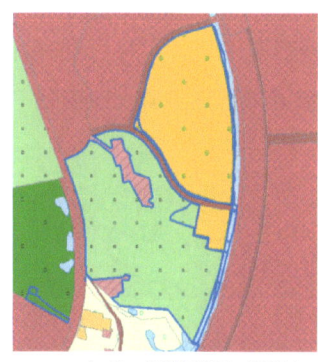 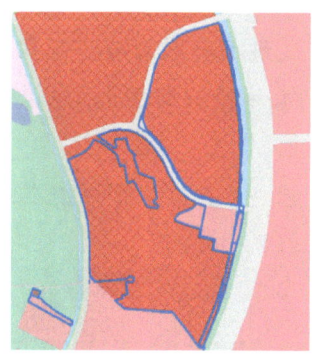 

2009年"二调"（林地、园地）　　2019年"三调"（城镇住宅用地）　　2019年遥感影像

```
是否发证     TD
宗地用途     城镇混合住宅用地,城镇住宅用地
登记用途     城镇住宅用地
行政区       320115
Shape_Leng  1562.528825
Shape_Area  145985.300608
```

登记信息

图1-10　D3类案例

资料来源：南京市规划和自然资源局等《南京市国土空间总体规划基数转换研究报告》

 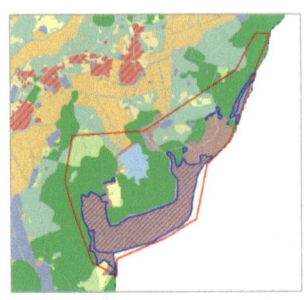 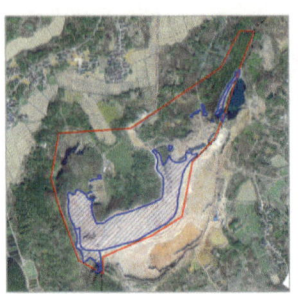

2009年"二调"(林地)　　2019年"三调"(采矿用地)　　2019年遥感影像

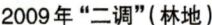

采矿权信息

图1-11　D4类案例

资料来源：南京市规划和自然资源局等《南京市国土空间总体规划基数转换研究报告》

⑤ D5类案例："二调"以来新增建设，无审批数据，纳入未批已建用地

案例位于浦口区南京中联混凝土有限公司。"二调"为水田，"三调"为工业用地，2019年影像图地表有建(构)筑物，未检索到审批信息，纳入未审批已建设用地，按照"二调"地类认定(图1-12)。

2009年"二调"(水田)　　2019年"三调"(工业用地)　　2009年影像图　　2019年影像图

图1-12　D5类案例

资料来源：南京市规划和自然资源局等《南京市国土空间总体规划基数转换研究报告》

⑥ D5内部构成分析

情形1：因"二调"与"三调"调查规则差异而产生的"伪"新增建设用地

类型1-1：两次调查影像图一致，"二调"认定为农村道路，"三调"认定为公路用地。即"二调"为农村道路，"三调"依据国家下发的公路网体系调查为公路用地的情形。

案例1:"三调"公路用地调查规则变化

案例位于江宁区江宁街道星辉社区。"二调"为农村道路(非建设用地),"三调"为公路用地(建设用地),无审批信息,但2009年和2019年影像图显示均为道路,属于调查规则变化导致的情形(图1-13)。

2009年"二调"(农村道路) 　2019年"三调"(公路用地) 　2009年遥感影像 　2019年遥感影像

图1-13　案例1

资料来源:南京市规划和自然资源局等《南京市国土空间总体规划基数转换研究报告》

类型1-2:两次调查影像图一致,"二调"未表达的桥梁、码头。2009年前已建成的桥梁、码头,因两次调查规则差异,"二调"表达为非建设用地,而"三调"表达为建设用地的情形。

案例2:"三调"桥梁调查规则变化

案例位于浦口三桥。"二调"为内陆滩涂(非建设用地),"三调"为公路用地(建设用地),无审批信息,但2009年和2019年影像图显示均为桥梁,属于桥梁调查规则变化导致的情形(图1-14)。

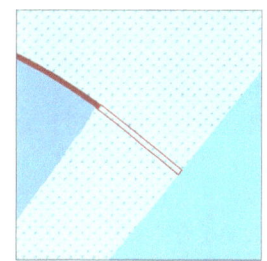 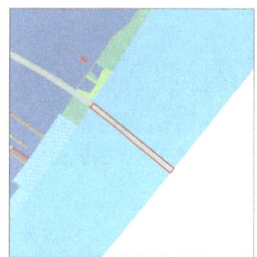  

2009年"二调"(内陆滩涂) 　2019年"三调"(公路用地) 　2009年遥感影像 　2019年遥感影像

图1-14　案例2

资料来源:南京市规划和自然资源局等《南京市国土空间总体规划基数转换研究报告》

类型1-3:两次调查影像图一致,"二调"未表达的森林景区防火通道、内部道路。2009年前森林景区内已建成的防火通道、内部道路等,因两次调查规则差异,"二调"表达为非建设用地,而"三调"表达为建设用地的情形。

案例3:森林防火通道

案例位于浦口老山林场。"二调"为农村道路或林地等(未认定、未表达),"三调"为公路用地(建设用地),无审批信息,但2009年和2019年影像图显示均为道路,属于森林景区防火通道、内部道路的调查规则变化导致的情形（图1-15）。

 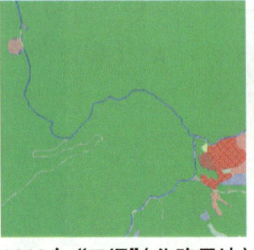  

2009年"二调"（农村道路和林地） 　2019年"三调"（公路用地）　2009年遥感影像　2019年遥感影像

图1-15　案例3

资料来源：南京市规划和自然资源局等《南京市国土空间总体规划基数转换研究报告》

情形2：因"二调"与"三调"地类认定差异而产生的"伪"新增建设用地

类型2-1："二调"为农用地或未利用地，"三调"为农村宅基地。两次调查的影像图一致或主导功能一致，但地类认定不同，应纳入"伪"新增建设用地。

案例4：农村宅基地调查认定差异

案例位于浦口区九华村。"二调"为设施农用地（非建设用地），"三调"为农村宅基地（建设用地），无审批信息，但2009年和2019年影像图显示均为农村宅基地，属于地类认定差异（图1-16）。

2009年"二调"（设施农用地） 　2019年"三调"（农村宅基地）　2009年遥感影像　2019年遥感影像

图1-16　案例4

资料来源：南京市规划和自然资源局等《南京市国土空间总体规划基数转换研究报告》

类型2-2："二调"为农用地或未利用地，"三调"为水工建筑用地。两次调查的影像图一致或主导功能一致，但地类认定不同，应纳入"伪"新增建设用地（表1-7）。

表1-7　"三调"和"二调"水工建筑用地调查规则比对一览表

版　本	水工建筑用地
2007年《土地利用现状分类》	指人工修建的闸、坝、堤路林、水电厂房、扬水站等常水位岸线以上的建筑物用地
2019年"第三次全国国土调查工作分类"	指人工修建的闸、坝、堤路林、水电厂房、扬水站等常水位岸线以上的建（构）筑物用地

案例5：水工建筑用地调查认定差异

案例位于滁河浦口段。"二调"为河流水面（非建设用地），"三调"为水工建筑用地（建设用地），无审批信息，但2009年和2019年影像图显示均为水工建筑用地，属于地类认定差异（图1-17）。

 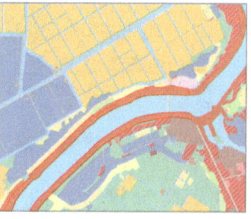  

2009年"二调"（河流水面） 2019年"三调"（水工建筑用地） 2009年影像图 2019年影像图

图1-17 案例5

资料来源：南京市规划和自然资源局等《南京市国土空间总体规划基数转换研究报告》

类型2-3："二调"为农用地或未利用地，"三调"为特殊用地（殡葬）。两次调查的影像图一致或主导功能一致，但地类认定不同，应纳入"伪"新增建设用地。

案例6：特殊用地（殡葬）调查认定差异

案例位于江宁区禄口街道曹村社区。"二调"为林地（非建设用地），"三调"为特殊用地（建设用地），无审批信息，但2009年和2019年影像图显示均为殡葬设施，属于地类认定差异（图1-18）。

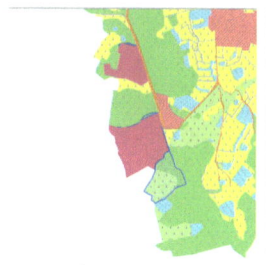 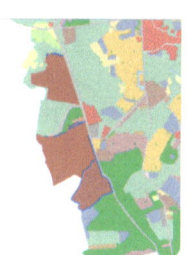  

2009年"二调"（林地） 2019年"三调"（特殊用地） 2009年影像图 2019年影像图

图1-18 案例6

资料来源：南京市规划和自然资源局等《南京市国土空间总体规划基数转换研究报告》

类型2-4："二调"为农用地或未利用地，"三调"为公园绿地或特殊用地（主要指风景名胜设施用地）。两次调查的影像图一致或主导功能一致，但地类认定不同，应纳入"伪"新增建设用地。

案例7：公园绿地调查认定差异

案例位于建邺区兴隆街道夹江侧。"二调"为河流水面（非建设用地），"三调"为公园与绿地（建设用地），无审批信息，但2009年和2019年影像图显示均为公园与绿地，属于地类认定差异（图1-19）。

 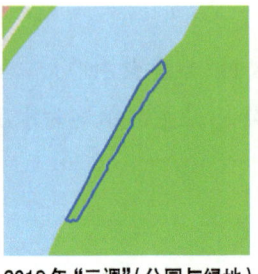  

| 2009年"二调"（河流水面） | 2019年"三调"（公园与绿地） | 2009年影像图 | 2019年影像图 |

图1-19　案例7

资料来源：南京市规划和自然资源局等《南京市国土空间总体规划基数转换研究报告》

类型2-5："二调"为农用地或未利用地，"三调"为建设用地（除上述2-1至2-4情形外）。两次调查的影像图一致或主导功能一致，但地类认定不同，应纳入"伪"新增建设用地。

案例8：城镇住宅用地调查认定差异

案例位于鼓楼区幕府山街道。"二调"为其他林地（非建设用地），"三调"为城镇住宅用地（建设用地），无审批信息，但2009年和2019年影像图显示均为建设用地，属于地类认定差异（图1-20）。

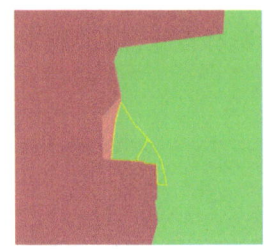 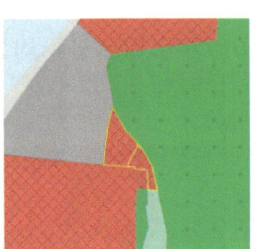  

| 2009年"二调"（其他林地） | 2019年"三调"（城镇住宅用地） | 2009年影像图 | 2019年影像图 |

图1-20　案例8

资料来源：南京市规划和自然资源局等《南京市国土空间总体规划基数转换研究报告》

情形3：因"二调"与"三调"调查精度差异而产生的"伪"新增建设用地

类型3-1：两次调查影像图一致，"三调"超出"二调"的建设用地图斑细缝。"三调"与"二调"均认定为建设用地，但"三调"图斑边界超出"二调"，因此产生的图斑细缝。

案例9：农村宅基地边界缝隙

案例位于江北新区葛塘街道官塘河社区。2009年和2019年影像图显示村庄范围基本稳定，"二调"为村庄和"三调"为农村宅基地，因两次调查的边界精度差异而导致"三调"建设用地增加（图1-21）。

情形4：因审批管理客观因素而产生的"伪"新增建设用地

类型4-1：2009年以后新增，无需办理手续的建设用地。2009年以后新建设的桥梁、码头等用地，位于水面上的（设施用地）无需办理用地手续，"三调"为建设用地的情形。

  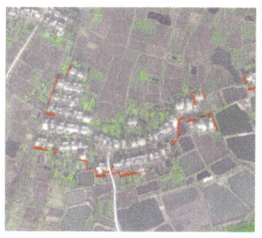 

| 2009年"二调"(村庄) | 2019年"三调"(农村宅基地) | 2009年遥感影像 | 2019年遥感影像 |

图1-21　案例9

资料来源：南京市规划和自然资源局等《南京市国土空间总体规划基数转换研究报告》

案例10：水面桥梁无须办理用地手续

案例位于江北新区长芦街道玉带社区（南京栖霞山长江大桥）。"二调"为河流水面（非建设用地），"三调"为公路用地（建设用地），2009年和2019年影像图显示为2009年以后新建设的桥梁，桥梁审批管理无须办理用地手续（图1-22）。

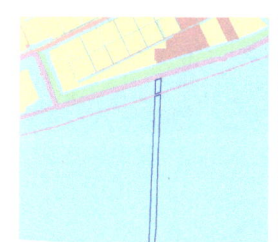 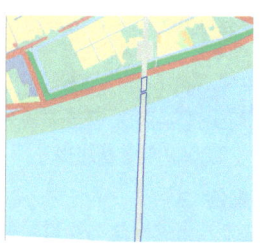 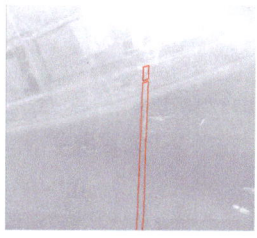 

| 2009年"二调"(河流水面) | 2019年"三调"(公路用地) | 2009年遥感影像 | 2019年遥感影像 |

图1-22　案例10

资料来源：南京市规划和自然资源局等《南京市国土空间总体规划基数转换研究报告》

类型4-2："三调"图斑大于审批范围的边界细缝。"三调"新增建设用地，有审批数据覆盖，但审批范围比"三调"图斑小（两者精度差异），因此产生的边界细缝。（建设用地之间实际未征收的街旁绿地等情形除外）

案例11：审批数据与"三调"建设用地缝隙

案例位于江北新区顶山街道吉庆社区。"二调"为河流水面等（非建设用地），"三调"为城镇住宅用地（建设用地），叠加审批数据，"伪"新增图斑因审批数据与"三调"建设用地缝隙产生（图1-23）。

类型4-3：已拆除整改的违建图斑。"二调"影像图显示为非建设用地，"三调"影像图显示为建设用地，最新影像图显示已拆除且与"二调"影像图差异不大（即现在已拆除整改）的情形。

案例12：已拆除整改的建设用地

案例位于建邺区江心洲街道洲泰村。"二调"为非建设用地，"三调"为建设用地，2009年和2019年影像图不一致，2020年影像图显示已拆除整改，与2009年影像图差异不大（图1-24）。

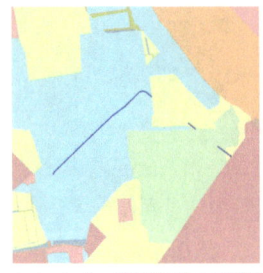 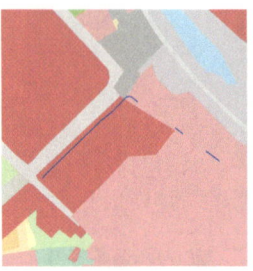  

| 2009年"二调"（河流水面等） | 2019年"三调"（城镇住宅用地） | 2009年遥感影像 | 2019年遥感影像叠加审批数据 |

图1-23　案例11

资料来源：南京市规划和自然资源局等《南京市国土空间总体规划基数转换研究报告》

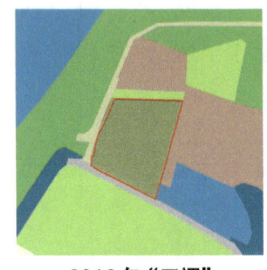   

| 2019年"三调" | 2009年遥感影像 | 2019年遥感影像 | 2020年遥感影像 |

图1-24　案例12

资料来源：南京市规划和自然资源局等《南京市国土空间总体规划基数转换研究报告》

类型4-4：临时用地。"二调"为非建设用地，"三调"为建设用地，但实际为临时用地（有临时用地手续）的情形。

案例13：临时用地

案例位于栖霞区和燕路过江通道。"二调"影像图显示为农田，"三调"影像图显示为建设用地，"二调"认定为水浇地与坑塘水面，"三调"认定为公路用地，为已审批临时用地（图1-25）。

类型4-5：无证部队用地。"二调"影像图显示为非建设用地，"三调"认定为军事用地，但无相关证明材料。

案例14：无证军事用地

案例位于江宁区淳化街道茶岗村。"二调"为林地、耕地等非建设用地，"三调"为军事用地，2009年和2019年影像图显示为新增军事用地，但无相关证明材料（图1-26）。

（5）E类案例：因低效用地再开发、原拆原建、矿山关闭后再利用等已先行拆除的

①E1类案例：低效用地再开发

案例位于高淳区淳溪街道南湖社区。转换图斑"三调"为水浇地，"二调"为城市，"一调"为建制镇。影像图地表已拆除建（构）筑物，历史影像图地表有建（构）筑物。该地块权属性质为国有，但无报批、供地、不动产登记等审批数据覆盖，根据城镇低效用地

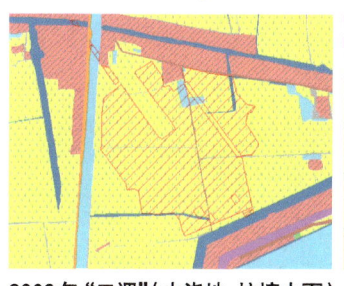

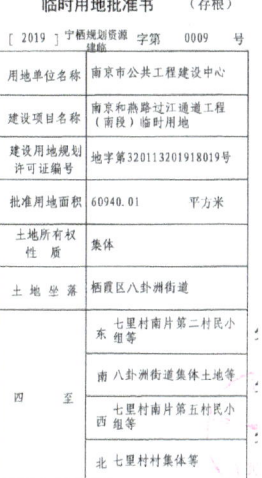

2009年"二调"（水浇地、坑塘水面） 2019年"三调"（公路用地）

2009年遥感影像 2019年遥感影像

图1-25 案例13

资料来源：南京市规划和自然资源局等《南京市国土空间总体规划基数转换研究报告》

2009年"二调"（林地、耕地等） 2019年"三调"（军事用地） 2009年遥感影像 2019年遥感影像

图1-26 案例14

资料来源：南京市规划和自然资源局等《南京市国土空间总体规划基数转换研究报告》

再开发实施计划，确定转换类型为E1，并提供审批文件、批复矢量范围、历史影像等完整的举证材料（图1-27）。

② E2类案例：集体建设用地预征村庄

案例位于栖霞区栖霞街道新合村。转换图斑"三调"为其他草地、其他林地等非建设用地，"二调"为农村居民点，"一调"为农村居民点。影像图显示为草地，地表无建（构）筑物；2012年历史影像图显示地表为村庄。该地权属性质为集体，因城中村改造把该地块拆除。无报批、供地、不动产登记等审批数据覆盖，根据房屋协议搬迁补偿方案实施通知书，确定转换类型为E2，并提供审批文件、批复矢量范围、历史影像等完整的举证材料（图1-28）。

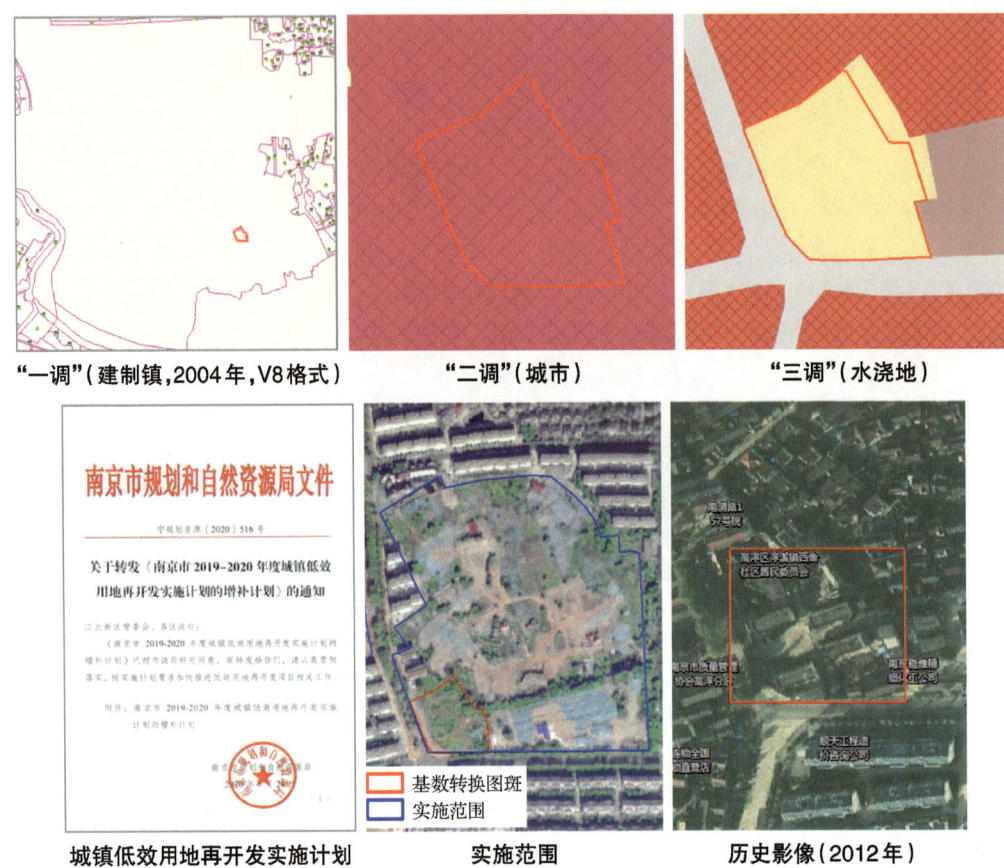

图1-27 E1类案例

资料来源：南京市规划和自然资源局等《南京市国土空间总体规划基数转换研究报告》

③ E3类案例：矿山关闭后再利用

案例位于浦口区汤泉街道龙山社区居民委员会上豆组。转换图斑"三调"为其他林地、农村道路等非建设用地，"二调"为建制镇。影像图显示为耕地等非建设用地，历史影像图地表有建（构）筑物。

该地块于2002年颁发了采矿许可证，目前已复垦复绿，但未进入历年已验收工矿废弃地复垦项目系统。无报批、供地、不动产登记等审批数据覆盖，根据采矿许可证，确定转换类型为E3，并提供采矿许可证、采矿许可范围、历史影像等完整的举证材料（图1-29）。

6. 成果更新汇总

① 基数转换文档成果：基数转换报告，主要包括以"三调"为基础的国土利用现状基本情况分析、转换类型、分类转换及转换结果统计分析。

② 基数转换表格成果：国土空间总体规划基数转换汇总表。

③ 基数转换图像成果：基数转换标示图、基数转换成果图（图1-30）。

④ 基数转换矢量图层：基数数据集包括行政区（XZQ）、地类图斑（DLTB）；转

第一章 规划底图底数 031

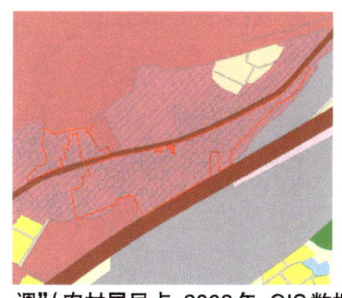
"一调"(农村居民点,2002年,GIS数据)

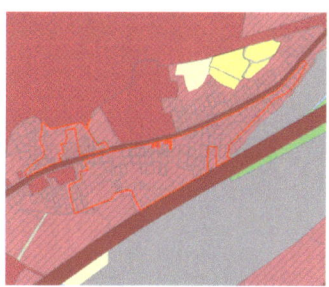
"二调"(农村居民点)

"三调"(其他草地、其他林地等)

房屋协议搬迁补偿方案实施通知书

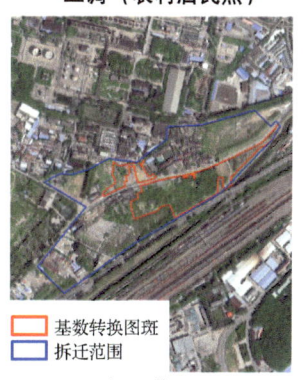
拆迁范围

历史影像(2012年)

图1-28 E2类案例

资料来源:南京市规划和自然资源局等《南京市国土空间总体规划基数转换研究报告》

"二调"(建制镇)

"三调"(其他林地、农村道路等)

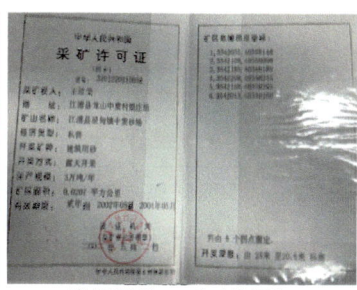
举证材料1:采矿许可证

举证材料2:采矿许可范围

举证材料3:历史影像

图1-29 E3类案例

资料来源:南京市规划和自然资源局等《南京市国土空间总体规划基数转换研究报告》

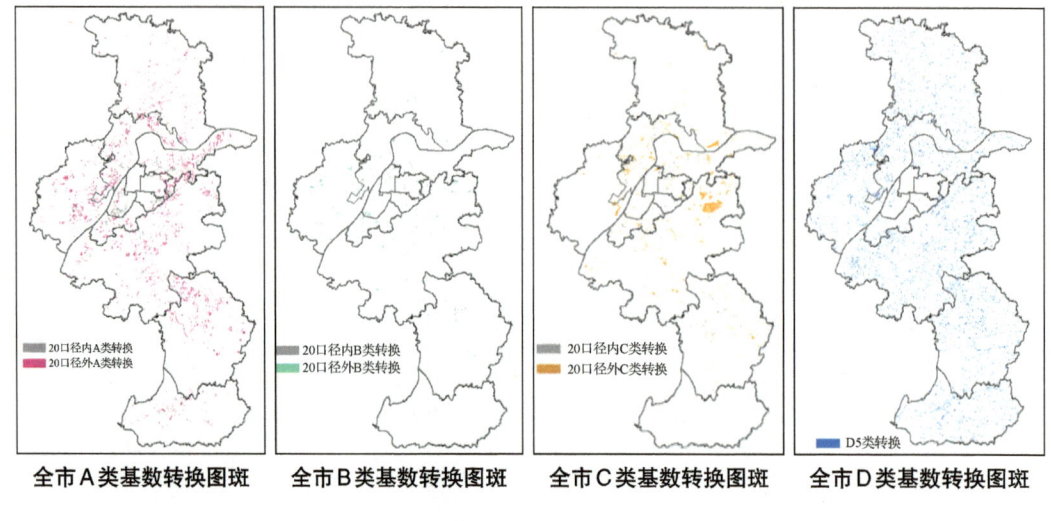
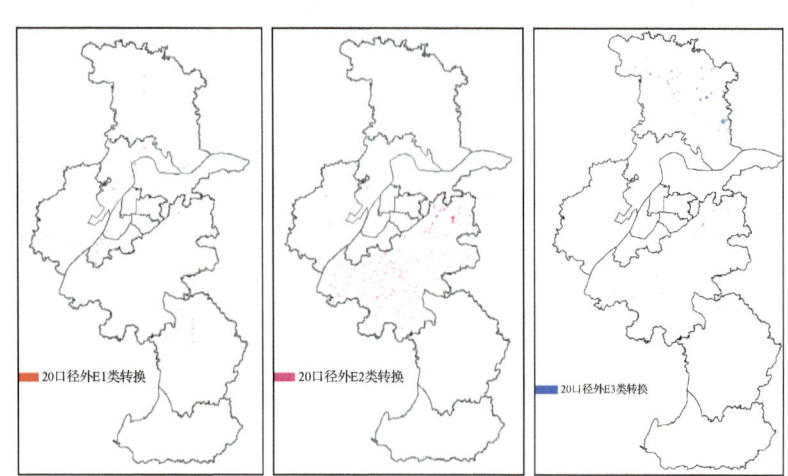

图1-30　南京市基数转换成果相关图件
资料来源：南京市规划和自然资源局等《南京市国土空间总体规划基数转换研究报告》

换数据集包括规划基数分类转换（JSFLZH）；转换后数据集包括规划基期现状用地（GHJQXZYD）等。

⑤ 证明材料：与基数转换图斑一一对应的证明材料，包括批复文件扫描件、批复范围矢量数据、实地照片或影像图。

⑥ 审批数据库：对基数转换图斑所涉审批事项的批复范围数据建立举证依据审批信息数据库，并与批复文件扫描件一一对应，便于加强成果审查与分析。

1.4　市县国土空间总体规划底图底数

《自然资源部办公厅关于印发〈市级国土空间总体规划编制指南（试行）〉的通知》（自然资办发〔2020〕46号）明确，在第三次国土调查的基础上，按照国土空间用地用海分类、城区范围划定等部有关标准规范，形成符合规定的国土空间利用现状和工作底数。统一采用2000国家大地坐标系和1985国家高程基准作为空间定位基础，形成坐标一致、边界吻合、上下贯通的工作底图。

例如，依据2020年国土变更调查数据，南京市国土总面积约6 587 km²，其中：农林用地约3 072 km²，占比46.6%；建设用地约1 875 km²，占比28.5%；其他类型土地约1 640 km²，占比24.9%（图1-31、表1-8）。

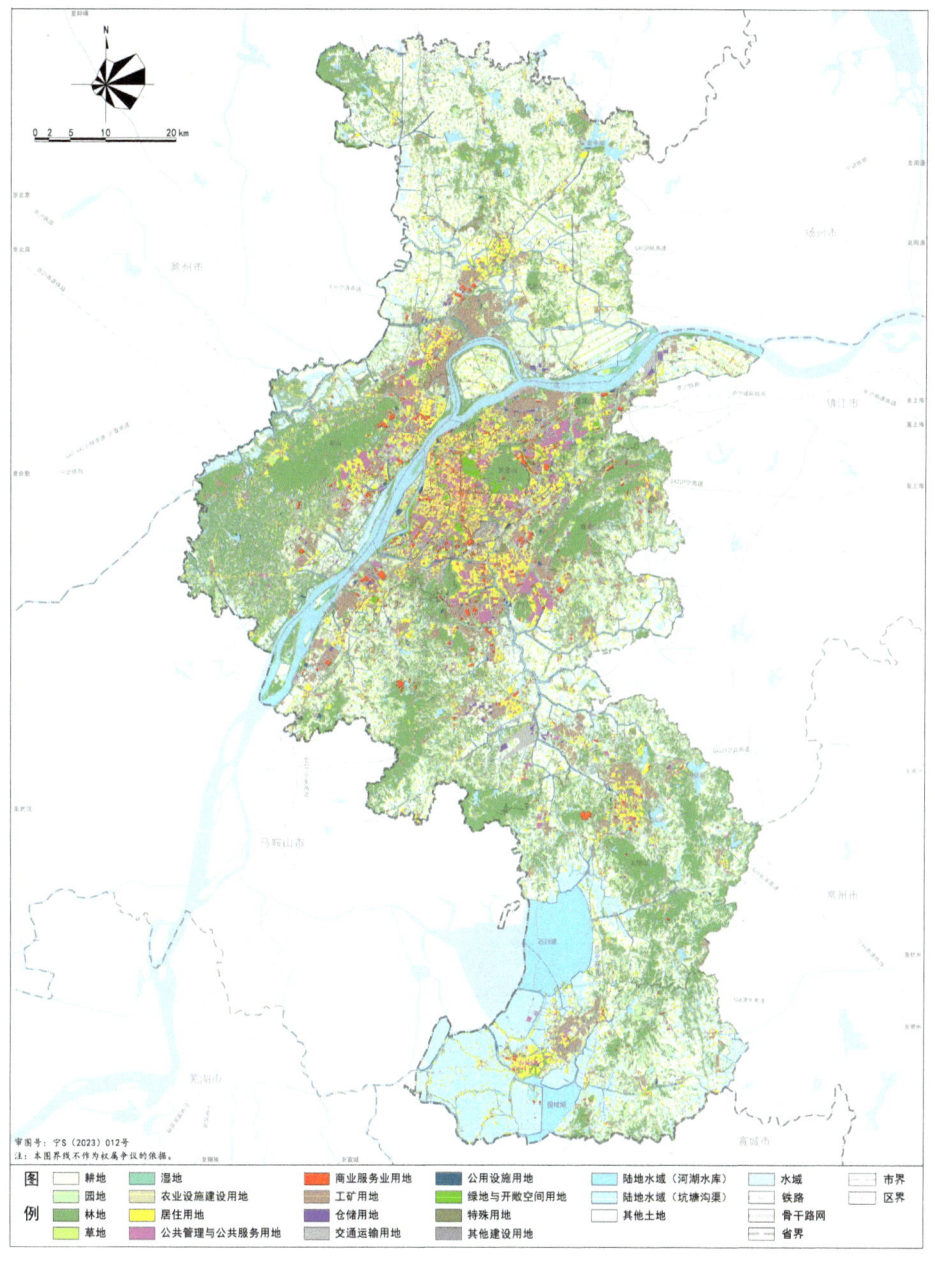

图1-31 南京市域国土空间用地现状图

表1-8 南京市域国土空间用地现状结构

国土空间功能结构		代码	名称	面积/km²
耕地		01	耕地	1 417.03
园地		02	园地	142.36
林地		03	林地	1 513.04
草地		04	草地	111.07
湿地		05	湿地	16.68
农业设施建设用地		0601	乡村道路用地	89.05
		0602	种植设施建设用地	12.27
		0603	畜禽养殖设施建设用地	0.00
		0604	水产养殖设施建设用地	0.00
			小计	101.32
城乡建设用地	城镇用地	07	居住用地	293.66
		08	公共管理与公共服务用地	111.74
		09	商业服务业用地	64.11
		1001	工业用地	224.51
		11	仓储用地	12.58
		1207	城镇道路用地	94.96
		1208	交通场站用地	12.38
		1209	其他交通设施用地	0.00
		1301—1310,1313	公用设施用地	9.42
		14	绿地与开敞空间用地	44.82
		16	留白用地	0.00
		2301	空闲地	0.00
			城市、建制镇范围（201、202）内的其他用地	75.13
			小计	943.32
	村庄用地	07	居住用地	262.77
		08	公共管理与公共服务用地	12.38
		09	商业服务业用地	17.46

续表

国土空间功能结构		代码	名称	面积/km²
城乡建设用地	村庄用地	1001	工业用地	58.70
		11	仓储用地	4.10
		0601	乡村道路用地	14.87
		1208	交通场站用地	8.10
		1209	其他交通设施用地	0.00
		1301—1310,1313	公用设施用地	4.91
		14	绿地与开敞空间用地	1.68
		16	留白用地	0.00
		2301	空闲地	0.00
			村庄范围(203)内的其他用地	172.43
			小计	557.41
区域基础设施用地		1201	铁路用地	22.24
		1202	公路用地	176.17
		1203	机场用地	10.65
		1204	港口码头用地	9.60
		1205	管道运输用地	1.16
		1206	城市轨道交通用地	9.57
		1312	水工设施用地	88.06
			小计	317.44
其他建设用地		15	特殊用地	36.14
		1002	采矿用地	20.52
		1003	盐田	0.00
			小计	56.66
陆地水域		1701	河流水面	316.05
		1702	湖泊水面	144.37
		1703	水库水面	88.79
		1704	坑塘水面	735.47
		1705	沟渠	125.82
		1706	冰川及常年积雪	0.00
			小计	1 410.49

续表

国土空间功能结构	代码	名称	面积/km²
其他土地	2302	田坎	0.11
	2303	田间道	0.00
	2304	盐碱地	0.00
	2305	沙地	0.00
	2306	裸土地	0.01
	2307	裸岩石砾地	0.10
		小计	0.22
总计			6 587.04

备注：（1）现状用地分类参考自然资源部2020年10月印发的《国土空间调查、规划、用途管制用地用海分类指南（试行）》；
（2）由于现状用地面积数值在保留两位小数时四舍五入，导致分类加和面积与总计面积略有差异。

第二章 自然资源调查口径及保护规划

自然资源是人类社会赖以生存和发展的物质基础,是实现高质量发展和高品质生活的基本物质保障。第三次全国国土调查(简称"三调")首次统一开展了"山、水、林、田、湖、草、湿"等自然资源要素调查,集成了森林资源、草原资源、湿地资源、水资源等调查成果,在国土空间管理中发挥了"统一底版"作用[①]。但在国务院机构改革方案出台以前,自然资源管理长期分属于原国土、住建、环保、林业、水利等多个部门,涉及的林地、湿地、水域、绿地等资源的调查各自采用的分类体系、调查方法、技术标准,与"三调"不尽相同,给规划和管理工作造成诸多矛盾。

市级国土空间总体规划要明确各类资源的保有量和空间布局,但受制于统计口径和底图底数的不同,在规划编制过程中即使经历了多次不同层面的协调,到市县国土空间总体规划报批之前尚存在底图底数和规划保有量形成思路的分歧,最终很多地方规划采取搁置矛盾的做法,对有些自然资源保有量不做具体规定,对空间规划布局不做具体用地引导,留待今后口径统一后通过专项规划解决。了解各类自然资源统计口径的差异及其协调过程,有助于充分认识国土空间多规合一的难度和复杂性,全面理解自然资源保护和国土空间规划之间的关系。

2.1 林地

林地是重要的自然资源,也是国土空间规划中需要重点研究的地类。《市级国土空间总体规划编制指南(试行)》希望规划明确林地保有量和空间布局,将其作为林地保护修复、开展国土绿化的重要依据。但随着规划编制工作的推进,林业主管部门与自然资源部门在林地的基础数据、用地分类、空间分布等方面的矛盾逐步显露。这方面矛盾涉及几十年来不同管理口径和相关考核、管制制度等非常复杂的问题,给相关协调工作带来较大的困难。

---

① 程进明,何海洋,陈亚威.森林资源管理"一张图"与"国土三调"数据融合分析[J].江苏林业科技,2022,49(6):33.

2.1.1 "三调"数据启用前林地定义

在"三调"数据启用之前,林地认定按《中华人民共和国森林法实施条例》规定的范围和上一轮林地保护利用规划执行。林草主管部门依据行业标准《林地分类》对调查范围内的各类林地资源进行图斑化调查,形成森林资源管理"一张图"成果(以下简称"一张图"),作为林草部门林政执法、林地管理和审批的基础数据,也是森林覆盖率、林地保有量等指标测算的依据。

根据2009年的《林地分类》,林地指的是用于林业生态建设和生产经营的土地和热带或亚热带潮间带的红树林地,包括郁闭度0.2以上的乔木林以及竹林、灌木林地、疏林地、采伐和火烧迹地、未成林造林地、苗圃地、森林经营单位辅助生产用地和县级以上人民政府规划的宜林地[①]。林地分类分为8个一级类,13个二级类(表2-1)。

表2-1 2009年林地分类及技术标准

序号	地类		技术标准
	一级	二级	
1	有林地		附着有森林植被、郁闭度0.20(含)以上、连续面积0.067 hm^2(含)以上的林地
		乔木林地	由乔木(含因人工栽培而矮化的)树种组成的片林或林带。其中,乔木林带行数应在2行以上且行距≤4 m或林冠冠幅水平投影宽度在10 m以上;当林带的缺损长度超过林带宽度3倍时,应视为两条林带;两平行林带的带距≤8 m时视为片林
		竹林地	附着有胸径2 cm以上的竹类植物的林地
		红树林地	在热带和亚热带海岸潮间带或海潮能够达到的河流入海口,附着有红树科植物和其他在形态上和生态上具有相似群落特性科属植物的林地
2	疏林地		由乔木树种组成,连续面积大于0.067 hm^2、郁闭度在0.10—0.19之间的林地
3	灌木林地		附着有灌木树种或因生境恶劣矮化成灌木型的乔木树种以及胸径小于2 cm的小杂竹丛,以经营灌木林为目的或起防护作用,连续面积大于0.067 hm^2、覆盖度在30%以上的林地。其中,灌木林带行数应在2行以上且行距≤2 m;当林带的缺损长度超过林带宽度3倍时,应视为两条林带;两平行灌木林带的带距≤4 m时视为片状灌木林
		国家特别规定灌木林	符合《"国家特别规定的灌木林地"的规定》(试行)要求的灌木林地
		其他灌木林	不符合《"国家特别规定的灌木林地"的规定》(试行)要求的灌木林地

---
① 国家林业局.林地分类:LY/T 1812—2009[S].北京:中国标准出版社,2009:1.

续表

序号	地类 一级	地类 二级	技术标准
4	未成林造林地		人工造林、飞播造林、封山育林后在成林年限前分别达到人工造林、飞播造林、封山育林合格标准的林地。人工造林合格标准按GB/T 15776的规定执行;飞播造林合格标准按GB/T 15162的规定执行;封山育林合格标准按GB/T 15163的规定执行
		人工造林未成林地	人工造林和飞播造林后不到成林年限,造林成效符合下列条件之一,分布均匀,尚未郁闭但有成林希望的林地:(1)人工造林当年造林成活率85%以上或保存率80%(年均等降水量线400 mm以下地区当年造林成活率为70%或保存率为65%)以上;(2)飞播造林后成苗调查苗木3 000株/hm^{2}以上或飞播治沙成苗2 500株/hm^{2}以上,且分布均匀
		封育未成林地	采取封山育林或人工促进天然更新后,不超过成林年限,天然更新等级中等以上,尚未郁闭但有成林希望的林地
5	苗圃地		固定的林木、花卉育苗用地,不包括母树林、种子园、采穗圃、种质基地等种子、种条生产用地以及种子加工、储藏等设施用地
6	无立木林地		采伐、火烧后达不到疏林地标准且还未更新造林的林地,以及造林失败等的林地
		采伐迹地	采伐作业后3年内保留木达不到疏林地标准、尚未人工更新或天然更新达不到中等等级的林地
		火烧迹地	火灾后3年内活立木达不到疏林地标准、尚未人工更新或天然更新达不到中等等级的林地
		其他无立木林地	包括:(1)造林更新后,成林年限前达不到未成林造林地标准的林地;(2)造林更新到成林年限后,未达到有林地、灌木林地或疏林地标准的林地;(3)已经整地但还未造林的林地;(4)不符合上述林地区划条件,但有林地权属证明,因自然保护、科学研究等需要保留的土地
7	宜林地		县级以上人民政府规划的宜林荒山荒地、宜林沙荒地和其他宜林地
		宜林荒山荒地	未达到上述有林地、疏林地、灌木林地、未成林造林地标准,规划为林地的荒山、荒(海)滩、荒沟、荒地等
		宜林沙荒地	未达到上述有林地、疏林地、灌木林地、未成林造林地标准,造林可以成活,规划为林地的固定或流动沙地(丘)有明显沙化趋势的土地等
		其他宜林地	除以上两条以外的用于发展林业的其他土地
8	辅助生产林地		直接为林业生产服务的工程设施用地。包括:培育、生产种子、苗木的设施用地;贮存种子、苗木、木材和其他生产资料的设施用地;集材道、运材道;林业科研、试验、示范基地;野生动植物保护、护林、森林病虫害防治、森林防火、木材检疫设施用地;供水、供热、供气、通信等基础设施用地;其他有林地权属证明的土地

资料来源:《林地分类》(LY/T 1812—2009)

2.1.2 "三调"的林地定义

2019年公布的《第三次全国国土调查技术规程》(TD/T 1055—2019)将林地定义为：生长乔木、竹类、灌木的土地及沿海生长红树林的土地，明确了林地的分类包括迹地，但不包括城镇、村庄范围内的绿化林木用地，铁路、公路征地范围内的林木，以及河流、沟渠的护堤林，规避了林地与湿地、公园与绿地、交通运输用地、水域及水利设施用地等其他地类的冲突。

为进一步细分林地地类，"三调"分类依据林地郁闭度、植被类型，将其细分为乔木林地、竹林地、灌木林地，并将《林地分类》中的疏林地、未成林地、迹地、苗圃等林地归入其他林地（表2-2）。

表2-2 "三调"林地地类代码

林地二级类		含义		
编码	名称			
0301	乔木林地	指乔木郁闭度≥0.2的林地，不包括森林沼泽		
		0301K	可调整乔木林地	指由耕地改为乔木林地，但耕作层未被破坏的土地
0302	竹林地	指生长竹类植物，郁闭度≥0.2的林地		
		0302K	可调整竹林地	指由耕地改为竹林地，但耕作层未被破坏的土地
0305	灌木林地	指灌木覆盖度≥40%的林地，不包括灌丛沼泽		
0307	其他林地	包括疏林地（树木郁闭度≥0.1、<0.2的林地）、未成林地、迹地、苗圃等林地		
		0307K	可调整其他林地	指由耕地改为未成林造林地和苗圃，但耕作层未被破坏的土地

资料来源：《第三次全国国土调查技术规程》(TD/T 1055—2019)

2.1.3 衔接"三调"的2021版《林地分类》

《中华人民共和国森林法》（简称《森林法》）自1985年施行以来，经1998年、2009年修正，对于保护和合理利用森林资源，加快国土绿化和生态建设，保障和促进林业发展，发挥了十分重要的作用[①]。为了推动林业高质量发展，《森林法》进行了修订并于2019年公布，加之第三次国土资源调查全面开展，在此背景下，《林地分类》于2021年进行了更新。更新后的《林地分类》将"林地"分为乔木林地、竹林地、疏林地、灌木林地、未成林造林地、迹地、苗圃地等7个一级地类，在此基础上，为便于林业生产和森林资源经营管理，将灌木林地、未成林造林地各划分为2个二级地类，将迹地分为3个二级地类（表2-3）。

---

① 胡利娟.新《森林法》：实现森林资源永续利用[J].中国科技财富，2020(1)：85.

表2-3　2021年林地分类及技术标准

序号	地类 一级	地类 二级	技术标准
1	乔木林地		乔木郁闭度大于或等于0.20的林地,不包括森林沼泽
2	竹林地		生长竹类植物,郁闭度≥0.2的林地
3	疏林地		乔木郁闭度在0.10—0.19之间的林地
4	灌木林地		灌木覆盖度≥40%的林地,不包括灌丛沼泽
		特殊灌木林地	符合林资发〔2004〕14号规定的灌木林地
		一般灌木林地	"特殊灌木林地"以外的灌木林地
5	未成林造林地		人工造林(包括直播、植苗)、飞播造林和封山(沙)育林后在成林年限前分别达到人工造林、飞播造林、封山(沙)育林合格标准的林地。人工造林合格标准按GB/T 15776的规定执行;飞播造林合格标准按GB/T 15162的规定执行;封山(沙)育林合格标准按GB/T 15163的规定执行
		未成林人工造林地	人工造林(包括直播、植苗)、飞播造林后在成林年限前分别达到GB/T 15776、GB/T 15162规定的合格标准的林地
		未成林封育地	封山(沙)育林后在成林年限前达到GB/T 15163的规定的合格标准的林地
6	迹地		乔木林地、灌木林地在采伐、火灾、平茬、割灌等作业活动后,分别达不到疏林地、灌木林地标准、尚未人工更新的林地
		采伐迹地	乔木林地采伐作业后3年内活立木达不到疏林地标准、尚未人工更新的林地
		火烧迹地	乔木林地火灾等灾害后3年内活立木达不到疏林地标准、尚未人工更新的林地
		其他迹地	人工造林、封山(沙)育林后达到成林年限但尚未达到疏林地标准的林地,以及灌木林地经采伐、平茬、割灌等经营活动或者火灾发生后,盖度达不到40%的林地
7	苗圃地		固定的林木和木本花卉育苗用地,不包括母树林、种子园、采穗圃、种质基地等种子、种条生产用地以及种子加工、储藏等设施用地

资料来源:《林地分类》(LY/T 1812—2021)

2021年修订的《林地分类》与第三次全国国土调查工作分类有更强的对应性。如《林地分类》中,删除了"红树林地"是衔接了国土"三调"的湿地地类,乔木林地、竹林地由二级地类调整为一级地类则匹配了"三调"林地地类中的乔木林地、竹林地。修订后的《林地分类》仍保留了灌木林地、未成林造林地、迹地的二级地类等(图2-1、表2-4)。

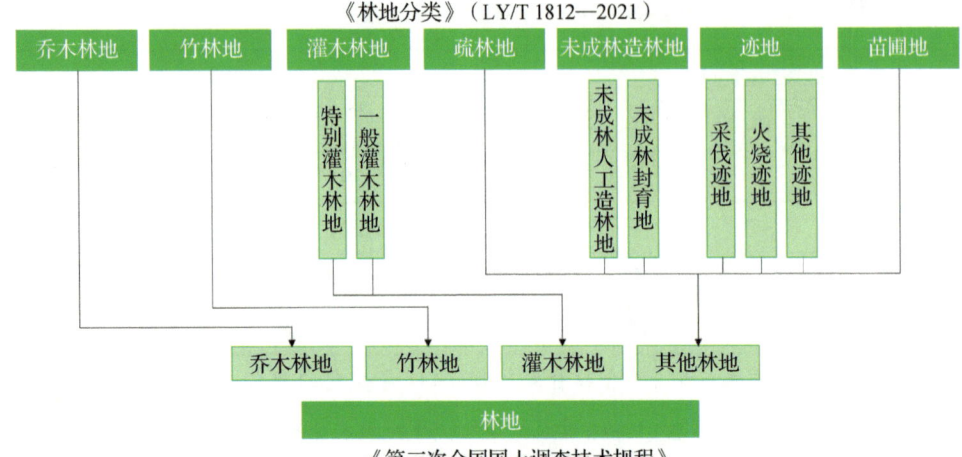

图2-1　2021年《林地分类》与第三次全国国土调查工作分类对比图

资料来源：作者自绘

表2-4　2021年《林地分类》与第三次全国国土调查工作分类的对比

林地分类（2021年）		第三次全国国土调查工作分类		对应关系
一级类	二级类	一级类	二级类	对应
乔木林地	/	林地	乔木林地	对应
竹林地	/		竹林地	对应
灌木林地	特殊灌木林地		灌木林地	《林地分类》予以细分
	一般灌木林地			
未成林造林地	未成林人工造林地		其他林地	《林地分类》予以细分
	未成林封育地			
苗圃	/			
疏林地	/			
迹地	采伐迹地			
	火烧迹地			
	其他迹地			

2.1.4　主要差异和矛盾分析

1. 原森林资源管理"一张图"与"三调"调查口径的差异

（1）林地调查分类不一致

森林资源管理"一张图"专项调查侧重森林资源范围内的森林、林地和林木的自然属性，调查对象为所有林地和规划用于林业发展的其他土地，不仅考虑林地附着物等现状，也考虑历史的延展性和森林更新等动态发展[①]。该数据所采用的调查分类标准为《林

---

① 程伟亚,张镯漫,王涵,等.森林资源管理"一张图"与国土"三调"差异分析及整合探讨[J].林业资源管理,2021（6）：10.

地分类》。虽2021年新版《林地分类》做了较大调整，但部分城市森林资源管理"一张图"尚未依据新标准完成更新，仍执行2009年《林地分类》标准，其他类包括了现状用于林业生态建设和生产经营的土地（含：有林地、疏林地、灌木林地、未成林造林地、苗圃地、无立木林地），也包括了规划的宜林地、辅助生产林地。此外，作为林地专项数据，分类标准对灌木林地、未成林造林地进行了细分，将灌木林地细分为国家特别规定灌木林、其他灌木林两个二级类，将未成林造林地细分为人工造林未成林地、封育为造林地两个二级类，还根据林地的生产经营属性，独立设置苗圃地一级类。

"三调"中的林地则是针对地块的主导使用功能来确定地类。由于分类口径不同，两者往往差异较大。例如，南京市浦口区2021年森林资源管理"一张图"林地面积278.60 km²而"三调"2021年度变更调查数据为367.81 km²（不含可调整地类），总数相差近90 km²。从空间分布看，两个数据的林地图斑分布区域大体相似；从地类认定看，虽然两版数据在区分乔木林地、竹林地、灌木林地的标准上得到统一，且《第三次全国国土调查技术规程》中明确"其他林地"包括疏林地（树木郁闭度≥0.1、<0.2的林地）、未成林造林地、迹地、苗圃地等林地，但因所采取遥感影像图精度的不同、最小上图图斑面积的不同、对不同林地的主观判断不同，两张图中"林地"差异较大，导致了某一个地块，在"一张图"中为林地，而在"三调"中为非林地，或在"一张图"中为非林地，而在"三调"中为林地的情况。经叠合分析，两版数据同为"林地"的面积为212.56 km²，"三调"为林地，"一张图"中为非林地的，面积155.24 km²，"一张图"中为林地，"三调"为非林地的，面积66.04 km²。林地认定的差异对林地资源管理和执法造成困难（图2-2、图2-3、表2-5）。

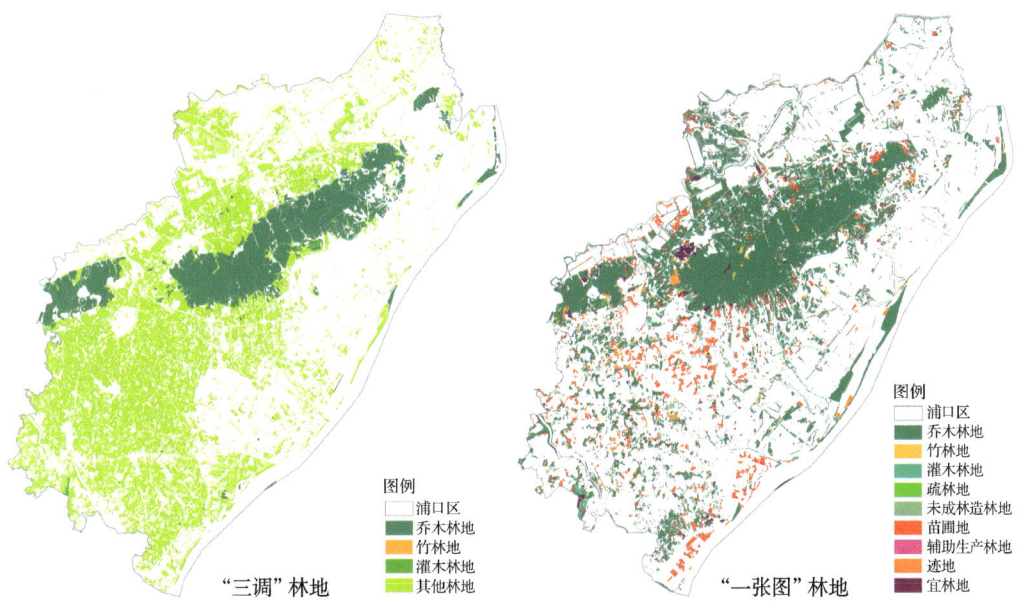

图2-2 不同口径下的浦口区林地分布图
资料来源：根据相关资料整理绘制

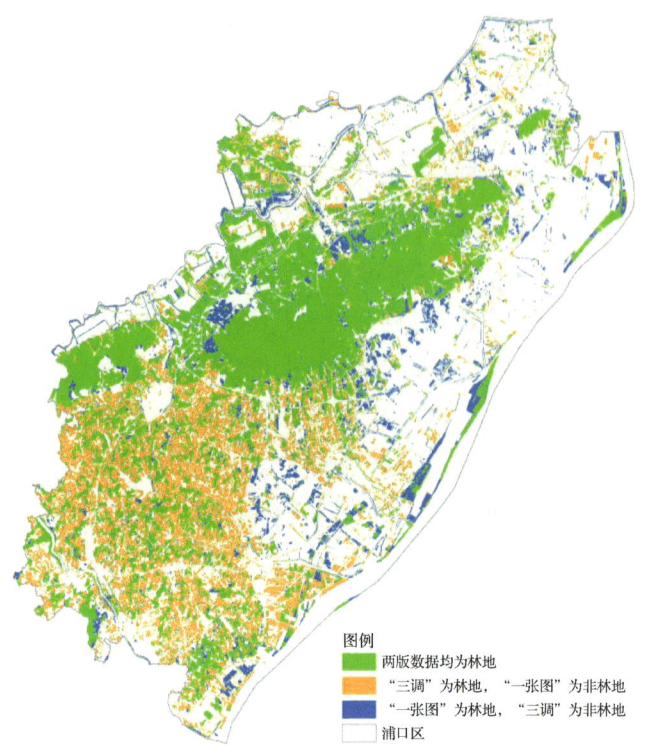

图2-3 "一张图"林地、"三调"林地叠合分析
资料来源：根据相关资料整理绘制

表2-5　2021年浦口区林地数据对比

序号	"一张图"中的林地		"三调"中的林地	
	地类	面积/km²	地类	面积/km²
1	乔木林地	208.75	乔木林地	92.09
2	竹林地	2.69	竹林地	0.05
3	灌木林地	13.92	灌木林地	1.01
4	疏林地	0.10	其他林地	274.66
5	未成林造林地	1.56		
6	苗圃地	37.62		
7	迹地	8.75		
8	宜林地	5.00	无对应分类	
9	辅助生产林地	0.21	无对应分类	
	合计	278.60	合计	367.81

备注：《第三次全国国土调查技术规程》中"其他林地"包括疏林地（树木郁闭度≥0.1、＜0.2的林地）、未成林造林地、迹地、苗圃地等林地。
资料来源：南京市森林资源管理"一张图"成果、南京市国土"三调"成果

（2）起调图斑面积差异较大

森林资源管理"一张图"以县级行政区为基本单位，调查最小单元为小班，最小上图面积为667 m²（1亩）。虽然"三调"同样是以县级行政辖区为基本单位，其最小调查单元也为图斑，但林地最小上图面积为400 m²。两者之间的差异导致了"一张图"和"三调"的林地图斑无法完全对应。

2. 林地与耕地"抢地"现象普遍存在

《自然资源部关于全面开展国土空间规划工作的通知》（自然资发〔2019〕87号）明确国土空间规划编制统一采用"三调"数据作为规划现状底数和底图基础。此后，自然资源部、国家林业和草原局共同发布了《自然资源部 国家林业和草原局关于共同做好森林、草原、湿地调查监测工作的意见》（自然资发〔2022〕5号），明确了森林面积、森林覆盖率指标应覆盖并仅限于"三调"及其国土变更调查的全部林地范围，同时，文中明确了"三调"及年度变更调查的林地，是开展林地保护利用规划，森林面积、森林覆盖率指标计算的基础。面对林地、耕地重叠交叉的复杂情况，前述文件并未明确重叠地类的认定处置措施，林地与耕地交叉重叠的问题依然存在。

为坚持国土空间唯一性和地类唯一性，进一步规范林地管理，自然资源部、国家林业和草原局联合印发《自然资源部 国家林业和草原局关于以第三次全国国土调查成果为基础明确林地管理边界 规范林地管理的通知》（自然资发〔2023〕53号）（以下简称"53号文"），至此方才对耕地林地矛盾、临时占用林地等问题提出了认定路径。

① 严格依据法律法规政策规定，区分耕地上造林情形，实行差别化管理。一是"三调"为林地，实际属于在第二次全国土地调查及后续年度土地变更调查成果中的耕地上，实施国家退耕还林或按照国家政策和标准建设的防护林和绿色通道等的，经地方各级自然资源主管部门与林草主管部门共同确认到图斑后，按照林地管理。二是"三调"为林地，不属于上述情形而属于在农民依法承包经营的耕地上种树的，经地方各级自然资源主管部门与林草主管部门共同确认到图斑后，依据《中华人民共和国土地管理法》、《土地管理法实施条例》、《国务院办公厅关于坚决制止耕地"非农化"行为的通知》（国办发明电〔2020〕24号）、《国务院办公厅关于防止耕地"非粮化"稳定粮食生产的意见》（国办发〔2020〕44号）和《自然资源部 农业农村部 国家林业和草原局关于严格耕地用途管制有关问题的通知》（自然资发〔2021〕166号）的相关要求，在尊重农民意愿的前提下，逐步恢复为耕地，林草主管部门无需办理林地审核审批、采伐等手续，不纳入林业监督执法。例如，南京市桥林街道"三调"的林地，大部分为"二调"的耕地，根据本条规定及自然资源部的有关要求，"二调"为耕地而"三调"为林地的部分大部分未来要优先恢复为耕地，以弥补"三调"相对于"二调"耕地减少的缺口（图2-4）。

② 依据"三区三线"划定成果，划分历史节点，处理开垦林地问题。一是"三调"为

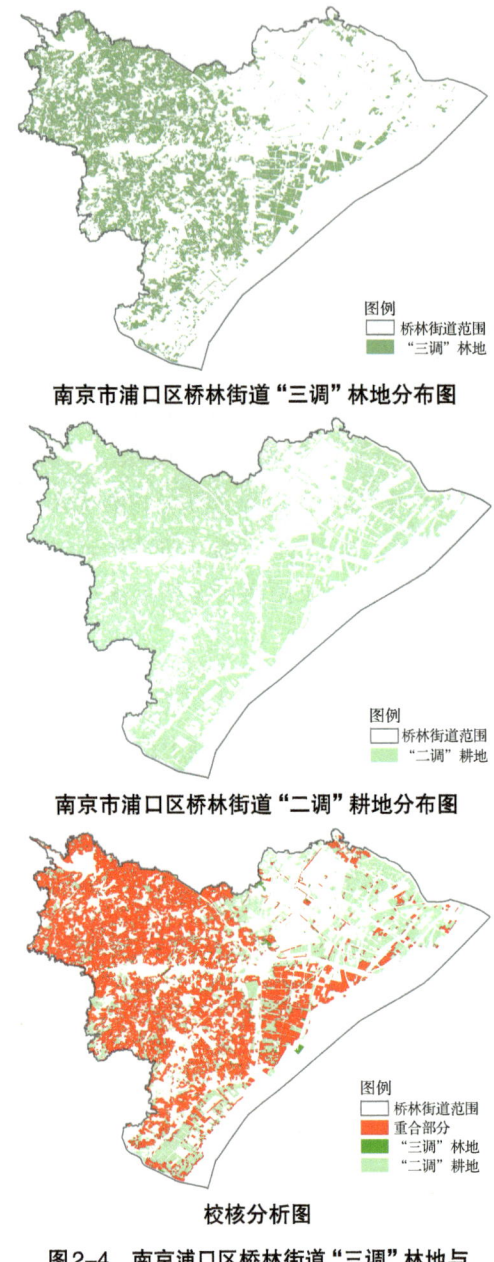

图2-4 南京浦口区桥林街道"三调"林地与"二调"耕地布局对比

资料来源：南京市"二调"成果、"三调"成果

耕地，实际属于《国务院关于保护森林资源制止毁林开垦和乱占林地的通知》（国发明电〔1998〕8号）印发以前开垦国有林区、国有林场的国有林权证范围内的林地（湿地、草地），按照耕地管理，不纳入林业监督执法，产权归属及经营主体不变。二是"三调"为耕地，实际属于国发明电〔1998〕8号印发以后发生的毁林开垦，已划入耕地保护红线的，按照耕地管理，产权归属及经营主体不变；没有划入耕地保护红线的，经地方各级自然资源主管部门与林草主管部门共同确认到图斑后，依法依规按照林地管理。此类没有划入耕地保护红线的地块，涉及建设占用使用时，按林地办理审核审批手续，无需落实耕地"占补平衡"。

③ 临时使用林地、林业直服设施占用林地及违法占用林地管理，应严格执行现行法律规定。一是"三调"为非林地，实际为林草主管部门依据《森林法》已办理"临时使用林地"或"修筑直接为林业生产经营服务的工程设施占用林地"审批手续的，依法仍按照林地管理，临时使用林地期满后一年内，用地单位或者个人应当恢复植被和林业生产条件，单独建立管理图层，由林草主管部门实施监管；实际为违法违规占用林地的，由林草主管部门实施监管，督促依法依规查处并落实整改。二是对于新发生的建设项目临时使用林地和林业直服设施占用林地的，依据《森林法》办理临时使用林地审批审核和林业直服设施审批手续。优化审批流程，对临时用地只涉及使用林地的，由林草主管部门依法办理审批（审核）手续。

④ 完善管理依据，调整分类。一是按照统一分类标准，明确灌木林地、宜林地、森林沼泽等管理类型。原林地保护利用规划为灌木林地、宜林地，按照"三调"分类标准，"三调"为非林地的，不按照林地管理；"三调"为森林沼泽、灌丛沼泽、红树林等湿地地类的，

按照湿地管理,不按照林地管理。二是调整园地、林地分类标准。将油茶等木本油料林、橡胶等工业原料林、核桃等干果经济林,由园地调整为林地。三是完善国家特别规定的灌木林标准(图2-5)。

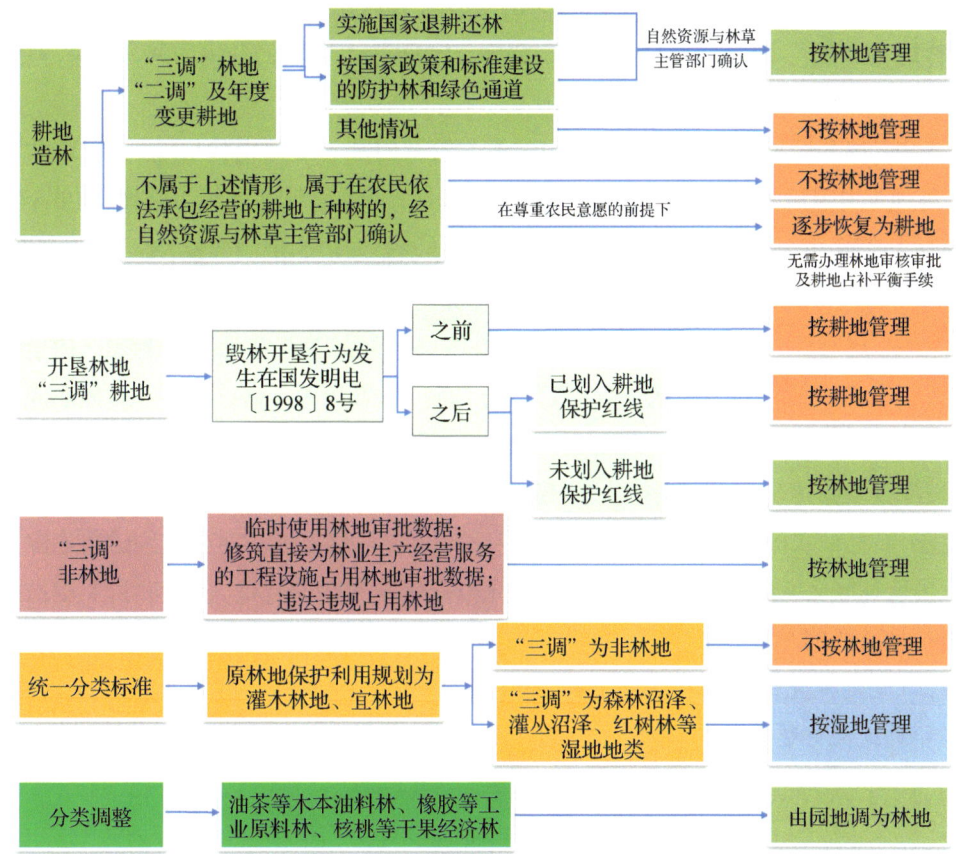

图2-5 林地管理属性判定规则对应示意图
资料来源:南京市规划和自然资源局《关于南京市林地保有量相关情况的汇报》

2.1.5 市县国土空间总体规划有关林地规划要求

1.林地保有量

根据2020年9月22日自然资源部办公厅印发的《市级国土空间总体规划编制指南(试行)》,"林地保有量"是规划指标体系表中一项约束性指标,其定义为"规划期内必须保有的林地面积"。在计算林地保有量时,将"三调"数据中的"乔木林地""竹林地""灌木林地""其他林地"进行加和,即为现状林地保有量。2024年3月,自然资源部《国批市级国土空间总体规划审查要点》对于林地保有量指标填报提出了新要求。综合各地市对于林地保有量测算路径、53号文落实情况的不同,主要存在两种填报方式:

一是市县自然资源部门、林业主管部门对于林地保有量指标已经形成一致意见的,可按定量数值填写。二是无法达成共识的,可以采用定性表述。虽然53号文对于耕地造林等问题提出了明确的路径,如"二调"及年度变更调查的耕地在"三调"是林地的地类,属于在农民依法承包经营的耕地上种树的,方可认定为耕地,但在实际认定过程中,由于农民承包经营信息量庞大且变化频繁,数据获取难度大,因此很多地方对耕地造林的认定情形仍有争议。为此,部分城市如广州市,在国土空间总体规划公开稿中不再提及"林地保有量";部分城市如杭州市,在国土空间总体规划公开稿中采用"保持稳定"的定性表述。

此外,部分城市的自然资源部门与林业主管部门基于统筹现状与规划需求,共同探索了林地保有量测算路径,以此作为指标进行填报。例如,南京市以"三调"2020年度变更调查为基础,按照部、省关于造林绿化空间规划统筹提出的限制要素,结合"三区三线"划定,分三个步骤确定林地保有量目标:一是优先规划保留林地,将林地中管理红线(国省公益林、国有林场)、生态底线(生态保护红线、自然保护地、生态空间管控区内生态公益林)范围内以及重要生态区位(沿江沿河沿路、25°坡地及丘陵岗底)内的林地优先保留并纳入林地保有量目标。二是加强"多规合一",充分考虑已审批用地已占用、规划耕地拟占用(主要为"三调"标注"即可恢复""工程恢复"林地、耕地后备资源、粮食生产功能区、高标准农田图斑)、规划建设用地拟占用等限制因素并对重叠空间进行剔除。三是衔接造林绿化空间适宜性评估工作,补充拟绿化废弃矿山宕口、建设项目非法占用或毁林开垦破坏的林地、通道绿化、坡度25°以上坡地和生态红线内其他草地等适宜性图斑,综合确定补充林地。按照上述技术路径,综合统筹考虑国土空间发展和保护,明确2035年林地保有量目标为"不低于750 km^2"(图2-6)。

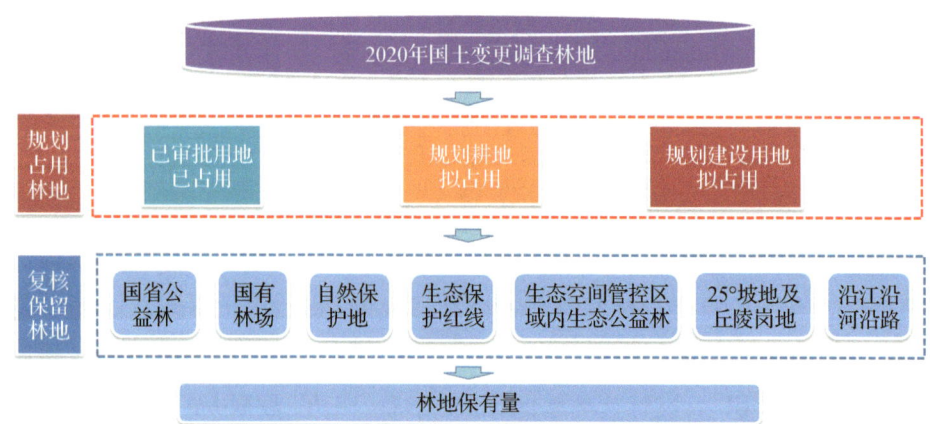

图2-6 南京市林地保有量确定工作路径
资料来源:南京市规划和自然资源局《关于南京市林地保有量相关情况的汇报》

2. 森林覆盖率

2024年3月自然资源部《国批市级国土空间总体规划审查要点》提出"林地保有量"指标可不放在指标附表中,同时要求增加"森林覆盖率"指标,指标属性为预期性。"森林覆盖率"指以行政区域为单位的森林面积与土地面积的百分比[①],根据《自然资源部 国家林业和草原局关于共同做好森林、草原、湿地调查监测工作的意见》(自然资发〔2022〕5号),"森林覆盖率"等指标应覆盖并仅限于"三调"及其国土变更调查的全部林地范围,所以"森林覆盖率"指标的计算应是以"三调"数据中"林地"地类为基础的,计算方式为:

$$森林覆盖率(\%) = \frac{乔木林地面积+竹林地面积+国家特别规定的灌木林}{总土地面积} \times 100\%$$

有的城市因自然资源主管部门、林草主管部门对"森林覆盖率"指标已达成一致,在国土空间总体规划成果中明确了指标数值。然而,大部分城市在测算森林覆盖率时,仍面临着与林地保有量测算一样的问题,即"林地"范围认定不一、"森林"口径发生改变等,部门之间难以达成共识,因此广州市、深圳市、南京市均采用"依据上级下达任务确定"进行定性表述。

以南京市为例,在明确将"森林覆盖率"指标新增纳入国土空间总体规划指标体系后,市自然资源主管部门、林业主管部门对指标填报底图、口径未能统一,因而经协商确定在市级国土空间总体规划过程稿中对基期年、规划近期目标年、规划目标年均采用定性表述,即"不低于国家下达指标"。此后,国家、江苏省多次明确以"三调"为森林覆盖率测算的统一底图后,南京市按照耕地保护优先、统筹保护与利用的思路,测算规划基期年森林覆盖率为8.4%。为进一步协商确定该规划指标,南京市自然资源主管部门、林业主管部门共同上报市政府,但最终因耕地造林部分图斑的认定、规划占用是否扣除等问题,无法达成一致,因而在市国土空间总体规划中,依然采用"依据上级下达任务确定"的方式进行表达。

3. 造林绿化空间调查评估

在国土空间规划中明确造林绿化空间是2024年3月自然资源部《国批市级国土空间总体规划审查要点》中的新要求,该要点提出补充"市域造林绿化空间规划图",明确准备造林绿化的图斑。其实,在2023年自然资源部、国家林业和草原局在国土空间规划成果提交部委审查时,即提出按照《自然资源部 国家林业和草原局关于在国土空间规划中明确造林绿化空间的通知》(自然资发〔2021〕198号)要求,各地应结合国土空间规划编制工作,组织开展造林绿化空间适宜性评估,将规划造林绿化空间明确落实到国土空间中,上图入库。

规划造林绿化空间来源于2022年全国统一部署的造林绿化空间适宜性评估工作。

[①] 中华人民共和国国家质量监督检验检疫总局,中国国家标准化管理委员会.森林资源术语:GB/T 26423—2010[S].北京:中国标准出版社,2015.

该工作由国家基于"三调"和最新年度变更调查成果，初步筛选出全国各省到县的适宜造林绿化空间图斑，作为主要调查评估范围。地方根据造林绿化空间调查评估技术方案开展适宜性评估工作，必要时进行实地调查。调查评估结果确认适宜的，明确为适宜造林绿化空间，对不适宜的，需提供照片、文件等举证材料，经逐级审核把关后，落实到国土空间规划"一张图"中。

例如，南京在国家下发图斑基础上，形成了契合城市发展需要的造林绿化空间评估路径。一是明确工作底图。在国家下发图斑基础上，以2020年国土变更调查为基础，优先将其他地类中符合国家有关规定并适宜造林绿化的土地作为补充内容纳入评估范围，包括被建设项目非法占用或毁林开垦的林地、废弃矿山拟绿化用地、通道绿化、未成林造林地、25°以上坡地、生态保护红线等，形成工作底图。二是统筹优化技术路径。南京市综合考虑未来国土空间结构和布局调整方向，结合"三区三线"划定等工作，在部、省文件要求之上，进一步增加即可恢复和工程恢复类用地、粮食生产功能区和高标准农田等限制因素，形成统筹的技术路径。三是开展适宜性评估工作。市区自然资源部门积极配合市区林业主管部门针对工作底图中的潜力图斑开展适宜性评估工作。调查评估结果确认适宜的，明确为适宜造林绿化空间，并在市国土空间总体规划成果中予以明确；经评估不适宜的，通过"国土调查云"App进行外业举证（图2-7、图2-8）。

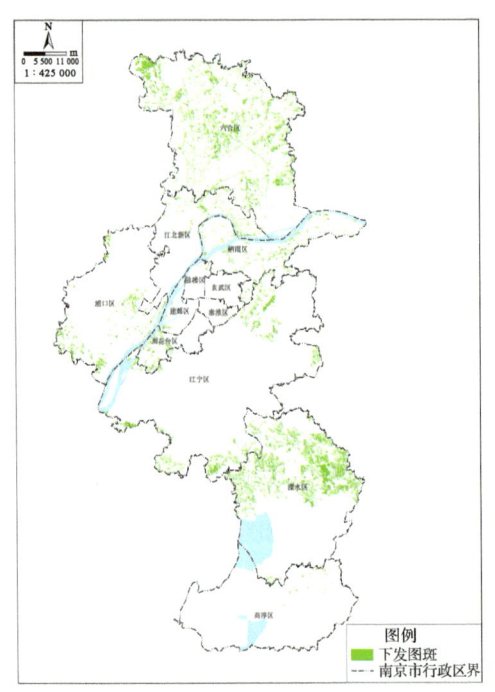 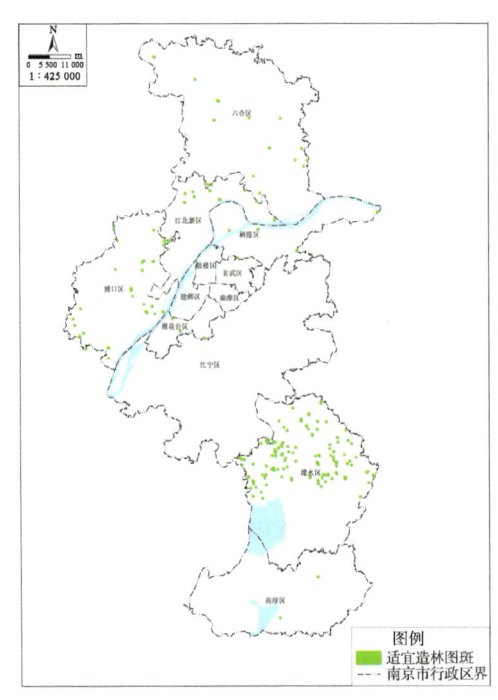

图2-7 国家下发南京市造林绿化空间适宜性评估潜力图斑　　　图2-8 "三调"2020变更调查中林地图斑

资料来源：南京市绿化园林局《南京市国土空间规划中造林绿化空间调查评估成果报告》

但从南京市绿化造林空间评估工作看，部下发图斑存在一定不合理性：一是下发潜力图斑中大部分为已造林图斑。国家下发南京市图斑总面积381 km²，实地调查现状已经造林且已达到造林绿化相关标准要求的面积为118.79 km²，占下发图斑面积的31.17%。二是下发潜力图斑空间分布不合理。从下发图斑看，主要位于南京市六合区和溧水区北部区域，然而前述两处区域地势平坦，主要为农业空间，下发图斑多与永久基本农田、高标准农田等空间重叠，新增造林潜力较小，因而在下发南京的53 881个图斑中，仅201个图斑适宜新增造林绿化。

4. 保护修复引导

按照《市级国土空间总体规划编制指南（试行）》，市县国土空间总体规划要明确天然林、生态公益林、基本草原等为主体的林地、草地保护区域，提出林地保护修复的措施。一般从以下三个方面提出规划引导要求：一是林地保护方面，主要内容包括森林资源保护措施、林地布局优化，如南京市提到应结合自然地理格局，在林地保有量基础上，实施沿江、沿河、沿路、岗地丘陵等重点生态空间林地提质增效，科学合理安排造林绿化空间。二是林地修复方面，主要内容包括森林质量提升、退化林地修复等，推进低效林改造恢复，增强生态系统稳定性、连通性。三是林地利用方面，主要包括结合生态建设和产业发展需要，合理适度发展林下经济、生态旅游、森林康养、自然教育等功能，并依法依规完善建设用地手续等。

2.2 湿地

湿地被誉为"地球之肾"，与森林、海洋并称为地球三大生态系统，具有涵养水源、净化水质、维护生物多样性、蓄洪防旱、调节气候和固碳等重要的生态功能，对维护我国生态、粮食和水资源安全具有重要作用。近年来，我国对湿地保护的重视程度不断提升，并采取相应的措施和手段加强湿地保护与管理，以促进湿地可持续发展。国家林业和草原局的数据显示，中国现有湿地面积约5 635万 hm²，现有国际重要湿地总数达82处，总面积764.7万 hm²。《市县国土空间总体规划编制指南》提出应基于地域自然环境条件，明确湿地保护范围，提出湿地相关指标等，但由于存在内涵定义、基础数据、分类标准、调查标准等方面的差异，湿地相关指标、湿地空间布局等方面存在差距，给市县国土空间规划工作带来诸多挑战。

2.2.1 "三调"启用前湿地的定义

作为《关于特别是作为水禽栖息地的国际重要湿地公约》（以下简称《湿地公约》）的缔约国之一，我国在2003年完成首次全国湿地资源调查，初步摸清了我国湿地资源的家底；2013年，我国根据《全国湿地资源调查技术规程（试行）》，通过3S技术与现地调查相结合的方法，完成了第二次全国湿地资源调查（简称"湿地二调"）。

"湿地二调"采用了《湿地保护管理规定》中的湿地定义,即常年或季节性积水地带、水域和低潮时水深不超过6 m的海域,包括沼泽湿地、湖泊湿地、河流湿地、滨海湿地等自然湿地,以及重点保护野生动物栖息地或者重点保护野生植物的原生地等人工湿地。调查分类采用了《全国湿地资源调查技术规程(试行)》的分类体系,将湿地划分为近海与海岸湿地、河流湿地、湖泊湿地等5个一级湿地类和浅海水域、潮下水生层等34个二级湿地型。从湿地资源分类看,"湿地二调"不但覆盖了海岸、河流和湖泊等自然湿地,也包括了库塘、稻田/冬水田、水产养殖场等人工湿地,是"广义"视角下的湿地资源调查(表2-6)。

表2-6 湿地类、型及划分标准

代码	湿地类	代码	湿地型	划分技术标准
Ⅰ	近海与海岸湿地	Ⅰ1	浅海水域	浅海湿地中,湿地底部基质为无机部分组成,植被盖度<30%的区域,多数情况下低潮时水深小于6 m,包括海湾、海峡
		Ⅰ2	潮下水生层	海洋潮下,湿地底部基质为有机部分组成,植被盖度≥30%,包括海草层、海草、热带海洋草地
		Ⅰ3	珊瑚礁	基质由珊瑚聚集生长而成的浅海湿地
		Ⅰ4	岩石海岸	底部基质75%以上是岩石和砾石,包括岩石性沿海岛屿、海岩峭壁
		Ⅰ5	沙石海滩	由砂质或沙石组成的,植被盖度<30%的疏松海滩
		Ⅰ6	淤泥质海滩	由淤泥质组成的植被盖度<30%的淤泥质海滩
		Ⅰ7	潮间盐水沼泽	潮间地带形成的植被盖度≥30%的潮间沼泽,包括盐碱沼泽、盐水草地和海滩盐沼
		Ⅰ8	红树林	由红树植物为主组成的潮间沼泽
		Ⅰ9	河口水域	从近口段的潮区界(潮差为零)至口外海滨段的淡水舌锋缘之间的永久性水域
		Ⅰ10	三角洲/沙洲/沙岛	河口系统四周冲积的泥/沙滩,沙州、沙岛(包括水下部分)植被盖度<30%
		Ⅰ11	海岸性咸水湖	地处海滨区域有一个或多个狭窄水道与海相通的湖泊,包括海岸性微咸水、咸水或盐水湖
		Ⅰ12	海岸性淡水湖	起源于泻湖,与海隔离后演化而成的淡水湖泊
Ⅱ	河流湿地	Ⅱ1	永久性河流	常年有河水径流的河流,仅包括河床部分
		Ⅱ2	季节或间歇性河流	一年中只有季节性(雨季)或间歇性有水径流的河流
		Ⅱ3	洪泛平原湿地	在丰水季节由洪水泛滥的河滩、河心洲、河谷、季节性泛滥的草地以及保持了常年或季节性被水浸润内陆三角洲所组成

续表

代码	湿地类	代码	湿地型	划分技术标准
Ⅱ	河流湿地	Ⅱ4	喀斯特溶洞湿地	喀斯特地貌下形成的溶洞集水区或地下河/溪
Ⅲ	湖泊湿地	Ⅲ1	永久性淡水湖	由淡水组成的永久性湖泊
		Ⅲ2	永久性咸水湖	由微咸水/咸水/盐水组成的永久性湖泊
		Ⅲ3	季节性淡水湖	由淡水组成的季节性或间歇性淡水湖（泛滥平原湖）
		Ⅲ4	季节性咸水湖	由微咸水/咸水/盐水组成的季节性或间歇性湖泊
Ⅳ	沼泽湿地	Ⅳ1	藓类沼泽	发育在有机土壤的、具有泥炭层的以苔藓植物为优势群落的沼泽
		Ⅳ2	草本沼泽	由水生和沼生的草本植物组成优势群落的淡水沼泽
		Ⅳ3	灌丛沼泽	以灌丛植物为优势群落的淡水沼泽
		Ⅳ4	森林沼泽	以乔木森林植物为优势群落的淡水沼泽
		Ⅳ5	内陆盐沼	受盐水影响，生长盐生植被的沼泽。以苏打为主的盐土，含盐量应>0.7%；以氯化物和硫酸盐为主的盐土，含盐量应分别大于1.0%、1.2%
		Ⅳ6	季节性咸水沼泽	受微咸水或咸水影响，只在部分季节维持浸湿或潮湿状况的沼泽
		Ⅳ7	沼泽化草甸	为典型草甸向沼泽植被的过渡类型，是在地势低洼、排水不畅、土壤过分潮湿、通透性不良等环境条件下发育起来的，包括分布在平原地区的沼泽化草甸以及高山和高原地区具有高寒性质的沼泽化草甸
		Ⅳ8	地热湿地	由地热矿泉水补给为主的沼泽
		Ⅳ9	淡水泉/绿洲湿地	由露头地下泉水补给为主的沼泽
Ⅴ	人工湿地	Ⅴ1	库塘	为蓄水、发电、农业灌溉、城市景观、农村生活为主要目的而建造的，面积不小于 8 hm² 的蓄水区
		Ⅴ2	运河、输水河	为输水或水运而建造的人工河流湿地，包括灌溉为主要目的的沟、渠
		Ⅴ3	水产养殖场	以水产养殖为主要目的而修建的人工湿地
		Ⅴ4	稻田/冬水田	能种植一季、两季、三季的水稻田或者是冬季蓄水或浸湿的农田
		Ⅴ5	盐田	为获取盐业资源而修建的晒盐场所或盐池，包括盐池、盐水泉

资料来源：《全国湿地资源调查技术规程（试行）》

2.2.2 基于"三调"的湿地定义

基于生态文明建设的需要,考虑到湿地的生态功能与林地、草地、水域等其他生态资源有着很大的不同,国土"三调"将"湿地"调整为与耕地、种植园用地、林地、草地、水域等并列的一级地类,明确"湿地"地类的定义为"指红树林地,天然的或人工的,永久的或间歇性的沼泽地、泥炭地,盐田,滩涂等",并设置8个二级地类(表2-7)。

表2-7 湿地地类代码

湿地二级类		含义
编码	名称	
0303	红树林地	沿海生长红树植物的土地
0304	森林沼泽	以乔木森林植物为优势群落的淡水沼泽
0306	灌丛沼泽	以灌丛植物为优势群落的淡水沼泽
0402	沼泽草地	指以天然草本植物为主的沼泽化的低地草甸、高寒草甸
0603	盐田	指用于生产盐的土地,包括晒盐场、盐池及附属设施用地
1105	沿海滩涂	指沿海大潮高潮位与低潮位之间的潮浸地带。包括海岛的沿海滩涂,不包括已利用的滩涂
1106	内陆滩涂	指河流、湖泊常水位至洪水位间的滩地;时令湖、河洪水位以下的滩地;水库、坑塘的正常蓄水位与洪水位间的滩地。包括海岛的内陆滩地,不包括已利用的滩地
1108	沼泽地	指经常积水或渍水,一般生长湿生植物的土地。包括草本沼泽、苔藓沼泽、内陆盐沼等,不包括森林沼泽、灌丛沼泽和沼泽草地

资料来源:《第三次全国国土调查技术规程》(TD/T 1055—2019)

2.2.3 主要差异和矛盾分析

1. "湿地二调"与"三调"调查分类不一致

"湿地二调"基于湿地资源认定的角度,将天然或人工的、永久或间歇性的沼泽地、泥炭地、水域地带,带有静止或流动、淡水或半咸水及咸水的水体,包括低潮时水深不超过6 m的海域均纳入湿地资源范畴,因此,"湿地二调"调查分类标准不但将近海与海岸湿地、河流、湖泊、沼泽、库塘(水库)纳入湿地调查对象,还将运河及输水河、水产养殖场、稻田/冬水田等季节性积水的耕地、沟渠、养殖水域纳入湿地资源范畴,是"大口径"的资源调查。

"三调"的"湿地"地类是与耕地、林地等并列的一级地类,该地类由国土"二调"分类中分别归属于林地、草地、水域及水利设施用地、工矿仓储用地的"红树林地""森林沼泽""灌丛沼泽""沼泽草地""沿海滩涂""内陆滩涂""沼泽地""盐田"8个二级地类组成,是"小口径"的地类调查。该地类与"湿地二调"地类相比,有一个显著变化,即原先纳入"湿地二调"并按湿地管理的河流、湖泊、水库,在"三调"中被归入"水域"地类。此外,原"湿地二调"中的近海与海岸湿地在"三调"中未作为海洋调查,同样归入了"水域"地类。该变化造成了"湿地二调"与"三调"湿地地类数据的较大差异(表2-8)。

表2-8 "湿地二调"、"三调"湿地相关内容对比

项目		第二次全国湿地资源调查("湿地二调")	第三次全国国土调查("三调")
模式关系	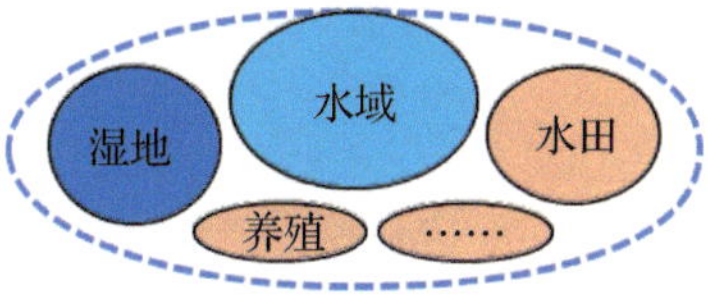	湿地、水域、水田、养殖……	 湿地
参照标准		《全国湿地资源调查技术规程(试行)》	《第三次全国国土调查技术规程》
湿地定义		指天然或人工的、永久的或间歇性的沼泽地、泥炭地、水域地带,带有静止或流动、淡水或半咸水及咸水的水体,包括低潮时水深不超过6 m的海域	指红树林地,天然的或人工的,永久的或间歇性的沼泽地、泥炭地、盐田,滩涂等
起调面积/要求		8 hm²及以上的近海与海岸湿地、湖泊湿地、沼泽湿地、人工湿地;宽度10 m以上、长度5 km以上河流湿地	"三调"调查最小上图图斑面积400 m²、600 m²
调查空间		包含了地表和地下、陆域和一定水域范围内的湿地资源	是零米等深线至陆域范围内、地表上的湿地资源(浅海水域、潮下水生层、珊瑚礁、岩石海岸、喀斯特溶洞湿地等类型都不在国土调查范围内)
湿地分类	近海与海岸湿地	浅海水域、潮下水生层、珊瑚礁、岩石海岸、沙石海滩、淤泥质海滩、潮间盐水沼泽、红树林、河口水域、三角洲/沙洲/沙岛、海岸性咸水湖、海岸性淡水湖	红树林地 森林沼泽 灌丛沼泽 沼泽草地 盐田 沿海滩涂 内陆滩涂 沼泽地
	河流湿地	永久性河流、季节性或间歇性河流、洪泛平原湿地、喀斯特溶洞湿地	
	湖泊湿地	永久性淡水湖、永久性咸水湖、季节性淡水湖、季节性咸水湖	
	沼泽湿地	藓类沼泽、草本沼泽、灌丛沼泽、森林沼泽、内陆盐沼、季节性咸水沼泽、沼泽化草甸、地热湿地、淡水泉/绿洲湿地	
	人工湿地	库塘、运河、输水河,水产养殖场,稻田/冬水田,盐田	

以南京市为例,"湿地二调"结果显示,南京市湿地面积共计973 km²,而根据"三调"结果,南京市湿地包括森林沼泽、灌丛沼泽、内陆滩涂、沼泽草地、沼泽地5个二级类,面积16 km²,仅为"湿地二调"面积的1.6%。此数量上的巨大差异是由调查分类标准的不同导致的(图2-9)。

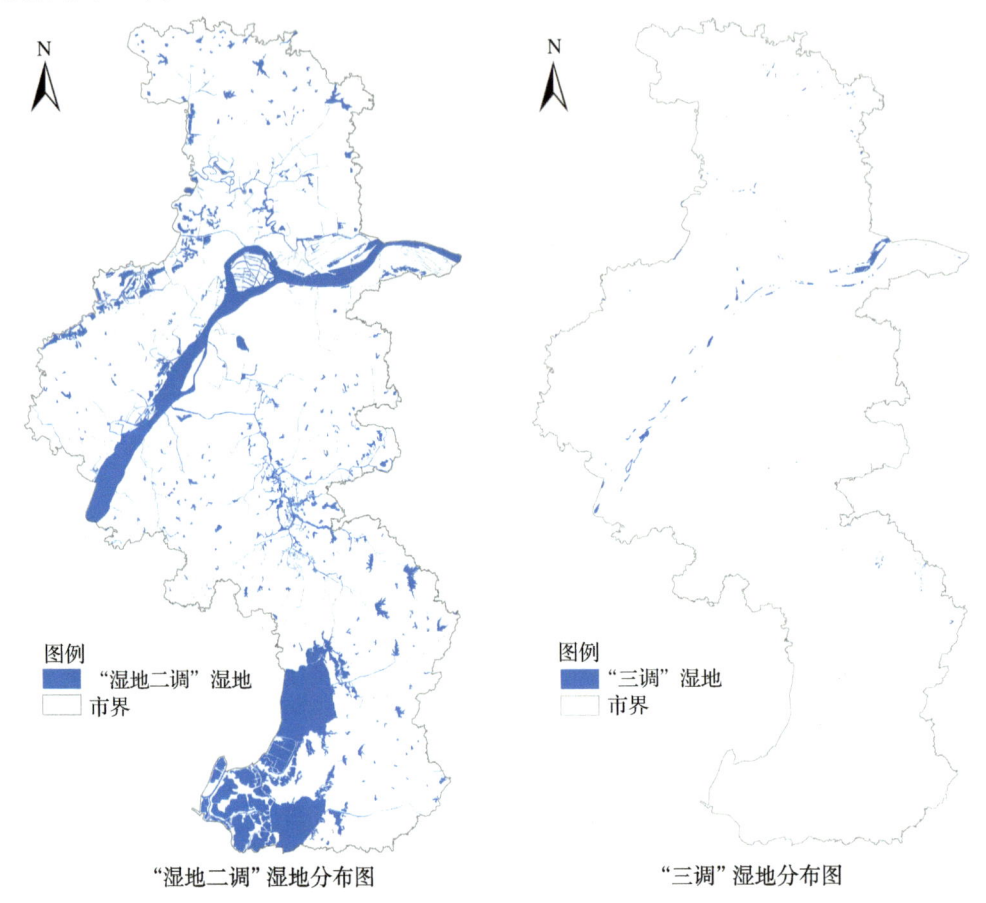

图2-9　不同口径下的湿地分布图
资料来源:根据相关资料整理绘制

2. "湿地二调"与"三调"调查尺度不一致

"湿地二调"是大尺度的湿地专项调查,调查技术规程提出遥感数据源一般应保证分辨率在20 m以上,并从生态系统服务功能的供给保障角度,提出近海与海岸湿地、湖泊湿地、沼泽湿地、人工湿地的起调面积为8 hm²(含8 hm²)以上,河流湿地的起调要求为宽度10 m以上、长度5 km以上,因此"湿地二调"数据图斑趋于完整和系统。

"三调"湿地调查精度较"湿地二调"大幅提升,要求农村土地利用现状调查采用优于1 m分辨率、覆盖全国的遥感影像资料;城镇内部土地利用现状调查,采用优于0.2 m分辨率的航空遥感影像资料。与此同时,调查技术规程明确湿地等农用地(不含设施农用地)最小上图图斑面积为400 m²,湿地资源的面积、空间出现了较大的差异。

2.2.4 市县国土空间总体规划有关湿地保护要求

1. 湿地面积

《市级国土空间总体规划编制指南（试行）》将"湿地面积"作为一项约束性指标，纳入规划指标体系附表。但在实际指标测算过程中，由于各市县对湿地内涵认知、统计口径存在差异，有的城市按照统一底图的要求，以"三调"成果为基础，将行政辖区内的"湿地"一级地类面积之和作为"湿地面积"指标，有的城市则以"湿地二调"成果为基础，按资源口径进行测算，因此湿地资源类型相似的城市之间指标差异巨大。

例如，南京市"三调"湿地面积 16 km^2，"湿地二调"湿地面积 973 km^2，若按"三调"面积填报，则湿地面积骤减，若按"湿地二调"填报则不符合"三调"统一底图的工作要求，也与"三区三线"、其他规划空间分区重叠。基于该矛盾，2020 年南京市结合市湿地保护利用专项规划的编制，按湿地资源类型，将三调"河流水面""湖泊水面""水库水面"、8 hm^2 以上坑塘水面作为测算基础，增补"湿地二调"范围内的"三调"养殖坑塘，形成南京市"三调"成果为基础的"湿地"资源新底图。

2022 年 6 月 1 日正式施行的《中华人民共和国湿地保护法》（简称《湿地保护法》）第二条明确了湿地是指"具有显著生态功能的自然或者人工的、常年或者季节性积水地带、水域，包括低潮时水深不超过六米的海域，但是水田以及用于养殖的人工的水域和滩涂除外"。按照该要求，前述探索的南京市"湿地"新底图扣减养殖水域后，湿地面积再次减少，无法满足上级行业主管部门下发的"972 km^2"湿地保有量任务，因而林业部门与自然资源部门再次无法形成一致意见，在市国土空间总体规划成果中，采用"不低于上级下达任务"的定性描述方式填写。

2024 年自然资源部《国批市级国土空间总体规划审查要点》明确"湿地面积不再作为必须要有的指标，各省（区、市）可根据实际作出规定"以及"现状湿地面积在文本正文和附表中均不写"的要求，南京市鉴于两部门对"湿地面积"指标填报始终无法达成一致，最终将其从规划指标表中删除。

2. 湿地保护率

"湿地保护率"是国土空间总体规划审查要点中新增加的一项预期性指标。湿地保护率的测算方式为：

$$湿地保护率(\%) = \frac{受保护的湿地面积}{湿地总面积} \times 100\%$$

湿地保护率的测算涉及底图数据、受保护的形式，在国土空间总体规划中明确湿地保护率指标，需要自然资源部门与林草部门共同认可方可填报。经多次磨合，两部门对以"三调"为底图开展指标测算已基本达成一致，但针对湿地总面积、湿地受保护形式仍未达成一致。

（1）关于"分母"——湿地总面积的认定

2022年9月，自然资源部办公厅回复国家林业和草原局的《自然资源部办公厅关于确定全口径湿地范围意见的函》（自然资办函〔2022〕1961号）提出：按照《湿地保护法》，"全口径湿地范围"包括"三调"工作分类"湿地"中的"红树林地""森林沼泽""灌丛沼泽""沼泽草地""沿海滩涂""内陆滩涂""沼泽地"等7个二级地类；"水域及水利设施用地"一级类中的"河流水面"、"湖泊水面"、"水库水面"、"坑塘水面"（不含养殖水面）、"沟渠"等5个二级地类；浅海水域0.62亿亩（公布时需注明"以海洋基础测绘成果中的零米等深线及5米、10米等深线插值推算"）。以《第三次全国国土调查主要数据公报》数据为基础，根据上述统计口径，统计得出全国湿地面积为8.47亿亩，远大于"三调"湿地地类面积3.52亿亩。

"全口径湿地范围"明确了资源视角下的"湿地"认定口径，在此背景下，各市均以此为依据，按上述地类确定"全口径湿地"的面积，作为湿地保护率测算的"分母"。

（2）关于"分子"——湿地保护形式的认定

湿地保护率测算的"分子"，即受保护湿地的面积，可以理解为纳入保护形式的湿地的面积。但在具体何谓"保护形式"上，至今部门之间仍存在争议，自然资源部门采用《关于建立以国家公园为主体的自然保护地体系的指导意见》规定的3种自然保护地、生态保护红线等范围测算湿地保护面积，则该口径的计算方法为：

$$湿地保护率(\%) = \frac{（自然保护地+生态保护红线内全口径湿地）}{"三调"全口径湿地} \times 100\%$$

部分城市按照上述公式，计算出"湿地保护率"指标，与林业主管部门达成一致后，进行指标数值填报，如广州市在上报成果中明确规划基期年"湿地保护率"指标为55%，2025年、2035年稳定在55%。深圳市在国土空间总体规划送审稿中明确"湿地保护率"现状、规划近远期指标分别为44%、≥50%、≥55%。

然而，部分城市林业主管部门对于受保护形式存在异议，认为湿地保护形式包括自然保护地、湿地保护小区、湿地多用途管理区、饮用水水源保护区、海洋特别保护区等，其统计方法为：

$$湿地保护率(\%) = \frac{\begin{array}{c}（自然保护地+湿地保护小区+湿地多用途管理区+\\饮用水水源保护区+海洋特别保护区内全口径湿地）\end{array}}{"三调"全口径湿地} \times 100\%$$

通过对比可以看出，林业主管部门认可的湿地保护形式较多，不但包括自然保护地，还包括湿地保护小区、湿地多用途管理区等，造成了林业口径测算方式下的湿地保护率高于自然资源部门口径。此外,两部门对统一保护形式的内涵不同。一是采用的自然保护地版本不同。由于自然保护地校核优化后数据尚未批复,林业主管部门采用校核优化前范围,而自然资源部门多采用校核优化后数据,其名录、范围均进行整合,因此校核优化后的保护地总面积小于优化前。二是饮用水水源地采取的口径不一致。林业部门将饮用水水源保护地一、二级保护区及准保护区范围作为湿地保护范围,自然资源部门仅考虑生态保护红线内的饮用水水源地,即饮用水水源地一级保护区,使得同一水源地名录下的受保护湿地面积减少(图2-10)。综上,若采用自然资源口径,湿地保护率将低于林业部门测算口径,这也是两部门对于"湿地保护率"指标无法达成一致的主要原因,故而在指标填报时,部分城市如南京市,参照"森林覆盖率",将规划近远期指标按"依据上级下达任务确定"的方式填写。

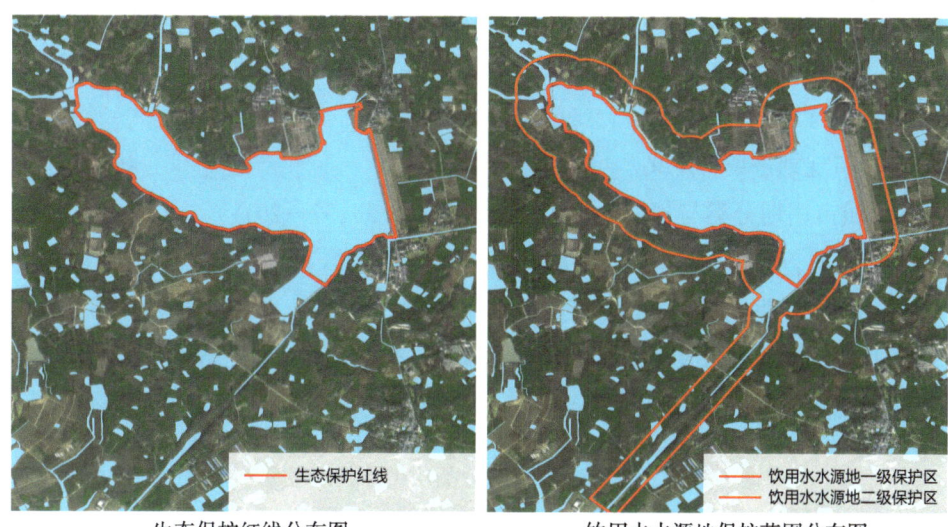

图2-10 不同数据中的南京市三岔水库饮用水水源地保护范围内全口径湿地对比

资料来源:根据相关资料整理绘制

3. 湿地保护修复要求

湿地保护修复是市县国土空间总体规划的一项重要内容。市县国土空间总体规划在编制过程中,通过衔接市国土空间总体规划中的市域总体空间结构、生态安全格局,协同河湖水系与湿地保护利用,合理确定湿地保护的目标与主要指标。此外,落实湿地保护法要求,建立"重要湿地——般湿地"分级体系和以湿地自然保护区、湿地公园、湿地保护小区为主的湿地保护体系,并制定合理的管控措施。改善湿地质量,提出针对性的湿地生态修复举措,强化重点河湖、红树林、滨海湿地保护修复,逐步恢复湿地生态功能。

2.3 水域

水是人类生存与发展的生命线,是人民生活和经济社会发展所必需的战略资源。党的十八大以来,党和国家对生态环境保护做出了更为严格的要求,提出要坚持以水定城、以水定地、以水定人、以水定产,把水资源作为最大的刚性约束[①]。识别水域生态空间,严格河湖水域空间管控,实施流域系统治理和水生态修复,不但有利于营造"湖美水清"的生态空间,也有助于强化城市的塑造。明确水域的概念内涵和统计口径,是确定市县国土空间总体规划中水域保护面积和水系格局的重要基础。

2.3.1 "三调"数据启用前水域的定义

1. 水行政主管部门采用的概念及分类

水行政主管部门对区域内水资源的管理主要依据《中华人民共和国水法》,该法所称的水资源包括地表水和地下水,《水资源术语》进一步解释为地表和地下可供人类利用又可更新的水,其中:地表水是存在于地壳表面的河流、湖泊、水库、水塘、沼泽、冰川、积雪等水体中的水;地下水狭义指埋藏于地面以下岩土孔隙、裂隙、溶隙中的重力水,广义指地面以下各种形态的水。可见水资源行政主管部门所指的水,是覆盖地表、地下的"水资源",不包括海洋。

2. 原城市规划采用的定义

根据《城市用地分类与规划建设用地标准》(GB 50137—2011),"水域"是非建设用地下的二级地类,从定义看,河流、湖泊、水库、坑塘、沟渠、滩涂、冰川及永久积雪均为纳入"水域"用地,依据水域的成因和用途,进一步细分为河流、湖泊、滩涂、冰川及永久积雪为主的"自然水域",以及"水库""坑塘沟渠"三个三级类。原城市规划中的水域属于"地表水"的范畴,但未包含海域(表2-9)。

表2-9 城乡用地分类中的水域分类

类别代码			类别名称	内容
大类	中类	小类		
E			非建设用地	水域、农林用地及其他非建设用地等
	E1		水域	河流、湖泊、水库、坑塘、沟渠、滩涂、冰川及永久积雪
		E11	自然水域	河流、湖泊、滩涂、冰川及永久积雪
		E12	水库	人工拦截汇集而成的总库容不小于10万m^3的水库正常蓄水位岸线所围成的水面
		E13	坑塘沟渠	蓄水量小于10万m^3的坑塘水面和人工修建用于引、排、灌的渠道

资料来源:《城市用地分类与规划建设用地标准》(GB 50137—2011)

3. 其他

为进一步加强水域保护,江苏省、浙江省以政府规章的形式出台了水域保护办法,强

---

① 王瑾钰.江西省水资源—水环境耦合承载力评价研究[D].武汉:华中师范大学,2022:1.

调"水域"不但包含江河、溪流、湖泊、水库等水体，还包含其管理范围，以期对所辖行政区内的水域实施系统的保护。此外，为了便于区分陆地水域与海域，统筹协调与耕地保护的关系，上述两省均明确了"水域"不包括海域和在耕地上开挖的鱼塘（江苏省在此基础上增加了农田沟渠）（表2-10）。

表2-10　部分省级水域保护办法相关内容

政府规章	水域定义
《浙江省水域保护办法》	江河、溪流、湖泊、人工水道、行洪区、蓄滞洪区、水库、山塘及其管理范围，不包括海域和在耕地上开挖的鱼塘。
《江苏省水域保护办法》	江河（含入海水域）、湖泊、水库、塘坝、沟渠及其管理范围，不包括海域和在耕地上开挖的鱼塘及农田沟渠。入海水域范围为入海河道全部进入大海至河床已无明显的河槽之处。

2.3.2　基于"三调"的水域定义

根据"第三次全国国土调查工作分类"，水域与水利设施用地合并形成一级地类，即"水域及水利设施用地"，细分为"河流水面""湖泊水面""水库水面""坑塘水库""沟渠""冰川及永久积雪""水工建筑用地"7个二级类，不涉及海域。

《国土空间调查、规划、用途管制用地用海分类指南》充分考虑了与"三调"工作分类的衔接，调整细分了陆地水域，将原"三调""水域及水利设施用地"中的"河流水面""湖泊水面""水库水面""坑塘水面""沟渠""冰川及永久积雪"6个二级类归入一级类"陆地水域"，其中"冰川及永久积雪"改为"冰川及常年积雪"，将"水工建筑用地"归入"公用设施用地"中的"水工设施用地"。此外，用地用海分类指南对接土地管理法，补充增加了"海洋资源"相关用海分类，按照海洋资源利用主导方式，将其分为渔业用海、工矿通信用海、交通运输用海、游憩用海、特殊用海、其他海域6个一级类及23个二级类（表2-11）。

表2-11　水域在"三调"调查工作分类与用地用海分类中的对应

第三次全国国土调查工作分类		国土空间调查、规划、用途管制用地用海分类	
一级类	二级类	二级类	一级类
水域及水利设施用地	河流水面	河流水面	陆地水域
	湖泊水面	湖泊水面	
	水库水面	水库水面	
	坑塘水面	坑塘水面	
	沟渠	沟渠	
	冰川及永久积雪	冰川及常年积雪	
	水工建筑用地	水工设施用地	公用设施用地

续表

第三次全国国土调查工作分类		国土空间调查、规划、用途管制用地用海分类	
一级类	二级类	二级类	一级类
无对应分类		渔业基础设施用海	渔业用海
		增养殖用海	
		捕捞海域	
		农林牧业用岛	
		工业用海	工矿通信用海
		盐田用海	
		固体矿产用海	
		油气用海	
		可再生能源用海	
		海底电缆管道用海	
		港口用海	交通运输用海
		航运用海	
		路桥隧道用海	
		机场用海	
		其他交通运输用海	
		风景旅游用海	游憩用海
		文体休闲娱乐用海	
		军事用海	特殊用海
		科研教育用海	
		海洋保护修复及海岸防护工程用海	
		排污倾倒用海	
		水下文物保护用海	
		其他特殊用海	
		—	其他海域

2.3.3 主要差异和矛盾分析

用地与资源视角下的水域范围尚未统一：一是管理与地类视角下的水域界线不一致。以河湖水域边界为例，市县国土空间总体规划的工作底图为"三调"，其成果以高清遥感影像图为基础，结合外业工作，对水域范围进行勾绘，开展市县国土空间总体规划时，参照用地用海分类标准对河流、湖泊、水库等水域进行对应地类分类。而水行业主管部门依据《中华人民共和国水法》《中华人民共和国防洪法》《中华人民共和国河道管理条例》《关于加强河湖管理工作的指导意见》，以及各省水库管理条例等，基于防洪、调蓄、管理等多角度划定河湖管理范围。两者出发点的不同造成界线划定的不同。以南京市中山水库为例，该水库为中型水库，根据相关法律法规，中山水库管理范围大于实际水域范围，范围内不但包括了"三调"成果中中山水库的水域范围，还包括了周边耕地、林地、园地、少量建设用地等地类。二是河湖管理范围线与"三区三线"重叠较多。同样以南京市中山水库为例，在已划定的管理范围内，还存在与城镇开发边界、永久基本农田保护红线、生态保护红线重叠的情况，增加了管理和河湖划界成果确权的难度（图2-11、表2-12）。

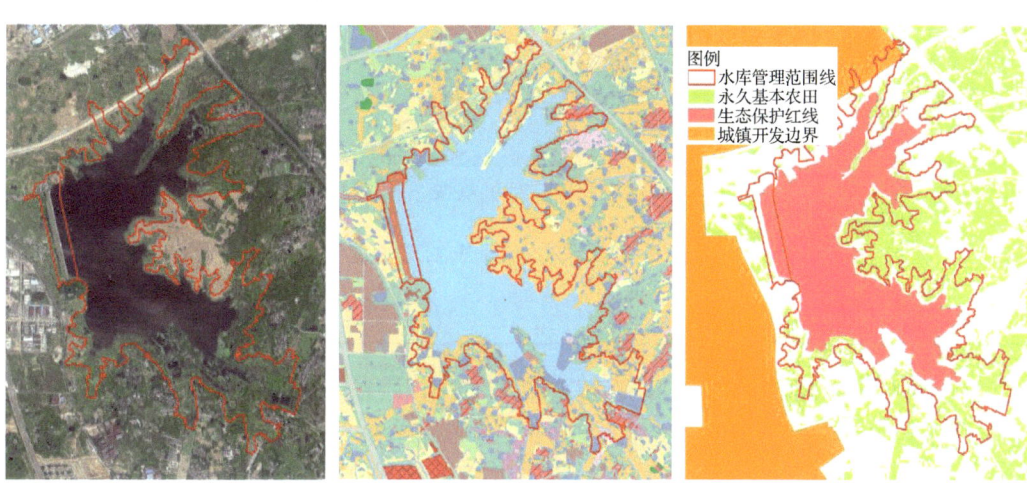

图2-11　南京市中山水库管理范围线与影像图（左）、"三调"（中）、国土空间总体规划"三区三线"成果（右）对比
资料来源：根据相关资料整理绘制

表2-12　水库管理范围划定相关依据

文件名	相关内容
《中华人民共和国河道管理条例》	第二条第一款：本条例适用于中华人民共和国领域内的河道（包括湖泊、人工水道、行洪区、蓄洪区、滞洪区）。 第二十条：有堤防的河道，其管理范围为两岸堤防之间的水域、沙洲、滩地（包括可耕地）、行洪区，两岸堤防及护堤地。无堤防的河道，其管理范围根据历史最高洪水位或者设计洪水位确定。河道的具体管理范围，由县级以上地方人民政府负责划定
《江苏省河道管理条例》	第二条：本省行政区域内河道（包括湖泊、水库、人工水道、行洪区、蓄洪区、滞洪区）的管理、保护和利用，适用本条例。 第十七条第二款：河道管理范围按照《江苏省水利工程管理条例》的规定划定。
《江苏省水库管理条例》	第十三条第一款：水库的管理范围为： （一）大型水库大坝及其两端各八十至一百米、大坝背水坡坝脚外一百五十至两百米，中型水库大坝及其两端各五十至八十米、大坝背水坡坝脚外一百至一百五十米，小（1）型水库大坝及其两端各三十至五十米、大坝背水坡坝脚外五十至一百米，小（2）型水库大坝及其两端各十至三十米、大坝背水坡坝脚外十至五十米。 （二）库区水域、岛屿和水库征地线以内的区域；已建水库库区未征地或者征地线未达到正常蓄水位线的，按照不低于正常蓄水位线的标准划定。 （三）水库其他工程设施的管理范围按照《江苏省水利工程管理条例》的规定确定

续表

文件名	相关内容
《江苏省水利工程管理条例》	第六条 为了确保工程安全和防汛抢险的需要，水利工程的管理范围规定如下： …… (三) 大中型涵闸、水库、灌区的管理范围： 1. 大型涵闸、抽水站：上下游河道、堤防各五百米至一千米；左右侧各一百米至三百米。中型涵闸、抽水站、水电站：上下游河道、堤防各二百米至五百米；左右侧各五十米至二百米。水利枢纽工程内分别由水利部门和其他部门管理的各类建筑物，凡各自的管理范围已经划分明确的，不再变动；未经划分明确的，在不影响水利工程设施安全管理的前提下，兼顾其他方面的需要，由有关部门根据实际情况具体协商划定，报县级以上人民政府批准。新建工程在批准设计时，应同时明确规定管理范围。 2. 大中型水库：设计最高洪水位线以下的库区及大坝背水坡坝脚外一百米至二百米。大坝两端的山头、岗地，可根据安全管理需要，由有关市、县人民政府划定管理范围。 3. 十万亩以上灌区：干渠背水坡坡脚外三米至五米；支渠背水坡坡脚外一米至三米。 ……

2.3.4 市县国土空间总体规划有关水域面积保护要求

1. 面积保护要求

《市级国土空间总体规划编制指南（试行）》要求制定水资源供需平衡方案，明确水资源利用上限，并将"用水总量"作为约束性指标纳入规划指标体系表。此后出于水域面积保护的需求，国家统一下发了相关文件，要求增加预期性指标"水域空间保有量"。

例如，在南京市国土空间总体规划编制的早期阶段，考虑城市江、河、湖等水资源丰富的特征和基于对水域整体格局保护的考量，提出将"河湖水面率"作为补充指标，纳入规划成果中。"河湖水面率"指河道、湖泊常水位的水域面积占行政区域面积（不考虑邻近海域面积）的比率。综合水域所承担的水利、生态方面的功能，南京市将水库水面也纳入指标测算口径，因此计算公式为：

$$河湖水面率(\%) = \frac{(河流水面面积 + 湖泊水面面积 + 水库水面面积)}{市县行政区域面积} \times 100\%$$

该指标测算以"三调"为基础，测算得出南京市现状"河湖水面率"为8.5%，规划2035年该指标在现状基础上适当提升。而根据南京市水务局《南京市"节水优先、水效领跑"行动实施意见》，全市水域面积占全市总面积11.4%（也称"水面率"）。由于水务部门测算所采用的底图专业调查数据，其分类、图斑边界与"三调"有较大差异，在市国土空间总体规划征求部门意见过程中，未能就"水域"范围认定、工作底图等与市水务部门达成一致，南京市国土空间总体规划过程稿中删除了该项指标。

2022年11月，《自然资源部办公厅关于南京市国土空间总体规划意见的函》中提到增加

"水域空间保有量"指标。2024年3月,自然资源部《国批市级国土空间总体规划审查要点》中提到"'水域空间保有量'为预期性指标,按照'三调'数据中'水域及水利设施用地'扣除'水工建筑用地'之后的口径计算"。按此方法,"水域空间保有量"指标的计算方法为:

水域空间保有量 = "三调"水域及水利设施用地面积 - 水工建筑用地面积

"水域空间保有量"主要是针对现状水域面积管控的一个预期性指标,大部分城市均以上述统计口径、计算方法填报"水域空间保有量"指标。但深圳、南京等超大、特大城市基于自身发展需要或管控视角的不同,提出了不同的指标填报方案。南京市认为,虽然水域空间保有量指标是预期性指标,但其保护重点应为结构性水系,同时还需兼顾耕地保护和规划衔接等要求,最后将水域空间保有量指标测算的"分子"聚焦至"三调"中的"河流水面""湖泊水面""水库水面"三大类,以此测算现状水域空间保有量为 549.20 km², 规划近、远期指标均不低于现状值。深圳市国土空间总体规划阶段成果中提到规划近、远期"水域空间保有量"均为不低于60 km², 该数据与深圳市规划和自然资源局公布的全市第三次全国国土调查主要数据公报的河流水面、湖泊水面、水库水面三者加和接近(分别为874.67 hm²、4.65 hm²、4 903.66 hm²),可见,深圳市也是以结构性水域作为保护对象进行水域面积管控的。

2. 水资源保护要求

(1) 节约用水

《市级国土空间总体规划编制指南(试行)》提出要"按照以水定城、以水定地、以水定人、以水定产原则,优化生产、生活、生态用水结构和空间布局"。各市在编制国土空间总体规划时,均坚持"四水四定"原则,根据各市县水资源现状,提出水资源供需平衡方案、用水结构优化的建议,明确饮用水水源地、河湖水系、湿地和水源涵养地等的保护管控要求。

例如,广州市提出实施最严格的水资源管理制度。2025年,年用水总量控制在45.42亿m³内,单位国内生产总值用水量控制在13.4 m³/万元以内。到2035年,年用水总量及单位国内生产总值用水量达到省考核要求。在强化水安全方面,提出构建东江、西江、北江、重要河库组成的多水源供水格局。南京市提出到2025年,全市用水总量不超过59.1亿m³。到2035年,全市用水总量不超过国家下达指标。严格执行取水许可、水资源有偿使用制度,强化重点行业用水定额管理,推广节约用水措施,鼓励再生水回用和雨水利用。

(2) 水生态修复

《市级国土空间总体规划编制指南(试行)》要求针对生态功能退化、生物多样性减少、水土污染等问题区域,明确生态系统修复的目标、重点区域和重大工程。2024年自然资源部《国批市级国土空间总体规划审查要点》提道:"建议补充完善生物多样性保护的具体内容,提出生物多样性保护的空间安排和规划策略。"例如,南京市把水环境与水生态修复内容纳入生态空间与自然资源保护利用章节,提出推进水污染防治与水环境整治,实施生态清淤、驳岸营造、滨岸植被恢复工程。推进水生态保护修复工程,恢复和保持城市及周边河湖水系的自然连通性和流动性;推进农村重点河网水系以及沿湖(库)周边水系的生态治理。广州市提出开展水生态保护修复,包括开展骨干河道保护控制和重要湿地保护修复工程,科学规范开展水生生物增殖放流,严格执行禁渔期制度,加强重要水生生物栖息地保护与修复,推进水源涵养修复工程,建设"万里碧道"及全域系统性推进海绵城市建设等相关要求。

3. 城市蓝线划定

划定中心城区河道蓝线是《市级国土空间总体规划编制指南(试行)》的一项重要内容。2024年3月自然资源部《国批市级国土空间总体规划审查要点》中提到"中心城区内应划定'城市四线',明确划定内容、规模、管控要求",还提出对"四线"的管控要求可增加"城市蓝线在保障功能不降低、规模不减少的前提下,在下层次规划中逐级细化落位,保持蓝线的系统性和连通性"表述,并明确控制线的调整应符合国家有关规定。例如,广州市将中心城区范围内的骨干河道和大中型水库保护控制范围划定为城市蓝线,南京市将中心城区内骨干河道和重要湖泊纳入城市蓝线(图2-12)。

图2-12 南京市中心城区河道蓝线规划图
资料来源:《南京市国土空间总体规划(2021—2035年)》

2.4 城乡绿地

2.4.1 "三调"启用前绿地定义

1. 原城市规划中的绿地

国土空间规划体系建立之前,原城市规划体系关于用地分类执行《城市用地分类与规划建设用地标准》(GB 50137—2011)。根据该标准,建设用地中的绿地,对应用地类别为"城市建设用地"中的"绿地与广场用地",根据其功能分为公园绿地、防护绿地、广场等公共开放空间用地,是独立占地的建设用地类型。风景名胜区、森林公园等的管理和服务设施用地,属于H9"其他建设用地",即仅对其批复范围内的建设用地,如边境口岸和风景名胜区、森林公园等的管理及服务设施等用地,纳入"其他建设用地(H9)",以方便建设用地的统计及管理。林地、水域等地类,为非建设用地(表2-13)。

表2-13 绿地与广场用地分类和代码

类别代码			类别名称	内容
大类	中类	小类		
G			绿地与广场用地	公园绿地、防护绿地、广场等公共开放空间用地
	G1		公园绿地	向公众开放,以游憩为主要功能,兼具生态、美化、防灾等作用的绿地
	G2		防护绿地	具有卫生、隔离和安全防护功能的绿地
	G3		广场用地	以游憩、纪念、集会和避险等功能为主的城市公共活动场地

备注:《城市用地分类与规划建设用地标准》(GB 50137—2011)

为合理确定城市建设用地结构,满足居民休闲游憩需要,《城市用地分类与规划建设用地标准》(GB 50137—2011)提出绿地与广场用地比例宜占城市建设用地比例的10.0%—15.0%,人均绿地与广场用地面积不应小于10.0 m^2/人,其中人均公园绿地面积不应小于8.0 m^2/人。

2. 城市绿地系统专项规划中的绿地

根据2018年6月1日实施的《城市绿地分类标准》(CJJ/T 85—2017),城市绿地包括城市建设用地内的绿地与广场用地和城市建设用地外的区域绿地两部分,并基于绿地规划、设计、建设、管理和统计等多方面多层次的工作需求,将城乡绿地按建设用地内、外分为5个大类,其中城市建设用地内绿地包括公园绿地、防护绿地、广场用地、附属绿地4大类,细分为11个中类6小类。市建设用地外绿地统一归为区域绿地,细分为风景游憩绿地、生态保育绿地、区域设施防护绿地、生产绿地4个种类,5个小类(表2-14)。

表2-14 绿地分类和代码表

类别代码			类别名称	内容	备注
大类	中类	小类			
G1			公园绿地	向公众开放,以游憩为主要功能,兼具生态、景观、文教和应急避险等功能,有一定游憩和服务设施的绿地	
	G11		综合公园	内容丰富,适合开展各类户外活动,具有完善的游憩和配套管理服务设施的绿地	规模宜大于10 hm²
	G12		社区公园	用地独立,具有基本的游憩和服务设施,主要为一定社区范围内居民就近开展日常休闲活动服务的绿地	规模宜大于1 hm²
	G13		专类公园	具有特定内容或形式,有相应的游憩和服务设施的绿地	
		G131	动物园	在人工饲养条件下,移地保护野生动物,进行动物饲养、繁殖等科学研究,并供科普、观赏、游憩等活动,具有良好设施和解说标识系统的绿地	
		G132	植物园	进行植物科学研究、引种驯化、植物保护,并供观赏、游憩及科普等活动,具有良好设施和解说标识系统的绿地	
		G133	历史名园	体现一定历史时期代表性的造园艺术,需要特别保护的园林	
		G134	遗址公园	以重要遗址及其背景环境为主形成的,在遗址保护和展示等方面具有示范意义,并具有文化、游憩等功能的绿地	
		G135	游乐公园	单独设置,具有大型游乐设施,生态环境较好的绿地	绿化占地比例应大于或等于65%
		G139	其他专类公园	除以上各种专类公园外,具有特定主题内容的绿地。主要包括儿童公园、体育健身公园、滨水公园、纪念性公园、雕塑公园以及位于城市建设用地内的风景名胜公园、城市湿地公园和森林公园等	绿化占地比例应大于或等于65%
	G14		游园	除以上各种公园绿地外,用地独立,规模较小或形状多样,方便居民就近进入,具有一定游憩功能的绿地	带状游园的宽度宜大于12 m;绿化占地比例应大于或等于65%
G2			防护绿地	用地独立,具有卫生、隔离、安全、生态防护功能,游人不宜进入的绿地。主要包括卫生隔离防护绿地、道路及铁路防护绿地、高压走廊防护绿地、公用设施防护绿地等	

续表

类别代码			类别名称	内容	备注
大类	中类	小类			
G3			广场用地	以游憩、纪念、集会和避险等功能为主的城市公共活动场地	绿化占地比例宜大于或等于35%；绿化占地比例大于或等于65%的广场用地计入公园绿地
XG			附属绿地	附属于各类城市建设用地（除"绿地与广场用地"）的绿化用地。包括居住用地、公共管理与公共服务设施用地、商业服务业设施用地、工业用地、物流仓储用地、道路与交通设施用地、公用设施用地等用地中的绿地	不再重复参与城市建设用地平衡
	RG		居住用地附属绿地	居住用地内的配建绿地	
	AG		公共管理与公共服务设施用地附属绿地	公共管理与公共服务设施用地内的绿地	
	BG		商业服务业设施用地附属绿地	商业服务业设施用地内的绿地	
	MG		工业用地附属绿地	工业用地内的绿地	
	WG		物流仓储用地附属绿地	物流仓储用地内的绿地	
	SG		道路与交通设施用地附属绿地	道路与交通设施用地内的绿地	
	UG		公用设施用地附属绿地	公用设施用地内的绿地	
EG			区域绿地	位于城市建设用地之外，具有城乡生态环境及自然资源和文化资源保护、游憩健身、安全防护隔离、物种保护、园林苗木生成等功能的绿地	不参与建设用地汇总，不包括耕地
	EG1		风景游憩绿地	自然环境良好，向公众开放，以休闲游憩、旅游观光、娱乐健身、科学考察等为主要功能，具备游憩和服务设施的绿地	

续表

类别代码			类别名称	内容	备注
大类	中类	小类			
		EG11	风景名胜区	经相关主管部门批准设立,具有观赏、文化或者科学价值,自然景观、人文景观比较集中,环境优美,可供人们游览或者进行科学文化活动的区域	
		EG12	森林公园	具有一定规模,且自然风景优美的森林地域,可供人们进行游憩或科学、文化、教育活动的绿地	
		EG13	湿地公园	以良好的湿地生态环境和多样化的湿地景观资源为基础,具有生态保护、科普教育、湿地研究、生态休闲等多种功能,具备游憩和服务设施的绿地	
		EG14	郊野公园	位于城区边缘,有一定规模,以郊野自然景观为主,具有亲近自然、游憩休闲、科普教育等功能具备必要服务设施的绿地	
		EG19	其他风景游憩绿地	除上述外的风景游憩绿地,主要包括野生动植物园、遗址公园、地质公园等	
	EG2		生态保育绿地	为保障城乡生态安全,改善景观质量而进行保护、恢复和资源培育的绿色空间。主要包括自然保护区、水源保护区、湿地保护区、公益林、水体防护林、生态修复地、生物物种栖息地等各类以生态保育功能为主的绿地	
	EG3		区域设施防护绿地	区域交通设施、区域公用设施等周边具有安全、防护、卫生、隔离作用的绿地。主要包括各级公路、铁路、输变电设施、环卫设施等周边的防护隔离绿化用地	区域设施指城市建设用地外的设施
	EG4		生产绿地	为城乡绿化美化生成、培育、引种试验各类苗木、花草、种子的苗圃、花圃、草圃等圃地	

备注:《城市绿地分类标准》(CJJ/T 85—2017)

3. 对应关系分析

前述两个标准在城乡绿地的分类上,既存在一致性,也存在差异性。一致性主要体现在城市建设用地范围内的绿地分类,即"公园绿地""防护绿地""广场用地"的用地名称、内涵得到统一,同时,在《城市绿地分类标准》中,对"公园绿地"进一步细分为"综合公园""社区公园""专类公园""游园"4个二级类,更好地指导了不同类型公园绿地的规划、设计和管理。

差异性主要为两点:一是体现在绿地的权属和公共属性的区分上,从《城市用地分类与规划建设用地标准》看,不论是公园绿地、防护绿地,还是广场用地,均为城市规划用地中独立占地的绿地类型。而《城市绿地分类标准》基于广义绿色开敞空间的角度,将附属于各类城市建设用地(除"绿地与广场用地")的绿化用地纳入"附属绿地"。二是体现在城市建设用地之外的生态绿地协同管控上。为统筹安排城乡生态游憩资源,《城市绿地分类标准》中提出了"区域绿地",包括风景游憩绿地、生态保育绿地、区域设施防护绿地和生产绿地4个类型。而《城市用地分类与规划建设用地标准》则明确"其他建设用地"仅为边境口岸和风景名胜区、森林公园等的管理及服务设等用地,不包含风景名胜区、森林公园等的总体范围(图2-13、图2-14)。

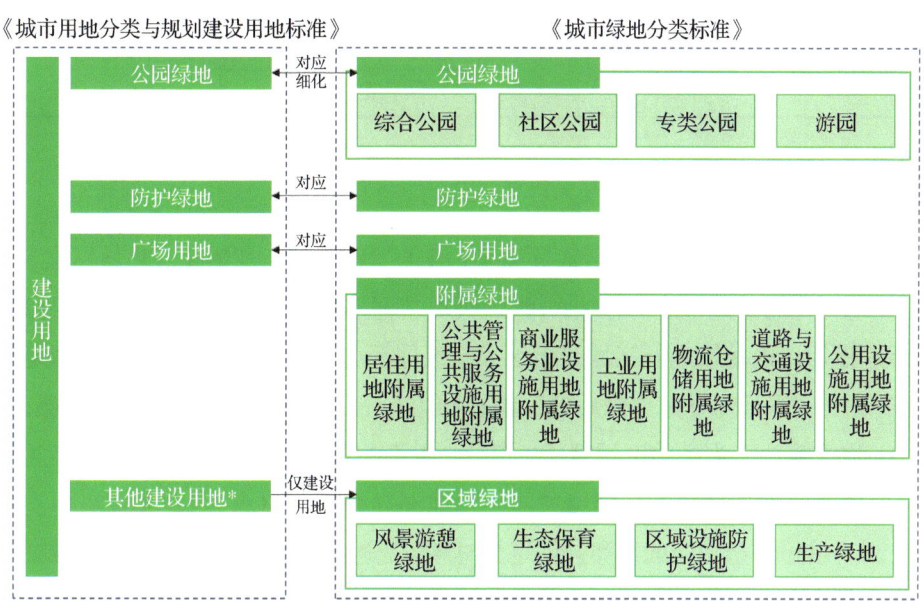

图2-13 绿地分类对比
资料来源:作者自绘

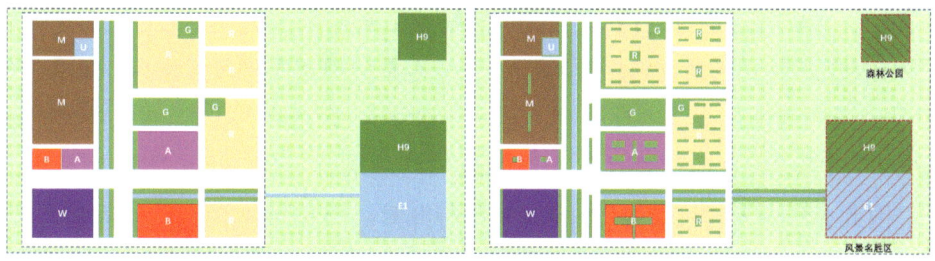

图2-14 绿地在原城市规划、绿地系统专项规划中的模式图
资料来源:作者自绘

2.4.2 基于"三调"的绿地定义

《国土空间调查、规划、用途管制用地用海分类指南》将城市绿地归入"14绿地与开敞空间用地",与"第三次全国国土调查工作分类"中"08 公共管理与公共服务用地"中的"公园与绿地"可进行对应。同时,指南将"绿地与开敞空间用地"其定义为"城镇、村庄建设用地范围内的公园绿地、防护绿地、广场等公共开敞空间用地,不包括其他建设用地中的附属绿地",并进一步细化分为"公园绿地""防护绿地""广场用地"3个二级类(表2-15)。

表2-15 城市绿地在"三调"调查工作分类与用地用海分类的对应

第三次全国国土调查工作分类		国土空间调查、规划、用途管制用地用海分类	
一级类	二级类	二级类	一级类
公共管理与公共服务用地	公园与绿地	公园绿地	绿地与开敞空间用地
		防护绿地	
		广场用地	

2.4.3 主要差异

1. 现状绿地认定标准不同

《城市绿地分类标准》中的绿地分类是《城市用地分类与规划建设用地标准》中的大类"G绿地与广场用地"的细化(细分为二级类甚至三级类)和深化(基于功能统筹角度,将城市建设用地内的绿地及区域绿地纳入绿地体系)。而在市县国土空间总体规划编制中,"三调"的"绿地与开敞空间用地"首先不包括城市建设用地外的以风景游憩、生态保育、生态防护等功能为主的区域绿地。其次,由于"三调"的原则为"所见即所得","三调"将原城市绿地分类中的公园绿地部分用地调查为其他用地,因此大量实际使用中的城市公园内承担游憩功能的地类被认定为林地、园地、草地等。例如南京市,2022年园林部门认定的全市城市建成区范围内公园绿地面积为945.83 km²,而同年"三调"年度变更调查中公园与绿地总面积仅47.52 km²,在数据上具有数量级的差异,此类差异直接影响现状和规划绿地有关指标的测算。

以南京市羊山公园为例,在《南京仙林副城仙鹤片区控制性详细规划》等规划中,羊山公园的规划用地性质为G1公园绿地,在绿地系统规划中将其细化为G11综合公园。但由于"三调"地类是依据主导用地功能进行划分的,因此在"三调"成果中,羊山公园地类被调为主要为"林地""草地""公路用地""坑塘水面""特殊用地"等,而非"公园与绿地",因此无法纳入现状人均公园绿地等指标测算。与此同时,在国土空间总体规划成果中,基于"三调"、城镇开发边界扩展系数等的统筹考虑,规划将公园范围内"三调"属于"公路用地"、部分"特殊用地"等按现状建设用地保留,将公园内部园路按公园绿地落实，划入城镇开发边界；同时现状林地、园地等农用地也维持"三调"原地类，调出城镇开发边界。结果，羊山公园按照原城市规划用地分类约74 hm²，在国土空间总体规划中其面积却不足8 hm²，相差9倍之多。除面积发生变化外，也造成相关绿地率、绿化覆盖率指标发生较大下降（图2-15、图2-16、图2-17）。

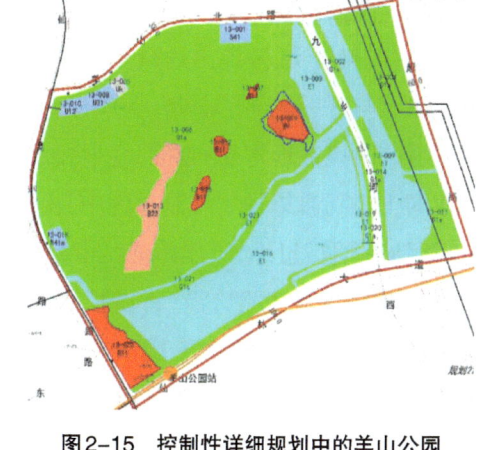

图2-15　控制性详细规划中的羊山公园
资料来源：南京市规划和自然资源局《南京仙林副城仙鹤片区控制性详细规划》EAe020-13、15、18规划管理单元图则修改批后公示

图2-16　羊山公园绿线与"三调"数据叠合分析
资料来源：根据相关资料整理绘制

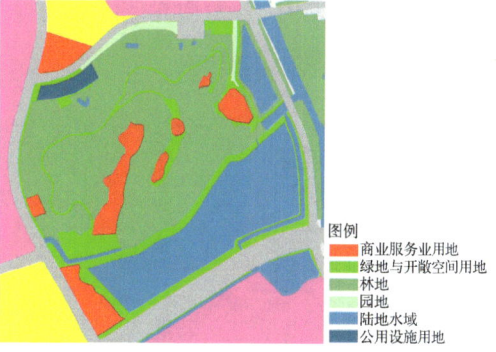

图2-17　羊山公园绿线与南京市国土空间总体规划中心城区土地使用规划图叠合分析
资料来源：根据相关资料整理绘制

2. "三线"划定规则带来的规划绿地口径和布局问题

《全国"三区三线"划定规则》确定了1.3倍以内的城镇开发边界扩展系数，市县为了尽可能提高城镇开发边界内新增城镇建设用地，根据一些省级的划定规则，基本上都把现状结构性绿地甚至公园绿地划出城镇开发边界，导致市县国土空间总体规划中的绿地与开敞空间用地总量与园林绿化行业主管部门的统计产生巨大差异。应借鉴以往城市绿地系统规划有关绿地系统分类和强调绿地系统结构性的经验，以突出生态休闲功能为原则，在城镇开发边界内绿地与开敞空间用地基础上，提出国土空间规划体系下的市县绿地系统规划的绿地功能空间用地构成和相关统计指标建议。

2.4.4　市县国土空间总体规划中绿地规划相关内容

1. 绿地系统与开敞空间

《市级国土空间总体规划编制指南（试行）》要求结合市域生态网络，完善蓝绿开敞空间系统,确定结构性绿地、城乡绿道、市级公园等重要绿地,划定中心城区绿线并提出控制要求;在中心城区提出通风廊道、隔离绿地和绿道系统等布局和控制要求;确定中心城区绿地与开敞空间的总量、人均用地面积和覆盖率指标,并提出包括社区公园、口袋公园在内的各类绿地均衡布局的规划要求。

在国土空间总体规划编制过程中,由于"三调"和位于城镇开发边界内的"绿地与开敞空间用地"明显过小,不能体现城市绿地系统的结构性。为此,部分城市逐步将狭义的地类口径转向资源功能口径,将城镇开发边界外部分承担游憩、景观功能的用地纳入绿地与开敞空间中,面积远大于城镇开发边界内的用地统计口径。例如广州市规划绿地与开敞空间用地面积不仅包括公园绿地、防护绿地、广场用地,还包含了城市主要道路两侧和河涌水系沿岸承担景观绿化作用的用地。南京市突出"山、水、城、林、文"相交融的特色,规划形成以长江和明城墙带状绿地为骨架,以滨河绿地为纽带,山林绿地有机联系,公园绿地均衡分布的中心城区绿地系统和开敞空间系统,这个绿地系统和开敞空间系统将中心城区范围内、开发边界范围外的部分林地和湿地纳入其中,以增加城市绿地系统和开敞空间系统(图2-18)。

图2-18 南京市中心城区绿地系统和开敞空间规划图
资料来源:《南京市国土空间总体规划(2021—2035年)》

2. 公园绿地、广场步行5 min覆盖率与人均公园绿地面积

市县国土空间总体规划一般要求明确"公园绿地、广场步行5 min覆盖率"和"人均公园绿地面积",前者为约束性指标,指的是400 m²以上公园绿地、广场用地周边5 min步行范围覆盖的居住用地占所有居住用地的比例;后者为预期性指标,指的是公园绿地总面积与常住人口规模的比值。指标范围均指中心城区,测算公示分别为:

$$公园绿地、广场步行5\ min覆盖率(\%) = \frac{400\ m^2以上公园绿地、广场用地周边5\ min步行范围覆盖的居住用地}{居住用地面积} \times 100\%$$

$$人均公园绿地面积(m^2) = \frac{公园绿地总面积}{常住人口} \times 100\%$$

上述两项指标主要涉及绿地与开敞空间用地中的公园绿地、广场用地,由于中心城区的用地表达深度以及城镇开发边界外结构性绿地是否纳入的问题,两项指标的测算存在多种口径。例如,根据2020年9月发布的《市级国土空间总体规划编制指南(试行)》,南京市基于现状公园绿地、广场用地,测算出"公园绿地、广场步行5 min覆盖率"基期年指标值为77%,"人均公园绿地面积"基期年指标值为5.5 m²。其中人均公园绿地面积与住房建设部官方网站公布的《2022年城市建设统计年鉴》中的南京市人均公园绿地16.2 m²相差甚远,主要原因是"三调"将原城市绿地分类中的大量公园绿地部分用地调查为其他用地。同时,根据中心城区用地规划图测算的上述两项指标也明显偏低,主要原因在于市级国土空间总体规划中心城区土地使用规划图中的绿地系统与开敞空间用地,着重表达市域层面的结构性绿地布局,大量面积较小、分布较散的社区公园、滨河和沿路绿地、口袋游园在此层面不予表达,而是按其所在地块的主要使用类型进行归并。

最终,根据自然资源部审查南京等国批城市的国土空间总体规划成果的意见,要求基于资源视角预测规划绿地指标。为此,南京市公园绿地相关服务指标的测算,要在中心城区规划用地图表达的综合公园、专类公园以及结构性游园的基础上,结合以往详细规划成果中社区公园、游园等用地布局进行。此外,南京市还将城镇开发边界外500 m范围内,人文景观资源佳、游憩文教等功能全面、服务设施配套成熟、交通出行便捷的部分林地,纳入广义的"公园绿地"进行相关指标测算。按照上述逻辑,最终确定南京市2035年中心城区人均公园绿地面积为12—14 m²,中心城区公园绿地、广场步行5 min覆盖率≥95%。

3. 城市绿线划定

《市级国土空间总体规划编制指南(试行)》要求划定中心城区的绿线,并提出控制要求。此要求明确了两个方向: 是城市绿线划定的对象主要为结构性绿地、城乡绿道、

市级公园等绿地;二是划定的范围为中心城区,是面向城市公园所开展的控制线划定。在此基础上,《江苏省市县国土空间总体规划编制指南(试行)》提出城市绿线划定还需深化,对未纳入城市总体规划管控的其他绿地,提出建设标准、规模、布局原则等控制要求,由相关专项规划划定控制线,并统筹纳入详细规划。《安徽省县级国土空间总体规划编制指南(试行)》则进一步确定了绿线划定对象,即"结构性绿地,面积不小于2公顷的大型公共绿地及重要防护绿地"。广东省则提出绿线可分为划定绿线和预控绿线两类,在市级国土空间总体规划中划定市级重要公园和绿地控制范围,确定划定绿线的规模边界,并在下层次规划中严格落实;预控绿线实行弹性管控,在遵守规模不减的情况下,具体边界在下层次规划中确定(表2-16)。

表2-16　部分国土空间总体规划编制指南中城市绿线划定要求汇总

文件	中心城区绿线划定要求
《市级国土空间总体规划编制指南(试行)》	确定结构性绿地、城乡绿道、市级公园等重要绿地,划定中心城区的绿线,并提出控制要求
《江苏省市县国土空间总体规划编制指南(试行)》	建立城市绿线控制体系,明确须纳入总体规划管控的绿地,划定城市控制线并提出深化原则 对未纳入城市总体规划管控的其他绿地,提出建设标准、规模、布局原则等控制要求,由相关专项规划划定控制线,并统筹纳入详细规划
《安徽省县级国土空间总体规划编制指南(试行)》	划定城市绿线,明确各类控制线的管控要求 绿线划定结构性绿地,面积不小于2公顷的大型公共绿地及重要防护绿地
《广东省市级国土空间总体规划编制手册(试行)》	统筹划定中心城区重要的绿线,并提出控制要求 绿线可分为划定绿线和预控绿线,进行分类划定。在市级国土空间总体规划中划定市级重要公园和绿地控制范围,确定划定绿线的规模边界,并在下层次规划中严格落实;预控绿线实行弹性管控,在遵守规模不减的情况下,具体边界在下层次规划中确定
《广东县级国土空间总体规划编制技术指南(试行)》	在中心城区范围内,统筹划定绿线 绿线应明确结构性绿地的边界,其他绿地边界在详细规划中确定

在具体划定过程中,各市结合规划的绿地与开敞空间布局,对结构性绿地、市级公园等划定城市绿线。如南京市将位于城镇开发边界内对城市生态安全格局具有重要影响、对城市居民服务起到重要作用的结构性绿地,服务市域、区域的城市公园纳入城市绿线,将城市绿线细分为划示绿线、预控绿线两类。其中划示绿线主要为现状已经建成的具有区域、片区服务功能的结构性绿地,或已纳入南京市永久性绿地管控的绿地。预控绿线为规划结构性绿地。在绿线管控措施方面,提出在保障功能不降低、规模不减少的前提下,城市绿线的具体边界定位可在下层次规划中予以优化和落实。

3.1 耕地

3.1.1 耕地与耕地类型概述

1. 基本概念

根据《土地利用现状分类》(GB/T 21010—2007)的规定,耕地是指:种植农作物的土地,包括熟地,新开发、复垦、整理地,休闲地(含轮歇地、轮作地);以种植农作物(含蔬菜)为主,间有零星果树,桑树或其他树木的土地;平均每年能保证收获一季的已垦滩地和海涂。耕地中包括南方宽度小于1.0 m、北方宽度小于2.0 m固定的沟、渠、路和地坎(埂)。

2017年开始的第三次全国国土调查工作分类基本延续了《土地利用现状分类》的标准,增加了部分临时改变种植结构的耕地类型,即临时种植药材、草皮、花卉、苗木等的耕地,临时种植果树、茶树和林木且耕作层未破坏的耕地,以及其他临时改变用途的耕地。

2. 耕地资源分类

《土地利用现状分类》(GB/T 21010—2017)规定,根据耕地条件,耕地分为水田、水浇地、旱地三个二级类。

水田指用于种植水稻、莲藕等水生农作物的耕地,也包括实行水生、旱生农作物轮种的耕地。

水浇地指有水源保证和灌溉设施,在一般年景能正常灌溉,种植旱生农作物(含蔬菜)的耕地,包括种植蔬菜的非工厂化的大棚用地。

旱地指无灌溉设施,主要靠天然降水种植旱生农作物的耕地,包括没有灌溉设施,仅靠引洪淤灌的耕地。

第三次全国国土调查将耕地分为水田、水浇地、旱地三类,分类没有变化(图3-1、图3-2、图3-3)。

3.1.2 耕地的数量与质量

1. 耕地数量

第三次全国国土调查("三调")显示,我国现有耕地12 786.19万 hm^2(191 792.79万亩)。其中,水田3 139.20万 hm^2(47 087.97万亩),占24.55%;水浇地3 211.48万 hm^2(48 172.21

图3-1 水田

图3-2 水浇地

图3-3 旱地

资料来源：作者拍摄

万亩），占25.12%；旱地6 435.51万 hm^2（96 532.61万亩），占50.33%。

全国耕地地类"三调"比"二调"减少了1.13亿亩，主要原因是调查认定标准的变化。2019年3月19日，国务院第三次全国国土调查领导小组办公室印发《关于调整第三次全国国土调查有关内容与要求的补充通知》，将《第三次全国国土调查实施方案》（国土调查办发〔2018〕18号）、《第三次全国国土调查技术规程》原规定调查为耕地，并标注为"临时种植园木""临时种植林木""临时坑塘""观赏园艺""速生林木"和"绿化草地"的地块，不再按耕地调查，按实地现状调查地类。

具体调整为：对原标注为"临时种植园木""临时种植林木"和"临时坑塘"，分别细化调查为果园、茶园、其他园地，乔木林、灌木林、其他林地，坑塘水面等地类，标注"即可恢复"属性，即清理后即可直接恢复耕种。

对其他第二次全国土地调查时的耕地及其后的新增耕地，而实地为种植园用地、林地、草地及坑塘水面的，按现状调查地类，标注"工程恢复"属性，即清理后仍需要采取工程措施才能恢复耕种。

2. 耕地质量

耕地质量即"耕地的状况与条件"[1]。耕地质量评价起源于历史上为制定赋税而定性地将土壤分为三六九等。耕地质量评价是基于特定目的的专项或综合评价，已从查田定产、土壤性质、基础地力等耕地自然状态的研究，发展到综合考虑自然、经济和社会的"人地一体化的资源价值管理评价"[2-3]。1961年美国农业部颁布的世界上第一个全面系统的土地生产能力评价系统使耕地质量评价从定性走向定量。之后出现了多目标的评价，包括耕地地力监测、土地生产潜力分级、土地承载力评价、全国分区评价等。近年来地理信息系统（GIS）、遥感（RS）技术的应用，推动了耕地质量评价向多尺度、高精度

---

[1] 冷疏影,李秀彬.土地质量指标体系国际研究的新进展[J].地理学报,1999(2):85.
[2] 石淑芹,陈佑启,姚艳敏,等.东北地区耕地自然质量与利用质量评价[J].资源科学,2008,30(3):378.
[3] Dumanski J,Pieri C. Land quality indicator: research plan[J].Agriculture Ecosystems & Environment, 2000,81(2):95.

发展[1]-[2]。

根据耕地质量评价的目的和任务不同,出现了不同的评价方法,目前主要的耕地质量评价方法有:① 农业生产能力评价;② 耕地潜力评价;③ 适宜性评价;④ 土壤及环境质量评价;⑤ 可持续性评价;⑥ 分等定级。其中,分等定级是国内常用的土地质量评价方法。分等定级是对耕地质量的综合评价,一般参照《耕地质量等级》(GB/T 33469—2016)标准进行耕地质量等级划分。

(1) 耕地质量区域划分

根据全国综合农业区划,结合不同区域耕地特点、土壤类型分布特征,将全国耕地划分为东北区、内蒙古及长城沿线区、黄淮海区、黄土高原区、长江中下游区、西南区、华南区、甘新区、青藏区等九大区域。

(2) 耕地质量指标

各区域耕地质量指标由基础性指标和区域补充性指标组成。其中,基础性指标包括地形部位、有效土层厚度、有机质含量、耕层质地、土壤容重、质地构型、土壤养分状况、生物多样性、清洁程度、障碍因素、灌溉能力、排水能力、农田林网化率等13个指标。区域补充性指标包括耕层厚度、田面坡度、盐渍化程度、地下水埋深、酸碱度、海拔高度等6个指标。

(3) 耕地质量等级

耕地质量划分为10个耕地质量等级。一等地耕地质量最高,十等地耕地质量最低。

(4) 耕地质量等级划分流程

耕地质量等级划分流程见图3-4。

3.1.3 高标准农田

1. 基本概念

根据2012年农业部发布的《高标准农田建设标准》(NY/T 2148—2012),高标准农田是指土地平整,集中连片,

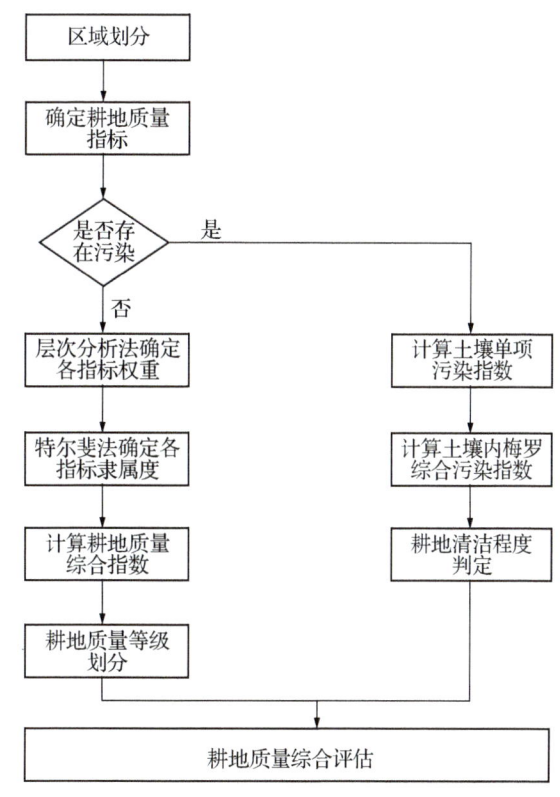

图3-4 耕地质量等级划分流程图
资料来源:《耕地质量等级》(GB/T 33469—2016)

---

[1] 鲁明星,贺立源,吴礼树.我国耕地地力评价研究进展[J].生态环境,2006(4):868.
[2] 李婷,吴克宁.基于遥感技术的耕地质量评价研究进展与展望[J].江苏农业科学,2018,46(15):7.

耕作层深厚，土壤肥沃无明显障碍因素，田间灌排设施完善，灌排保障较高，路、林、电等配套，能够满足农作物高产栽培、节能节水、机械化作业等现代化生产要求，达到持续高产稳产、优质高效和安全环保的农田。同年，国土资源部发布了《高标准基本农田建设标准》(TD/T 1033—2012)指出，高标准基本农田是指一定时期内，通过农村土地整治形成的集中连片、设施配套、高产稳产、生态良好、抗灾能力强、与现代农业生产和经营方式相适应的基本农田，包括经过整治后达到标准的原有基本农田和新划定的基本农田。

由于国土部门和农业部门在高标准农田的概念方面存在差异，2014年，两部门共同牵头发布了《高标准农田建设通则》(GB/T 30600—2014)，用于统一指导全国的高标准农田建设。该通则指出，高标准农田是指土地平整、土壤肥沃、集中连片、设施完善、农电配套、高产稳产、生态良好、抗灾能力强，与现代农业生产和经营方式相适应，按照规定划定为基本农田的农田。这一定义与"高标准基本农田"的内涵较为接近，同时兼顾了《高标准农田建设标准》中"高标准农田"的特征描述（图3-5、图3-6）。

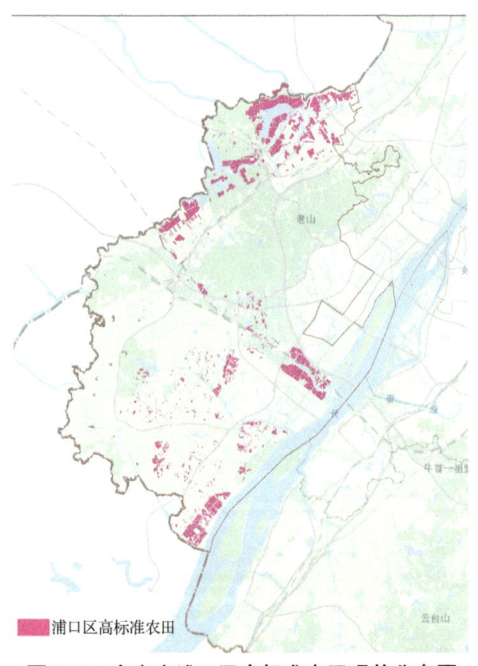

图3-5　南京市浦口区高标准农田现状分布图
资料来源：作者自绘

图3-6　高标准农田图
资料来源：江苏省农业农村厅《高标准农田建设典型案例系列推介（一）》

根据新的形势需要，2022年，由农业农村部牵头修订的《高标准农田建设通则》(GB/T 30600—2022)正式发布实施，指出高标准农田是指田块平整、集中连片、设施完善、节水高效、农电配套、宜机作业、土壤肥沃、生态友好、抗灾能力强，与现代农业生产和经营方式相适应的旱涝保收、稳产高产的耕地。同时，全国划分为7个区域，因地制宜制定高标准农田基础设施建设标准和高标准农田地力标准指标。

2. 高标准农田建设区域

① 根据不同区域的气候条件、地形地貌、障碍因素和水源条件等,将全国高标准农田建设区域划分为东北区、黄淮海区、长江中下游区、东南区、西南区、西北区、青藏区7大区域(表3-1)。

表3-1　全国高标准农田建设区域划分表

序号	区域	范　围
1	东北区	辽宁、吉林、黑龙江及内蒙古赤峰、通辽、兴安、呼伦贝尔盟(市)
2	黄淮海区	北京、天津、河北、山东、河南
3	长江中下游区	上海、江苏、安徽、江西、湖北、湖南
4	东南区	浙江、福建、广东、海南
5	西南区	广西、重庆、四川、贵州、云南
6	西北区	山西、陕西、甘肃、宁夏、新疆(含新疆生产建设兵团)及内蒙古呼和浩特、锡林郭勒、包头、乌海、鄂尔多斯、巴彦淖尔、乌兰察布、阿拉善盟(市)
7	青藏区	西藏、青海

资料来源:《高标准农田建设通则》(GB/T 30600—2022)

② 建设区域农田应相对集中,土壤适合农作物生长,无潜在地质灾害,建设区域外有相对完善的、能直接为建设区提供保障的基础设施。

③ 高标准农田建设的重点区域包括:已划定的永久基本农田和粮食生产功能区、重要农产品生产保护区。

④ 高标准农田建设限制区域包括:水资源贫乏区域,水土流失易发区、沙化区等生态脆弱区域,历史遗留的挖损、塌陷、压占等造成土地严重损毁且难以恢复的区域,安全利用类耕地,易受自然灾害损毁的区域,沿海滩涂、内陆滩涂等区域。

⑤ 高标准农田建设禁止区域包括:严格管控类耕地,生态保护红线内区域,退耕还林区、退牧还草区,河流、湖泊、水库水面及其保护范围等区域。

3. 高标准农田建设工程

(1) 农田基础设施建设工程

① 田块整治工程:指为满足农田耕作、灌溉与排水、水土保持等需要而采取的田块修筑和耕地地力保持措施。耕作田块是由田间末级固定沟、渠、路、田坎等围成的,满足农业作业需要的基本耕作单元。应因地制宜进行耕作田块布置,合理规划,提高田块归并程度,实现耕作田块相对集中。

② 灌溉与排水工程:指为防治农田旱、涝、渍和盐碱等对农业生产的危害所修建的

水利设施,应遵循水土资源合理利用的原则,根据旱、涝、渍和盐碱综合治理的要求,结合田、路、林、电进行统一规划和综合布置。

③ 田间道路工程:指为农田耕作、农业物资与农产品运输等农业生产活动所修建的交通设施。田间道路布置应适应农业现代化的需要,与田、水、林、电、路、村规划相衔接,统筹兼顾,合理确定田间道路的密度。

④ 农田防护与生态环境保护工程:指为保障农田生产安全、保持和改善农田生态条件、防止自然灾害等所采取的各种措施,包括农田防护林工程、岸坡防护工程、坡面防护工程和沟道治理工程等,应进行全面规划、综合治理。

⑤ 农田输配电工程:指为泵站、机井以及信息化工程等提供电力保障所需的强电、弱电等各种设施,包括输电线路、变配电装置等。其布设应与田间道路、灌溉与排水等工程相结合,符合电力系统安装与运行相关标准,保证用电质量和安全。

⑥ 其他工程:除上述工程以外建设的田间监测等工程,其技术要求按相关规定执行。

(2) 农田地力提升工程

① 土壤改良工程:根据土壤退化成因,可采取物理、化学、生物或工程等综合措施治理。

② 障碍土层消除工程:采用深耕、深松、客土等措施消除主要包括犁底层(水田除外)、白浆层、黏磐层、钙磐层(砂姜层)、铁磐层、盐磐层、潜育层、沙漏层等类型的障碍土层对作物根系生长和水气运行的限制。

③ 土壤培肥工程:高标准农田建成后,通过秸秆还田、施有机肥、种植绿肥、深耕深松等措施,保持或提高耕地地力。

3.1.4 耕地占补平衡制度

1. 基本概念

耕地占补平衡是《土地管理法》确定的保护耕地的基本制度,是指建设占用多少耕地,各地人民政府就应补充划入多少数量和质量相当的耕地的行为。占用单位要负责开垦与所占用耕地的数量和质量相当的耕地;没有条件开垦的,应依法缴纳耕地开垦费,专款用于开垦新的耕地。

2. 耕地占补平衡政策变迁

耕地占补平衡自1999年正式实施以来,政策不断优化改进,从注重数量的探索期到量质并重再到数量、质量、生态"三位一体",有力地支持了耕地保护工作[1]-[2]。

---

[1] 祖健,郝晋珉,陈丽,等.耕地数量、质量、生态三位一体保护内涵及路径探析[J].中国农业大学学报,2018,23(7):84.

[2] 陈桂坤,张蕾娜,程锋,等.数量质量并重管理的耕地保护政策研究[J].中国土地科学,2009,23(12):41.

第一阶段：政策萌芽期（1986—1997年）

20世纪80年代，我国经济社会快速发展，新增建设用地大幅增长，而耕地快速减少。为了遏制耕地急剧减少的势头蔓延，1986年3月，中共中央、国务院颁布了《中共中央 国务院关于加强土地管理、制止乱占耕地的通知》（中发〔1986〕7号），规定："城市规划区内的商品菜地，一般不得占用，确需占用的，必须同时落实新菜地。"该项规定凸显了"占一补一"的理念。1986年6月，我国颁布了第一部《土地管理法》。

1992—1993年，伴随着全国掀起的以"开发区热""房地产热"形式出现的"圈地炒地热"，再次出现了建设占用大量耕地，耕地保有量锐减的境况。对此，1997年，中共中央、国务院出台了《中共中央 国务院关于进一步加强土地管理切实保护耕地的通知》（中发〔1997〕11号），要求耕地总量动态平衡，占用耕地与开发、复垦挂钩，严格控制占用耕地。首次提出了耕地占补平衡要求。

第二阶段：初步探索期（1998—2004年）

1998年修订的《土地管理法》第三十一条第二款规定："国家实行占用耕地补偿制度。非农业建设经批准占用耕地的，按照'占多少，垦多少'的原则，由占用耕地的单位负责开垦与所占耕地的数量和质量相当的耕地；没有条件开垦或者开垦的耕地不符合要求的，应当按照省、自治区、直辖市的规定缴纳耕地开垦费，专款用于开垦新的耕地。"1999年2月起实施的《中华人民共和国土地管理法实施条例》对此做了进一步说明。自此，耕地占补平衡制度正式确立。

根据2003年度变更调查，仅26个省补充耕地大于建设占用耕地。2004年，土地市场上存在大量的未批先用、征而未用、乱占滥用等问题，占补平衡工作"只占不补""多占少补甚至不补"等问题严重。2004年4月29日，国务院办公厅发布了《国务院办公厅关于深入开展土地市场治理整顿严格土地管理的紧急通知》（国办发明电〔2004〕20号），要求严格建设用地审批。同年6月8日，国土资源部和国家发改委就此文件精神，发布《国土资源部 国家发展和改革委员会关于在深入开展土地市场治理整顿期间严格建设用地审批管理的实施意见》，要求在深入开展治理整顿期间，全国暂停审批农用地转建设用地的决定，因此耕地占补平衡的政策也被暂时搁置。

第三阶段：量质并重期（2006—2014年）

随着建设用地审批工作重启，耕地占补平衡工作也重新开始实施。2006年6月，国土资源部通过了《耕地占补平衡考核办法》，主要考核经依法批准的补充耕地方案确定的补充耕地的数量、质量和资金。2008年10月12日，中国共产党第十七届中央委员会第三次全体会议提出了"耕地实行先补后占"。为落实十七届三中全会会议精神，2009年，国土资源部明确指出各地方政府完善耕地储备制度，全面实行先补后占，并要求确保补充耕地质量。2012年，国土资源部进一步发布相关文件，确保补充耕地质量工作落实到位。2015年,习近平总书记就做好耕地保护和农村土地流转工作作出重要指示,要求采取更有力的措施,加强对耕地占补平衡的监管,坚决防止耕地占补平衡中出现的补充数量不到位、补充质量不到位问题,坚决防止占多补少、占优补劣、占水田补旱地的现象。

第四阶段:数量、质量、生态"三位一体"保护政策期(2017年至今)

2017年1月,中共中央、国务院发布《中共中央 国务院关于加强耕地保护和改进占补平衡的意见》(中发〔2017〕4号),文件指出要着力加强耕地数量、质量、生态"三位一体"保护,实现耕地保护与经济社会发展、生态文明建设相统筹。"在严格保护生态前提下,科学划定宜耕土地后备资源范围,禁止开垦严重沙化土地,禁止在25度以上陡坡开垦耕地,禁止违规毁林开垦耕地。"耕地保护工作也由此正式进入了数量、质量、生态"三位一体"保护的新时代。2022年,《自然资源部办公厅关于进一步加强补充耕地项目管理严格新增耕地核实认定的通知》(自然资办发〔2022〕36号)提出,"确保新增耕地地块在立项前应为非耕地,且符合生态建设、空间管控和占补平衡要求"。

3. 耕地占补平衡主要内容

(1) 先补后占

先补后占制度是指建设用地项目在报批时,对应的补充耕地项目已验收合格。1999年2月,国土资源部出台了《国土资源部关于切实做好耕地占补平衡工作的通知》(国土资发〔1999〕39号),规定城市和村庄、集镇建设占用耕地的,必须实行先补后占。但对单独选址建设项目建设占用耕地的,原则上实行先补后占,对难以落实的,可以和地方政府签订耕地补充协议并缴纳保证金,按照协议予以落实补充耕地。根据党的十七届三中全会精神,2009年,国土资源部下发《国土资源部关于全面实行耕地先补后占有关问题的通知》(国土资发〔2009〕31号),要求通过"以补定占",形成耕地占补平衡倒逼机制。

(2) 补充耕地储备库

储备库制度是指将区域内所有尚未挂钩使用的补充耕地指标储备起来,具体包括国家级、省级、市级、县(市、区)级四个级别。2000年,国土资源部下发《国土资源部关于加大补充耕地工作力度确保实现耕地占补平衡的通知》(国土资发〔2000〕120号,以下简称"120号文"),首次提出了建立建设用地项目补充耕地储备制度,建立国家级、省级、市级、县级不同层次的土地开发整理项目库。此后,国土资源部多次发文完善补充耕地储备库制度。

(3) 建设用地项目补充耕地与土地开发整理项目挂钩

2000年,国土资源部120号文首次提出了建立建设用地项目补充耕地与土地开发整理项目挂钩制度,具体内涵就是:有条件的地方可安排土地开发整理复垦项目先行开发整理耕地,项目经验收合格后,将新增耕地指标划入耕地储备库;当建设项目占用耕地需补充时,收取耕地开垦费,从耕地储备库中划出耕地指标,作为建设项目占用耕地补偿指标,实现先补后占。

(4) 耕地占补平衡台账

自2002年起,国土资源部和省级国土资源主管部门分别设立国务院和省级人民政府依法批准的农用地转用中耕地占补平衡的登记台账。台账内容包括建设项目和补充耕地项目名称、编号、位置,补充耕地面积,地块图幅号,资金落实及项目进展情况等。台账制度是实现按建设项目进行耕地占补平衡考核的重要工作基础。

(5) 补充耕地数量、质量按等级折算

针对建设项目考核中存在"占多补少""占优补劣"现象,2005年起,国土资源部下发《国土资源部关于开展补充耕地数量质量实行按等级折算基础工作的通知》(国土资发〔2005〕128号)、《关于开展补充耕地数量质量实行按等级折算基础工作有关问题的意见》(国土资厅发〔2006〕30号)和《关于补充耕地数量质量实行按等级折算基础工作成果报部备案有关问题的函》(国土资耕函〔2006〕63号),要求按照农业综合生产能力不降低的原则,利用农用地分等成果和方法,将补充耕地数量、质量与被占用耕地等级挂钩并进行折算,实现耕地占补数量和质量平衡。

(6) 跨省域补充耕地国家统筹

2017年,《国土资源部关于改进管理方式切实落实耕地占补平衡的通知》(国土资规〔2017〕13号)明确,耕地占补平衡坚持以县域平衡为主,因省域内经济发展水平和耕地后备资源分布不均衡,确实难以在本县域内补充耕地的,以县级人民政府为主体跨县域调剂补充耕地指标。省级国土资源主管部门建立补充耕地指标调剂平台,因地制宜统筹指标调剂。省级国土资源主管部门应综合考虑新增耕地平均成本、资源保护补偿和管护费用,加强对指标调剂价格的管控与指导,保证调剂有序开展。对于贫困地区有资源条件产生补充耕地指标的,优先纳入调剂平台,支持获得经济收益、加快脱贫致富。

由于我国耕地后备资源区域分布不均,一些地方特别是直辖市和东部等省份,在本省域内落实耕地占补平衡难以为继。为此,2019年新《土地管理法》明确了关于"个别省、直辖市确因土地后备资源匮乏,新增建设用地后,新开垦耕地的数量不足以补偿所占用耕地的数量的,必须报经国务院批准减免本行政区域内开垦耕地的数量,易地开垦数量和质量相当的耕地"的规定。

(7) 耕地占补平衡考核

耕地占补平衡考核制度是耕地占补监管体系的最后环节,是督促落实耕地占补平衡的有力手段。2002—2006年实施区域考核,因无法解决个别建设项目不履行占补平衡义务、考核结果与用地审批无法衔接的问题,2006年起,按照《耕地占补平衡考核办法》(国土资源部令第33号)、《国土资源部办公厅关于严格考核耕地占补平衡有关问题的通知》(国土资厅发〔2006〕154号)的规定,实行按项目考核。在将考核内容细化为资金落实、项目挂钩,项目管理,项目验收,补充耕地数量、质量,变更调查或登记,执行补充耕地方案等8项标准的基础上,进行综合评价。2010年,《国土资源部关于切实加强耕地占补平衡监督管理的通知》(国土资发〔2010〕6号)提出,每年对各省(区、市)补充耕地项目管理、备案、核实、占补挂钩等情况进行考核,实行奖惩。

(8) 补充耕地项目备案

2008年,国土资源部下发《国土资源部关于土地整理复垦开发项目信息备案有关问题的通知》(国土资发〔2008〕288号),要求所有各类土地整理复垦开发项目均须报国土资源部备案,系统自动编号。2009年《国土资源部关于全面实行耕地先补后占有关问题的通知》(国土资发〔2009〕31号)再次对备案制度进行了强调,要求凡纳入耕地储备库的土地整理复垦开发项目,都应及时报国土资源部备案,统一配号。2022年,自然资源部办公厅下发《自然资源部办公厅关于进一步加强补充耕地项目管理严格新增耕地核实认定的通知》(自然资办发〔2022〕36号,以下简称"36号文")对补充耕地项目报备进行完善,为确保新增耕地"地、数、图"一致,原则上新增耕地备案时应已纳入年度国土变更调查,完成耕地地类变更。

(9) 耕地占补平衡全程监管

2008年,国土资源部下发《国土资源部关于加强建设用地动态监督管理的通知》(国土资发〔2008〕192号),要求建立统一的监管平台,加强建设用地监管,而耕地占补平衡是监管的重要内容之一。随着耕地占补平衡管理各项内容的不断完善,2010年,国土资源部制定并下发《国土资源部关于切实加强耕地占补平衡监督管理的通知》(国土资发〔2010〕6号),提出对补充耕地项目全程监管,主要借助于补充耕地项目的备案数据,将补充耕地项目实施、备案、核实、挂钩使用、占补考核五个环节全部用信息系统串联起来,形成监管平台。2022年,自然资源部36号文指出要严格补充耕地项目实施和验收,项目主管部门要加强项目实施的全程管理,强化日常监管,不得将施工监理、面积测量和质量评价等工作交由工程施工单位自行组织。

4. 耕地占补平衡制度改革完善

2023年,习近平总书记在第二十届中央财经委员会第二次会议上发表了切实加强耕地保护,抓好盐碱地综合改造利用的重要讲话,指出:"改革完善耕地占补平衡制度。要将非农建设、农业结构调整、造林种树等各类对耕地的占用,统一纳入占补平衡管理。坚持'以补定占',把上年净增加的耕地数量作为下年度批准占用耕地的前提。不能占1亩良田补1亩劣地、占1亩整田补1亩散地"。

(1) 严控占用和补足补优

改革完善耕地占补平衡制度,将各类对耕地的占用统一纳入占补平衡管理,坚持"以补定占",实现省级行政单位年度耕地总量动态平衡,确保到2035年全国耕地总量不低于18.65亿亩。

(2) 改革占补平衡管理方式

按照改革部署,调整完善占用耕地补偿制度,将以往非农建设占用耕地落实占补平衡扩展到各类占用耕地均要落实占补平衡,由"小占补"变为"大占补";统筹盐碱地等未利用地、其他农用地、低效闲置建设用地等各类非耕地作为补充耕地来源,新增加的可以长期稳定利用的耕地,用于落实补充耕地任务。坚持"以补定占",在实现耕地总量动态平衡的前提下,以省域内稳定利用耕地净增加量作为下年度补充耕地指标和允许占用耕地规模的上限。

(3) 调整占补平衡落实机制

按照"国家管总量、省级负总责、市县抓落实"的要求,建立分级负责、职责明确、监管有力的占补平衡责任落实机制。严格控制跨省域补充耕地规模,从严规范省域内补充耕地指标调剂管理,将补充耕地指标调剂统一纳入省级管理平台,坚决纠正和防范利益驱动下单纯追求补充耕地指标、不顾立地条件强行补充的行为。

3.1.5 耕地进出平衡制度

1. 基本概念

2021年11月27日,自然资源部、农业农村部、国家林业和草原局印发《关于严格耕地用途管制有关问题的通知》(自然资发〔2021〕166号)首次提出耕地"进出平衡"的概念。

耕地"进出平衡"指除国家安排的生态退耕、自然灾害损毁难以复耕、河湖水面自然扩大造成耕地永久淹没外,耕地转为林地、草地、园地等其他农用地及农业设施建设用地的,应当通过统筹林地、草地、园地等其他农用地及农业设施建设用地整治为耕地等方式,补足同等数量、质量的可以长期稳定利用的耕地。"进出平衡"是国家面对耕地"非农化"、耕地"非粮化"的严峻形势而提出的政策,总体而言,耕地"进出平衡"是对耕地"占补平衡"的拓展与补充,是对土地用途管制制度的进一步深化和细化,是守住耕地保护的创新之举。

2. 耕地进出平衡出台背景

当前,国家已经制定了一系列关于耕地保护的政策条例,如实行占用耕地补偿制度、永久基本农田保护制度等,推进土地开发、复垦、整理,严格控制耕地"非农化"等工作,有效地缓解了耕地保护压力较大等问题。但在严格的耕地保护制度下,仍有一些地方改变耕地用途,破坏耕地耕作层,违法违规建设占用耕地,致使耕地数量不增反减。

为此,2020年9月和11月,国务院办公厅陆续印发了《国务院办公厅关于坚决制止耕地"非农化"行为的通知》(国办发明电〔2020〕24号)和《国务院办公厅关于防止耕地"非粮化"稳定粮食生产的意见》(国办发〔2020〕44号);2021年中央农村工作会议上,习近平总书记进一步强调:"18亿亩耕地必须实至名归,农田就是农田,而且必须是良田";

2021年11月,自然资源部、农业农村部、国家林业和草原局联合发布了《关于严格耕地用途管制有关问题的通知》(自然资发〔2021〕166号,以下简称"166号文"),首次提出耕地"进出平衡"的概念。在166号文中,要求对耕地转为其他农用地及农业设施建设用地实行年度"进出平衡",除国家安排的生态退耕、自然灾害损毁难以复耕、河湖水面自然扩大造成耕地永久淹没等情形外,应当通过统筹林地、草地、园地等其他农用地及农业设施建设用地整治为耕地等方式补足同等数量、质量的耕地,严肃处置违法违规占用耕地问题,加强对耕地的保护,以确保长期稳定利用的耕地不再减少(图3-7)。

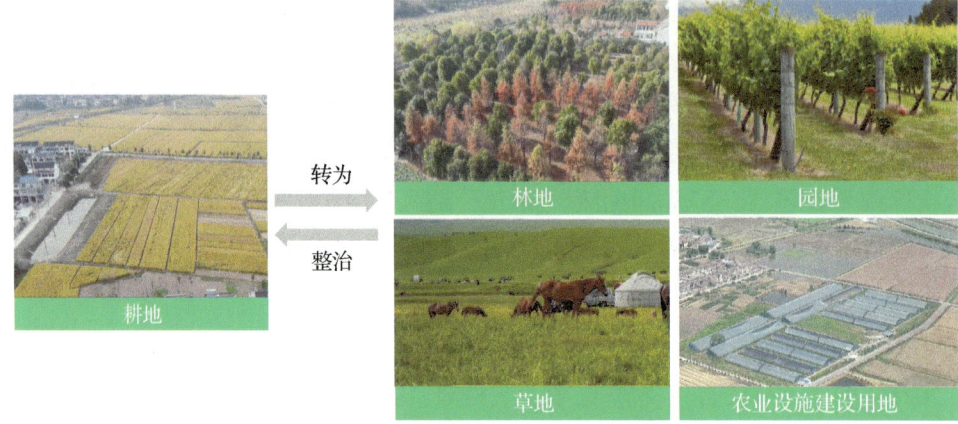

图3-7 耕地"进出平衡"概念示意图
资料来源:作者自绘

3. 耕地进出平衡内容及原则

(1) 耕地进出平衡内容

耕地"进出平衡"是指农用地内部的耕地与其他农用地及农业设施建设用地之间的转换,包含"一进""一出"两方面的工作内容。

① 进:调入耕地

"进"是指将林地、草地、园地等其他农用地及农业设施建设用地,通过土地综合整治手段整治为耕地。可以分为两种情形:一是主动调入,先立项再实施工程整治变更为耕地;二是被动调入,已整治为耕地但还未纳入耕地图斑的,则需要变更用地类型,将图斑调入耕地。

② 出:调出耕地

"出"是指将耕地转为林地、草地、园地等其他农用地及农业设施建设用地。可以分为两种情形,一是主动调出,先审批后变更,比如规划作公园、农业设施建设用地、果园等。二是被动调出,已变更后补审批,比如在卫星影像图上发现现在是公园、农业设施建设用地或者是防护林等,不是耕地图斑的,则需要补办审批,变更用地类型,将图斑调出耕地。

（2）耕地进出平衡原则

调入耕地的数量、质量必须高于或同等于调出的耕地数量、质量。耕地可以转为林地、草地、园地等其他农用地及农业设施建设用地,但不能挖湖造景、种植草皮。

耕地"占补平衡"适用于非农建设占用耕地时,需要严格按照"占一补一、占优补优"的原则补足数量相等、质量相当的耕地的情形;耕地"进出平衡"则适用于耕地转为其他农用地或农业设施建设用地时,需补足同等数量、质量的耕地的情形,耕地"进出平衡"的范围仅限于农用地。换句话说,耕地"占补平衡"与耕地"进出平衡"用于补充耕地的来源不同,耕地"占补平衡"是通过复垦开发未利用地或建设用地来补充耕地,而耕地"进出平衡"是通过林地、园地、草地等其他农用地或农业设施建设用地来补充耕地,所以耕地"占补平衡"的地块不能再作为耕地"进出平衡"的地块。

4. 耕地进出平衡实施管理流程

县级人民政府组织编制年度耕地"进出平衡"总体方案并组织实施。其中,涉及农村集体土地的,经承包农户书面同意,由发包方向乡镇人民政府申报;其他土地由实施单位或经营者向乡镇人民政府申报,乡镇人民政府提出落实耕地"进出平衡"的意见,并报县级人民政府纳入年度耕地"进出平衡"总体方案后实施(图3-8)。

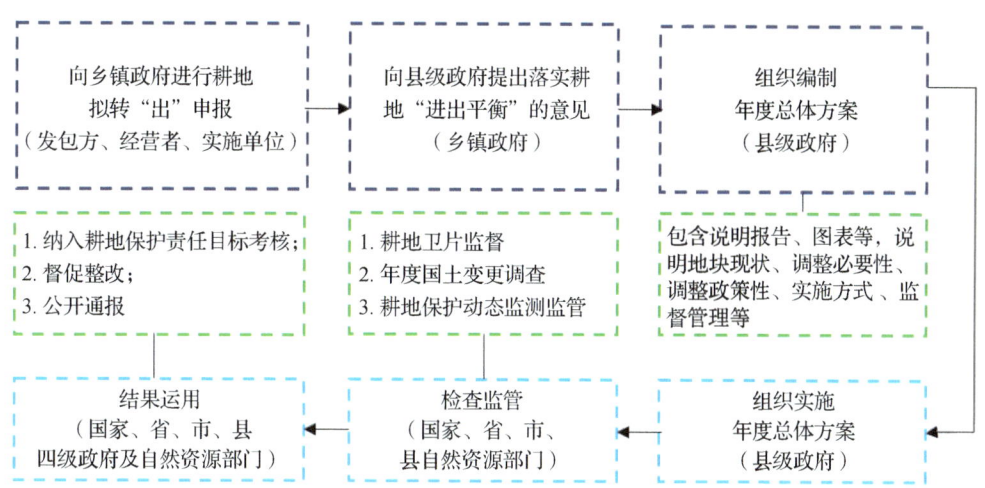

图3-8 耕地"进出平衡"管理流程图
资料来源:作者自绘

5. 耕地"进出平衡"与"占补平衡"的关系

"占补平衡"要求新增耕地来源在"二调"和"三调"土地利用现状数据库中均为非耕地,通过以项目实施的方式,从选址立项、勘测设计、招投标、工程施工、竣工验收、指标确认等环节,按照建设工程项目的管理模式,落实土地开发整理项目"五制"要求,以项目制实施确认的新增耕地指标,确认新增耕地的土地利用等级,通过新增耕地指标、水田指标、粮食产能指标等进行耕地质量的平衡。

"进出平衡"则只要求新增耕地来源在"三调"土地利用现状数据库中为非耕地,在新增耕地的来源、实施方式、质量等级上没有要求,以《国土变更调查技术规程》为依据,即新增耕地现状是正在种植的粮棉油糖菜等农作物,且农作物必须"出土长苗",以土地利用年度变更调查通过为结果(图3-9、图3-10)。

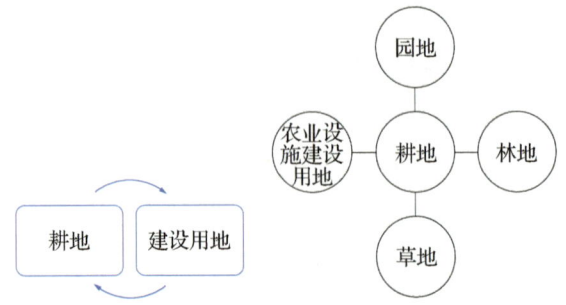

图3-9 耕地"占补平衡"示意图　　图3-10 耕地"进出平衡"示意图

资料来源:作者自绘

"进出平衡"与"占补平衡"两者关系如表3-2所示。

表3-2 耕地"进出平衡"与"占补平衡"关系一览表

项目	耕地"进出平衡"	耕地"占补平衡"
概念	针对的是"非粮化"。对耕地转为其他农用地及农业设施建设用地实行年度"进出平衡"	针对的是"非农化"。即非农业建设占用耕地的,要占多少补多少,主要是通过开发未利用地或实施土地综合整治等方式,增加有效耕地面积,做到耕地数量不减少,质量不降低
核心内容	耕地"进出平衡"是耕地用途管制的具体体现,其核心是"转一补一"	耕地"占补平衡"是土地用途管制的具体体现,其核心是"占一补一"
管控角度	耕地"进出平衡"重点是对耕地尤其是永久基本农田转化为其他农用地或者农业设施建设用地等"非粮化"行为实行严格控制,是农用地之间的转换,管控的是农用地内部	耕地"占补平衡"主要是针对建设占用大量农用地导致耕地面积急剧减少的问题,对农用地转为建设用地进行严格管控,是农用地与建设用地之间的转换,管控的是建设占用

3.2 永久基本农田

3.2.1 永久基本农田基本概念

"永久基本农田"是在原《土地管理法》"基本农田"概念的基础上提出来的。1986年6月,全国人大常委会颁布了《土地管理法》。1991年,国家土地管理局和农业部联合发布《关于在全国开展基本农田保护工作的通知》,首次以官方文件形式提出"基本农田保护",并在全国范围内启动试点。1994年,国务院下发了《基本农田保护条例》,开始在全国范围内实施以耕地保护为目标的基本农田保护制度;之后我国出台的《中共中央 国务院关于进一步加强土地管理切实保护耕地的通知》(中发〔1997〕11号)文件进一步加强和落实了基本农田保护相关政策。1998年,修改了《基本农田保护条例》,取消划分一等、二等基本农田,规定基本农田应当占行政区域内耕地总面积的80%以上。

根据1998年修订、1999年实施的《基本农田保护条例》的规定，基本农田是指按照一定时期人口和社会经济发展对农产品的需求，依据土地利用总体规划确定的不得占用的耕地，并规定在县级和乡（镇）土地利用总体规划中应当确定基本农田保护区。2008年，中共十七届三中全会提出永久基本农田的概念，永久基本农田既不是在原有基本农田中挑选的一定比例的优质基本农田，也不是永远不能占用的基本农田。现在的永久基本农田就是我们常说的基本农田。加上"永久"两字，体现了党中央、国务院对耕地特别是基本农田的高度重视，体现的是严格保护的态度[①]。

3.2.2 永久基本农田划定范围

《土地管理法》第三十三条规定：国家实行永久基本农田保护制度。下列耕地应当根据土地利用总体规划划为永久基本农田，实行严格保护：① 经国务院农业农村主管部门或者县级以上地方人民政府批准确定的粮、棉、油、糖等重要农产品生产基地内的耕地；② 有良好的水利与水土保持设施的耕地，正在实施改造计划以及可以改造的中、低产田和已建成的高标准农田；③ 蔬菜生产基地；④ 农业科研、教学试验田；⑤国务院规定应当划为永久基本农田的其他耕地。各省、自治区、直辖市划定的永久基本农田一般应当占本行政区域内耕地的80%以上，具体比例由国务院根据各省、自治区、直辖市耕地实际情况规定。

3.2.3 永久基本农田储备区

永久基本农田储备区是为永久基本农田补划预留的，地类为耕地的区域。2019年，自然资源部与农业农村部联合下发的《自然资源部 农业农村部关于加强和改进永久基本农田保护工作的通知》（自然资规〔2019〕1号）将"基本农田整备区"调整为"永久基本农田储备区"，并提出为提高重大建设项目用地审查报批的效率，做到保质保量补划落地，在永久基本农田之外其他质量较好的耕地中，划定永久基本农田储备区。这样，可以在永久基本农田数量减少、质量下降时，从永久基本农田储备区里重新补划永久基本农田，确保各县市永久基本农田的存量不低于保护任务。

为解决乡村振兴、现代农业发展的用地需求问题，应建立永久基本农田储备区，允许在保障数量不减少、质量不降低、生态功能有提高的前提下，对永久基本农田进行局部微调。划定永久基本农田储备区一方面是对现有永久基本农田进行核实整改补划，另一方面是为生态建设调整和未来一定时期重大建设项目占用预留空间，做到永久基本农田数量不减少、质量不下降，实现永久基本农田的"弹性"理念。

在各县市开展永久基本农田储备区划定前，国家先利用"三调"遥感影像，以最新的土地变更数据为底图，套合永久基本农田、土地利用总体规划、自然保护区和耕地质

---

① 程茂吉，陶修华.市县国土空间总体规划[M].南京：东南大学出版社，2022.

量等级调查成果等对各县市可划入永久基本农田储备区的耕地进行了初步研判，以省级为单位下发储备区资源潜力成果，以供各县市确定储备区潜力和布局时进行参考。对于各个市县来说，在开展永久基本农田储备区划定之前，要在国家和省提供的储备区潜力基础上做进一步细化校核工作。划定储备区潜力的主要过程方法如下。

首先从国土调查成果中提取出所有耕地图斑；将永久基本农田保护图斑与耕地图斑进行叠加分析，将未处于永久基本农田范围内的图斑提取出来，作为初步潜力图斑；为进一步与国土空间用途管制相符合，将分析结果分别与土地利用总体规划的允许建设区、建设用地审批范围、矿业权审批范围、国家级自然保护区、生态保护红线等进行叠加分析，将处于以上区域之内的初步潜力图斑进行剔除，形成符合要求的图斑；将符合要求的图斑与耕地质量等别调查与评价成果进行叠加套合，将区域耕地平均质量等别以上的图斑作为潜力图斑。同时，结合区域经济社会发展的相关布局要求以及土地适宜性评价的相关结果，对潜力图斑进行筛选，并汇总统计，分析区域储备区划定的潜力图斑面积。根据潜力面积确定储备区划定的目标[①]。

1. 优先划为永久基本农田储备区的耕地

依据新《土地管理法》《永久基本农田保护红线管理办法（征求意见稿）》，以下耕地优先划为永久基本农田储备区：

① 已建成的高标准农田，经土地综合整治新增加的耕地，正在实施整治的中低产田。

② 与已划定的永久基本农田集中连片，质量高于本地区平均水平且坡度小于15°的耕地。所谓集中连片，指图斑在区域上相邻（由沟渠、田间道路、农村道路等对农业生产起辅助作用的地物分隔的，也可认为区域上相邻）且总面积达到一定数量以上的多个图斑形成的范围。

③ 城镇周边和交通沿线，依据《中华人民共和国土壤污染防治法》（简称《土壤污染防治法》）列入优先保护类、安全利用类的耕地。

④ 已经划入"两区"的优质耕地。

⑤ 集中连片、规模较大，有良好的水利与水土保持设施的耕地等。

⑥ 从园地、林地等其他农用地恢复的优质耕地（图3-11）。

2. 严禁划为永久基本农田储备区的耕地

以下耕地严禁划为永久基本农田储备区：① 位于生态保护红线范围内的耕地；② 依据《土壤污染防治法》，被列入严格管控类的耕地；③ 因自然灾害和生产建设活动严重损毁且无法复垦的耕地；④ 纳入生态退耕还林还草范围的耕地；⑤ 25°以上的坡耕地；⑥ 可调整地类等。

---

① 姚敏,杨帆,黎韶光.永久基本农田储备区的划定及管理[J].中国土地,2019(10):25.

永久基本农田储备区地类为耕地,地类的认定来源于国土调查,其管理按照耕地管理,而不是按照永久基本农田管理。

3.2.4 永久基本农田管理

1. 一般管控要求

依据新《土地管理法》《基本农田保护条例》《永久基本农田保护红线管理办法(征求意见稿)》等的规定,永久基本农田一经划定,要纳入国土空间规划,任何单位和个人不得擅自占用或者改变用途,不得多预留一定比例永久基本农田为建设占用留有空间,严禁通过擅自调整县乡国土空间总体规划规避占用永久基本农田的审批,严禁未经审批违法违规占用。一般建设项目不得占用永久基本农田。

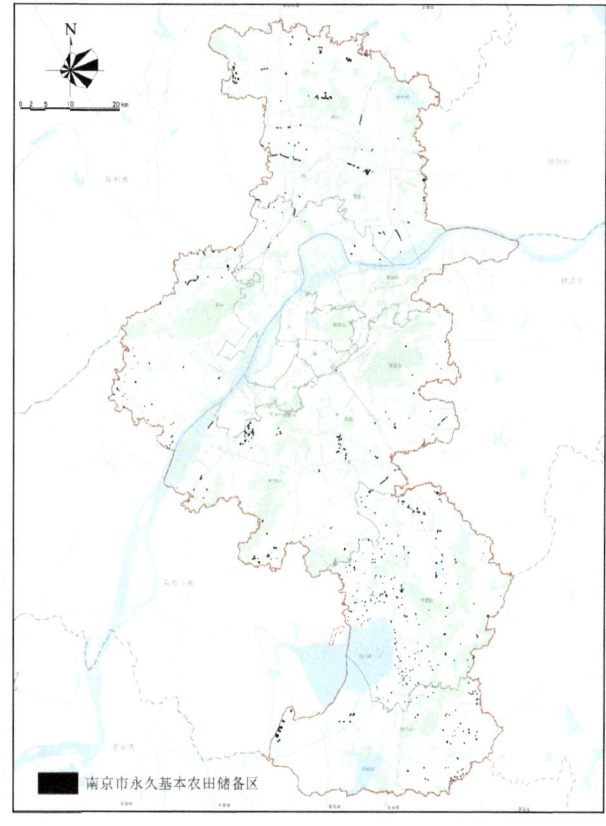

图3-11 南京市永久基本农田储备区分布图
资料来源:作者自绘

2. 可以占用的情形

依据《关于积极做好用地用海要素保障的通知》(自然资发〔2022〕129号)、《永久基本农田保护红线管理办法(征求意见稿)》等文件,各类非农业建设项目选址布局应当尽量避让永久基本农田。有下列情形之一,确实难以避让的,应当坚持节约集约原则,依法办理相关审批手续:① 党中央、国务院明确支持的重大建设项目;② 按《国家发展改革委 自然资源部关于梳理国家重大项目清单加大建设用地保障力度的通知》(发改投资〔2020〕688号)的要求,列入需中央加大用地保障力度清单的项目;③ 中央军委及其有关部门批准的军事国防类项目;④ 纳入国家级规划的机场、铁路、公路、水运、能源、水利项目;⑤ 省级公路网规划的省级高速公路和连接原深度贫困地区直接为该地区服务的省级公路项目;⑥ 全国矿产资源规划明确的战略性矿产,以及地热、矿泉水等不造成永久基本农田损毁的非战略性矿产;⑦ 原深度贫困地区、集中连片特困地区、国家扶贫开发工作重点县省级以下基础设施、民生发展等项目;⑧ 符合临时用地管理要求,且能够恢复原种植条件的建设项目施工和矿产勘查、考古勘查发掘等涉及的临时用地;⑨ 法律法规及国家规定的其他情形。

上述建设项目选址确实难以避让永久基本农田的,在可行性研究阶段,省级自然资源主管部门负责组织对占用的必要性、合理性和补划方案的可行性进行论证，报自然资源部进行用地预审；并按照规定办理农用地转用和土地征收审批手续。

3. 允许纳入补划范围的要求

重大建设项目、生态建设、灾毁等占用或减少永久基本农田的，按照"数量不减、质量不降、布局稳定"的要求，在可以长期稳定利用的耕地上落实永久基本农田补划任务。

① 补划的永久基本农田必须是坡度小于25°的耕地，原则上与现有永久基本农田集中连片，补划数量、质量与占用或减少的永久基本农田相当。

② 占用或减少城市周边永久基本农田的，原则上在城市周边范围内补划，经实地踏勘论证确实难以在城市周边补划的，按照空间由近及远、质量由高到低的要求进行补划。

③ 重大建设项目用地预审和审查中要严格把关，切实落实最严格的节约集约用地制度，尽量不占或少占永久基本农田。

重大建设项目在用地预审时不占永久基本农田而用地审批时占用的，按有关要求报自然资源部用地预审。线性重大建设项目占用永久基本农田用地预审通过后，选址发生局部调整、占用永久基本农田规模和区位发生变化的，规模调增或区位变化比例超过10%的，需按程序重新申报用地预审，从严审查；规模调减且区位未变化或规模调增但区位变化比例未超过10%，符合允许调整情形的，无需重新提交调整方案；总用地规模（不含迁复建工程和安置用地）不超预审批复规模的，不再重复审查。非线性重大建设项目占用永久基本农田用地预审通过后，所占规模和区位原则上不予调整。建设项目经依法批准占用永久基本农田的，在永久基本农田储备区耕地中补划；储备区中难以补足的，在县域范围内其他优质耕地中补划；县域范围内无法补足的，可在市域范围内补划；市域范围内无法补足的，可在省域范围内补划。优先将完成高标准农田建设的耕地补划为永久基本农田。

4. 从严禁止要求

永久基本农田不得转为林地、草地、园地等其他农用地及农业设施建设用地。严禁占用永久基本农田发展林果业和挖塘养鱼；严禁占用永久基本农田种植苗木、草皮等用于绿化装饰以及其他破坏耕作层的植物；严禁占用永久基本农田挖湖造景、建设绿化带；严禁新增占用永久基本农田建设畜禽养殖设施、水产养殖设施和破坏耕作层的种植业设施。禁止任何单位和个人破坏永久基本农田耕作层。

新建的自然保护地应当边界清楚，不准占用永久基本农田。目前已划入自然保护地核心保护区内的永久基本农田要纳入生态退耕，有序退出。自然保护地一般控制区内的永久基本农田要根据对生态功能造成的影响确定是否退出：造成明显影响的，纳入生态退耕，有序退出；不造成明显影响的，可采取依法依规相应调整一般控制区范围等措施妥善处理。自然保护地以外的永久基本农田和集中连片耕地，不得划入生态保护红线,允许生态保护红线内零星的原住民在不扩大现有耕地规模的前提下,保留生活必需的少量种植。

3.3 建设用地审批

3.3.1 建设用地审批类型

建设用地审批分为土地征收审批和农用地转用审批两大类。土地征收审批是指国家为了公共利益的需要,依照法律规定的程序和权限将农民集体所有的土地转为国有土地,并依法给予被征地的农村集体经济组织和被征地农民合理补偿和妥善安置的法律行为。农用地转用审批是指按照国土空间总体规划和国家规定的批准权限获得批准后,将农用地转变为建设用地的行为(图3-12)。

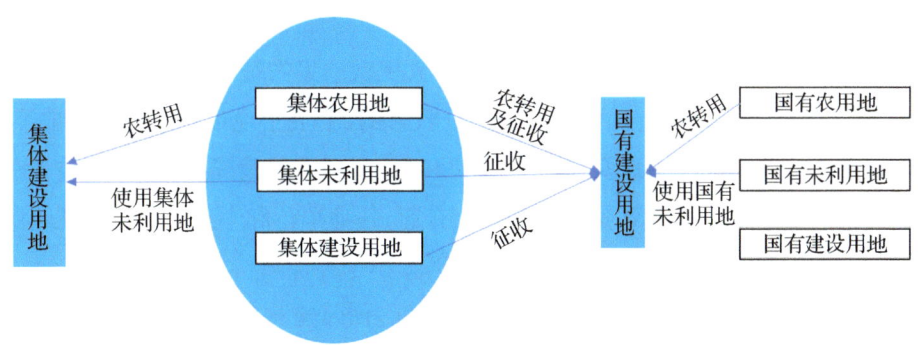

图3-12 建设用地审批示意图
资料来源:作者自绘

3.3.2 建设用地审批层级

1. 土地征收

《土地管理法》第四十六条规定,征收下列土地的,由国务院批准:① 永久基本农田;② 永久基本农田以外的耕地超过35 hm²的;③ 其他土地超过70 hm²的。征收前述第四十六条规定以外的土地的,由省、自治区、直辖市人民政府批准。

征收农用地的,应当依照《土地管理法》第四十四条的规定先行办理农用地转用审批。其中,经国务院批准农用地转用的,同时办理征地审批手续,不再另行办理征地审批;经省、自治区、直辖市人民政府在征地批准权限内批准农用地转用的,同时办理征地审批手续,不再另行办理征地审批,超过征地批准权限的,应当依照规定另行办理征地审批。

2. 农用地转用

《土地管理法》第四十四条规定:建设占用土地,涉及农用地转为建设用地的,应当办理农用地转用审批手续。涉及永久基本农田转为建设用地的,由国务院批准。在土地利用总体规划确定的城市和村庄、集镇建设用地规模范围内,为实施该规划而将永久基本农田以外的农用地转为建设用地的,按土地利用年度计划分批次按照国务院规定由原批准土地利用总体规划的机关或者其授权的机关批准。在已批准的农用地转用范围内,具体建设项目用地可以由市、县人民政府批准。在土地利用总体规划确定的城市和村庄、集镇建设用地规模范围外,将永久基本农田以外的农用地转为建设用地的,由国务院或者国务院授权的省、自治区、直辖市人民政府批准。

3.4 审批环节:征地报批、征地、供地、登记

3.4.1 征地前期工作

征地审批前程序也称为征地前期工作。县级以上地方人民政府在确定建设项目用地符合"公共利益"条件后,即可开展征收土地前期工作。征地前期工作主要包括以下内容:

(1)发布征收土地预公告。县级以上地方人民政府发布征收土地预公告,启动土地征收。征收土地预公告应当包括征收范围、征收目的、开展土地现状调查的安排等内容。征收土地预公告在拟征收土地所在的乡(镇)和村、村民小组范围内发布,预公告时间不少于10个工作日。自征收土地预公告发布之日起,任何单位和个人不得在拟征收范围内抢栽抢建;违反规定抢栽抢建的,对抢栽抢建部分不予补偿。

(2)开展土地现状调查和社会稳定风险评估。预公告发布后,县级以上地方人民政府组织开展拟征收土地现状调查和社会稳定风险评估,查明土地的位置、权属、地类、面积,以及农村村民住宅、其他地上附着物和青苗等的权属、种类、数量等情况。对征收土地的社会稳定风险状况进行综合研判,确定风险点,提出风险防范措施和处置预案。

(3)拟定征地补偿安置方案。县级以上地方人民政府依据社会稳定风险评估结果,结合土地现状调查情况,组织有关部门拟定征地补偿安置方案。征地补偿安置方案应当包括征收范围、土地现状、征收目的、补偿方式和标准、安置对象、安置方式、社会保障等内容,保障被征地农民原有生活水平不降低、长远生计有保障。

(4)发布征地补偿安置公告。征地补偿安置方案拟定后,县级以上地方人民政府应当在拟征收土地所在的乡(镇)和村、村民小组范围内公告,公告时间不少于30日。征地补偿安置公告应当同时载明办理补偿登记的方式和期限、异议反馈渠道等内容。

(5)组织召开听证会。多数被征地的农村集体经济组织成员认为征地补偿方案不符合法律、法规规定的,县级以上地方人民政府应当组织听证,并根据听证结果对征地补偿安置方案进行完善修改。

(6)办理征地补偿登记。拟征收土地的所有权人、使用权人应当在公告规定期限内,持不动产权属证明材料办理补偿登记。

(7)签订征地补偿安置协议。征地补偿安置方案确定后,县级以上地方人民政府应

当组织有关部门与拟征收土地的所有权人、使用权人签订征地补偿安置协议。

（8）补偿款项足额到位。申请征收土地的县级以上地方人民政府应当及时落实土地补偿费、安置补助费、农村村民住宅以及其他地上附着物和青苗等的补偿费用、社会保障费用等，并保证足额到位，专款专用。有关费用未足额到位的，不得批准征收土地（图3-13）。

3.4.2　征地报批

（1）提出征地申请。征地前期工作完成后，县级以上地方人民政府方可申请征收土地。有批准权的人民政府应当对征收土地的必要性、合理性、是否符合公共利益和法定程序等进行审查，对符合条件的予以批准。

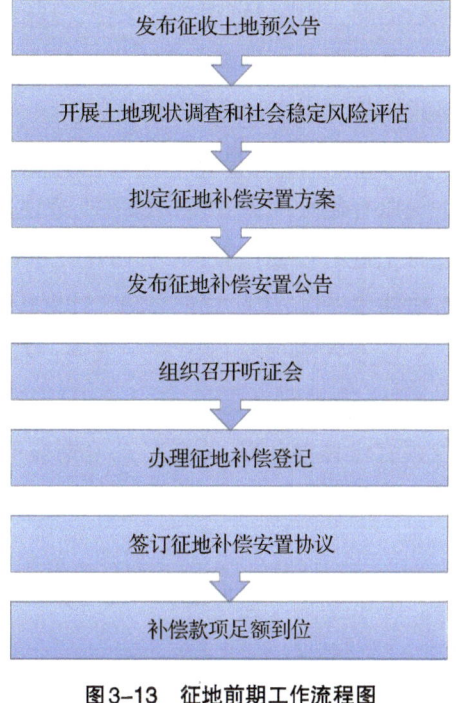

图3-13　征地前期工作流程图
资料来源：作者自绘

（2）征地审批。建设占用土地涉及农用地转为建设用地的，应当办理农用地转用审批手续；涉及征收土地的，应当同时提出征收土地申请，报有批准权的人民政府批准。农用地转用、征收土地依法由省政府批准或者审核上报的，应当先经地级以上市政府审核。

3.4.3　征地公告并组织实施

征收土地申请经依法批准后，县级以上地方人民政府应当自收到批准文件之日起15个工作日内发布征收土地公告，对个别未达成征地补偿安置协议的应当作出征地补偿安置决定，并依法组织实施征收。

3.4.4　土地供应

将依法收回的土地纳入储备库，并进行前期开发、管护工作。《土地储备管理办法》规定，储备土地完成地块内的道路、供水、供电、供气、排水、通信、围挡等基础设施建设，并进行土地平整，满足必要的"通平"要求等前期开发工作，并具备供应条件后，应纳入当地市、县土地供应计划，由市、县国土资源主管部门统一组织土地供应。

市县人民政府国土资源行政主管部门编制与公布供地计划；用地单位提出用地申请，由主管部门受理用地申请，并进行审查；确定供地方式，划拨供地或有偿供地；主管部门根据审查内容和结果编制供地方案，并报有批准权的人民政府批准；供地方案批准后，按其实施供地。

根据《土地管理法》第五十四条的规定，建设单位使用国有土地，应当以招投标、拍卖、挂牌、协议四种出让等有偿使用方式取得；但是，下列建设用地，经县级以上人民政府依法批准，可以以划拨方式取得：① 国家机关用地和军事用地；② 城市基础设施用地和公益事业用地；③ 国家重点扶持的能源、交通、水利等基础设施用地；④ 法律、行政法规规定的其他用地。

3.4.5 土地登记

以有偿使用方式提供国有土地使用权的，由市、县国土资源主管部门与土地使用者签订土地有偿使用合同，并向建设单位颁发《建设用地批准书》。土地使用者缴纳土地有偿使用费后，依照规定办理土地登记，领取国有土地使用证。

以划拨方式提供国有土地使用权的，由市、县国土资源主管部门向建设单位颁发《国有土地划拨决定书》和《建设用地批准书》，土地使用者依照规定办理土地登记，领取国有土地使用证。《国有土地划拨决定书》应当包括划拨土地面积、土地用途、土地使用条件等内容。

3.5 城乡建设用地增减挂钩

3.5.1 基本概念

城乡建设用地增减挂钩是指依据国土空间规划，将若干拟整理复垦为耕地的农村建设用地地块（即拆旧地块）和拟用于城镇建设的地块（即建新地块）等共同组成建新拆旧项目区，通过建新拆旧和土地整理复垦等措施，在保证项目区内各类土地面积平衡的基础上，最终实现建设用地总量不增加，耕地面积不减少、质量不降低，城乡用地布局更合理的目标。

3.5.2 发展历程

第一阶段：初步探索阶段（2000—2004年）

随着城镇化进程加快，地方政府供地压力越来越大，城市建设占用耕地的现象层出不穷。2000年12月，国土资源部出台了《国土资源部关于加强耕地保护促进经济发展若干政策措施的通知》，提出要"实行建设用地指标置换"。2004年10月，国务院在《国务院关于深化改革严格土地管理的决定》中强调："鼓励农村建设用地整理，城镇建设用地增加要与农村建设用地减少相挂钩。"

第二阶段：试点推广阶段（2005—2013年）

国土资源部于2005年10月印发了《关于规范城镇建设用地增加与农村建设用地减少相挂钩试点工作的意见》，并于2006年4月，确定了四川、山东、江苏、湖北、天津五个省市作为城乡建设用地增减挂钩第一批试点地区。此次试点共批准设立183个项目区，使用周转指标达7.38万亩。

但在增减挂钩试点过程中，由于缺少严格的制度规范，部分地方政府在利益驱使下以增减挂钩为借口强制农民"拆村并居"，盲目扩大建设用地规模，甚至还引发了农民的不满。为此，国土资源部多次下发通知，叫停部分地区的试点工作，对类似行为进行整顿或禁止。2007年7月，国土资源部下发了《国土资源部关于进一步规范城乡建设用地增减挂钩试点工作的通知》，进一步强调开展试点工作要规范管理。2008年6月，国土资源部印发《城乡建设用地增减挂钩试点管理办法》，批复下达了第二批试点项目，明确了增减挂钩的基本内涵、适用原则和具体实施办法，为各试点地区实际工作的开展提供了制度依据。

在政策总体思路基本清晰的前提下，各省（自治区、直辖市）开始积极探索城乡建设用地增减挂钩的工作办法。截至2013年底，全国共有29个省（自治区、直辖市）被纳入了试点范围，共下达周转指标约90万亩。这一阶段虽有冒进曲折，但也涌现出许多典型模式和有益经验，比如重庆"地票"模式、嘉兴"两分两换"模式等。

第三阶段：助力脱贫攻坚为主要目标阶段（2016年至今）

2016年2月，为助力打赢脱贫攻坚战，国土资源部下发了《国土资源部关于用好用活增减挂钩政策积极支持扶贫开发及易地扶贫搬迁工作的通知》，增减挂钩指标开始加大向贫困地区的倾斜，助推扶贫和易地搬迁工作。2017年4月，在《国土资源部关于进一步运用增减挂钩政策支持脱贫攻坚的通知》中，明确允许省级贫困县的增减挂钩节余指标在省域范围内流转使用。为了落实国家乡村振兴战略，2018年3月，国务院办公厅印发了《城乡建设用地增减挂钩节余指标跨省域调剂管理办法》，规范了"三区三州"及其他深度贫困县增减挂钩节余指标跨省域调剂使用。2021年12月，自然资源部、财政部、国家乡村振兴局印发《巩固拓展脱贫攻坚成果同乡村振兴有效衔接过渡期内城乡建设用地增减挂钩节余指标跨省域调剂管理办法》，办法明确脱贫攻坚目标任务完成后，设立5年过渡期，过渡期内继续开展城乡建设用地增减挂钩节余指标跨省域调剂。从省域内流转到跨省调剂，逐步拓展政策适用范围。

3.5.3 增减挂钩项目类型

根据项目拆旧复垦腾退建设用地指标的使用范围，可以把增减挂钩项目分为3类。

1. 县域内自用增减挂钩

拆旧复垦腾退的建设用地，在优先满足项目区安置和农村发展用地需求后，全部用于本县域的城镇建新，不形成节余指标。

2. 省域内跨县流转增减挂钩

拆旧复垦腾退的建设用地，在满足本县域安置、建新需求后，将节余指标按规定在省内有偿流转到其他县使用（限于脱贫县、革命老区重点城市可将节余指标流转到其他县）。

节余指标省域内跨县流转注意事项：① 流转主体为节余指标交易双方县级人民政府（管委会）；② 流转的节余指标不带耕地占补平衡功能；③ 流转指导价格为20万元/亩；④ 须在省级流转平台进行。

3. 跨省域调剂增减挂钩

拆旧复垦腾退的建设用地,在满足本县域安置、建新需求后,节余指标按规定有偿调剂到省外使用(限于20个国家乡村振兴重点帮扶县可将节余指标调剂到省外)。

3.5.4 地方实践

2006年4月,江苏省、四川省、山东省、湖北省、天津市五省市被国土资源部列为城乡建设用地增减挂钩首批试点地区。土地增减挂钩政策实行以来,在优化土地资源配置、缓解城镇建设用地紧张、缩小城乡收入差距、助力脱贫攻坚等方面起到了积极作用。

1. 江苏省增减挂钩地方实践

案例一:张家港市永联村

张家港市永联村全部拆除散居在田间地头的3 600户农户,用争取到的城乡建设用地增减挂钩1 000亩土地指标,建成了农民集中居住区——永联小镇,并配套建设了商业街、农贸市场、书场、图书室、医院、学校等现代化设施,成立了由公安、交警、城管、工商、卫生、消防等机构执法人员组成的社会管理协调小组,让村民住上了商品房,由农民变身市民,让其享受到了城里人才有的公共服务(图3-14)。

图3-14 永联小镇

资料来源:苏州市农业农村局《中国美丽休闲乡村——张家港市永联村》

案例二:江苏省仪征市

江苏省仪征市通过开展挂钩试点,先后撤并自然村庄400多个,搬迁农户1 041户,建设12个新型农民居住示范小区。在小区建设时,除了同步规划建设水、电、路等基础设施外,还结合农村实际,配套建设以农贸、商贸、医疗保健为主要内容的便民服务中心。同时,还将项目实施与改善农村生态环境结合起来,积极推进农村绿化造林、河塘清淤整治和垃圾集中处理等实事,努力建设村容整洁、村风文明的新农村,有效改善了农村居民的生产生活条件。此外,使用挂钩净增耕地指标1 496亩,先后解决了65个项目用地的计划问题,其中工业项目用地37个,用地940亩,吸引投资近15亿元人民币,部分企业当年投资当年见效,当年实现新增利税。

案例三:南京市六合区

南京复耕单体面积最大的治理项目——六合团结砂矿经治理、报批后多出来500亩耕地,增减挂钩后取得的建设用地指标,按六合地价来算收益达2.5亿元。按每年每亩500元流转费计算,每年为村集体增收25万元(图3-15)。

图3-15 长江沿线六合区龙袍街道团结砂矿整治修复前后对比
资料来源:江苏省自然资源厅《长江经济带废弃露天矿山生态修复六合区龙袍街道团结村原团结砂矿废弃矿山治理》

2. 四川省增减挂钩地方实践

案例四——乐山市马边县

2017年12月28日,四川省乐山市马边县与浙江省绍兴市越城区签订增减挂钩节余指标流转协议,签约流转节余指标7 000亩,协议总金额50.4亿元。这标志着四川省首例深度贫困地区增减挂钩节余指标跨省域流转顺利完成,同时在全国率先实现跨省域流转。

案例五——凉山州木里县

2018年1月13日,浙江省嘉善县与四川省凉山州木里县签订增减挂钩节余指标跨省交易使用合作框架协议,嘉善县在3年内以每亩72万元价格,向木里县购买增减挂钩指标3 000亩,凉山州的首单增减挂钩跨省流转指标成为东西部扶贫协作和对口支援的成功范例。

3.6 工矿废弃地复垦

3.6.1 基本概念

《土地复垦条例》第三条规定,生产建设活动损毁的土地,按照"谁损毁,谁复垦"的原则,由生产建设单位或者个人(称土地复垦义务人)负责复垦。但是,由于历史原因无法确定工矿废弃土地复垦义务人的生产建设活动损毁的土地(简称"历史遗留损毁土地"),由县级以上人民政府负责组织复垦。自然灾害损毁的工矿废弃土地,由县级以上人民政府负责组织复垦。

根据《国土资源部关于开展工矿废弃地复垦利用试点工作的通知》(国土资发〔2012〕45号),工矿废弃地复垦利用,是指将历史遗留的工矿废弃地以及交通、水利等基础设施废弃地加以复垦,在治理改善矿山环境基础上,与新增建设用地相挂钩,盘活和合理调整建设用地,确保建设用地总量不增加、耕地面积不减少、质量有提高的措施。

3.6.2 历史遗留工矿废弃地复垦利用的由来

矿产资源开发在为国民经济发展作出贡献的同时，也对土地资源和生态环境造成了破坏。截至2009年，我国尚有1亿多亩因生产建设活动和自然灾害损毁的土地未复垦，每年新增损毁土地435万亩。2012年，国土资源部下发《国土资源部关于开展工矿废弃地复垦利用试点工作的通知》，确定在河北、山西、内蒙古、辽宁、江苏、安徽、河南、湖北、四川、陕西十省（区、市）开展试点，通过对历史遗留废弃地的复垦利用，与新增建设用地相挂钩，合理调整建设用地布局。经过3年实践，在总结试点经验的基础上，国土资源部根据生态文明建设等新形势、新要求制定了《历史遗留工矿废弃地复垦利用试点管理办法》，对工矿废弃地复垦试点工作进行了较为系统、详细的规定，并在全国实施。

3.6.3 历史遗留工矿废弃地复垦利用主体

县级以上人民政府国土资源主管部门应当对历史遗留损毁土地和自然灾害损毁土地进行调查评价，在调查评价的基础上，根据国土空间总体规划编制土地复垦专项规划，确定复垦的重点区域以及复垦的目标任务和要求，报本级人民政府批准后组织实施。

对历史遗留损毁土地和自然灾害损毁土地，县级以上人民政府应当投入资金进行复垦，或者按照"谁投资，谁受益"的原则，吸引社会投资进行复垦。土地权利人明确的，可以采取扶持、优惠措施，鼓励土地权利人自行复垦。

3.6.4 历史遗留工矿废弃地复垦利用指标管理

依据《土地复垦条例》《自然资源部关于探索利用市场化方式推进矿山生态修复的意见》，县级以上地方人民政府将历史遗留损毁的建设用地复垦为耕地的，经验收合格后按照国家有关规定可以作为本省、自治区、直辖市内进行非农建设占用耕地时的补充耕地指标。

3.6.5 工矿废弃地复垦案例——矿山宕口蝶变"桃花源"

据南京市规划和自然资源局介绍，2001年起，南京逐步关停露天采石矿山并开展宕口生态修复，2019年又重点攻克其中的长江经济带废弃露天矿山生态修复任务。南京共有260多个废弃露天矿山需要生态修复。至2021年底，已修复废弃矿山127个，总面积11 445亩（总占地面积9 780亩），投入资金6.79亿元。新增绿化面积393 hm^2，形成复垦指标1 905亩，盘活利用存量建设用地2 175亩。其中，62个长江经济带废弃露天矿山生态修复项目全部完成，总修复面积440 hm^2，新增林地、草地等绿地面积达170 hm^2，初步估算增加年固碳能力约1 090 t，产生良好的生态、社会和经济效益。南京市计划在"十四五"期间（2021—2025年）完成工矿废弃地复垦面积约3 000—5 000亩。

1. 南京汤山矿坑公园

南京汤山矿坑公园中山体最大的废弃矿坑——龙泉采石场，经过生态修复和造景，成为休憩露营、探寻荒野、欣赏自然美景的好去处。这里开业第一年就接待游客约53万人次,营收近千万元。汤山矿坑公园在自然保护和生态修复的理念下形成以地质、环保、自然为主题的研学基地和相应研学课程,深受青少年喜爱。

2. "龙之谷"大型主题公园

2016年7月,上海华昌集团出价6 600万元摘得矿坑用地,次年又以5.85亿元取得645亩废弃工业用地,一体打造矿坑蜂巢酒店和"龙之谷"大型主题公园。2020年5月,蜂巢酒店正式营业,酒店包含500套客房和1个能容纳千人的宴会大厅,提供美景温泉、婚宴中心、极限运动等特色服务,当年接待游客11.6万人次,实现营收3 200万元。告别老矿坑、迎来新消费,蜂巢酒店已经成为江北乃至南京市地标性建筑之一。

3. 江苏园博园

江苏园博园所在地曾是孔山矿和茨山矿片区,园内的"云池梦谷"景点曾是一处巨大的采石宕口。中建八局总承包公司借助9个深浅不一的矿坑崖壁,打造国内首个矿坑"水下"植物花园,将废弃矿坑变为五彩斑斓的梦幻世界(图3-16)。

矿坑蜂巢酒店

"龙之谷"公园

江苏园博园

汤山矿坑公园

图3-16 南京市工矿废弃地复垦案例成效图

资料来源:南京市规划和自然资源局《矿山修复,为大地"疗伤"》

2022年10月,自然资源部办公厅发布《自然资源部办公厅关于过渡期内支持巩固拓展脱贫攻坚成果同乡村振兴有效衔接的通知》,提出不再开展历史遗留工矿废弃地复垦利用工作。

3.7 报批方式

3.7.1 报批分类

依据《建设用地审查报批管理办法》,建设用地报批分为城镇村批次项目报批和单独选址项目报批两种方式。

城镇村批次项目报批是指在国土空间规划确定的城市和村庄、集镇建设用地范围内,为实施该规划而将农用地转为建设用地的,由市、县人民政府组织自然资源等部门拟订农用地转用方案,分批次报有批准权的人民政府批准。一个批次用地可以一块或多块土地同时打包上报。如一般的商业、住宅、工业、公共管理与公共服务用地等。

单独选址项目报批是指在国土空间规划确定的城市和村庄、集镇建设用地范围外选址建设的项目用地。根据《土地管理法》的规定,一般建设项目用地都应当在国土空间规划确定的城市和村庄、集镇建设用地范围内安排。只有能源、交通、水利、矿山、军事设施等建设项目可以根据建设项目的特点在国土空间规划确定的城市和村庄、集镇建设用地范围内外,按照单独选址项目申请用地。由建设单位向当地自然资源主管部门提出用地申请,由自然资源主管部门拟定相关材料,经同级人民政府审查同意后,逐级上报有审批权的行政机关。

3.7.2 用地审批工作开展概述

1. 单独选址项目

单独选址项目需开展用地预审、用地报批来实现项目用地保障。其中,用地预审(预计2—3个月)、用地报批(预计4—6个月)。用地预审需在项目立项前开展,完成用地预审、项目立项、初步设计批复后,再完成用地报批工作(图3-17)。

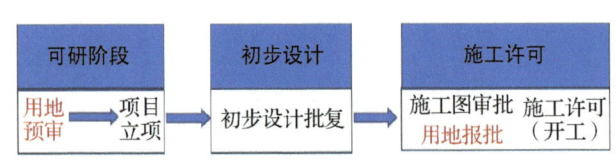

图3-17 单独选址项目用地审批程序
资料来源:作者自绘

用地预审和用地报批分别可分为2个大的环节和4个细分步骤,在组卷阶段需要将相关材料进行组卷汇总,按照分级审查程序,逐级上报,经过市县省级及以上部门审查核发批复文件,完成用地预审和用地报批工作(图3-18)。

(1)单独选址项目用地预审——审查要素

相关审查要素包含:规划符合性相关材料、用地预审选址意见报告书;如涉及永久基本农田、生态保护红线用地、规模较大的情形,需补充完成各专题材料,在完成用地预审前,各材料应取得有关部门的审查意见,方可进行后续流程。

(2)单独选址项目用地预审——审查阶段

进入审查阶段后,应将材料逐级上报:市、县级自然资源部门先进行初审,时间约5

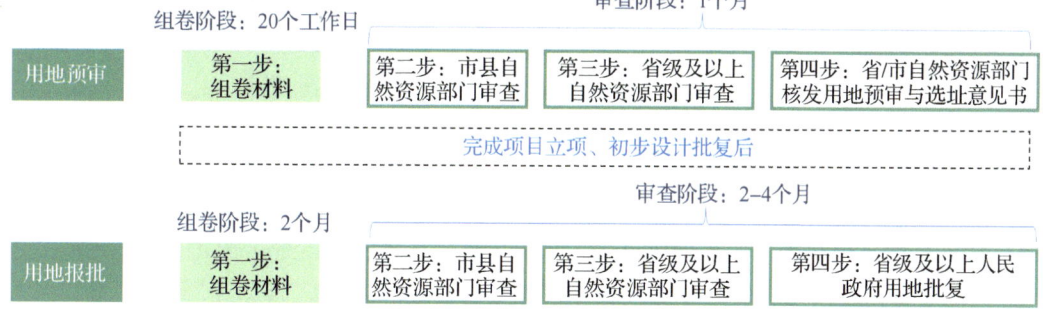

图3-18 用地预审与用地报批环节
资料来源：根据相关资料整理绘制

个工作日；省级及以上自然资源部门进行审查，时间约5个工作日；同时需要指出，项目如涉及永久基本农田、涉及生态保护红线且不符合有限人为活动的，需要自然资源部出具审查同意意见。

(3) 单独选址项目用地报批——组卷阶段

在用地预审完成后，经项目立项、初步设计批复，项目业主可开展用地报批工作，用地报批前同样需要完成有关材料编制工作，其中需具备的材料，包括用地预审、立项、初步设计批复材料，勘测定界材料，地类权属审查材料，压覆重要矿产审查材料等。

涉及土地征收的，需要补充土地征收材料、社保审核材料、有用地材料等；涉及农用地转用的，需要补充年度计划指标证明材料、农转用方案等。

与用地预审相同，如果用地红线涉及特殊情形的，还需补充备选材料：涉及永久基本农田，需补充土地利用总体规划修改暨永久基本农田补划方案；涉及耕地的，需补充耕地占补相关材料；涉及林地的，需补充用林审批材料等。

(4) 单独选址项目用地报批——审查阶段

工作机制与用地预审类似，按照县、市、省级及以上自然资源部门，以及自然资源部报国务院的顺序完成审查。

2. 城镇村批次项目

城镇村批次项目仅需开展用地报批来实现项目用地保障。用地报批时间预计3个月，一般在项目立项开展前已完成用地报批工作；无需开展用地预审。

城镇村批次项目报批逻辑与单独选址项目报批类似，但具体工作主体有区别，应由地级以上市县自然资源主管部门开展组卷工作并上报（图3-19）。

(1) 城镇村批次项目——组卷

必备的城镇村批次项目报批的组卷材料包括：勘界材料、规划/地类/权属材料；涉及土地征收等的，在单独选址项目要求的材料外，需额外补充土地征收成片开发方案；涉及农用地转用的，需补充农转用方案、供地方案等；同时，根据项目红线所处位置不同，需

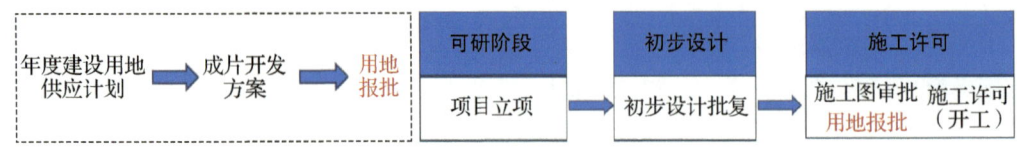

图3-19 城镇村批次项目用地审批程序
资料来源：作者自绘

要视情形补充其他材料，例如，涉及占用耕地的，需要补充耕地占补平衡相关材料等。

（2）城镇村批次项目——审查阶段

审查的内容包括：审查规划符合性、土地征收合法性、土地权属合法性等相关材料，用地指标是否有效落实、相关权属主体是否同意占用等内容。

报批所需材料清单

■ 城镇村批次项目用地报批

① 市、县人民政府农用地转用和土地征收报批单；

② 市、县人民政府用地审查意见；

③ 市、县自然资源主管部门审查报告；

④ "一书三方案"：建设用地呈报说明书、农用地转用方案、补充耕地方案（含耕地占补平衡确认信息单）、征收土地方案；

⑤ 勘测定界图和勘测定界技术报告书（附三大类土地分类面积汇总表）；

⑥ 土地征收启动公告、土地现状调查、社会稳定风险评估、征地补偿安置公告、听证、征地补偿安置协议。

■ 单独选址项目用地报批

① 市、县人民政府农用地转用和土地征收报批单；

② 市、县人民政府用地审查意见；

③ 市、县自然资源主管部门审查报告；

④ "一书四方案"：建设用地呈报说明书、农用地转用方案、补充耕地方案（含耕地占补平衡挂钩信息单）、征收土地方案、供地方案；

⑤ 项目批准（核准、备案）文件；

⑥ 建设项目用地预审与选址意见书；

⑦ 初步设计批复或其他设计批准文件，或者经批准的平面布置图；

⑧ 勘测定界图和勘测定界技术报告书（附三大类土地分类面积汇总表）；

⑨ 土地征收启动公告、土地现状调查、社会稳定风险评估、征地补偿安置公告、听证、征地补偿安置协议；

⑩ 土地复垦资料（需临时用地的提供）。

第四章 "三线"统筹划定

划定"三线",是以习近平为核心的党中央推进生态文明体制改革、加强耕地保护、促进城镇紧凑集约发展、完善国土空间治理体系的重大政策举措。习近平总书记强调,国土是生态文明建设的空间载体,从大的方面统筹谋划,搞好顶层设计,首先要把国土空间开发格局设计好,科学划定"三线"是设计好国土空间开发格局的关键手段。2014年开始的省级、市县级"多规合一"改革试点积累了重要经验,2017年党的十九大报告正式提出要完成三条控制线的划定工作;2019年《中共中央 国务院关于建立国土空间规划体系并监督实施的若干意见》、中共中央办公厅、国务院办公厅印发的《关于在国土空间规划中统筹划定落实三条控制线的指导意见》对划定三条控制线提出了明确要求。三条控制线的划定,是构建新的国土空间规划治理体系的重要制度支撑,是编制各级国土空间规划的重要基础。

4.1 "三线"统筹划定的主要历程

"三线"划定是各级国土空间总体规则编制过程中重要的空间保护底线确认环节,并不是独立于国土空间规划编制的孤立阶段。由于"三线"划定涉及各级政府发展的切身利益,其划定规则的形成经历了较长时期的试点实践,不完全是2019年以来各级国土空间总体规划编制过程以及试点省份探索的结果。

党的十八大以来,在中央有关生态文明建设的体制机制创新中,划定"三线"就作为实施生态文明思想的重要举措提出,并分别在不同时期和不同区域尺度展开试点,为形成最终的全国"三线"划定规则奠定了重要理论和实践基础。有关我国不同时期的"三线"划定工作实践,孙雪东进行了较为系统的总结。

三条控制线作为国土空间规划的核心内容,在国土空间总体规划编制过程中既是相对独立又是与其他规划内容互为支撑的工作,但作为一项全新的空间管控手段,从提出到形成稳定的规则经历了一段时间的探索。在自然资源部成立之前,2014年8月,国家发改委、国土资源部、环境保护部和住建部部署在28

个市县开展"多规合一"试点和"三线"划定工作。根据2017年1月中共中央办公厅、国务院办公厅《省级空间规划试点方案》,9个试点省份开展了"三线"划定工作。结合各级国土空间规划编制开展的"三线"划定工作,经历了自下而上探索、试点总结、全国推广、优化完善等多个阶段,体现了一项新空间规划制度形成前必然要经历的艰难的探索过程[①](图4-1)。

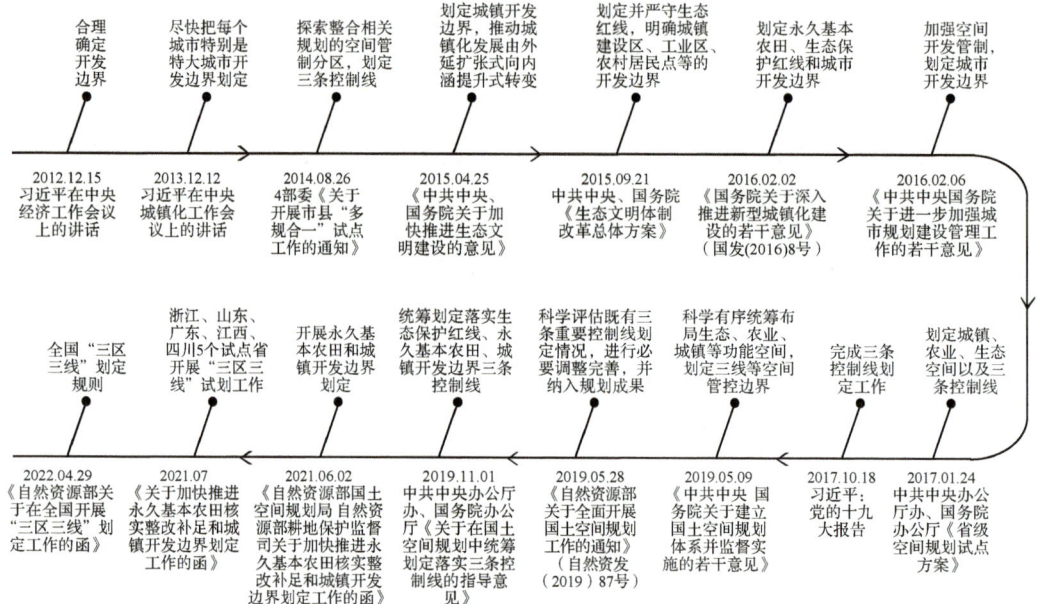

图4-1 我国三条控制线划定工作提出的政策演进
资料来源:作者自绘

4.1.1 国土空间规划体系改革前的试点

1. 市县"多规合一"试点

2014年8月,国家发改委、国土资源部、环境保护部、住建部联合印发《关于开展市县"多规合一"试点工作的通知》,要求在28个市县"探索整合相关规划的空间管制分区,划定城市开发边界、永久基本农田红线和生态保护红线,形成合理的城镇、农业、生态空间布局"。从试点看,四部委就"多规合一"的意义和主要任务已形成共识,但实际工作中仍存在分歧:

首先,以何种规划来统领其他规划类型是试点工作中最大的分歧。国家发改委和环境保护部要求编制"市县发展总体规划"来统领其他规划;住建部要求编制"县(市)城乡总体规划"来统领其他规划;国土资源部要求编制"国土空间综合规划"来统领其他规划,认识尚未统一。

---

① 程茂吉.保护责任与发展权利统筹:"三线"划定的理论基础和规则研究[J].城市规划,2024(7):56.

其次，如何用分区表达国土空间类型尚未形成统一认识。试点分别从不同角度提出了分区方案，如：从功能集聚角度划分了农村空间（农业空间）、生态空间和建设空间（城镇空间）；从建设管制角度划分了允许建设区、有条件建设区、限制建设区和禁止建设区；从主导用途角度划分了基本农田保护区、林业用地区、城镇建设用地区、村庄建设用地区、独立工矿用地区等[①]。

2. 省级空间规划试点

2017年1月，中共中央办公厅、国务院办公厅在市县"多规合一"试点的基础上印发了《省级空间规划试点方案》，首次将"三区三线"作为一个整体，明确"三区三线"是编制空间规划、实现"多规合一"的核心内容，要求9个试点省份划定"三线"，并以"三区三线"为载体，合理整合协调各部门空间管控手段，绘制形成空间规划底图。各试点省份在"三区三线"划定规模和方法上进行了各有特色的探索，如河南省按照城镇规划用地规模外加30%作为控制上限，划定城镇开发边界，按城镇规划用地规模外加40%弹性的方法，确定城镇空间规模。但科学测算城镇、农业、生态三类空间比例和开发强度指标，并从省级层面直接分解到市县操作难度较大，传导和落实较难，且没有认识到三类空间在不同空间层级上的差异性。

3. 城市开发边界划定试点

为贯彻2013年中央城镇化工作会议"尽快把每个城市特别是特大城市开发边界划定"的精神要求，推动城镇化发展由外延扩张式向内涵提升式转变。2014年7月，国土资源部和住建部在14个城市开展了城市开发边界划定试点工作，探索城市开发边界划定的相关规则和方法。按照试点要求，各地因地制宜，积极探索，在名称上出现了城市开发边界、城镇开发边界、城乡开发边界等叫法。试点城市对城镇开发边界的内涵和划定方法形成了一定认识，但仍有一些具体问题有待解决，如城镇开发边界与生态保护红线、永久基本农田能否交叉重叠，弹性空间比例多大，边界内分区与用途的关系如何管理调整等。

4.1.2 "三线"各地自主试划阶段

根据国家有关推进国土空间总体规划的统一部署，2019年以来，各地结合国土空间规划编制工作开展了三条控制线试划工作。在地方自主试划阶段，生态保护红线已经有了基本稳定的方案，但由于国家没有确定各地耕地保护任务和永久基本农田保护线，各地主要根据自身发展需求，在以往城市大扩张时代形成的城市总体规划图上做"加法"，在总体规划建设用地之外再划一圈作为未来弹性发展区，形成各地城镇开发边界的地方方案。这些方案某种程度上体现了各地区在快速城市化趋势下对各市县发展的乐观预测，也带有做大方案与上级规划博弈谈判的考虑。

---

① 孙雪东.国土空间规划体系中"三区三线"的基本考虑[J].城市规划，2023（6）：52.

1. 中共中央办公厅、国务院办公厅发布"三线"划定指导意见

由于"三线"方案不确定,各级国土空间规划缺乏重要的空间管控底线作为规划前提条件,整体规划工作也难有实质性推进。为顺利推进各级国土空间规划编制工作,针对国土空间规划编制中最为关键的"三线"划定问题,2019年11月1日,中共中央办公厅、国务院办公厅发布《关于在国土空间规划中统筹划定落实三条控制线的指导意见》(以下简称《指导意见》),明确了"三线"划定原则和指导思想。

一是按照生态功能划定生态保护红线。优先将具有重要水源涵养、生物多样性维护、水土保持、防风固沙、海岸防护等功能的生态功能极重要区域,以及生态极敏感脆弱的水土流失、沙漠化、石漠化、海岸侵蚀等区域划入生态保护红线。其他经评估目前虽然不能确定但具有潜在重要生态价值的区域也划入生态保护红线。对自然保护地进行调整优化,评估调整后的自然保护地应划入生态保护红线;自然保护地发生调整的,生态保护红线相应调整。《指导意见》同时确定了管控规则以指导生态保护红线划定工作。

二是按照保质保量要求划定永久基本农田。依据耕地现状分布,根据耕地质量、粮食作物种植情况、土壤污染状况,在严守耕地红线基础上,按照一定比例,将达到质量要求的耕地依法划入。已经划定的永久基本农田中存在划定不实、违法占用、严重污染等问题的要全面梳理整改,确保永久基本农田面积不减、质量提升、布局稳定。

三是按照集约适度、绿色发展要求划定城镇开发边界。城镇开发边界划定以城镇开发建设现状为基础,综合考虑资源承载能力、人口分布、经济布局、城乡统筹、城镇发展阶段和发展潜力,框定总量,限定容量,防止城镇无序蔓延。科学预留一定比例的留白区,为未来发展留有开发空间。

同时,《指导意见》明确了三线划定和管控原则:省(自治区、直辖市)确定本行政区域内三条控制线总体格局和重点区域,提出下一级划定任务;市、县组织统一划定三条控制线空间实体边界。同时明确了三条控制线出现矛盾时的协调原则:生态保护红线要保证生态功能的系统性和完整性,确保生态功能不降低、面积不减少、性质不改变;永久基本农田要保证适度合理的规模和稳定性,确保数量不减少、质量不降低;城镇开发边界要避让重要生态功能,不占或少占永久基本农田。目前已划入自然保护地核心保护区的永久基本农田、镇村、矿业权逐步有序退出;已划入自然保护地一般控制区的,根据对生态功能造成的影响确定是否退出,其中,造成明显影响的逐步有序退出,不造成明显影响的可采取依法依规相应调整一般控制区范围等措施妥善处理。

从2019年的《指导意见》来看,当时明确的有关生态保护红线、永久基本农田的划定的指导思想基本上延续到后来的最终规则,表明指导思想是相对稳定统一的,但在涉及各地发展空间的城镇开发边界划定原则上,还是提出了分级划定的原则,强调国家和省级重在规则和空间格局的引导,市县具体划定城镇开发边界布局,这与最终确定的全国

城镇开发边界划定规则不同。

2. 自然资源部司局制定"三线"划定规则

根据中共中央办公厅和国务院办公厅有关"三线"划定的通知精神，以及2019年5月《自然资源部关于全面开展国土空间规划工作的通知》，全国和省市县级国土空间规划编制工作陆续开展，要求对原先划定的生态保护红线、永久基本农田和城镇开发边界进行评估并进行调整完善。2021年5—7月，随着各省市级国土空间规划编制工作完成双评估、"双评价"和空间战略等专题研究，各市县主要基于已经划定的生态保护红线，试图完全重新架构一个农业、生态、建设空间布局，但各地提出的城镇开发边界方案基本上延续了原2030年规划期的总体规划空间布局。

针对国土空间规划编制中的永久基本农田和城镇开发边界划定问题（当时生态保护红线的划定职能还没有调整到自然资源部），为贯彻落实中共中央办公厅、国务院办公厅印发的《关于在国土空间规划中统筹划定落实三条控制线的指导意见》，自然资源部国土空间规划局、自然资源部耕地保护监督司发出《自然资源部国土空间规划局 自然资源部耕地保护监督司关于加快推进永久基本农田核实整改补足和城镇开发边界划定工作的函》，要求2021年6月底前，组织完成永久基本农田核实整改补足以及城镇开发边界划定成果上报。本次自然资源部耕保司和空间规划局联合发出的通知主要精神如下：

（1）永久基本农田核实整改补足

一是确定了核实整改补足的基本规则。以现有永久基本农田为基础，开展核实整改补足工作。运用"三调"成果和最新卫星遥感影像，落实永久基本农田保护任务（另行下达），将现状永久基本农田中的非耕地、不稳定利用耕地等实事求是调出，在稳定利用耕地中补足。

在统筹城镇开发边界划定与永久基本农田核实整改补足过程中，重点把握几点：一是通过对永久基本农田核实整改补足，优先划定永久基本农田；二是以现有永久基本农田为基础，在稳定利用耕地中补足；三是城镇开发边界划定时，涉及永久基本农田的，以"开天窗"的形式予以保留；四是纳入国土空间总体规划的线性基础设施范围同步调整补足。

二是明确了整改补足规则。在现有永久基本农田保护范围内，"三调"调查为长期稳定利用耕地的，原则上继续保留。属于下列情形的，调出：①"三调"调查为非耕地和25°以上坡耕地、河道耕地、湖区耕地、林区耕地、牧区耕地、沙漠化耕地、石漠化耕地、盐碱耕地等不稳定利用的耕地；② 位于生态保护红线内按要求需退出的耕地；③ 经国务院同意，已纳入生态退耕规划范围的耕地；④ 土壤污染详查为严格管控类、经论证无法恢复治理的耕地；⑤ 纳入市县国土空间总体规划的线性基础设施占用的耕地，但调整时同步补足；⑥ "三调"时为耕地，"三调"后新增的建设占用、植树造林等，经论证确需保留的。

依据永久基本农田保护任务，在长期稳定利用耕地中，按照以下质量优先序，调整补足永久基本农田：① 未划入永久基本农田的已建和在建高标准农田；② 有良好水利与水土保持设施的集中连片优质耕地；③ 土地综合整治新增加的耕地；④ 未划入永久基本农田的黑土区耕地。

（2）城镇开发边界划定规则

① 划定要求。一是统筹发展和安全，坚持保护优先，在确保粮食安全、生态安全等资源环境底线约束的基础上，划定城镇开发边界，确保"三条控制线"不交叉冲突；二是坚持节约集约、紧凑发展，通过划定城镇开发边界，改变以用地规模扩张为主的发展模式，推动城市发展由外延扩张式向内涵提升式转变；三是因地制宜，基于自然地理格局和城市发展规律，结合当地实际划定城镇开发边界，引导促进城镇空间结构和功能布局优化，避免城镇开发边界碎片化，为城市未来发展留有合理的弹性空间。

② 划定规则。一是守住自然生态安全边界。城镇开发边界不得侵占和破坏山水林田湖草沙的自然空间格局。二是将资源环境承载能力和国土空间开发适宜性评价（简称"双评价"）结果作为划定城镇开发边界的重要基础。避让地质灾害风险区、蓄滞洪区等不适宜建设区域。三是贯彻"以水定城、以水定地、以水定人、以水定产"的原则，根据水资源约束底线和利用上限，引导人口、产业和用地的合理规模和布局。四是"三调"的现状城镇集中建成区应划入城镇开发边界。五是落实生态保护红线划定方案和耕地保护任务，统筹推进永久基本农田核实整改补足和城镇开发边界划定工作。涉及长期稳定利用耕地的，以"开天窗"的形式予以标注，不计入城镇开发边界面积。六是发挥好城市周边重要生态功能空间和永久基本农田对城市"摊大饼"式扩张的阻隔作用，促进形成多中心、网络化、组团式的空间布局。七是城镇开发边界划定不预设比例，不与城镇建设用地规模指标挂钩。应基于城镇的发展潜力、用地条件、空间分布特点等划定城镇开发边界，体现城镇功能的整体性和开发建设活动的关联性。八是对于近五年来城镇常住人口规模减小的、存在大量批而未建或闲置土地的市、县（区），预留的弹性空间应从严控制。九是城镇开发边界由一条或多条连续闭合的包络线组成。边界划定应充分利用河流、山川、交通基础设施等自然地理和地物边界，形态尽可能完整，便于识别、便于管理。

可见，2021年5月布置的永久基本农田和城镇开发边界划定工作基本上强调了以"三调"耕地布局为基础，对原先划定的永久基本农田布局进行优化调整，永久基本农田保护任务由部下达到省市。试划的结果是，"三调"耕地相对"二调"耕地有较大减少地区认为永久基本农田划定缺乏可划空间，"三调"耕地相对"二调"耕地有较大增加地区认为不公平，耕地保护好的反而要增加永久基本农田保护任务。城镇开发边界划定工作只是规定了与永久基本农田出现矛盾的处理原则，强调基于城市自然条件、发展基础、未来潜力角度划定结构较为理想的城镇开发边界，这比较接近于永久城镇开发边界，此次城镇开发边界划定工作并没有提出各市县具体的城镇开发边界规模控制规则。大部分城市以"三调"加基数转换的现状城镇建设用地作为划定分母,划定的城镇开发边界扩展系数普遍较大。这个阶段各地试划工作,由于规则不明确、地方惯有的发展冲动和博弈思维,大都基于发展诉求大幅压缩耕地和永久基本农田保护规模,城镇开发边界扩展系数较大。

3. 生态保护红线的评估和划定

2017年,中共中央办公厅、国务院办公厅印发《关于划定并严守生态保护红线的若干意见》,全面启动了生态保护红线划定工作。2018年初,京津冀3省(市)、长江经济带11省(市)和宁夏回族自治区共15个省(区、市)完成生态保护红线划定工作。2019年7月,自然资源部会同生态环境部、国家林业和草原局,组织开展国务院已批复的15省(区、市)生态保护红线评估调整以及其他16省(区)生态保护红线划定工作,同步开展自然保护地整合优化工作。

根据2019年11月中共中央办公厅、国务院办公厅印发《关于在国土空间规划中统筹划定落实三条控制线的指导意见》,加快了全国生态保护红线的评估和优化调整工作。经过与省市县国土空间规划的协调,于2022年9月形成部封库版本的生态保护红线成果。但是划定工作开展的实际情况,基本是原各部门管辖的国家公园、自然保护区、森林公园、风景名胜区等不同类型的自然保护地,以及其他各类保护区域,按名录"清单"整合,共同构成生态保护红线。对原自然保护区域的调整优化、边界的细化校核等,受限于原管理审批部门,难以获得认定,导致拟划入生态保护红线的区域"虽评估,难调整"。"虽评估,难调整"还表现为各类生态保护红线主管部门对各类自然保护地的规模所谓不减少的原则,导致调整难度极大[①]。

4.1.3 国家统一规则下的"三线"划定阶段

针对前期全国"三线"划定中出现的统筹力度不足和划定规则不明确等问题,2021年8月到2022年4月,国家决定在浙江、山东、广东、江西、四川等5个省份进行试点,摸索系统性的划定规则。由于试点省份提出的15种不计入耕地保护目标的情形放大到全国估计难以保证全国18亿亩耕地保护红线不被突破[②],因此这样的扣减规则在最后确定的国家规则中有较大调整。国家在5省试点基础上总结经验,提出了"三区三线"划定规则和全国国土空间开发保护主要管控指标建议方案。试点过程中提出:实有耕地全划入耕地保护任务,将90%的实有耕地划为永久基本农田;以耕地占补平衡潜力确定城市开发边界大小,但有一定的增量比例约束;生态保护红线以报部封库的生态保护红线为基础结合永久基本农田划定工作进行微调等。通过试点,探索了划定方法和统筹规则,这也是地

---

① 叶斌,郑晓华,罗海明,等."三区三线"统筹划定:现象剖析、技术逻辑与南京经验[J].城市规划学刊,2024(1):56.
② 孙雪东.国土空间规划体系中"三区三线"的基本考虑[J].城市规划,2023(6):55.

方和国家意图的直接碰撞,为制定全国"三线"划定规则提供了重要经验和决策支撑。

根据试点经验和总结,国务院于2022年4月27日召开了"三区三线"划定工作电视电话会议。2022年4月底,根据《自然资源部关于在全国开展"三区三线"划定工作的函》,正式印发经党中央、国务院研究通过的《全国"三区三线"划定规则》,要求结合省市县国土空间总体规划编制统筹划定"三区三线",于2022年6月15日前完成划定初步成果并报自然资源部,确保2022年8月完成全国"三区三线"划定和上图入库工作。

《全国"三区三线"划定规则》主要内容:

1. 总体要求

一是严格落实上级分解下达的耕地、永久基本农田等国土空间规划约束性指标,确保国家已经明确的2020年全国18.65亿亩耕地和15.46亿亩永久基本农田保护目标实至名归,规模不减少。

二是落实三条控制线划定的优先序。按照耕地和永久基本农田、生态保护红线、城镇开发边界的顺序,在国土空间规划中统筹划定落实三条控制线,做到现状耕地应保尽保、应划尽划,确保三条控制线不交叉不重叠不冲突。

三是坚持国土空间的唯一性。将"十四五"期间涉及空间需求的各类规划纳入国土空间规划"一张图",协调空间矛盾冲突,实现"多规合一"。统筹交通、水利、能源等专项规划的用地需求,提高节约集约用地水平。

四是确保"数、线、图"一致。在2020年国土变更调查成果底版上开展"三区三线"划定,将划定成果纳入国土空间规划"一张图",做到"数、线、图"一致。

2. 耕地和永久基本农田

(1) 耕地应保尽保、应划尽划

一是纳入耕地保护目标的必须是现状耕地,以2020年国土变更调查成果为基础(城镇、村庄不打开统计)。2021年恢复的耕地经认定可纳入耕地保护目标。

二是下列现状耕地可以不纳入耕地保护目标,但要说明理由并提供举证材料:截止到2021年底,在自然资源部监管系统备案,已依法批准且落实占补平衡即将建设的;根据2014—2020年已下达的退耕还林还草计划和要求,在"三调"耕地上实施退耕还林还草,但尚未成林、成草的;截止到2021年底,在自然资源部监管系统备案的农业设施建设占用的;自然保护地核心保护区内的;饮用水水源一级保护区内的;河湖范围内根据淹没频次经认定需退出的。

三是在不妨碍行洪安全和供水安全的前提下,对河湖范围内不同情形耕地,依法依规分类处理。"二调"为耕地、"三调"仍然为耕地的,原则上应纳入耕地保护目标。对于以下情形,经认定可以不纳入耕地保护目标:① 位于主河槽内的耕地;② 洪水频繁上滩的耕地(南方地区可按5年一遇洪水位以下,北方地区可按3年一遇洪水位以下);③ 长江平垸行洪"双退"圩垸内的耕地；④水库征地线以下的耕地。

四是纳入耕地保护目标的耕地带位置逐级分解下达。规划实施期间，符合占用规则的可以占用，按程序报批，并按有关规定实现"占补平衡"或"进出平衡"。改变过去耕地保有量只有数量没有空间的不足，将全国耕地保护目标按照"数、线、图"一致要求，带位置分解下达给各个省（区、市），对耕地保护采取更严格的措施。

（2）优先划定永久基本农田

一是永久基本农田原则上应在纳入耕地保护目标的可长期稳定利用耕地上划定。优先将以下可长期稳定利用耕地划入永久基本农田：经国务院农业农村主管部门或者县级以上地方人民政府批准确定的粮、棉、油、糖等重要农产品生产基地内的耕地；有良好的水利与水土保持设施的耕地，正在实施改造计划以及可以改造的中、低产田和已建成的高标准农田；蔬菜生产基地；农业科研、教学试验田；土地综合整治新增加的耕地；黑土区耕地；国务院规定应当划为永久基本农田的其他耕地。

二是原永久基本农田范围内的可长期稳定利用耕地布局保持总体稳定。属于以下情形的原永久基本农田范围内的可长期稳定利用耕地，在说明理由并提供举证材料后，可调出原永久基本农田：以土壤污染详查结果为依据，土壤环境质量类别划分成果中划定为严格管控类的耕地，且无法恢复治理的；近期拟实施的省级及以上能源、交通、水利等重点建设项目选址确实难以避让，且已明确具体选址和规模，用地已统筹纳入国土空间规划"一张图"拟占用的（举证材料需明确项目名称、规模、批准文件并附项目矢量数据）；经依法批准的原土地利用总体规划和城市总体规划明确的建设用地范围，经一致性处理后纳入国土空间规划"一张图"的；《全国矿产资源规划（2021—2025年）》确定的战略性矿产中的铀、铬、铜、镍、锂、钴、锆、钾盐、（中）重稀土矿开采确实难以避让，且已依法设采矿权露天采矿的。

三是分类确定各省份永久基本农田划定规模。考虑各省份可长期稳定利用耕地与原永久基本农田保护目标的差异，区分以下3种类型：

类型一。对于可长期稳定利用耕地低于原永久基本农田保护目标的省份，划入永久基本农田的可长期稳定利用耕地不得低于现状可长期稳定利用耕地的90%。

类型二。对于可长期稳定利用耕地高于原永久基本农田保护目标但不超过原保护目标10%的省份，允许低于原保护目标，但划入永久基本农田的可长期稳定利用耕地不得低于现状可长期稳定利用耕地的90%。

类型三。对于可长期稳定利用耕地高于原永久基本农田保护目标且超过原保护目标10%的省份，在原永久基本农田保护目标的基础上，根据国家需要适当增加保护任务，但原则上不超过现状可长期稳定利用耕地的90%。

考虑各省份可长期稳定利用耕地与原永久基本农田目标的差异，对于耕地保护政策执行好的省份,适当增加永久基本农田保护任务,但减少划定比例;对于耕地流失严重的省份,实事求是减少永久基本农田保护任务,但提高划定比例[①]。

四是难以或不宜长期稳定利用的耕地一般不划入永久基本农田,但位于原永久基本农田范围内,且难以退耕的口粮田等特殊情况,经充分调查举证,允许继续保留(以村为单位,举证本村范围内是否首先将可长期稳定利用耕地全部划为永久基本农田,如有可长期稳定利用耕地未划入而难以或不宜长期稳定利用耕地划入的,举证不通过)。

五是划定的永久基本农田,规划实施期间,符合占用规则的,可以占用并进行补划,按程序报批。

3. 生态保护红线

(1) 2021年6月已上报国务院的生态保护红线方案总体保持稳定,原则上不再调整,因国家重大项目等确需调整的,要依据已有规则举证说明。按照已定规则,生态保护红线内允许开展的有限人为活动,不视为占用生态保护红线。

(2) 在确保对生态功能不造成明显影响的前提下,可将自然保护地核心保护区外连片图斑不小于5亩(山地、丘陵地区可按不小于3亩)的可长期稳定利用耕地,调出生态保护红线,改划为永久基本农田。

4. 城镇开发边界

划定城镇开发边界,要充分尊重自然地理格局,统筹发展和安全,统筹农业、生态、城镇空间布局;坚持反向约束与正向约束相结合,避让资源环境底线、灾害风险、历史文化保护等限制性因素,守好底线;设置扩展系数,严控新增建设用地,推动城镇紧凑发展和节约集约用地。

(1) 强化反向约束

一是守住自然生态安全边界,不得侵占和破坏山水林田湖草沙海的自然空间格局,避让重要山体山脉、沙漠、戈壁、河流湖泊、湿地、天然林草场、海岸线等。二是落实耕地保护目标任务和生态保护红线划定方案,避让连片优质耕地和已有政策法规明确禁止或限制人为活动的国家公园、自然保护区、自然公园、生态公益林、饮用水水源保护区等。三是避让地质灾害极高和高风险区、蓄滞洪区、地震断裂带、洪涝风险易发区、采煤塌陷区、重要矿产资源压覆区及油井密集区等不适宜城镇建设区域,确实无法避让的应当充分论证并说明理由,明确减缓不良影响的措施。四是加强历史文化遗产保护,避让大遗址保护区和地下文物埋藏区。五是贯彻"以水定城、以水定地、以水定人、以水定产"的原则,根据水资源约束底线和利用上限,控制新增建设用地规模,引导人口、产业和用地合理布局。六是基于资源环境承载能力和国土空间开发适宜性评价,充分考虑各类限制

---

① 孙雪东. 国土空间规划体系中"三区三线"的基本考虑[J]. 城市规划,2023(6):55.

性因素，测算新增城乡建设用地潜力。

（2）设置正向约束

一是超大城市、人均城镇建设用地远超国家标准的城市、近十年城区常住人口减少的城市，城镇开发边界面积一般为现状城镇建设用地规模的1.1倍以内，其他城市一般为1.3倍以内，如超过控制线要有足够合理性。二是可在城镇开发边界内保留一定的农业和生态空间，发挥城市周边重要生态功能空间和连片优质耕地对城市"摊大饼"式扩张的阻隔作用，促进形成多中心、组团式的空间布局。三是充分利用河流、山川以及铁路、高速公路、机场、高压走廊等自然地理和地物边界，形态尽可能完整，便于识别、便于管理。四是在城镇开发边界内，城镇集中建设区的新增建设用地规模不得超过上级下达的新增城镇建设用地规模。可在城镇集中建设区外划定弹性发展区，应对城镇发展的不确定性。

2022年5月到7月，根据《全国"三区三线"划定规则》开展省市县三级"三线"统筹划定工作，省级主要进行统筹、规则细化和耕地保护目标、城镇开发边界划定规则和扩展系数分解工作。在此过程中，部省下发可稳定利用耕地、永久基本农田可扣减情形图斑及各地耕地保护目标和永久基本农田划定任务，确保工作底图底数的统一性和权威性；明确了城镇开发边界内零星原永久基本农田可优化调整的原则和具体情形，并进一步明确了1.3倍扩展系数算法。

由于国家层面的"三线"划定仍然是基本原则，根据各地在划定过程中遇到的更为具体的问题，例如2021年已批准占用耕地能否扣减耕地保护基数、"三调"调查不实耕地能否调出耕地保护底数等，在充分听取地方意见和建议的基础上，自然资源部和省级自然资源管理部门相继完善规则，出台划定工作细则，如明确在城镇开发边界划定过程中，规划的区域性基础设施、水域和蓝绿空间可以进行扣减，不作为0.3扩展系数计算因子。

由于主要的矛盾和难点是市县耕地保护目标分解落实工作，涉及各地区保护责任和长远发展空间问题，国土空间规划主管部门提出的耕地保护任务和城镇开发边界划定方案经历了多轮统筹协调，最终主要依靠各级党委政府决策落实了各县区的耕地保护目标、永久基本农田划定任务。生态保护红线方面，仅允许连片耕地且改划永久基本农田、近期重大项目以及历史遗留问题等情形可对生态保护红线进行微调。2022年9月到10月，各地划定成果陆续上报审批。根据划定的"三线"成果，各市县继续完善国土空间总体规划编制成果。

4.2 "三线"划定的理论技术基础

统筹划定"三线"，是贯彻粮食和生态安全国策、完善国土空间保护开发制度、加强国土空间用途管制的重要举措，也是编制各级国土空间规划的重要基础。三条控制线的提出有其深刻的时代背景，与我国特殊的国情和资源特征有关，也有坚实的行政管理制度体制支撑。"三线"划定规则的形成经历了较长时间的探索和博弈,博弈的重心在于如何平衡保护责任与发展权利的关系,关键在于如何协调保护与发展的关系、中央和地方的关系以及三条控制线之间的关系。指导"三线"划定工作的核心理念是总体国家安全观,制度基础是国家空间治理体系,技术支撑是"双评价"成果。

4.2.1 基本理念：贯彻落实总体国家安全观

2019年以来开展的国土空间规划体系的改革,不仅是要求编制"多规合一"的国土空间规划,最根本的是将总体国家安全观确立为国土空间总体规划的基本价值观。

早期的中国传统城市规划思想是基于营城选址和城市设计建造思想,人口集聚和城市活动对自然界造成的压力和损害尚未形成主要矛盾。进入工业化时代,因工业化大生产对环境造成危害和灾难,规划重点是从城市合理布局和环境设施建设着手减少工业活动对城市的危害。经过改革开放以来40多年的高速增长,地方的资源需求加总远超出国家的资源供给能力,出现了西方发达国家从未出现过的粮食安全、生态安全问题,影响中华民族生存和人民生活质量。

总体国家安全观是以习近平为核心的党中央十八大以来立足于我国进入新时代的发展国内外形势、我国特定的资源环境条件提出的事关国家发展的底线思维。2014年4月15日,习近平总书记在中央国家安全委员会第一次会议上首次明确提出了"总体国家安全观"。2017年党的十九大召开,总体国家安全观成为习近平新时代中国特色社会主义思想的重要组成部分。总体国家安全观强调安全是发展的条件和保障,在国土空间规划和空间治理方面,作为引导国土空间规划和管控的核心战略取向,集中体现在确保国家粮食和耕地安全、生态安全、城市发展安全等方面[1]。

2019年《中共中央 国务院关于建立国土空间规划体系并监督实施的若干意见》提出要落实国家安全战略,2019年11月中共中央办公厅、国务院办公厅在《关于在国土空间规划中统筹划定落实三条控制线的指导意见》中明确提出要优先保障生态安全、粮食安全、国土安全。我国自然地理条件的巨大差异性和互补性,决定了各级行政单元必须心怀国之大者,承担国家责任[2]。"三区三线"是统筹发展和安全,落实国家总体安全观的重要手段,需要通过"三区三线"划定,守住粮食安全、生态安全、水资源安全等底线[3]。"三线"划定工作是贯彻总体国家安全观的重要战略举措,也是国土空间规划编制中最为基础和核心的环节(图4-2),体现了国土空间规划强烈的公共政策和空间治理属性。

"三线"划定工作涉及空间发展权的分配,涉及复杂的国家—省—市县之间的利益博弈。其作为贯彻落实总体国家安全观的重要手段,必须制定统一的划定规则,便于全国

---

[1] 程茂吉.保护责任与发展权利统筹："三线"划定的理论基础和规则研究[J].城市规划,2024(7): 58.
[2] 程茂吉.保护责任与发展权利统筹："三线"划定的理论基础和规则研究[J].城市规划,2024(7): 58.
[3] 孙雪东.国土空间规划体系中"三区三线"的基本考虑[J].城市规划,2023(6): 53.

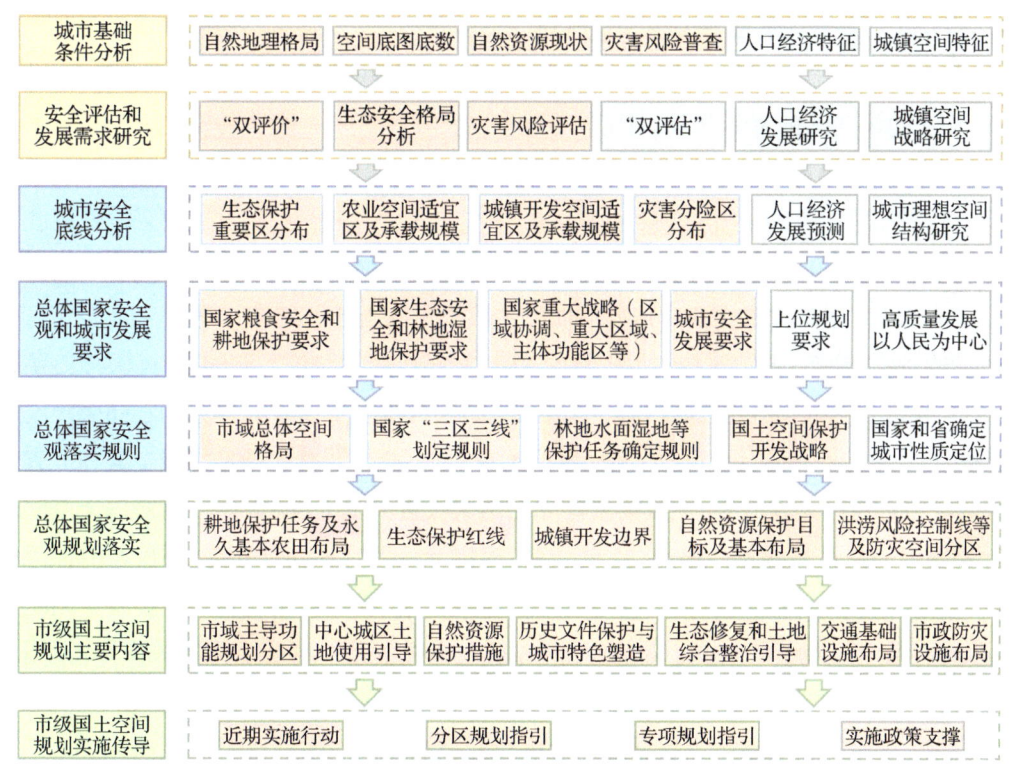

图4-2 总体国家安全观市级国土空间总体规划落实路径
资料来源：作者自绘

各地区之间、省市县之间进行精准保护责任落实和发展权利分配。划定三条控制线是国土空间规划的核心要素，也是统一实施国土空间用途管制和生态保护修复的重要基础。三条控制线划定管理，不应重起炉灶、推倒重来，而是要充分汲取前行的智慧、养分、力量以及经验和教训，充分利用已有各类自然资源和生态环境调查评价成果，在三条控制线已有划定成果、技术指南、管控要求，以及有关规划和管理制度成果的基础上，应用新的发展理念和技术方法，解决国土空间规划和治理中的实际问题[①]。

4.2.2 治理体系：我国一、二级土地发展权分置的空间治理模式

"三线"确定的是各地区耕地保护目标和永久基本农田、生态保护红线和城镇开发边界，前两者决定了一个地区的保护任务量和空间布局，后者基本决定了一个地区未来一段时期可进行工业化、城市化建设的空间，也基本决定了一个城市在全国和区域的经济地位和综合影响力。因为涉及一个地区未来发展空间的分配问题，"三线"划定工作自始至终都得到各级政府的高度关注，作为协调保护与发展的矛盾、中央和地方关系的重要手段，一直以来都是我国宏观政策管理中特别重大的问题。对于国土空间规划来说，基于协调人口、经济发展和有限资源供给的尖锐矛盾，对资源利用采取什么样的空间管控

---
① 祁帆，谢海霞，王冠珠. 国土空间规划中三条控制线的划定与管理[J]. 中国土地，2019（2）：26.

策略是空间规划首先要回答的基本价值观。

对于土地为国有体制的国家，各地区的一级土地发展权主要由国家自上而下分配，城市开发建设空间的更新和建设则是属于地方政府的二级土地发展权。对于一级土地发展权的管理，不同的政治管理体制、不同的人地矛盾决定了不同的资源利用控制手段和政策，例如对于美国、法国等联邦制国家，中央对于资源利用的控制主要采取宏观政策立法和财政资金引导方式，而不是通过直接约定城市化占用耕地自然资源量和布局的形式，具体空间用途管控也主要由地方层面的土地规划或土地区划来实现。

在形成全国统一的"三线"划定规则之前，有过广泛的讨论。有的观点认为，三条控制线作为国土空间规划的核心内容，应结合不同层级国土空间规划任务和不同层级政府管理事权，自上而下逐级划定[①]。国家级国土空间规划，要明确三条控制线全国和分省划定目标，协调省际划定方案，明确需要保障的国家级重大基础设施廊道；省级国土空间规划，要确定三条控制线总体格局、重点区域，提出下一级规划划定任务，明确需要保障的国家和省重大基础设施布局；市县级国土空间规划，要协调确定三条控制线空间布局和大致边界；乡镇级国土空间规划确定并细化三条控制线和各类空间实体边界，上图入库，确保不交叉冲突。基本是逐级传导的思路，充分发挥五级规划的作用。但后期正式的"三线"划定规则则是全国根据统一的规则五级规划一并同时划定。

我国作为耕地资源非常紧张的中央统一管理国家，采取自上而下的方式对耕地占用和城镇扩张边界实施严格总量、布局管理，既是客观形势的需要，也具有重要的制度支撑。通过统一全国的划定规则，层层分解耕地保护目标和永久基本农田划定任务以及城镇开发边界扩展系数，有利于有效实现国家的耕地安全和生态安全战略，引导国土空间开发建设合理布局。虽然原有文件原则性规定国家规划体现战略性、省级规划体现协调性、市级规划体现实施性，鉴于市、县国土空间总体规划的尺度和定位不同，希望根据事权和工作精度区分三条控制线的"划示"和"划定"，逐级深化，最后落到地块上[②]。但基于我国空间治理体系和行政管理制度的特点，最终的规则是由国家通过"三线"的划定直接确定耕地保护目标，永久基本农田、城镇开发边界的总量和空间布局，作为五级规划的直接约束性依据和底线条件，不存在规划层层传导问题，主要按照统一规则和层层分解的原则，把国家战略确定的耕地保护和永久基本农田划定任务、城镇开发边界扩展倍数落实到具体空间[③]（图4-3、图4-4）。"三线"涉及的一级土地发展权的分配是国家事权，由中央进行宏观调控，体现了我国国土空间治理体系的根本特点。

---

① 祁帆,谢海霞,王冠珠.国土空间规划中三条控制线的划定与管理[J].中国土地,2019(2)：28.
② 潘海霞,赵民.关于国土空间规划体系建构的若干辨析及技术难点探讨[J].城市规划学刊,2020（1）：21.
③ 程茂吉.保护责任与发展权利统筹："三线"划定的理论基础和规则研究[J].城市规划,2024(7)：59-60.

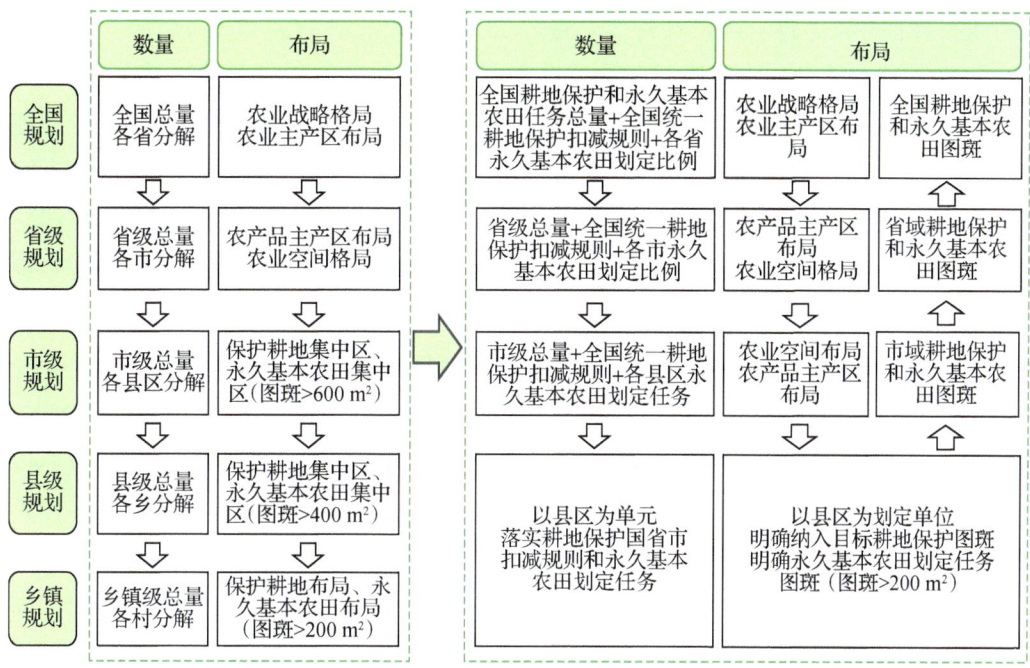

图4-3 耕地保护任务和永久基本农田划定思路和规则的变化

资料来源：作者自绘

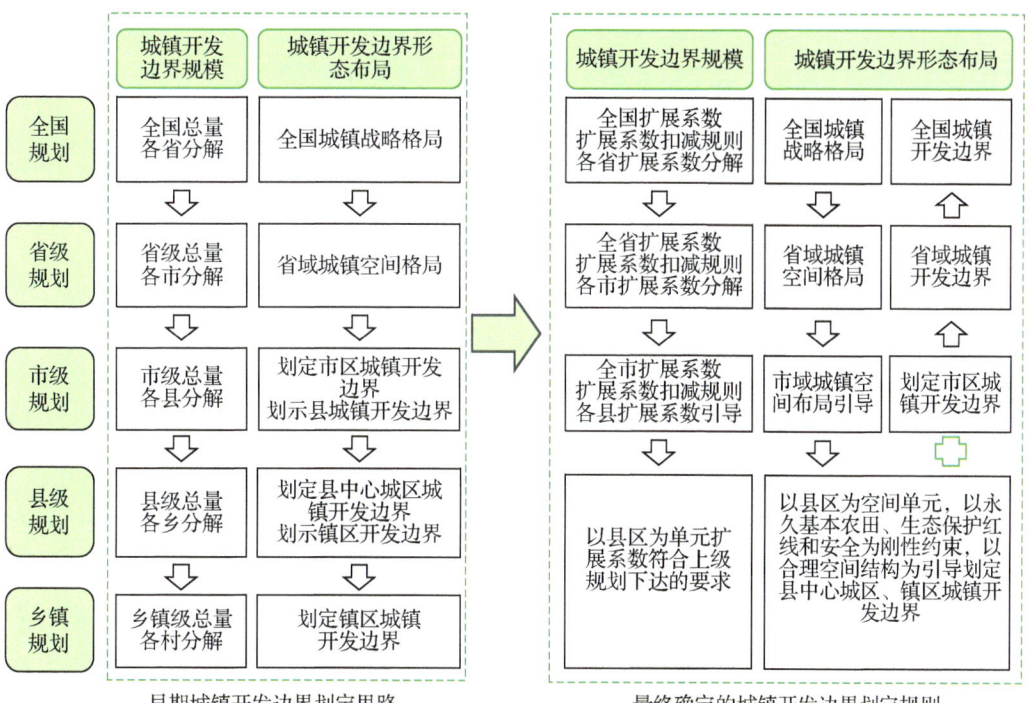

图4-4 城镇开发边界划定思路和规则的变化

资料来源：作者自绘

4.2.3 技术支撑：以"双评价"分析城市空间保护开发适宜性

以往城市总体规划中存在较为普遍的不顾城市自然条件限制和环境承载能力，盲目追求扩大城市规模的问题。很多城市的总体规划基于追求全球竞争最大化地位的理念，一个市域空间规划的用途取向首先是为资本落地提供尽可能多样的选择空间和不同资本落地的机会，更多基于经济总量导向而忽视农业空间的保护，城市空间安排更多是优先满足城市发展的需要，基于城市未来规划可预见的可能拟定城市某一年概念规划框架，并以此为前提安排市域生态空间、农业空间布局。

在国土空间总体规划编制之初，自然资源部就特别强调，为确保粮食安全、生态安全，贯彻确定城市发展容量必须基于资源环境承载力的要求，通过全面开展"双评价"工作，分析市县的生态极重要区、重要区和敏感区，将其作为划定生态保护红线的重要依据；通过坡度、土壤质地分析判断适宜农业的空间，并通过水资源条件的分析和农业用水定额研究，明确一个地区农业生产承载规模；通过高程、坡度、灾害风险、区位等条件以及可用于城镇生活的水资源量，分析提出城镇开发适宜空间和承载规模（图4-5）。根据国

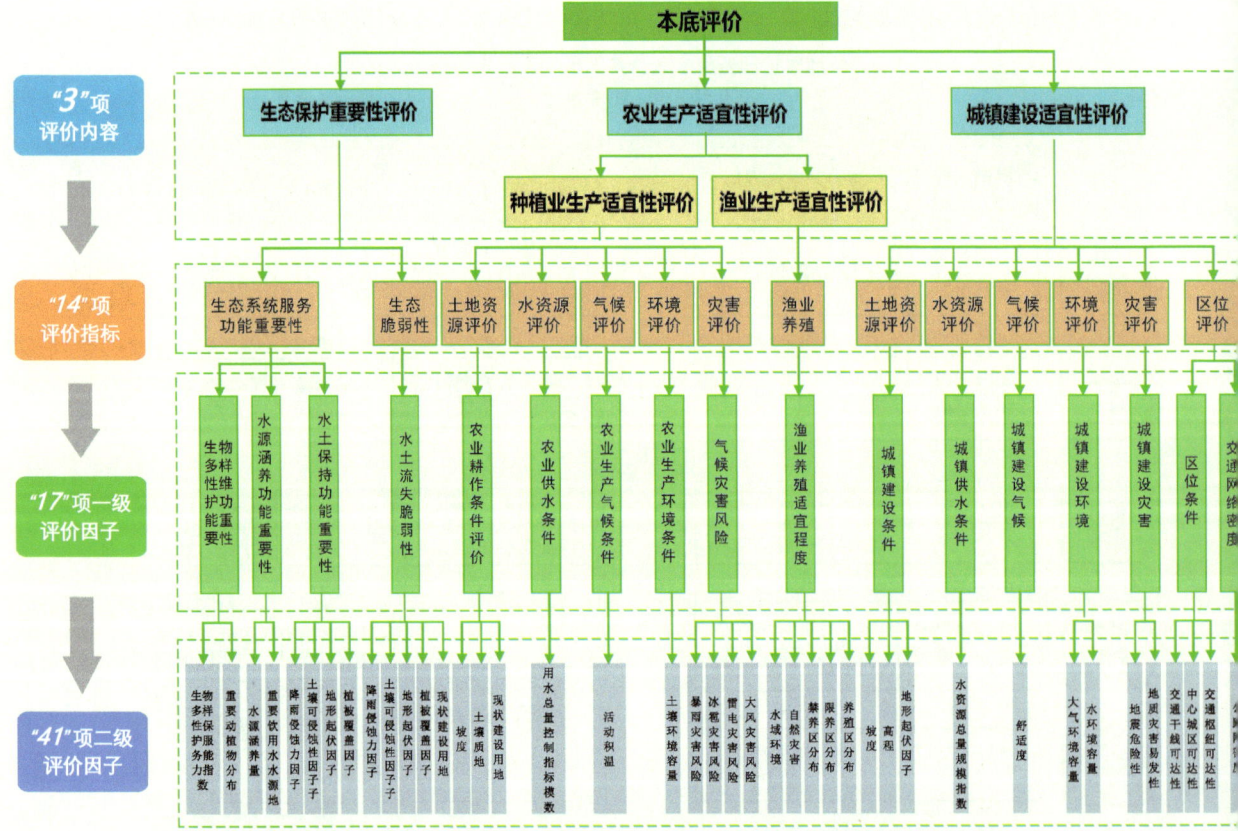

图4-5 南京市"双评价"技术指标体系
资料来源：作者自绘

家生态保护红线划定指南和省市国土空间规划编制指南,将"双评价"确定的水源涵养、生物多样性维护、水土保持、防风固沙等生态功能极重要区域及极敏感区域,纳入生态保护红线;农业生产适宜区和较适宜区,作为永久基本农田的优选区域;城镇开发边界划定应优先选择城镇建设适宜区和较适宜区,并尽量避让城镇建设不适宜区。耕地保有量、建设用地规模等目标指标不应突破可承载农业生产、城镇建设的最大规模。"双评价"结果为"三区三线"科学划定工作提供了重要技术支撑(图4-6)。

4.3 耕地保护任务和永久基本农田划定

耕地保护任务和永久基本农田划定在三条控制线中居于优先位置。纳入耕地保护目标的必须是2020年国土变更调查的现状耕地(城镇、村庄不打开)。有

图4-6 南京市"双评价"生态保护极重要区与国家级生态保护红线比对
资料来源:《南京市国土空间总体规划(2021—2035年)》

6种情况可以不纳入耕地保护目标,但要说明理由并提供举证材料,主要包括:一是2009年后,在自然资源部备案依法批准且落实占补平衡的;二是2021年底前,在自然资源部备案,农业设施建设占用的;三是自然保护地核心保护区内的;四是饮用水水源一级保护区内的;五是2021年底前恢复的耕地;六是属于退耕还林还草的。河湖范围内被淹没频度较高的耕地也可以不纳入耕地保护目标。这些纳入耕地保护目标的耕地确定后以图斑形式落图,作为各级国土空间总体规划的核心图纸。

永久基本农田原则上在纳入耕地保护目标的可长期稳定利用耕地上划定,划入永久基本农田的可长期稳定利用耕地一般不低于现状可长期稳定利用耕地的90%。国家和省一般根据现状耕地面积与原耕地保有量任务缺口情况,差别化确定省和市的永久基本农田划定比例。永久基本农田划定任务的基数为可长期稳定利用耕地减去2009年后在部备案审批的长稳定利用耕地以及坡度25°以上、河道湖区耕地等类型。现状可长期稳定利用耕地上原永久基本农田基本保留,非部规则特别规定的原因不得调整。原则上只有位于原"土总规"和"城总规"两规一致的建设用地范围内的耕地可以不划为永久

基本农田。可以调整的规则，根据《全国"三区三线"划定规则》，有4种类型，之后又适当放宽至6种类型（图4-7）。

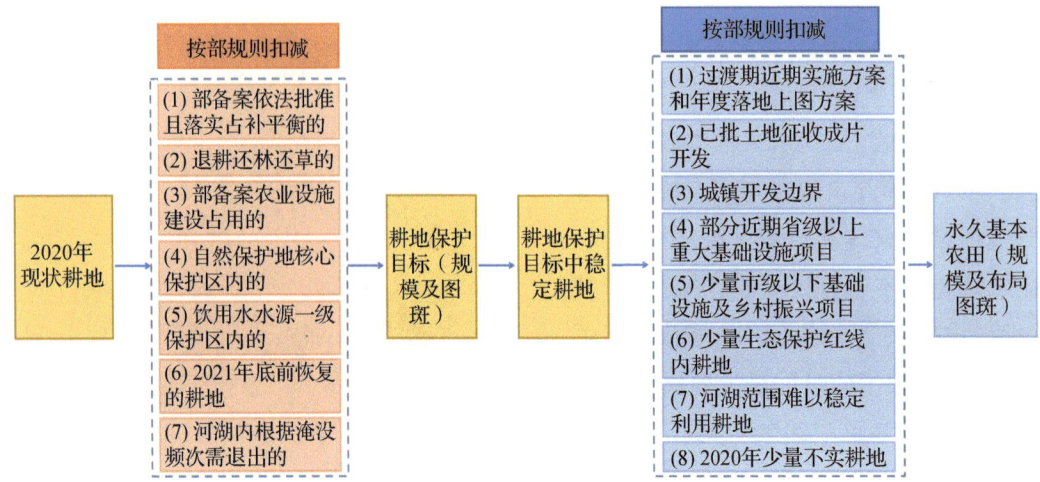

图4-7 耕地保护任务和永久基本农田划定规则
资料来源：作者自绘

例如，南京市2020年国土变更调查的耕地为1 417 km²，省厅下达的南京市划定任务控制数为：耕地保护目标204万亩（1 360 km²），永久基本农田186万亩（1 240 km²）。南京市实际划定耕地保护目标207.97万亩（1 387 km²）。以纳入耕地保护目标的稳定耕地（1 383 km²）为空间范围载体，逐图层扣除各类亟须保障用地（163 km²），形成永久基本农田图斑数据，最终划定183万亩（1 220 km²）永久基本农田，因南京市永久基本农田划定压力太大，另易地代保3万亩，在省内的淮安市划定的3万亩基本永久农田属于南京易地代保永久基本农田（未来需要向淮安支付代保费用）（图4-8）。

当然，也有部分地区，例如北京城市总体规划已于2017年得到中共中央、国务院批准，对于永久基本农田划定工作，国家给予特殊政策。例如，按照中共中央办公厅、国务院办公厅印发的《关于在国土空间规划中统筹划定落实三条控制线的指导意见》，北京市依据市、区、乡三级国土空间规划成果确定的国土空间格局，基于国土空间规划"一张图"，开展永久基本农田优化划定。坚持优先划定集中连片耕地空间，将永久基本农田图斑最小划定标准由200 m²提高至一亩以上。不同于全国统一划定规则，原各级规划确定的城镇建设用地范围内可以调出永久基本农田，城镇开发边界内零星分布的原永久基本农田可以调出。目前，北京市划定的永久基本农田平均面积为36.50亩，与"三调"耕地平均面积16.60亩相比有较大提升[①]（图4-9）。

---

① 郑姗姗，陈景，寇宗淼，等. 坚持规划引领永久基本农田划定的思考：以北京市为例[J]. 中国土地，2024（1）：34.

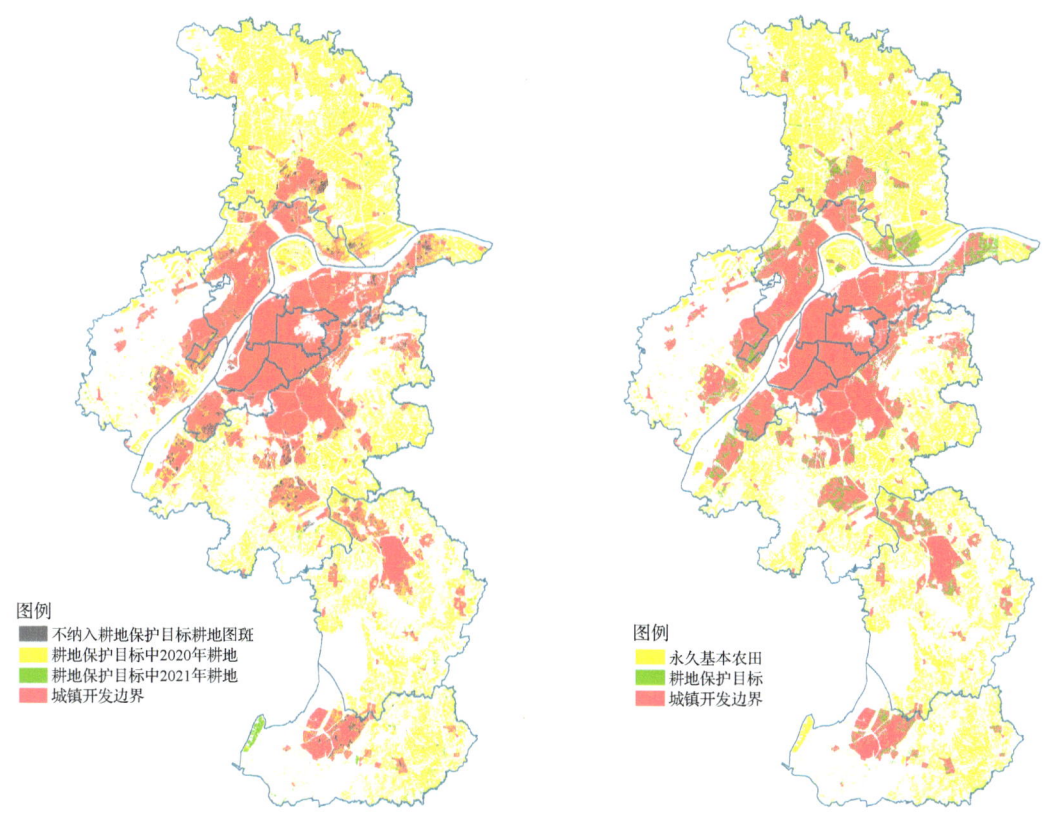

图4-8　南京市耕地保护任务和永久基本农田划定分布图

资料来源:《南京市国土空间总体规划(2021—2035年)》

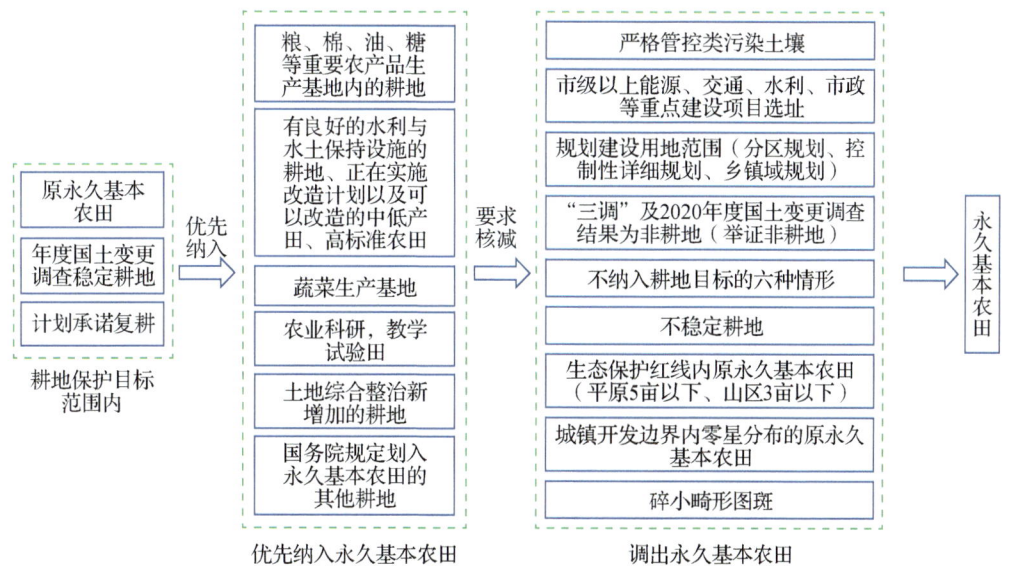

图4-9　北京市永久基本农田划定技术路线图

资料来源:郑姗姗,陈景,寇宗淼,等.坚持规划引领永久基本农田划定的思考:以北京市为例[J].中国土地,2024(1):34.

总体来看,由于现状城市周边一般就是质量较高的耕地,要把90%以上的耕地划为永久基本农田,在很多城市,这与城镇开发边界存在较大矛盾。在永久基本农田划定任务的压力下,很多城市都压缩了原先预想的城镇开发边界,或者在城市规划的新城内把需要保护的永久基本农田"开天窗"(图4-10)。

图4-10　南京市桥林新城城镇开发边界永久基本农田"开天窗"保护
资料来源:《南京市国土空间总体规划(2021—2035年)》

4.4　生态保护红线划定

生态保护红线划定工作启动较早,工作相对独立。根据2015年4月环境保护部《生态保护红线划定技术指南》,全国试划了一轮生态保护红线方案。2017年2月,中共中央办公厅、国务院办公厅发布的《关于划定并严守生态保护红线的若干意见》要求,2018年底前完成各省生态保护红线划定工作。为此,生态环境部办公厅和国家发改委办公厅共同制定了《生态保护红线划定指南》,要求在"双评价"基础上明确的生态功能极重要区和生态极敏感区必须包括的国家级和省级禁止开发区域(含国家公园、自然保护区、森林公园的生态保育区和核心景观区;风景名胜区的核心景区;地质公园的地质遗迹保护区;世界自然遗产的核心区和缓冲区;湿地公园的湿地保育区和恢复重建区;饮用水水源地的一级保护区；水产种质资源保护区的核心区等）必须划入生态保护红线。

随着生态保护红线的划定职能由生态环境部移交至自然资源部，自然资源部、生态环境部于2019年8月联合部署开展生态保护红线评估工作，并制定了《生态保护红线评估技术方案》，对2018年划定的生态保护红线划定方案生态系统的完整性，与永久基本农田、城镇开发边界以及相关空间规划的关系，现状开发建设情况进行评估，并提出生态保护红线优化调整方案。

针对划定过程中存在的空间管理层次过多、规则不统一的问题，国家建立完善了相关管控规则，例如，虽然将整合后的自然保护地整体纳入生态保护红线，但把原自然保护地多种不同分区统一为核心保护区和一般控制区，实施力度不同的管控（图4-11、图4-12）[①]。

2021年3月到6月，经过多轮上下反馈，权衡保护和发展的关系，对划定的生态保护红线进行了优化调整。

实事求是优化完善生态保护红线。按照三条控制线的统筹划定要求，自然资源部会同生态环境部、国家林业和草原局等部门开展了15个省（区、市）生态保护红

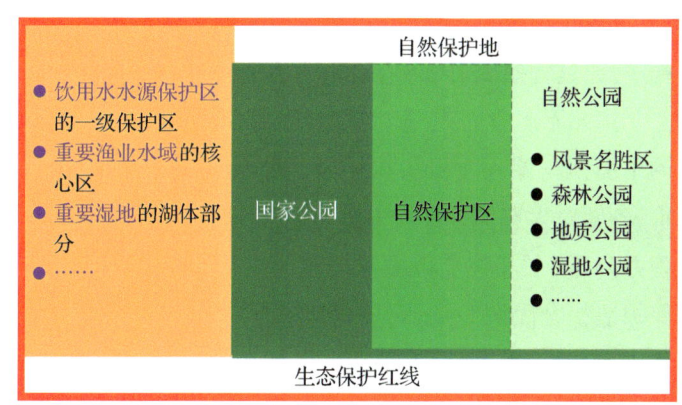

图4-11　生态保护红线类型构成
资料来源：作者自绘

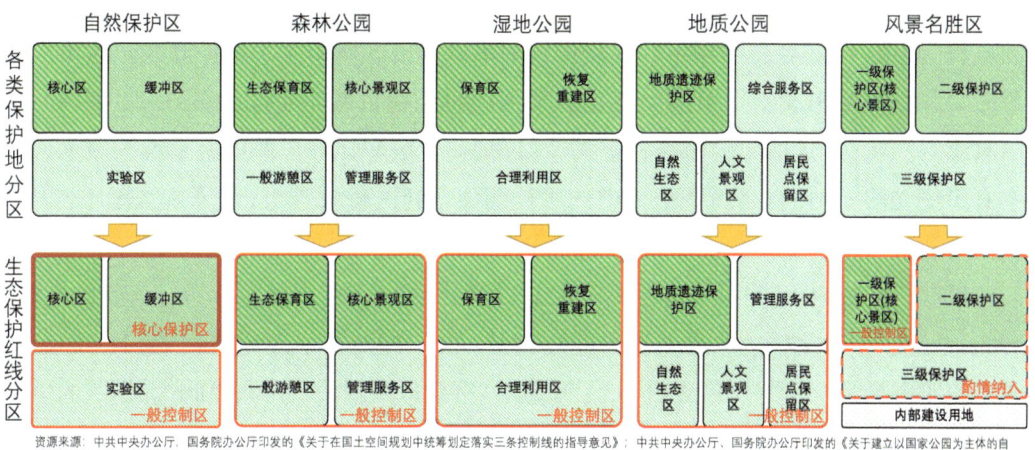

图4-12　自然保护地与生态保护红线管控分区关系图
资料来源：作者自绘

---

① 程茂吉.从空间蓝图走向管制规划：市级国土空间总体规划的实践和探索[J].城市发展研究，2023（10）：11.

线评估调整,以及其他16省(区)生态保护红线划定工作,坚持依据自然地理格局和生态功能划定,妥善处理历史遗留问题,尽量减少新的矛盾冲突,确保生态保护红线避让永久基本农田,同步协调城镇村、矿业权、人工商品林、重大建设项目等空间冲突。① 坚持实事求是。以资源环境承载能力和国土空间开发适宜性评价为依据落实应划尽划,以2020年国土变更调查为基础处理矛盾冲突,不另起炉灶,也不预设面积,坚持科学客观、实事求是划定。② 坚持多要素统筹。与自然保护地的整合优化工作并行推进,双向校核,将整合优化后的自然保护地、红树林、珊瑚礁等重要生态系统全部纳入生态保护红线进行管理。③ 坚持划管结合。自然资源部、生态环境部、国家林业和草原局联合印发《关于加强生态保护红线管理的通知》,明确了生态保护红线内自然保护地核心保护区外允许有限人为活动的具体类型和管理要求,明确了国家重大项目确需占用的具体情形和审批程序,通过管控规则指导生态保护红线与重点项目建设的冲突协调①。

按照不预设面积,坚持科学客观、实事求是原则,保证生态保护红线面积基本稳定、调出面积与调入面积基本相当、调出区域生态质量与调入区域生态质量基本相当的要求,各地对生态保护红线方案进行了优化。2019年6月之后,根据中共中央办公厅、国务院办公厅《关于建立以国家公园为主体的自然保护地体系的指导意见》,衔接各地自然保护地整合优化工作,同步调整了生态保护红线方案。根据《全国第三轮三区三线划定规则》,2021年6月已上报国务院的生态保护红线方案总体保持稳定,原则上不再调整,确需调整生态保护红线的,要"进出平衡",保证生态保护红线面积不减少。允许调整的情形有:一是以连片耕地为缘由调出生态保护红线。自然保护地核心保护区外连片图斑不小于3 333.33 m²(山地、丘陵地区2 000 m²)耕地调出,调为永久基本农田,附属的沟渠、田间道、田坎等一并调出。二是撤销的水源保护区调出生态保护红线。饮用水水源一级保护区撤销或变更范围。三是重大基础设施项目调出生态保护红线,例如列入国家或省级规划、选址初步明确的重大项目,确实无法避让的。例如南京市按照永久基本农田优先的规则,将自然保护地内的可长期稳定利用耕地调出,划入永久基本农田②(图4-13)。

根据《南京市国土空间总体规划(2021—2035年)》,南京市划定40处生态保护红线,496.64 km²,包含4种类型:自然保护地类22处,482.02 km²;水源地类12处,11.61 km²;水产种质资源保护区类1处,2.93 km²;其他类(行政区接缝)5处,0.08 km²。划定的生态保护红线布局与市域生态空间结构有机衔接,说明生态保护红线是城市生态空间系统的重要组成部分,符合生态保护红线的划定规则(图4-14)。

---

① 孙雪东.国土空间规划体系中"三区三线"的基本考虑[J].城市规划,2023(6):56.
② 程茂吉.保护责任与发展权利统筹:"三线"划定的理论基础和规则研究[J].城市规划,2024(7):63.

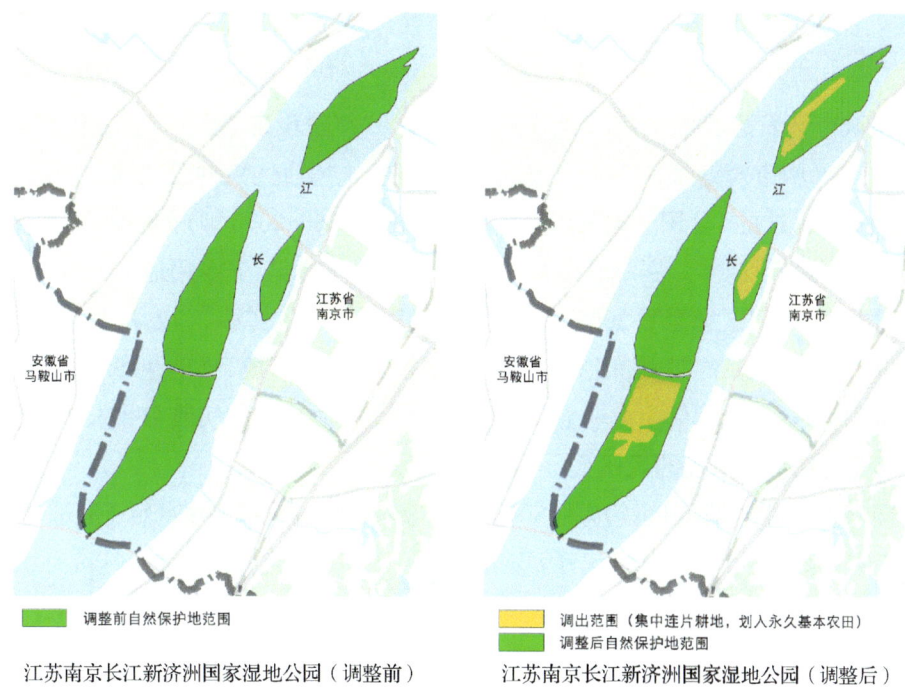

图4-13 南京市连片耕地调出生态保护红线,调出自然保护地案例
资料来源:《南京市国土空间总体规划(2021—2035年)》

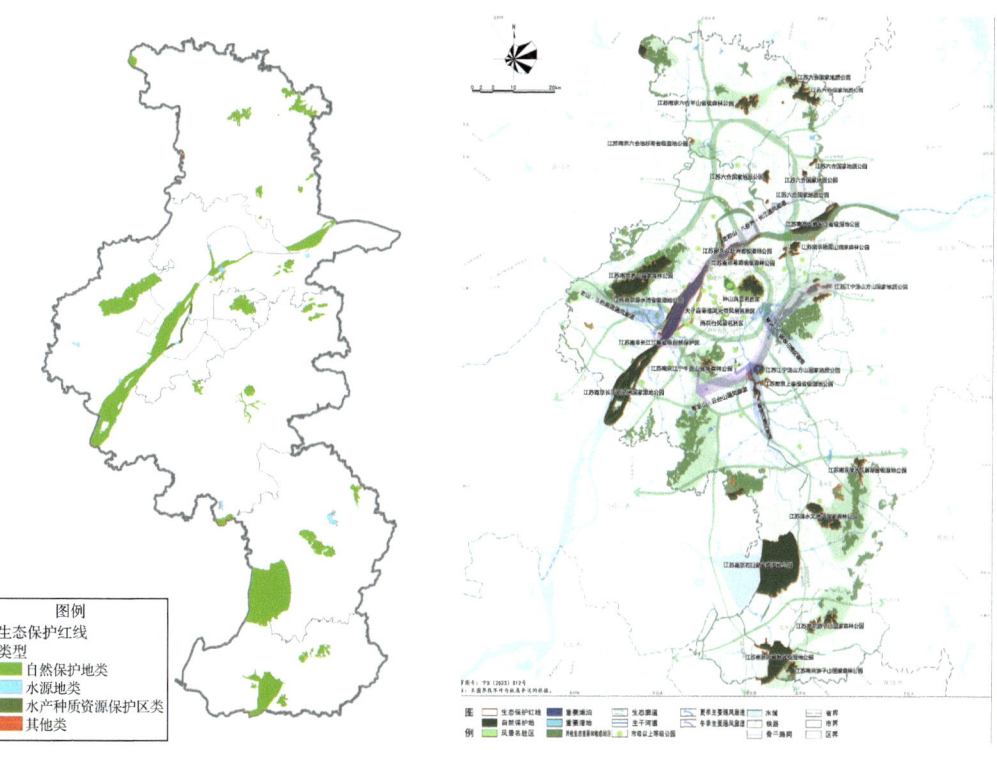

图4-14 南京市生态保护红线范围图(左)和市域生态空间规划引导图(右)
资料来源:《南京市国土空间总体规划(2021—2035年)》

4.5 城镇开发边界划定

我国城市开发边界的国家政策介入，始于2005年建设部（现为"住房和城乡建设部"）颁布的《城市规划编制办法》，该办法首次提出"研究中心城区空间增长边界"，2008年国务院批准的《全国土地利用总体规划纲要（2006—2020年）》也要求"实施城乡建设用地扩展边界控制"。围绕城市开发边界、城市增长边界、城乡用地扩展边界等的实践和探讨非常活跃[①]。背景是2000年后城市建设用地的快速扩张，引发社会关注。如何既有效抑制城市蔓延，同时又满足城市抓住历史机遇，扩大开放，推动经济增长的现实需要，是当时提出这个要求的主要考虑。但后来几年城市总体规划实践中并未就城市增长边界的划定方法形成系统的规程[②]。

在国家正式确定城镇开发边界划定规则，以及进行机构改革组建自然资源部之前，很多专家学者对城镇开发边界的内涵和划定规则进行了深入研究探讨。张兵等认为，城市总体规划中规划建设用地的"留白"、土地利用规划中在规划的集中建设区边缘划定有条件建设区，以及我们设想的基于规划用地规模给出一定弹性用地规模指标阈值，都是应对城镇发展不确定性的实际做法[③]。董祚继认为，城市开发边界、永久基本农田、生态保护红线三者密不可分，互为前提。城市开发边界确定前，应先在规划图上把永久基本农田和需要保护的生态用地"抠出来"，实行严格保护。城市开发边界的划定要以现行土地利用总体规划中的允许建设区和有条件建设区为基础，避让永久基本农田和生态保护红线，避开蓄滞洪区、地质灾害高危险地区、矿产采空区等，充分利用自然地物和线形基础设施边界[④]。

为贯彻2013年中央城镇化工作会议精神，2014年7月，国土资源部和住建部在14个城市开展了城市开发边界划定试点工作，探索城市开发边界划定的相关规则和方法。按照节约集约、绿色发展的原则划定城镇开发边界。一是避让安全底线，特别是永久基本农田。城镇建设与耕地保护的冲突由来已久，农业生产的适宜空间与城镇建设的适宜空间一般高度重合。二是强化扩展系数约束。城镇开发边界坚持反向约束与正向约束相结合，按照现状城镇建设用地规模的1.3倍设置扩展系数，以现状城镇建设用地规模的0.3倍约束新增扩展空间，而这个系数则是基于预测全国至2035年新增城镇人口所需的新增城镇建设用地确定的。三是分类推进划定。统筹考虑超大城市治理和城市收缩问

[①] 林坚,乔治洋,叶子君.城市开发边界的"划"与"用：我国14个大城市开发边界划定试点进展分析与思考[J].城市规划学刊,2017(2)：37.

[②] 张兵,林永新,刘宛,等.城镇开发边界与国家空间治理：划定城镇开发边界的思想基础[J].城市规划学刊,2018(4)：17.

[③] 张兵,林永新,刘宛,等.城镇开发边界与国家空间治理：划定城镇开发边界的思想基础[J].城市规划学刊,2018(4)：21.

[④] 董祚继.对大城市边界划定的正确理解和认识[J].中国土地,2014(12)：10.

题,对于中心城区人口超千万人的超大城市、近十年城区常住人口减少的收缩城市,以及人均城镇建设用地规模超国家标准的不集约城市,从严控制扩展系数,强化城镇开发边界对于高质量发展的支撑作用①。

划定城镇开发边界不是一个单纯的技术性工作,而是国家空间治理手段的一部分②。虽然城镇开发边界这一政策工具的最初设计起源于解决城市蔓延等现实问题,但在我国发展的新时期,城镇开发边界的划定是国家空间治理体系建设的新措施,政策意图已经超出最初的设定,从早期单纯地控制城市蔓延、保护耕地,转向兼有控制城市扩张、促进城市转型发展、主动塑造美丽国土空间的综合作用③。

根据《全国"三区三线"划定规则》,城镇开发边界划定规则主要有:一是要优先落实耕地保护红线和生态保护红线,将这两条线作为约束前提。二是不能侵占山脉水系等自然地理格局,要避让地震、洪涝、核安全等灾害高易发区,以及采煤塌陷等不适宜城镇建设的区域。三是要将水资源上限和新增建设用地潜力作为约束条件。四是基于"七普"人口流入流出的情况,超大城市、人均城镇建设用地远超国家标准的城市、近十年城区常住人口减少的城市,城镇开发边界面积一般为现状城镇建设用地规模的1.1倍以内,其他城市一般为1.3倍以内。

城镇开发边界扩展系数(城镇开发边界面积与市县域现状城镇建设用地面积的比例)计算规则为:(上报划定城镇开发边界面积-城镇开发边界内现状各类建设用地-在自然资源部系统备案批准建设用地)÷(现状市域城市和建制镇建设用地)+1④(图4-15)。

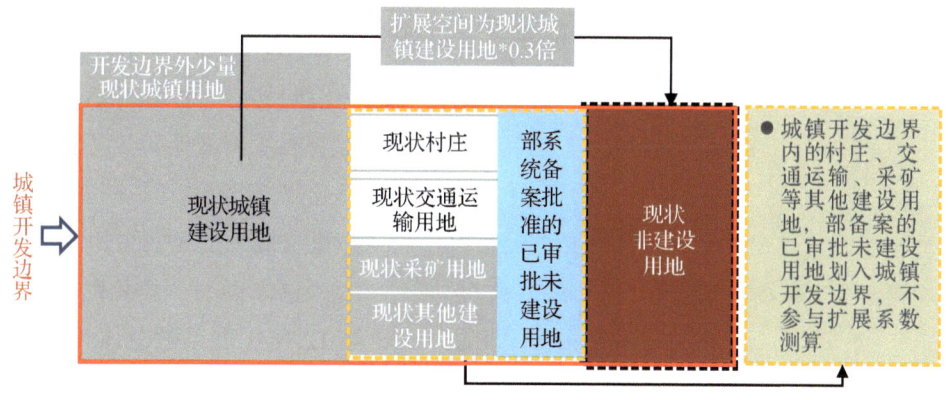

图4-15　城镇开发边界扩展系数与各类用地关系图
资料来源:作者自绘

---

① 孙雪东.国土空间规划体系中"三区三线"的基本考虑[J].城市规划,2023(6):56.
② 张兵,林永新,刘宛,等.城镇开发边界与国家空间治理:划定城镇开发边界的思想基础[J].城市规划学刊,2018(4):17.
③ 张兵,林永新,刘宛,等.城镇开发边界与国家空间治理:划定城镇开发边界的思想基础[J].城市规划学刊,2018(4):18.
④ 程茂吉,罗海明,秦萧.总体国家安全观:国土空间总体规划的探索与思考[J].规划师,2024(2):53.

基于国内早期以2030年为规划期的城市总体规划基本覆盖，规划城市建设用地规模一般较大，结合本次国土空间总体规划编制工作，各地都进行了原城市总体规划实施评估工作，并结合专题研究提出了侧重需求导向的城镇空间布局方案，总体上与耕地保护和永久基本农田布局矛盾较大。

根据自然资源部耕地保护监督司和空间规划局的联合通知，与全国其他城市较为类似，南京市更多基于自身发展诉求，在2021年6月划定形成了规模较大的城镇开发边界上报方案，总面积为1 963 km²（扩展系数2.03），其中集中建设区1 791 km²，特别用途区28 km²，弹性发展区144 km²（上述数据为扣除生态保护红线"开天窗"之后的面积）（图4-16）。

在国家第三轮划定规则明确后，大部分城市都是在试划过程中城镇空间布局规划方案上做减法。根据空间发展总体战略，兼顾县区之间的平衡，在永久基本农田总量和生态保护红线约束条件下，在国家规定的平均1.3倍扩展系数的基础上，各省一般根据各地区城镇化发展潜力对不同城市的扩展系数进行一定幅度的调整，体现省级对市县的差异化引导。同样，一个市内也会根据城市空间发展战略确定不同县区差异化城镇开发边界扩展系数，保障重点地区发展空间。

总体而言，国家和省级基本以1.3倍扩展系数总体控制，但涉及一些定量指标允许省级单元在完成保护总量、控制好总体城镇开发边界扩展系数前提下进行市级之间的差异化引导。具体到一个市县内部，更多是根据城镇化空间战略和城镇空间结构进行城镇开发边界划定，并不是简单以

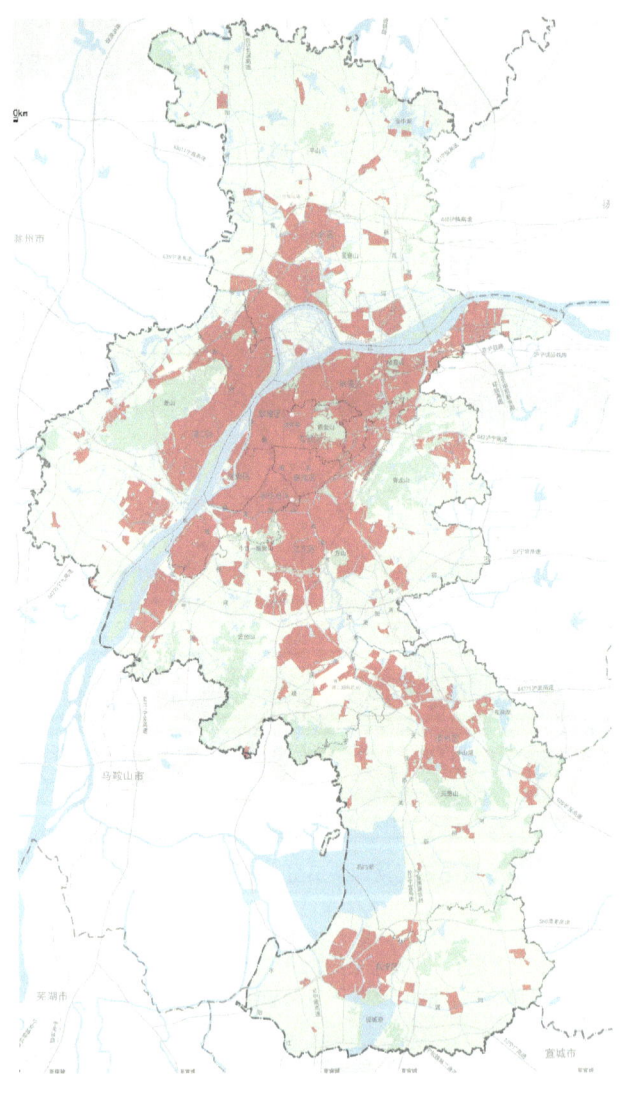

图4-16 南京市城镇开发边界划定成果
资料来源：《南京市国土空间总体规划（2021—2035年）》

1.3为基本扩展系数分解到县区,总体上是保证中心城区和重点城镇空间发展,不同县区之间扩展系数差异较大(表4-1)。

表4-1 南京市"三线"划定成果指标分解表

行政区	耕地保有量/万亩	永久基本农田保护面积/万亩	生态保护红线面积/km²	城镇开发边界扩展系数
南京市	207.971 3	183.000 1	496.64	1.323 8
玄武区	—	—	15.67	1.072 1
秦淮区	—	—	—	1.007 9
建邺区	—	—	19.26	1.052 1
鼓楼区	—	—	3.66	1.012 4
浦口区	12.354 3	9.203 2	90.84	1.467 3
栖霞区	8.270 7	5.301 8	23.06	1.271 8
雨花台区	0.761 6	0.077 7	6.70	1.160 0
江宁区	47.685 5	41.306 1	82.06	1.337 1
六合区	82.450 9	75.890 4	58.91	1.440 6
溧水区	34.855 7	31.715 5	119.73	1.555 7
高淳区	21.592 6	19.505 3	76.75	1.755 1

资料来源:《南京市国土空间总体规划(2021—2035年)》

根据全国统一的划定规则,江苏省给南京市下达的城镇开发边界扩展系数为1.3,实际落实1.323 8。以2021年6月版(1 963 km²)城镇开发边界为基础,基于原边界调整思路,协同永久基本农田将区域性及军事用地等调出边界,划入永久基本农田,如马鞍、禄口等城镇;将大型的绿地、水系、廊道等绿色开敞空间调出边界,如农场山、宁杭通道等;优化调整缩小城镇开发边界区域,如桥林、龙袍、龙潭等;针对城镇开发边界内容相对集中连片水域和绿地,予以"开天窗"处理。建设用地统计口径为2020年国土变更调查成果(城镇、村庄不打开),包络线范围内均为城镇或村庄用地。南京市最终划定的城镇开发边界面积为1 493 km²。南京市城镇开发边界新增城镇用地潜力空间462.7 km²,可扩展潜力空间(新增城镇建设用地)305.4 km²。

4.6 现行"三线"划定潜在的问题及优化思路

由于"三线"划定规则较为注重政策逻辑和全国统一,难免存在影响划定规则科学性的问题,例如"双评价"支撑不足,保护责任分解和空间发展权利分配体现区域差异不够，规划保护的耕地、永久基本农田布局分散集中度不够，部分新建城镇空间碎片化问题，需要未来结合国土空间总体规划动态优化，在专项规划、详细规划编制中逐步进行优化，并同步制定相应的"三线"动态优化管理政策措施，为提升国土空间治理水平、完善我国的国土空间规划基础理论体系提供支撑。

4.6.1 "双评价"等技术支撑的科学性问题

总体来看，大尺度的"双评价"更加重要[①]。到了县层面更多的应是针对开发适宜性的评价，特别是进一步明确安全性、耕地保护潜力等问题，而资源环境承载力问题一定是在一个更大的空间尺度去研究的[②]。从各省市国土空间规划编制的实践看，"双评价"总体上存在兼顾全国面上适用性但对不同自然条件的地区针对性不足的问题。一是"双评价"较为适用省域尺度对生态、农业、城镇空间的大致格局判断控制，较难对地域制度小的地级市三个空间的划定具有精准的指导作用。二是"双评价"较为适用北方地区水资源制约明显的地区，对南方地区指导性不足。因为"双评价"技术路线中特别强调地形坡度，水资源对农业、城镇适宜空间布局和农业生产、城镇建设承载力的影响，例如以25°坡度作为判定是否适宜农业生产、城镇建设的重要条件，但对于很多南方地区来说，很多耕地本身坡度就较大，或者以梯田形式存在，水资源对于很多南方地区来说很难构成制约条件。由于在衡量农业生产和城镇开发适宜空间方面采用的评价因子较为单一，都比较注重高程和坡度影响因子，很多城市出现了农业生产和城镇开发适宜区高度重叠的情况，影响了"双评价"结果的利用(图4-17)。三是有些指标口径取值不是很科学，例如，用当地降水量作为预测一个县市的农业生产和城镇建设承载能力的依据，不太符合科学实际。我国绝大部分城市都是依靠区域性河流或较大的水库作为水源，不应简单以年度降水量和上级水资源主管部门分配的水资源利用量为极限承载力测算依据。例如，南京市(市域面积6 587 km²)以上级下达的可用水量46.32亿 m³测算农业生产承载规模为2 100—3 000 km²，城镇建设承载规模为2 600—3 400 km²，但实际上长江作为客水资源年径流量超过9 000亿 m³。由于很多指标取值标准对适宜性规模影响很大，一旦指标值发生变化，评价结果就会发生巨大变化。

建议未来进一步优化"双评价"标准和规程。一是界定使用地域，用于省级尺度和大市尺度；二是增强针对性，针对不同自然条件和制约因素的地区增加不同的评价因子，比如，北方地区应注重地形坡度和当地水资源等影响制约因素，南方地区应注意地形、地质灾害、防洪等影响制约因素；三是不再把现状建设用地纳入评价对象，尤其是现状城镇建设用地；四是对于城镇开发空间鼓励市县在更精细空间信息基础上进行评价，吸收以

[①] 张尚武 刘振宇 王昱菲."三区三线"统筹划定与国土空间布局优化：难点与方法思考[J].城市规划学刊，2022(2)：16.
[②] 张尚武.国土空间规划编制技术体系：顶层架构与关键突破[J].城市规划学刊，2022(5)：47.

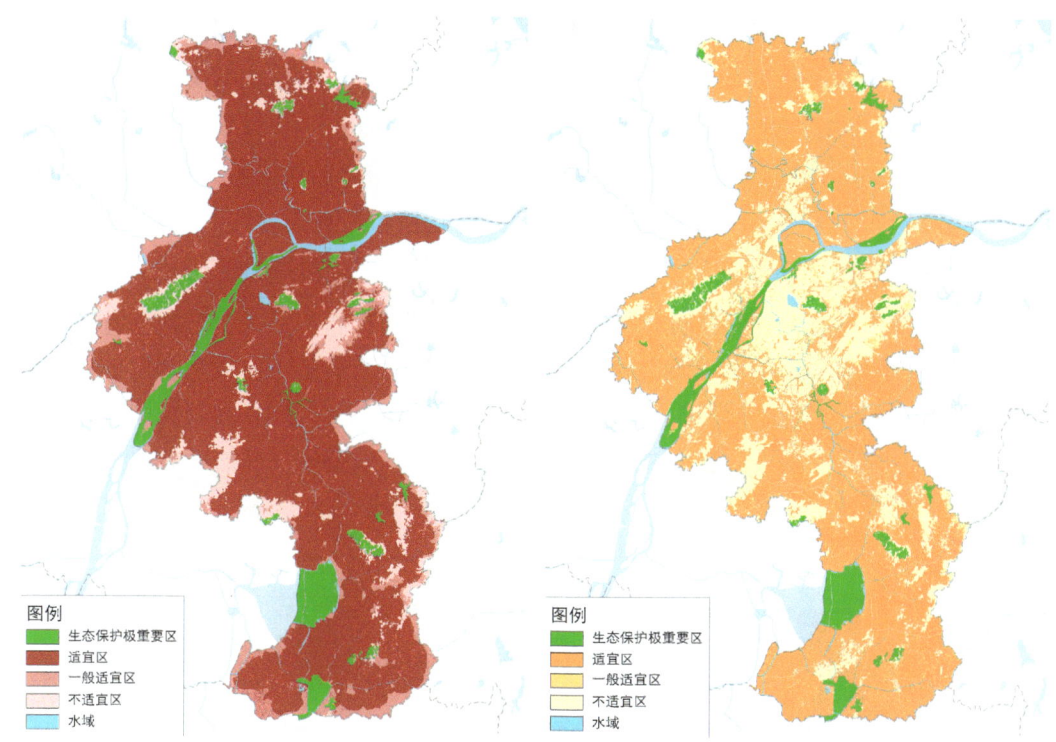

图4-17　南京市"双评价"城镇开发适宜空间(左)和农业生产适宜空间(右)分布图
资料来源:《南京市国土空间总体规划(2021—2035年)》

往城镇建设用地适宜性评价方法,注重建设用地承载力和技术经济条件分析,为划定城镇开发边界提供精准支撑。

4.6.2　保护责任分解和空间发展权分配的地区差异问题

国土空间规划作为落实总体国家安全观的重要公共政策,在编制过程中必然会涉及保护空间责任分解和空间发展权的区域分配规则问题。国家安全应主要基于各地区资源禀赋条件决定粮食和生态安全,基本与地方空间发展权的分配大致呈反向关系,保护责任和发展赋权的协调尤为关键。在统一全国政策规则的基础上,如何体现各地的差异性,如何贯彻国家区域协调发展战略、区域重大战略、主体功能区战略和区域经济发展战略,有待进一步提升科学性。例如,在统筹确定各市县耕地保护任务和永久基本农田划定任务,以及城镇开发边界划定过程中,国家在规定90%的基本比例和1.3倍的平均扩展系数的同时,应适当考虑各省区市的资源条件、区域体量和在区域发展战略中的定位,对东中西部之间、国家重点发展区域和非重点发展区域、中心城市和非中心城市之间进行差异化引导。同样的情况也出现在一个省域内部,省内对于考虑各市县之间资源条件、现状基础、发展阶段、区域战略定位等方面的差异影响也不足,不宜简单执行国家耕地保有量和永久基本农田划定任务系数以及城镇开发边界扩展系数。2000年到2020年,全国直辖市、省会城市和计划单列市总人口占全国比重由19.58%增加到26.41%,从不同规模的城市看,2006—2020年,虽然全国各级城市城区人口增加了0.33倍,但特大城市市区、城区人口增速明显快于大、中小城市(表4-2)。例如,有的市现状建设用地规模已较大,市域开发强度已较高,现状耕地面积较小,但根据划定规则,虽然城镇开发边界可以扩展的系数不大,但因现状城镇建设用地总量大,可以扩张的建设用地规模较大,在耕地保护与永久基本农田划定任务最优先的条件下,这些城市规则允许的增加0.3倍的城镇开发边界面积没有新增空间可以划入(图4-18),与此相反的情况也有可能出现在现状建设用地规模较小、现状耕地面积较大但城市发展潜力较大的城市,新增0.3倍城镇开发边界面积远不能满足城市发展需求。这些情况不符合国家发挥各地资源和区域优势的战略。要及时总结经验,研究提出坚持全国统一规则基础上兼顾各地差异性的划定规则,提升国土空间规划的科学性和合理性,实现总体国家安全观和其他国家重大战略的协调①。

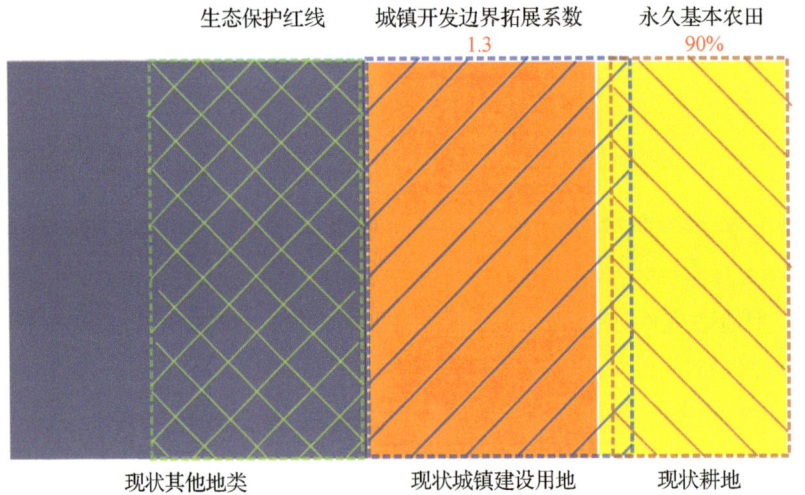

图4-18 现状城镇建设用地规模较大城市与永久基本农田划定的矛盾
资料来源:作者自绘

表4-2 2006—2020年全国不同规模等级城市人口变化情况

城市规模等级	2006年人口		2020年人口		2006—2020年市区人口		2006—2020年城区人口	
	市区/万人	城区/万人	市区/万人	城区/万人	增速/%	倍数	增速/%	倍数
超大、特大城市	7 832	6 609	14 377	11 456	83.57	1.84	73.33	1.73
大城市	14 347	10 260	22 253	14 859	55.11	1.55	44.83	1.45

① 程茂吉.保护责任与发展权利统筹:"三线"划定的理论基础和规则研究[J].城市规划,2024(7):64-65.

续表

城市规模等级	2006年人口		2020年人口		2006—2020年市区人口		2006—2020年城区人口	
	市区/万人	城区/万人	市区/万人	城区/万人	增速/%	倍数	增速/%	倍数
中等城市	9 446	5 971	11 901	6 519	25.99	1.26	9.18	1.09
小城市	33 095	10 449	33 084	11 407	-0.03	1.00	9.17	1.09
总计	64 719	33 289	81 615	44 241	26.11	1.26	32.90	1.33

资料来源：中华人民共和国住房和城乡建设部《城市建设统计年鉴》

4.6.3 纳入保护目标的耕地和永久基本农田破碎化

现行划定规则注重的是各级耕地保护任务总量的分解和落地，扣除的耕地主要是不可以长期稳定利用的耕地以及2021年底前已经审批占用的耕地，永久基本农田也以确保全国的划定任务总量为主要目标。纳入耕地保护任务的耕地，主要采取在现状耕地基础上扣除8类情形图斑的办法，对于永久基本农田一般扣除部分自然资源部审批数据，国家和省级交通、能源、水利等基础设施和"十四五"已经明确的市县交通、能源等基础设施项目，基本没有考虑纳入耕地保护对象的耕地地块的破碎度、完整性，没有允许将破碎小斑块耕地不纳入耕地保护任务的规则，都是以不小于200 m²的图斑作为划定单元，确定全国各级的耕地保护目标和永久基本农田划定任务。有的永久基本农田以"开天窗"形式布局在城镇空间单元内，规模小，水利灌溉等基础设施难以配套，自然的排水体系被周边城镇用地隔断，难以进行高效农业生产（图4-19）。这样的耕地布局和形态，不利于提高耕地质量和规模化生产，影响农业生产效率的提高和农民增收。在国家层面重点关注全国能否保住18.46亿亩耕地保护任务的背景下，应允许和要求地方层面的实施性规划，例如市县国土空间总体规划、乡镇国土空间总体规划，可以针对耕地和永久基本农田破碎化问题，在保证总量不变、质量不降低的前提下，进行布局适度集中和优化，或者通过未来耕地占补平衡或高标准良田建设进行耕地布局的优化，逐步提高耕地布局集聚度和连片化程度，便于农田基础设施配套和规模化生产种植，不断提高农业生产效率。

4.6.4 规划新城新区城镇建设空间的破碎化

在城镇开发边界划定过程中，为了降低城镇开发边界扩展系数，争取尽可能大的城镇新增空间，各地区不得不采用将城镇空间内绿地开敞空间扣除出城镇开发边界的做法，但这些空间未来的规划建设将面临一定的问题，由于结构性的水面和规划绿地、区域性基础设施不划入城镇开发边界，城镇开发边界在布局上出现很多断带、天窗、边角地，这在全国绝大城市都普遍存在，尤其是新城新区更为明显（图4-20）。如果按照目

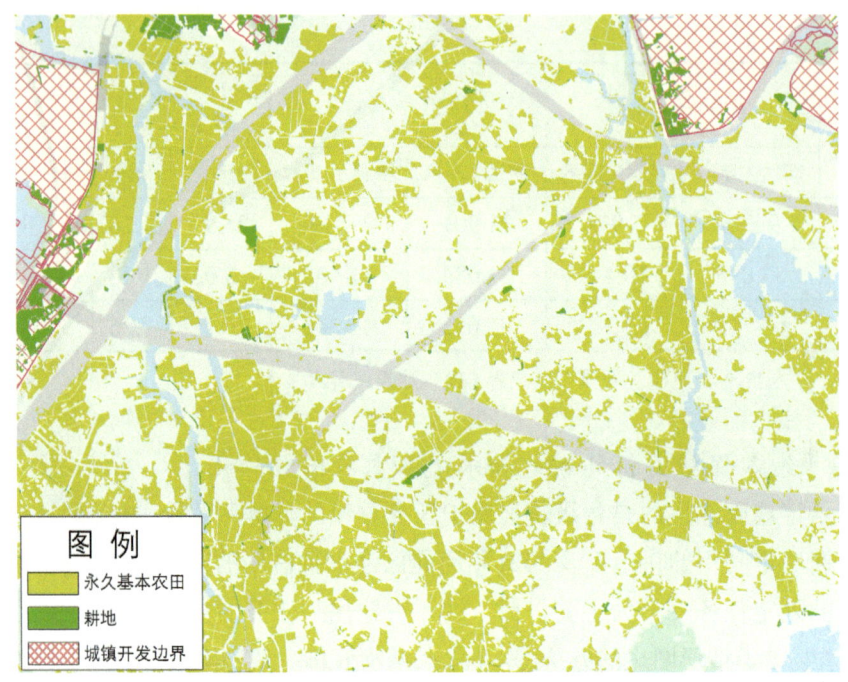

图4-19　某地区划定永久基本农田地块分散示意图
资料来源:《南京市江宁区国土空间总体规划(2021—2035年)》

前的管控政策,只能局限于扣掉各种天窗的不连片的城镇开发边界内的城镇建设用地编制详细规划。这样的空间结构是不完整的,缺少非常重要的林地、生态绿化空间甚至交通基础设施支撑,显然不符合宜居城镇的功能构成要求。高效有序的城市空间布局规划一般要求功能分区结构明晰、道路交通骨架规整,以便于提高基础设施开发效率和进行交通组织,塑造富有特色的城市形态和风貌。应该结合覆盖全市域的规划编制单元划定工作,基于城镇功能完整性和规划传导的需要,将包括"三区三线"划定的狭义的城镇开发边界,以及与之功能、交通、景观联系紧密的"开天窗"的水面、蓝绿色空间、区域基础设施纳入城镇规划编制单元,按照全地类全要素,确定各类空间的各类用地的布局和控制要求,统一编制详细规划以指导规划实施。城镇开发边界包络线内的"开天窗"永久基本农田作为禁止建设区在详细规划阶段提出耕地质量提升和土地综合整治技术要求,连同周边的一般耕地统筹进行规划安排。城镇规划编制单元内原"开天窗"的绿色开敞空间、农业空间按照类似以前土地利用规划采用的限制建设区或城镇开发边界的特别用途区管理,涉及这些地区的城镇开发、基础设施项目的建设用地计划指标管理和实施路径采用单独选址或点状供地的方式解决,规划依据为统一编制的详细规划[①]。

---

① 程茂吉.保护责任与发展权利统筹:"三线"划定的理论基础和规则研究[J].城市规划,2024(7):65.

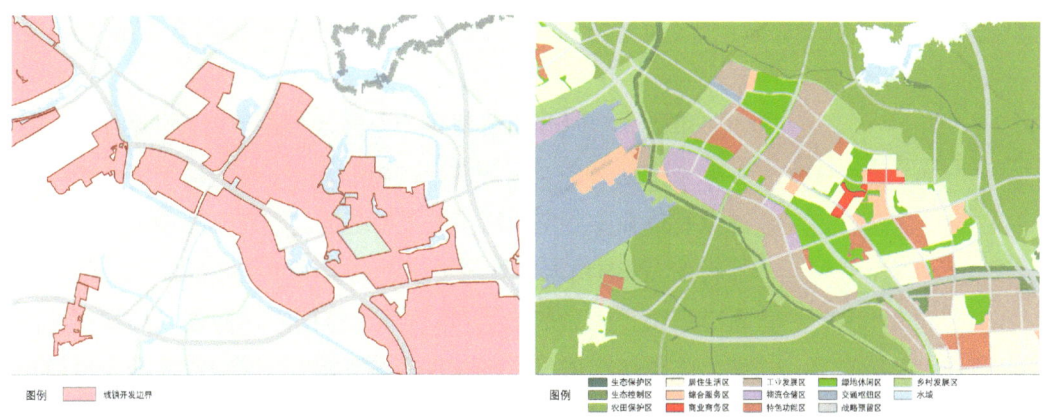

图4-20　南京市柘塘新城城镇开发边界（左）和规划分区图（右）
资料来源：《南京市国土空间总体规划（2021—2035年）》

"三线"统筹划定工作较为强调全国总量任务的落实和统一规则的便于操作，也必然会带来一定的技术合理性方面的问题。要进一步研究探索既能保证"三线"划定工作的严肃性和国家战略的有效落实，又使"三线"划定工作有利于美丽高效国土空间构建的优化政策。在未来"三线"管控规则的制定上，紧扣农业空间成片高效、生态空间系统完善、城镇空间有序运行的目标，明确未来各类空间优化形态布局的规则、路径和制度。建议发挥各级国土空间规划的作用，体现不同层级规划的颗粒度，允许通过相关专项规划、下层次规划在不降低总量和质量的前提下优化完善耕地、永久基本农田和生态保护红线布局，在不涉及底线管控和总规模不变的前提下，允许通过国土空间总体规划动态完善、近期实施规划或专项规划工作研究优化城镇开发边界形态。建议制定"三线"跨区域优化的逆向调节机制，适应国家区域经济布局向以中心城市为核心的都市圈和城市群集中的客观趋势，制定完善耕地和永久基本农田保护、城市开发权转移的经济和要素管制政策，为不同潜力的城市发展提供应有的空间，为中国式现代化提供强大的城市化空间支撑。

第五章 人口和建设用地规模

市县人口规模是各级国土空间规划的重要预期性指标,是影响一个地区各类资源需求的核心因子,也是确定一个地区资源保有量和发展空间规模的重要基数。随着国家空间治理思想的转变,考虑到人口发展更多受到空间供给之外的社会经济和人口政策等因素的影响,本次国土空间总体规划人口规模预测突出强调城市的发展需求和资源环境承载能力,并把人口增长情况作为城镇发展空间资源配置的重要参考。根据国家社会经济发展形势的变化和用地管理思路的创新,本次国土空间总体规划改变以往下达规划期新增建设用地总量的做法,根据划定的城镇开发边界对城镇建设用地规模作长远框架控制,以国民经济和社会发展五年规划和年度计划为周期,本着满足合理发展需求的原则进行新增建设用地规模流量控制。

5.1 城市人口规模

人口规模不仅体现了一个城市的体量,还体现了一个城市的吸引力和活力。作为确定城镇建设用地规模供给和各项设施配置的重要需求因子,我国以往的城市总体规划一般是根据预测的城市人口规模和人均城市建设用地指标来确定城市建设用地规模,然后根据城市人口的空间分布确定各空间单元公共服务设施、基础设施的建设标准和规模,形成"人口—用地—设施"的规划逻辑。市县人口规模事关一个城市在区域中的地位,是上级规划进行发展空间分配的重要参考,因而,城市人口规模仍然是市县国土空间总体规划研究和关注的重要内容。

城市的现状和规划人口规模也是影响一个城市未来城市化战略和方针的重要参数。在不同时期,国家的城市化方针主要基于城市规模等级进行控制,针对不同规模和等级的城市国家的宏观调控政策不同,例如本次国土空间总体规划审批工作规定,为衔接国家有关特大超大城市转型发展的政策文件要求以及国家新型城镇化方针,直辖市、省会城市和计划单列市国土空间总体规划要报国务院审批,对于城区现状人口超过500万人的特大城市,例如苏州、无锡、常州等地级市也要报国务院审批。

5.1.1 常住人口规模预测

有关市县人口规模的口径，本次国土空间总体规划延续了原城市总体规划和土地利用总体规划的人口口径，即第七次全国人口普查确定的市县常住人口口径，包括户籍人口和常住本地年以上的外来人口。

经过几十年的实践，特别是多轮城市总体规划编制探索，城市常住人口的预测方法和技术路径相对稳定成熟。原先颁布的市级、县级土地利用总体规划编制规程对市县人口规模的预测方法也进行了统一规定，在人口变动比较稳定的地区，可采用自然平均增长法预测，在人口变动不稳定的地区，应分析人口变动因素，采用不同方法测算，例如，对于因建设重大项目引起人口变动的，可按劳动力带眷系数法，即根据新建工业项目的职工数及带眷情况计算人口机械增长。但对于受资源、生态条件严重制约的城市，应按环境容量法确定适宜的人口规模。但各市县基于自身角度的人口预测只是基础，最终还要根据上位规划分配的人口规模确定。

按照自然资源部总体规划编制指南和技术审查要求，本次国土空间总体规划市县人口规模预测思路，相对于以往城市总体规划和土地利用总体规划，更加强调城市发展容量的分析和自上而下的分配传导。本次规划人口预测，更加注重城市资源环境承载力和关键约束因素的分析，特别是一些存在资源承载力短板的市县，要求把资源环境承载力作为确定发展规模门槛的重要约束，例如一些北方城市较为强调"以水定城""以水定人"。同时，新的国土空间总体规划编制人口规模预测，采取上下多轮反馈的形式确定各市县规划的常住人口规模。先是城市自身分析预测，上报省级规划作为预测基础，省级规划经过综合统筹确定各市人口规模总量后分解到各个城市。

城市常住人口的测算方法，一般采取发展趋势预测和容量预测相校核的方式综合进行。

1. 发展趋势预测方法

趋势预测法主要基于市县以往15年以上人口自然增长、机械增长特点，根据未来城市对人口的吸引力变化趋势进行增长预测。趋势预测法主要包括综合增长率预测法、回归模型预测法和马尔萨斯人口增长模型预测法等。其中，回归模型可以采取线性模型、指数模型、幂函数模型和对数模型等。根据该类数学模型的构建特征，综合增长率预测法和回归模型预测法一般适用于人口规模变化趋势总体平稳、连贯的情形；马尔萨斯人口增长模型预测法比较适合短期预测和人口基数较小、增长速度较快的城镇，不适合比较成熟和人口基数比较大的城市。

经济相关系数预测方法主要有经济相关分析法和劳动力需求预测法等。其中，经济相关分析法通常构建人口与GDP自然对数值的线性相关方程，一般适用于城市经济发展平稳、产业结构相对稳定的情形，缺点是其方程关系是基于历史人口与经济数据关系而建立的，不适用于预测时段内城市经济结构发生改变、人均产出有较大变化等情况。劳动力需求预测法根据经济发展所产生的劳动就业对人口增长的支撑能力，来分析和判断未来人口规模预测结果的可能性和现实性。首先对经济发展规模进行预测、对三次产业构成和未来单位劳动力年均GDP进行测算，然后分第一、第二、第三产业预测未来各产业劳动力需求并得出劳动力总需求后，再按照劳动力占人口的比例换算为人口规模，该方法也只适用于城市经济发展平稳、产业结构相对稳定的情形，其缺点是预测过程中需要对多个值进行预测，容易导致结果不准确。

总体上，上述人口规模预测方法相对常见。较为普遍的问题是20世纪90年代以来编制的几轮城市总体规划进行的人口预测，总体上受国家处于快速城市化阶段乐观增长趋势的影响，除了个别发展较快的一线城市，大部分城市预测的人口规模超出实际城市人口增长，这与改革开放初期编制的城市总体规划普遍对人口预测偏低形成对比。改革开放之初的城市规划预测方法受到当时人口政策和人口流动政策限制，预测城市人口增长速度相对保守，预计不到后来中国深化改革、经济和城市化快速发展带来的人口快速向城市集聚的趋势。

2. 承载容量预测方法

本次国土空间总体规划编制技术规定，强调必须深入研究和分析城市人口预测和资源与环境容量的关系，确保人口规模不会超出城市本身或所在区域所能提供的各种资源与环境条件[①]。一些学者引入西方流行的环境容量和生态足迹分析方法，在资源环境承载力与城市人口规模之间建立起联系，希望通过环境的阈值来确定人口的控制规模。

承载容量预测方法一般包括水资源容量法、土地资源容量法和生态环境容量法（如生态足迹法）等。其中，水资源容量法的预测步骤是首先测算城市可利用的水资源总量，其次确定合理的人均用水量，进而得出人口规模；土地资源容量法与水资源容量法的思路相同，通过测算城市的建设用地规模、人均城市建设用地标准得出人口规模；生态足迹法是按照城市生态生产和消耗自我平衡的思路，将城市生态生产性土地分为耕地、林地、草地、建筑用地、化石能源土地和水域等生物生产面积类型，将这些具有不同生态生产力的生物生产面积转化为具有相同生态生产力的面积，汇总生态足迹和生态承载力，然后通过煤炭、原油等多种能源消耗项目折算的人均生态足迹分量和人均生态承载力，计算出人口环境容量。

上述承载容量预测方法一般适用于受水资源、土地资源和生态环境等条件约束较大的城市，一般建议选择主要约束条件进行容量预测。容量预测的目的不是解决预测结果的准确性问题，而是对其他预测方法起到校核作用，使预测规模不超过容量规模。对

---

① 李作臣.论城市人口预测和城市资源与环境容量的关系[J].广州大学学报（综合版），2001（5）：81.

于资源约束性明显的城市,采用资源承载力的方法进行城市极限人口规模测算,作为确定城市人口规模门槛的重要依据,而不仅仅简单是对增长趋势预测人口规模进行校核。例如,最近两版的北京城市总体规划采取了多种技术方法预测人口,最终运用"木桶原理",采取"以水定人"的低值作为北京人口预测值。有的城市还探索了大气环境容量、碳排放峰值等指标进行极限人口规模测算,最后根据短板理论综合确定资源环境所承载的适度人口容量。

(1) 水资源承载力。在不存在过境水资源或者过境水资源量较小的情况下,水资源量可能会构成城市人口规模的短板限制因子。以可预见的技术、经济和社会发展水平为依据,在水资源得到适度开发并经优化配置的前提下,市县本地水资源量对当地人口和社会经济发展的最大支持能力,其核心因子是一个城市可用水资源量和人均水资源利用标准。

(2) 水环境容量。水环境容量是指在不影响水的正常用途和区域生态不致受害的情况下,水体所能容纳的污染物的最大负荷量。一般先确定一个城市建设生态城市以及节能减排的要求,规划期末COD(化学需氧量)最大允许排量,减去现状COD排放量,得到规划期末水环境容量的剩余可利用量,再根据专业机构研究的人均综合COD排放量标准,计算一个城市基于水环境容量的人口承载力规模。

(3) 大气环境容量。一般根据生态环境局等专业部门提供的数据,计算得到城市理想环境容量,包括SO_2、NO_2等,再根据专业研究的大气中主要污染因素SO_2、NO_2的人均综合排放标准指标,将空气环境容量减去工业产生所得污染后,再除以人均的排放标准,即可得到相对应的基于大气环境容量限制的城市人口规模。但是,随着城市社会经济发展与生产力水平的提升,对大气污染物的处理工艺水平将逐步提升,理想大气环境容量及相应的人均综合排放标准指标都存有很大调整空间,数据结果仅能作为规划人口规模预测的参考。

专栏5-1 《南京市国土空间总体规划(2021—2035年)》规划人口规模预测

运用综合增长率、区域人口比重、经济相关等方法进行2035年规划常住人口预测,并从资源承载力角度进行人口规模校核。

(1) 综合增长率法:1 276万—1 347万人

采用综合增长法预测南京市常住人口,根据高、中、低增长率方案,预测2035年南京市常住人口高方案将达到约1 400万人、中方案约1 300万人、低方案约1 150万人。按2001—2020年年均综合增长率预测,2035年南京市常住人口规模1 276万人;按2016—2020年年均综合增长率预测,2035年南京市常住人口规模1 347万人。

（2）经济相关法：1 250万—1 460万人

南京市2020年实现地区生产总值14 818亿元，三次产业结构为2.0∶35.2∶62.8，人均地区生产总值为15.9万元，人均GDP 15.91万元。以东京、纽约、伦敦等国际大都市产业结构为南京未来产业结构优化的参照系，结合南京产业结构发展情况，设置不同的产业结构优化目标与情景。产业结构优化目标下，实现既定经济规模目标，城市人口规模为1 250万人，人均GDP为28万/人；产业结构适度优化目标下，实现既定经济规模目标，城市人口规模为1 350万人，人均GDP为26万/人；趋势外推下，实现既定经济规模目标，城市人口规模为1 460万人，人均GDP为24万/人。

（3）水资源约束下人口容量

南京市本地水资源量32.08亿 m^3，但客水资源极为丰富，过境客水资源量为8 084.03亿 m^3，因此水资源对城市规模的约束边界为弹性边界。但是从节水角度，根据《南京市节水行动实施方案》，到2035年，南京市水资源利用效率达到世界先进水平，全面建成节水型社会，人均生活用水量参照国家标准取下限值。结合江苏省下达的指标，至2025年南京市用水总量指标59.1亿 m^3。本次测算用水总量以59.1亿 m^3 为约束条件，结合不同生活用水占比情景下的人口承载规模，预测南京市水资源总量约束下的承载规模为2 833.6万—3 373.3万人。

（4）碳峰值约束下人口容量

围绕碳排放达峰目标，将能源消耗强度、能源排放强度、人均GDP等关键指标的变化进行分解。在碳排放达峰之前，通过结构调整、效率提升等方面的举措，能源消耗强度、能源排放强度能够实现较为显著的提升，保证碳排放达峰目标的实现。但这一阶段，人均GDP的增长尚未与资源环境消耗脱钩发展，人均GDP的提升仍然显著造成碳排放的增加。在碳排放达峰之后，绿色生产的贡献趋于稳健，人均GDP与碳排放之间的脱钩发展成为制约城市规模的关键性因素。通过现状情景、适度情景和极限情景的三个情景比较分析，南京市碳峰值约束条件下的极限人口规模为1 657万人。

（4）能源承载力。2015年11月，国家主席习近平在气候变化巴黎大会开幕式上的讲话中提出，中国的"国家自主贡献"目标为2030年达到二氧化碳排放峰值并争取尽早实现，单位GDP二氧化碳排放较2005年下降60%—65%，努力争取2060年前实现碳中和。基于"二氧化碳排放力争于2030年前达到峰值"的目标，碳峰值成为发展规模的刚性约束，但同时与能源强度、能源结构以及产业结构高度相关。

5.1.2 城市服务人口预测

国际经验表明,二战以来,特别是进入21世纪以来,国家和区域中心城市承担的服务功能、规模、范围不断扩张,这些中心城市除了城市常住人口以外,每天还停留了大量短期流动人口需要公共设施和基础设施供应。国内进行城市实际服务人口预测的实践起步较迟,一般认为以国家批准的最新上海、北京市总体规划的实践为起点。2017年9月中共中央、国务院批准的《北京城市总体规划(2016年—2035年)》提出,在常住人口2 300万人控制规模的基础上,对于持有居住证的人口,扩大公共服务覆盖面,提供均等化水平,确保服务人口的合理需求和安全保障。2017年12月国务院批准的《上海市城市总体规划(2017—2035年)》提出,应对包括常住人口、半年以下暂住人口、跨市域通勤人口、短期游客等在内的实际服务人口的需求,预留公共服务设施和基础设施的保障能力。住房和养老、基础教育、体育、绿地等基本公共服务设施以满足常住人口需求为主。水、能源、安全、交通等设施需要满足实际服务人口的需求,考虑在常住人口基础上预留20%以上的弹性。

2020年5月,《中共中央 国务院关于新时代加快完善社会主义市场经济体制的意见》提出"推动公共资源由按城市行政等级配置向按实际服务管理人口规模配置转变"。2020年9月,《市级国土空间总体规划编制指南(试行)》要求公共服务要"针对实际服务管理人口特征和需求,完善服务功能"。为保障城市的正常运转和中心城市功能的有效发挥,本次国土空间总体规划编制技术要求提出:有必要在城市半年以上常住人口基础上,考虑半年以下停留城市的人口对城市各类设施的需求,以总体规划预测的常住人口加上半年以下短期停留人口作为城市实际服务管理人口的需求进行公共资源配置。

按照《市级国土空间总体规划编制指南(试行)》的定义,城市实际服务管理人口是指需要本市提供交通、市政、商业等城市基本服务以及行政管理的城市实有人口,除城市常住人口外,还包括出差、旅游、就医等短期停留人口。一般而言,城市服务人口包括:① 常住人口;② 入境服务人口(离开常住国,入我国关境的会议/商务、观光游览/休闲度假、探亲访友、服务员工和其他活动并至少停留一夜的外国人、华侨、港澳台同胞);③ 国内区际服务人口(短期离开惯常居住地,进行观光游览、休闲度假、探亲访友、商务、会议、文化/体育/科技交流、购物、医疗等人口,以及跨市域的通勤人口)。其中,常住人口和跨市域通勤人口对住房、养老、基础教育、体育、绿地等基本公共服务设施需求较大;城市的交通、水、能源、安全等公共服务设施满足观光游览、休闲度假、探亲访友、商务、会议等短期的外来服务人口;文化、医疗、教育、体育等高等级公共服务设施则需应对文化、体育、科技交流、购物、医疗保健等人口[1]。根据2019年11月的数据,大城市日均实际服务管

---

① 南京市规划和自然资源局.《南京市国土空间总体规划(2021—2035年)》:南京市人口规模预测研究专题[R].2022.

理人口中,3个月口径稳定居住人口的占比普遍在90%左右,短期访客的占比约为10%[①]。对于短期服务人口,要在水资源、能源、交通、信息、绿地等基础设施和公共服务设施供给等要素资源的配置作一定弹性预留。例如,广州市、南京市等就采用了实有人口信息采集的数据口径,《2020年广州市政府工作报告》中提出广州实际管理服务人口已经超过2 200万人,《南京市2019年国民经济和社会发展统计公报》提出南京实有人口1 031.22万人。

一般城市的做法是根据城市等级和对外来人口吸引力的大小,大多采取常住人口一定比例的方法进行城市服务人口的测算,例如《上海市城市总体规划(2017—2035年)》就设定了常住人口20%的比例进行城市服务人口测算。再如,《南京市国土空间总体规划(2021—2035年)》借鉴上海、广州等城市实际服务人口预测经验,首先分析了实际服务人口与城市常住人口的关系。根据"七普"统计,2020年南京市常住人口931.5万人,但经校核,市公安局统计常住人口口径约1 035万人,市大数据管理局利用手机信令等大数据口径监测南京市2020年实时人口数据约1 060万人、疫情核酸检测数据推测南京市实有人口约1 020万人(本次疫情南京三次全员核酸检测人数分别为923万人、848万人、924万人,考虑有80万大学生尚未返校、24万0—3岁幼儿以及其他未检测人群),综合判断南京市2020年实际服务人口基本在1 050万人左右。可见,南京市实际服务人口是常住人口的1.13倍。据此,规划在常住人口预测规模(1 300万人)基础上预留20%左右的弹性(包括常住人口、半年以下暂住人口、跨市域通勤人口、商务活动人口、短期游客等),以1 560万实际服务人口统筹基础设施和公共服务设施供给能力。

5.1.3　城市人口规模的重要作用

人口和建设用地规模体现了一个城市的发展前景和发展空间,也决定了一个城市在国家和区域内的发展定位,仍然是本次市县国土空间总体规划的核心内容。在2020年自然资源部发布的《市级国土空间总体规划编制指南(试行)》中,人口规模作为规划需要研究的重点内容,强调要加强与"双评价"分析的城市的城镇土地开发可承载规模相衔接。在市县国土空间总体规划编制中,城市人口发展现状特别是"六普"到"七普"10年来的人口增减情况,不仅是国家和上级决定各地区城镇开发边界划定过程中扩展系数大小的重要参考依据,也是国家决定一个城市总体规划审批层级(特大城市由国务院审批总体规划)的重要依据,而且一旦人口规模进入特大超大城市行列,要贯彻落实中央有关特大超大城市转型发展方式的要求,提出人口和非核心功能疏散等规划引导要求。

根据国家自然资源管理体制改革和国土空间规划编制技术指南的要求,虽然本次国土空间总体规划把城市人口规模作为预期性指标,而不是约束性指标管理,但城市人口

---

① 南京市规划和自然资源局.《南京市国土空间总体规划(2021—2035年)》:南京市人口规模预测研究专题[R].2022.

规模也是下一级城市向上争取建设用地指标、争取更大城镇开发边界扩展系数的重要依据,因而,也是各市县编制国土空间总体规划时十分关注的问题,存在希望做大城市规划期人口规模的倾向。

市县人口规模虽然不作为省级国土空间规划的约束性指标,但其是各个城市进行各项公共设施、基础设施配置的最主要参数,各城市在具体总体规划中一般要把人口分配到各个区县和各个城镇单元,便于各区各单元进行土地资源要素分配、公共设施和基础设施需求预测、设施配套安排(表5-1、表5-2)。

表5-1　2020年、2035年南京市规划总人口各区分解情况表

单位:万人

行政区	2020年常住人口规模	2020年城镇人口规模	2035年常住人口规模	2035年城镇人口规模
玄武区	53.81	53.81	50	50
秦淮区	74.15	74.15	80	80
建邺区	53.46	53.46	70	70
鼓楼区	94.08	94.08	90	90
雨花台区	60.91	60.91	95	95
栖霞区	98.83	92.61	142	138
江宁区	192.66	150.39	295	260
溧水区	49.16	32.30	82	68
高淳区	42.99	24.30	66	51
江北新区	108.44	106.33	165	163
浦口区	40.16	32.43	75	69
六合区	63.32	34.20	90	66
合计	931.97	808.97	1 300	1 200

资料来源:《南京市国土空间总体规划(2021—2035年)》

5.1.4　城市人口规模规划引导

根据国土空间规划体系建设和改革精神,国土空间规划重点进行空间底线保护和空间管控引导,各级人口发展规模作为预期性指标,则作为确定城镇建设用地规模和各类设施规划的引导。

由于人口规模是体现城市地位和活力的重要指标,本次国土空间总体规划的人口规模分配也存在着较大的上下博弈,加上人口发展与社会经济发展和人口政策有很大关系,人口规模不完全是空间规划能决定的要素。本次国家批准省级国土空间规划时不再对各省人口规模进行确认批复,主要对涉及国家安全的耕地和永久基本农田、生态保护红线和城镇开发边界扩展系数进行控制,人口规模也不作为建设用地指标分配的依据。

表5-2　南京市规划城镇人口城镇单元分解表

单位：万人

行政区	2035年城镇人口	江南主城	江北新主城	溧水副城	高淳副城	六合副城	板桥新城	龙潭新城	淳化新城	汤山新城	滨江新城	禄口新城	柘塘新城	桥林新城	龙袍新城	新市镇
玄武区	50	50														
秦淮区	80	80														
建邺区	70	60														10
鼓楼区	90	90														
雨花台区	95	44					35									16
栖霞区	138	118						15								5
江宁区	260	122					1		25	16	14	30				52
溧水区	68			45									13			10
高淳区	51				40											11
江北新区	163		155													8
浦口区	69		37											20		12
六合区	66					43									5	18
合计	1200	564	192	45	40	43	36	15	25	16	14	30	13	20	5	142

资料来源：《南京市国土空间总体规划（2021—2035年）》

2022年10月中共中央、国务院批准的《全国国土空间规划纲要（2021—2035年）》，没有提出全国2035年规划预测人口和引导要求，重点关注耕地、永久基本农田、生态保护红线等空间资源底线的保护。有关人口发展和城镇化战略，重点是明确了全国的未来城市化战略格局，提出人口向重点战略地区集聚、促进城市群和都市圈地区成为国家城镇密集地区的战略引导要求。该规划提出要管控城镇建设用地总量，到2035年，全国新增城镇建设用地控制在3000万亩以内。

《江苏省国土空间规划（2021—2035年）》对2035年全省常住人口总量和城镇化水平进行了预测，但是国务院有关省级国土空间规划的批复都不涉及各省人口总量的确定表述，这与这个指标作为预期性指标有关，不将其作为规划强制达到的指标。一方面，与人口规模受国家政策和社会经济发展形势影响关系较大，不是国土空间规划的核心管控要素；另一方面，由于人口规模决定了各级配套设施的规模，必须有相对确定的人口总量便于各项公共设施规划配置。在规划成果表达上，在各省国土空间规划的规划指标体系表中没有人口规模项。

5.2 建设用地的构成及概念

5.2.1 建设用地

我国1999年1月1日施行的《土地管理法》将土地分为农用地、建设用地和未利用地三大类。其中建设用地是指建造建筑物、构筑物的土地，包括城乡住宅和公共设施用地、工矿用地、交通水利设施用地、旅游用地、军事设施用地等。

《土地利用现状分类》(GB/T 21010—2007)中，将商服用地、工矿仓储用地、住宅用地、公共管理与公共服务用地、特殊用地、交通运输用地、水域及水利设施用地(水库水面、水工建筑用地)、其他土地(空闲地)纳入建设用地统计。《土地利用现状分类》(GB/T 21010—2017)修改后，将"水库水面"从"建设用地"调整到"农用地"中。

《城市用地分类与规划建设用地标准》(GB 50137—2011)中，建设用地包括城乡居民点建设用地、区域交通设施用地、区域公用设施用地、特殊用地、采矿用地及其他建设用地等。

2021年5月，《自然资源部办公厅关于规范和统一市县国土空间规划现状基数的通知》(自然资办函〔2021〕907号)中明确了建设用地包括城乡建设用地、区域基础设施用地和其他建设用地(特殊用地、采矿用地、盐田)，具体参照《国土空间调查、规划、用途管制用地用海分类指南》。2021年公布的"三调"结果显示，全国建设用地总量6.13亿亩，较"二调"时增加1.28亿亩，增幅26.5%。

> **专栏5-2 南京市2020年土地利用现状**
>
> 依据2020年国土变更调查数据，南京市国土总面积6 587 km²，其中：农林用地3 072 km²，占比46.6%；建设用地1 875 km²，占比28.5%；其他类型土地1 640 km²，占比24.9%。
>
> 农林用地：其中，耕地1 417 km²，包括旱地80 km²、水浇地214 km²、水田1 123 km²；园地142 km²，以果园、茶园和其他园地为主；林地1 513 km²，包括乔木林地538 km²、竹林地30 km²、灌木林地12 km²、其他林地933 km²。
>
> 建设用地：其中，城乡建设用地1 501 km²，区域基础设施用地317 km²，其他建设用地57 km²。城乡建设用地中城镇用地为943 km²、村庄用地为558 km²。全市建设用地主要集中在中部都市区域，体现出中心集聚、组团分布的布局特征。
>
> 其他类型土地：其中，草地111 km²，湿地17 km²，农业设施建设用地101 km²，陆地水域1 411 km²。

5.2.2 城乡建设用地与城镇建设用地

1. 城乡建设用地

城乡建设用地是城市（国家）建设用地和农村建设用地的总称。随着土地利用规划和管理的不断完善，对城乡建设用地的认识和界定也在逐渐明晰和深化，在不同时期的相关政策、法规和研究中都有涉及和体现。

（1）第一次土地调查时期

1984年起，第一次全国土地调查将土地分类为8个一级类，城乡建设用地包含在第5大类——居民点及工矿用地分类中，即指城镇（51）、农村居民点（52）两个二级类（括号内为二级类编码）（表5-3）。

表5-3 第一次全国土地调查土地利用现状分类及含义（仅列出第5大类详情）

一级类		二级类		含义
编码	大类名称	编码	二类名称	
5	居民点及工矿用地			指城乡居民点、独立居民点以及居民点以外的工矿、国防、名胜古迹等企事业单位用地，包括其内部交通、绿化用地
		51	城镇	市、镇建制的居民点，不包括市、镇范围内用于农、林、牧、渔业生产用地
		52	农村居民点	镇以下的居民点用地
		53	独立工矿用地	居民点以外独立的各种工矿企业、采石场、砖瓦窑、仓库及其他企事业单位的建设用地，不包括附属于工矿、企事业单位的农副业生产基地

续表

一级类		二级类		含义
编码	大类名称	编码	二类名称	
5	居民点及工矿用地	54	盐田	以经营盐业为目的,包括盐场及附属设施用地
		55	特殊用地	指居民点以外的国防、名胜古迹、风景旅游、墓地、陵园等用地

资料来源:《土地利用现状调查技术规程》(1984年)

(2) 第二次土地调查时期

2007年国务院第二次全国土地调查领导小组将"20"编码用于表示"城镇村及工矿用地"这一土地类型。该类型具体包括城市、建制镇、村庄、采矿用地、风景名胜及特殊用地。城乡建设用地统计包括城市(201)、建制镇(202)、村庄(203)三大类(表5-4)。

表5-4 第二次全国土地调查城镇村及工矿用地

一级		二级		含义
编码	名称	编码	名称	
20	城镇村及工矿用地			指城乡居民点、独立居民点以及居民点以外的工矿、国防、名胜古迹等企事业单位用地,包括其内部交通、绿化用地
		201	城市	指城市居民点,以及与城市连片的和区政府、县级市政府所在地镇级辖区内的商服、住宅、工业、仓储、机关、学校等单位用地
		202	建制镇	指建制镇居民点,以及辖区内的商服、住宅、工业、仓储、学校等企事业单位用地
		203	村庄	指农村居民点,以及所属的商服、住宅、工矿、工业、仓储、学校等用地
		204	采矿用地	指采矿、采石、采砂(沙)场,盐田,砖瓦窑等地面生产用地及尾矿堆放地
		205	风景名胜及特殊用地	指城镇村用地以外用于军事设施、涉外、宗教、监教、殡葬等的土地,以及风景名胜(包括名胜古迹、旅游景点、革命遗址等)景点及管理机构的建筑用地

开展农村土地调查时,对《土地利用现状分类》(GB/T 21010—2007)中商服用地(05)、工矿仓储用地(06)、住宅用地(07)、公共管理与公共服务用地(08)、特殊用地(09)5个一级类和街巷用地(103)、空闲地(121)2个二级类按此表归并

资料来源:《土地利用现状分类》(GB/T 21010—2007)

（3）第三次土地调查时期

国务院决定自2017年起开展第三次全国土地调查，"三调"对城市、建制镇和村庄范围内的地类图斑，相应标注城市（201或201A）、建制镇（202或202A）或村庄用地（203或203A）属性；城镇村外部的盐田及采矿用地和特殊用地按实地利用现状调查，并标注"204"或"205"属性（图5-1、图5-2）。城市（201）、建制镇（202）、村庄（203）范围按照集中连片的原则划定（表5-5）。

图5-1 城镇村闭合标注与各类用地图斑关系示意图
资料来源：作者整理

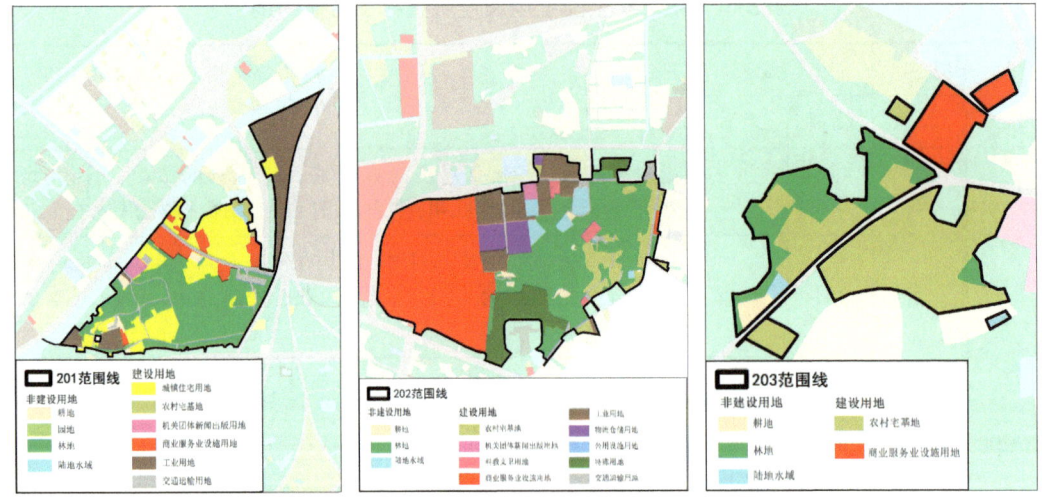

图5-2 城市、建制镇、村庄范围（201、202、203）与具体用地布局关系图
资料来源：作者自绘

依据《自然资源部办公厅关于规范和统一市县国土空间规划现状基数的通知》（自然资办函〔2021〕907号），城乡建设用地主要包含居住用地、公共管理与公共服务用地、商业服务业用地、工业用地、仓储用地、交通场站用地、其他交通设施用地、公用设施用地、绿地与开敞空间用地、留白用地、空闲地以及城市、建制镇范围（201、202）内的其他用地，村庄范围内的村庄内部道路用地。

可见，本次国土空间总体规划各个市县所说的城乡建设用地规模，并不是指市县域内各类城镇建设用地地类的总和，而是根据自然资源部下发的城市、镇、村（即数据库中201、202、203图层）包络线围合的范围的用地规模。因包络线范围内一般会包含一些非建设用地地类，例如林地、草地、水域甚至耕地等，一个市县城乡建设用地规模一般要大于该市县各类城市、镇、村庄建设用地总量。包络线内的非建设用地确需建设占用的，虽然也需要办理农转用审批手续，但不需要上级下达的农转用建设用地指标作为条件。即各类包络线主要体现了土地利用管控思维，即包络线内各类用地视作城市、建制镇、村庄建设用地，这个范围内的非建设用地需要建设占用的不需要上级下达的年度农转用指标。

总体上，包络线口径和打开口径有不同的使用场景。201、202、203范围属统计口径，即"城镇村不打开"数据，这套数据是统计全域耕地、城乡建设用地等核心指标所依据的底图底数。色块表示的是农村宅基地、商业服务业用地、公共管理与公共服务用地、工业用地、林地、草地等各类用地现状，属调查口径，即"城镇村打开"数据，在规划中主要用于城区、镇区、村庄内部等用地规划的底图底数。例如在村庄规划中，利用203包络线内的非建设用地安排农村宅基地，不需要上级下达的建设用地指标，也不需要耕地占用等农转用指标支撑（图5-3）。

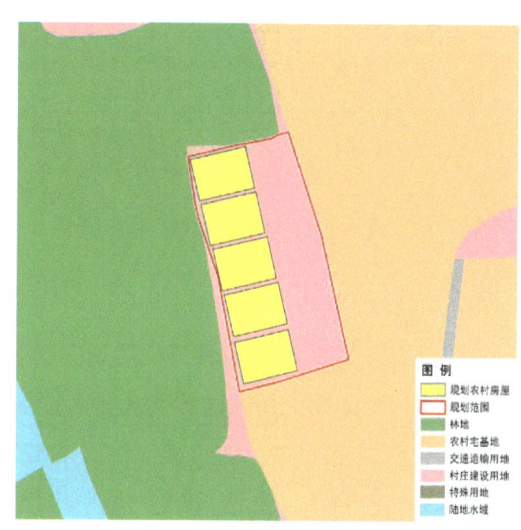

图5-3　村庄范围内（203包络线内）安排农村宅基地规划示意图

资料来源：作者整理

表5-5　第三次全国国土调查城镇村及工矿用地

一级		二级		含义
编码	名称	编码	名称	
20	城镇村及工矿用地			指城乡居民点、独立居民点以及居民点以外的工矿、国防、名胜古迹等企事业单位用地，包括其内部交通、绿化用地
		201	城市	即城市居民点，指市区政府、县级市政府所在地（镇级）辖区内的，以及与城市连片的商业服务业、住宅、工业、机关、学校等用地。包括其所属的，不与其连片的开发区、新区等建成区，及城市居民点范围内的其他各类用地（含城中村）
		201A	城市独立工业用地	城市辖区内独立的工业用地
		202	建制镇	即建制镇居民点，指建制镇辖区内的商业服务业、住宅、工业、学校等用地。包括其所属的，不与其连片的开发区、新区等建成区，及建制镇居民点范围内的其他各类用地（含城中村），不包括乡政府所在地
		201A	建制镇独立工业用地	建制镇辖区内独立的工业用地

续表

一级		二级		含义
编码	名称	编码	名称	
20	城镇村及工矿用地	203	村庄	即农村居民点,指乡村所属的商业服务业、住宅、工业、学校等用地。包括农村居民点范围内的其他各类用地
		203A	村庄独立工业用地	村庄所属独立的工业用地
		204	盐田及采矿用地	指城镇村庄用地以外采矿、采石、采砂(沙)场,盐田,砖瓦窑等地面生产用地及尾矿堆放地
		205	特殊用地	指城镇村庄用地以外用于军事设施、涉外、宗教、监教、殡葬,风景名胜等的土地

资料来源:《第三次全国国土调查技术规程》(TD/T 1055—2019)

2.城镇建设用地

城镇建设用地有狭义和广义之分。狭义的城镇建设用地是指国土空间规划确定的城市和建制镇范围内用于建设的土地,主要包括用于建设城镇基础设施、公共服务设施、工业、商业、住宅等项目的土地。广义的城镇建设用地是指国土空间规划确定的城市和建制镇范围内的所有土地,简称"城镇用地",除上述建设用途的土地外,还涵盖城镇范围内的其他土地,如耕地、林地、水域等。根据《自然资源部办公厅关于规范和统一市县国土空间规划现状基数的通知》(自然资办函〔2021〕907号),城镇建设用地包括城市、建制镇范围(201、202)包络线内的居住用地、公共管理与公共服务用地、商业服务业用地、工业用地、仓储用地、交通场站用地、其他交通设施用地、公用设施用地、绿地与开敞空间用地、留白用地、空间地,以及其他用地(图5-2、表5-6),这里所指的是广义概念。

表5-6 南京市2020年土地利用结构不同口径对比

单位:km²

国土空间功能结构分类	城镇村闭合口径	城镇村打开口径
耕地	1 417.0	1 470.9
园地	142.4	151.4
林地	1 513.0	1 608.9
草地	111.1	150.5
湿地	16.7	16.7
农业设施建设用地	101.3	110.7
城镇用地	943.3	911.6
村庄用地	560.6	377.9
区域基础设施用地	317.4	288.8

续表

国土空间功能结构分类	城镇村闭合口径	城镇村打开口径
其他建设用地	53.5	56.5
陆地水域	1 410.5	1 442.8
其他土地	0.2	0.2
合计	6 587.0	6 586.9
城乡建设用地	1 503.9	1 289.5
建设用地	1 874.8	1 634.8

资料来源：《南京市国土空间总体规划（2021—2035年）》

2023年10月，自然资源部印发《自然资源部关于做好城镇开发边界管理的通知（试行）（自然资发〔2023〕193号）》，要求各省份按不超过2020年现状城镇建设用地总规模的1.3倍，控制城镇开发边界范围，这里所指的现状城镇建设用地指的就是城市、建制镇范围（201、202）包络线内的用地面积。

5.2.3 区域基础设施用地

区域基础设施用地是指为了满足区域内社会经济活动和居民生活需要而建设的各类基础设施所占用的土地，涵盖交通、能源、水利、通信、环保等方面。

依据《城市用地分类与规划建设用地标准》（GB 50137—2011），区域基础设施用地包含区域交通设施用地和区域公用设施用地两大类。其中：区域交通设施用地包含铁路用地、公路用地、港口用地、机场用地、管道运输用地；区域公用设施用地指为区域服务的公用设施用地，包括区域性能源设施、水工设施、通信设施、广播电视设施、殡葬设施、环卫设施、排水设施等用地。

依据《自然资源部办公厅关于规范和统一市县国土空间规划现状基数的通知》（自然资办函〔2021〕907号），区域基础设施用地主要包含铁路用地、公路用地、机场用地、港口码头用地、管道运输用地、城市轨道交通用地、干渠、水工设施用地。"三调"数据成果显示：全国铁路用地56.68万hm^2（850.16万亩）；公路用地402.96万hm^2（6 044.10万亩）；机场用地9.63万hm^2（144.44万亩）；港口码头用地7.04万hm^2（105.59万亩）；管道运输用地0.72万hm^2（10.80万亩）；城市轨道交通用地1.77万hm^2（26.55万亩）；水工设施用地80.21万hm^2（1 203.09万亩）。

5.3 建设用地规模预测

5.3.1 规划建设用地指标及管理

以往的城市总体规划重点关注城镇建设用地规模预测，原土地利用总体规划关注全口径建设用地规模控制,包括城乡建设用地、工矿用地、水工用地以及区域基础设施用地、特殊用地等。土地利用总体规划一般把城镇建设用地、城乡建设用地作为约束性指标,区域性交通、能源、水利等基础设施用地由上位规划和上级政府掌控管理,与规划用地图关系不紧密,作为预期性指标,一般会根据上位规划和上级分配指标,由省级主管部门把控,根据基础设施项目立项和建设时序由国家和省级下达使用。

建设用地指标是国家对特定区域在特定期限内的建设用地新增规模进行总量约束的控制手段。规划建设用地指标,按照以往的土地利用总体规划的内涵定义,就是指规划建设用地空间规模指标,有时称为规划空间或者空间规模等,是指在规划期内(一般为15年)可以新增的建设用地规模,即可以占用农用地和未利用地的规模。建设用地指标的管理,一般是根据全国土地利用总体规划,确定各省份不同特征年的建设用地总规模,各省向下分解至市及区县;其次,各地方政府先根据土地利用总体规划,对一定时期内的建设用地总规模进行控制,之后每一年,通过土地利用年度计划进行管理。建设用地指标包括两类,即增量与存量。

规划建设用地空间规模指标分为两种:一种是上级下达可以直接使用的,为新增规划空间指标,包括建设占用农用地和未利用地;另一种是流量指标,上级下达后,需要通过城乡建设用地增减挂钩、工矿废弃地复垦利用,将同等规模的闲置、废弃建设用地复垦为农用地(含耕地)后,才可以作为用地指标使用。

5.3.2 建设用地规模预测

建设用地规模是土地利用总体规划要明确的核心指标。2017年1月3日,国务院印发的《全国国土规划纲要(2016—2030年)》,要求2020年和2030年全国耕地保有量分别不低于18.65亿亩(1.24亿hm^2)、18.25亿亩(1.22亿hm^2),永久基本农田保护面积不低于15.46亿亩(1.03亿hm^2)。国土开发强度不超过4.62%,城镇空间控制在11.67万km^2以内(表5-7)。

表5-7 《全国国土规划纲要(2016—2030年)》主要指标

序号	指标名称	2015年	2020年	2030年	属性
1	耕地保有量/亿亩	18.65	18.65	18.25	约束性
2	用水总量/亿m^3	6 180	6 700	7 000	约束性
3	森林覆盖率/%	21.66	≥23	≥24	预期性
4	草原综合植被盖度/%	54	56	60	预期性
5	湿地面积/亿亩	8	8	8.3	预期性
6	国土开发强度/%	4.02	4.24	4.62	约束性
7	城镇空间/万km^2	8.90	10.21	11.67	预期性
8	公路与铁路网密度/(km/km^2)	0.49	≥0.5	≥0.6	预期性
9	全国七大重点流域水质优良比例/%	67.5	>70	>75	约束性

续表

序号	指标名称	2015年	2020年	2030年	属性
10	重要江河湖泊水功能区水质达标率/%	70.8	>80	>95	约束性
11	新增治理水土流失面积/万 km²	—	32	94	预期性

资料来源：《全国国土规划纲要（2016—2030年）》

以往的城市总体规划建设用地规模，一般只对城镇建设用地规模进行预测，至于区域性的交通基础设施、能源、水利等设施用地规模根据上位规划落实。城镇建设用地规模的预测一般根据国家有关不同区位和资源条件的城市人均建设用地标准确定，规划的人均建设用地标准相对于现状人均建设用地必须更加集约。在一个城市的总体规划政府批复中，城镇建设用地规模也是规划批复的核心事项。

规划城镇建设用地规模大小一直是地方关注的重点。由于一个市县总人口与城乡建设用地、城镇人口以及城镇建设用地关联管理，主要衡量标准是人均城乡建设用地和人均城镇建设用地。以往很多城市在编制城市总体规划时，往往会刻意做大规划预测城镇人口规模，以达到向上级争取更大规划城镇建设用地规模的目标。

在建设用地规模分配方面，早期根据自然资源部《市级国土空间总体规划编制指南（试行）》和以往土地利用总体规划编制惯例。在"三线"没有划定之初，为了给各地进行城镇空间布局提供约束条件，国家曾经根据国务院批准的《全国国土规划纲要（2016—2030年）》，对各省分配城镇建设用地指标、区域基础设施用地指标。各省还根据村庄撤并潜力，同步下达村庄撤并产生的流量指标，这类指标可以用于城镇建设用地布局，但需要在一定期限内通过城镇开发边界外村庄撤并进行复垦减少村庄建设用地以归还城镇建设用掉的流量指标（图5-4）。

一般而言，根据《全国国土规划纲要（2016—2030年）》下发的新增建设用地指标总量还是很小的，全国只有3 000万亩左右。例如，2021年省里分配给南京市2030年新增城镇建设用地规模为76 km²，省以上重大基础设施新增建设用地规模30 km²（该指标是一项指导性指标，对省级以上基础设施在用地报批时由省级全额、据实保障），流量指标为67 km²，总量只有210 km²左右，只有城镇开发边界新增城镇建设空间450 km²的一半不到，总休上指标较为紧

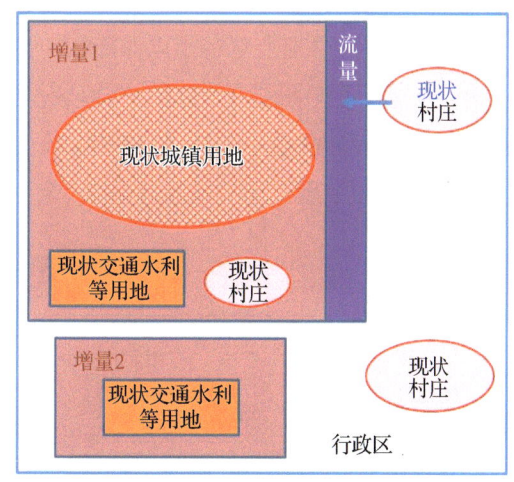

图5-4 城镇建设用地内部结构关系图
资料来源：作者自绘

张。各市根据下达的建设用地指标进行2035年规划期的城镇建设用地布局,增量很小,只能保障重点空间的发展,不少城镇单元呈现碎片化状态(图5-5)。

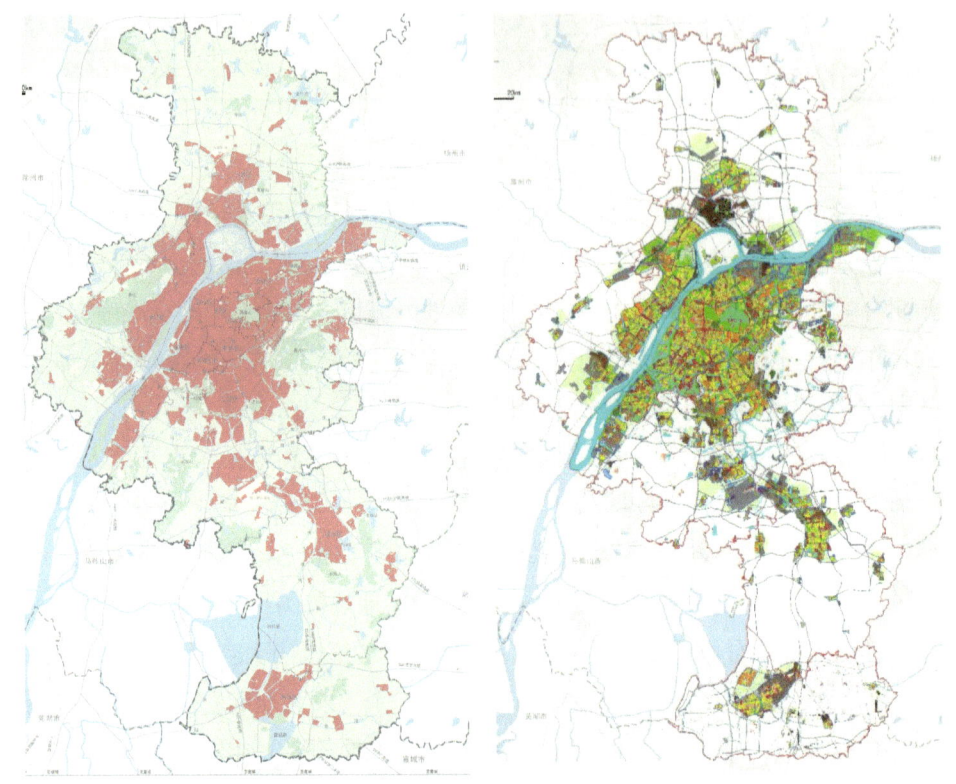

图5-5 南京市城镇开发边界(左)与根据早期下达的用地指标建设用地布局引导图(右)
资料来源:《南京市国土空间总体规划(2021—2035年)》

例如,基于当时分配的有限的新增建设用地指标,南京市城镇建设用地指标分配的原则是:四城区、雨花台区原则上应保尽保,实现主城范围建设用地填平补齐;江北新区是国家级新区,原则上基本予以保障;江宁区、溧水区、浦口区、栖霞区是城市制造业主要集聚区,指标适度倾斜;六合区、高淳区位于南北田园,指标适度保障。由于建设用地指标涉及各区发展的核心利益,在指标分配过程中充满了各种博弈,最终由市委、市政府根据全市保护和发展总体战略拍板确定(表5-8)。

表5-8 南京市规划新增建设用地指标分区分配表

单位:km²

行政区	指标供给分配方案			规划流量建设用地	合计
	小计	新增城镇建设用地	省以上重大基础设施新增建设用地		
南京市	106.00	76.00	30.00	129.06	235.06
江北新区	12.64	10.67	1.97	9.35	21.99

续表

行政区	指标供给分配方案			规划流量建设用地	合计
	小计	新增城镇建设用地	省以上重大基础设施新增建设用地		
四城区	2.18	2.10	0.08	0.00	2.18
栖霞区	12.58	10.22	2.36	12.00	24.58
雨花台区	2.59	2.19	0.40	3.21	5.80
江宁区	25.16	15.33	9.83	34.30	59.46
浦口区	17.38	10.67	6.71	19.80	37.18
六合区	12.26	8.03	4.23	15.40	27.66
溧水区	11.33	8.76	2.57	20.00	31.33
高淳区	9.88	8.03	1.85	15.00	24.88

资料来源：《南京市国土空间总体规划（2021—2035年）》

5.3.3 新增建设用地规模管理思路

本次国土空间总体规划编制过程中，2022年4月《全国"三区三线"划定规则》曾提出城镇开发边界规模不得超过上级下达的城镇新增建设用地指标的要求，随着规划和管理方面的对接越来越深入，在广泛征求意见和总结以往管理经验的基础上，最终国家对新增建设用地指标控制思路发生了变化，决定不再下达2035年规划城镇建设用地、区域基础设施用地指标，采取以城镇开发边界为建设用地主要空间控制边界，各地区城镇建设用地规模以城镇开发边界为发展框架，进行五年计划的指标时序投放控制。

2023年5月自然资源部空间规划局《关于市县级总体规划编制审批工作中有关问题的说明〈第一辑〉》关于新增建设用地规模管控问题正式明确，"三区三线"划定后，国家将不再分解下达新增建设用地规模，未来将通过严格计划指标管控、加强实施时序调控、强化规则管理等方式，加强建设用地规模管控。2023年10月8日，《自然资源部关于做好城镇开发边界管理的通知（试行）》（自然资发〔2023〕193号）明确：一是各类城镇建设所需要的用地（包括能源化工基地等产业园区、围填海历史遗留问题区域的城镇建设或产业类项目等）均需纳入全省（区、市）规划城镇建设用地规模和城镇开发边界扩展倍数统筹核算。不得擅自突破城镇建设用地规模和城镇开发边界扩展倍数。二是在市县国土空间规划实施中，在城镇开发边界内的增量用地使用上，为"十五五""十六五"期间至少留下35%、25%的增量用地。在年度增量用地使用规模上，至少为每年保留五年平均规模的80%，其余可以用于年度间调剂，但不得突破分阶段总量控制，以便为未来发展预留合理空间。三是在落实最严格的耕地保护、节约用地和生态环境保护制度的前提下，结合城乡融合、区域一体化发展和旅游开发、边境地区建设等合理需要，在城镇开发边界外可规划布局有特定选址要求的零星城镇建设用地，并依据国土空间规划，按照"三区三线"管控和城镇建设用地用途管制要求，纳入国土空间规划"一张图"严格实施监督。涉及的新增城镇建设用地纳入城镇开发边界扩展倍数统筹核算，等量缩减城镇开发边界内的新增城镇建设用地，确保城镇建设用地总规模和城镇开发边界扩展倍数不突破。

  本次国土空间总体规划不明确2035年规划建设用地指标的做法有重要的时代和发展阶段背景，这就是我国的发展阶段总体上从高速增长阶段转变到中低速增长阶段，从高速发展阶段转向高质量发展阶段。近十年来的城市化发展态势已经进入中后期，加上国家出台和实施了一系列节约集约用地的政策，对新增建设用地的需求相较高速城市化阶段呈现下降态势。特别是面向"十五五"甚至未来更长时期，我国社会经济发展总体上呈现需求不足、城市化降速、城市存量发展渐占主导的特征，城市建设用地的规模需求源头减少。综合发展环境和背景的变化，国家采取不下达规划期建设用地规模，也不下达年度新增建设用地规模的做法，采取项目跟着规划走、要素跟着项目走的思路，不下达预期性年度建设用地指标，采取项目需求申报方式进行年度建设用地指标管理。

土地使用规划是国土空间规划的核心内容,是实施国土空间用途管控的重要支撑,也是国土空间规划"一张蓝图"的"基础总图"。2019年启动的国土空间规划改革的目标,就是要把空间规划管控范围扩大到整个市域农业、生态和建设空间。由市县级国土空间总体规划战略引领和刚性管控的定位决定,市县级国土空间总体规划的市县域空间规划总图基本上为主导用途功能规划分区表达深度,中心城区一般深化到用地类别。

6.1 原城市总体规划和土地利用总体规划市域总图表达

在原存在的涉及空间管控的诸多规划中,主体功能区规划主要以县区为空间单元,针对优化开发、重点开发、限制开发和禁止开发四大类主体功能区确定相应的主体功能定位,明确主导开发方向,提出不同开发强度引导要求,而对市域空间进行全域土地使用规划的只有原城市总体规划和原土地利用总体规划。这两类规划有关市域用途规划总图的表达各有优劣,需要延续创新,合理确定市级国土空间总体规划市域主导功能用途规划总图表达方式,提高市(县)级国土空间总体规划的空间治理能力。

6.1.1 原城市总体规划市域用途规划总图

早期的城市总体规划空间布局注重市域城镇体系规划布局引导和城市规划区用地布局的谋划。市域城镇体系规划布局只是对城镇发展布局进行结构性引导,城市规划区也只是各个城市需要统一进行规划管理的集中城市化地区。

此后,根据修订后2008年实施的《城乡规划法》和《城市规划编制办法》,将城市总体规划的空间引导对象扩大到全市域,主要明确集中城镇建设空间、生态保护空间和农业开敞空间的总体布局;具体土地使用规划引导的重点则由城市规划区转变到市县总体规划划定的中心城区。

总体上,原城市总体规划一般不对市域土地使用总体布局进行规划引导,为体现生态保护优先的规划指导思想,主要在市域层面对注重生态保护管控要素进行规划控制。市域土地使用

第六章 市县域空间规划总图表达

用途规划管制弱化了市域土地使用图的表达，注重中心城区土地用途的管控和市域交通基础设施布局，外围其他空间主要通过城镇单元布局引导、市域四区（禁建区、限建区、适建区、已建区）划定、生态空间管制图进行底线控制，明确空间管控和规划传导要求，并通过区县总体规划和专项规划对城镇单元和其他空间土地用途进行细化。市域空间管制规划图一般把水域、湿地、风景名胜区、自然保护区、森林公园和饮用水源保护区等划为空间管制区（图6-1），其他非集中建设空间一般笼统划定为农林用地。除了风景名胜区、森林公园等有相应专项规划引导之外，城市总体规划阶段总体上对城镇建设区之外的地区研究不足，缺乏较为明确的规划引导和有意识的空间安排，也缺乏与永久基本农田保护区规划布局的有机衔接。

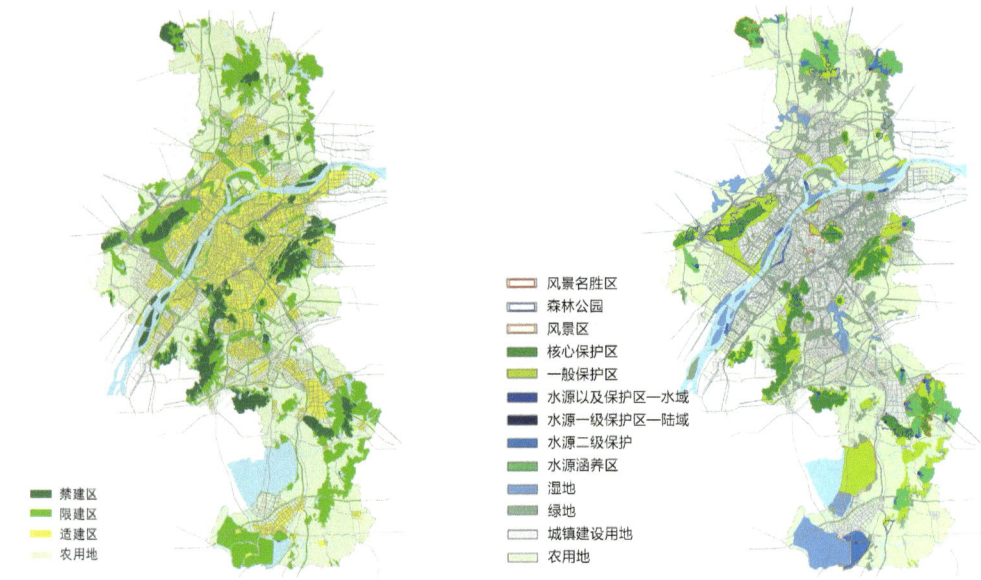

图6-1　南京市域空间管制规划四区划定图（左）和市域空间管制规划生态管制要素图（右）
资料来源：《南京市城市总体规划（2011—2020年）》

原城市总体规划确定的中心城区（部分省级审批城市扩大到市区范围）内一般按照用地一级类（公共设施等细分到二级地类）进行土地使用规划，为国家和省级主管部门进行规划实施督察的重点空间范围（图6-2）。规划的道路交通、电力走廊、输气输油管线等基础设施在市域总图上基本为线位和通道表达，主要表达区域性、结构性和骨干性基础设施线位和路网。因系统性和层级性较强，低等级和局域性基础设施线位和相关设施布局一般由后续编制的详细规划或深度的专项规划明确具体用地布局。

对照生态文明思想和国土空间规划体系改革的要求，原城市总体规划市域规划总图中值得肯定的是对一些生态功能重要区域和生态敏感地区的底线管控、中心城区用地规划引导、市域交通基础设施体系格局的控制表达，以及通过城镇体系规划对下位规划的城镇单元规模和布局提出传导要求。在空间规划覆盖对象上，城市总体规划只针对规划

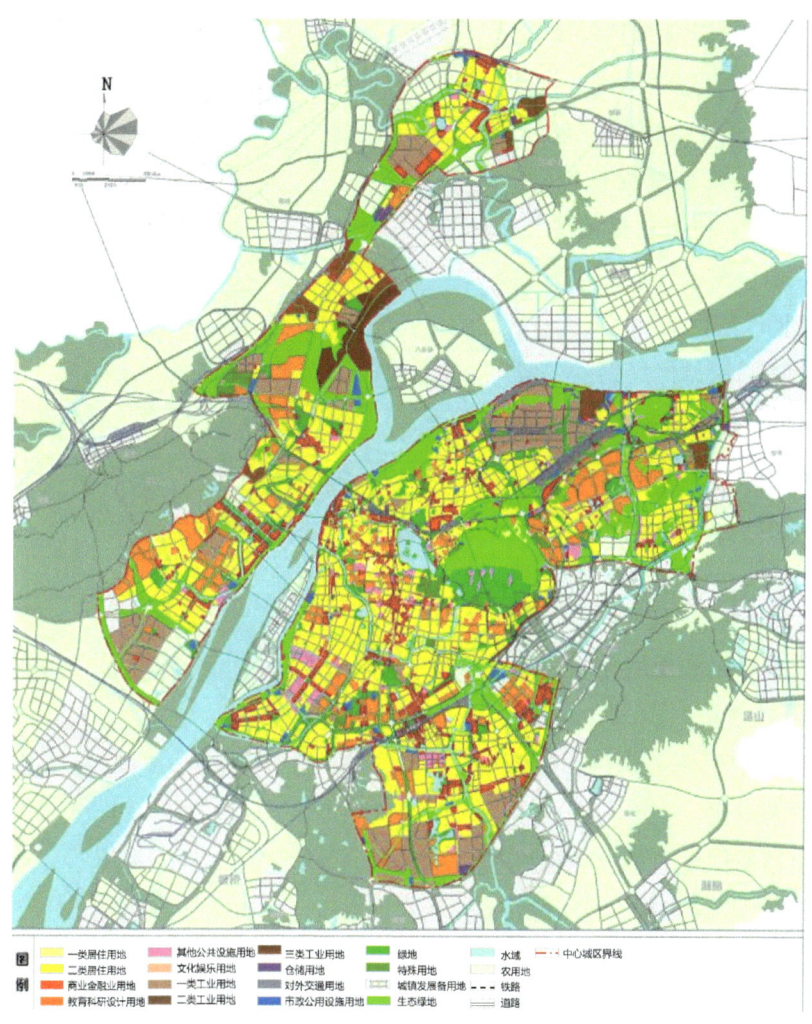

图6-2 南京市中心城区土地利用规划图(2011—2020年)
资料来源:《南京市城市总体规划(2011—2020年)》

区,而非行政区划全域;对建设地区关注较多,对非建设地区关注较少;甚至规划与建设管理之间脱节,缺乏有效的政策机制思考[1]。其针对中心城区的管控较为明确,对外围县区则仅限于城镇功能、建设用地规模和空间布局形态的指引,对城镇建设用地以外的空间只提出原则引导,缺乏实质性的管控要求[2]。与空间规划布局重点关注对象紧密相关,原城市总体规划主要关注市域城镇建设用地总量预测和城镇单元分配,对全口径建设用地预测和控制不重视,也缺乏相应的技术支撑和管理手段,主要依靠土地利用总体规划确定建设用地规模并进行县区等下一层次行政单位的规模分配。

---

[1] 武廷海.国土空间规划体系中的城市规划初论[J].城市规划,2019,43(8):13.
[2] 胡海波,唐小龙.国土空间规划多元传导机制构建——基于南通地区多层次规划实践的探索[J].城乡规划,2021(1/2):40.

6.1.2 原土地利用总体规划市域土地使用规划总图

在2010年前后全国第三轮土地利用总体规划编制规程稳定后,原市(县)级土地利用总体规划的土地使用规划总图也基本分为市域和中心城区两个层次。

市级土地利用总体规划的市域土地利用总图主要明确基本农田集中区、一般农业发展区、城镇村发展区、独立工矿区、生态环境安全控制区、自然与文化遗产保护区等类型的土地利用功能分区,以及线性基础设施布局和规划控制的示意性基础设施通道(图6-3),规划用途分区在现状底图上表达,便于规划前后状态对比。土地利用总体规划市域土地使用规划总图主要解决建设和非建设空间的区别问题,特别是明确耕地和永久基本农田的布局[①]。

中心城区按照县级土地利用总体规划深度划分为基本农田保护区、一般农地区、城镇村建设用地区、独立工矿区、风景旅游用地区、生态环境安全控制区、自然与文化遗产保护区、林业用地区、牧业用地区等类型,规划布局精度基本到土地利用调查的图斑尺度。城镇村建设用地不再细分,在图面上一般为统一的红色,具体用地功能由城市总体规划、乡镇总体规划和村庄规划细分。

与原先国家有关土地用途管制的思路和重点相适应,土地利用总体规划市域土地使用规划总图的核心内容是永久基本农田布局,但支撑用地规划管理的永久基本农田总图是由乡镇级的土地利用规划拼合形成的。因此,市域总图上突出主导功能布局,划定永久基本农田集中区,县级土地利用总体规划划定永久基本农田保护区,乡镇级规划突出

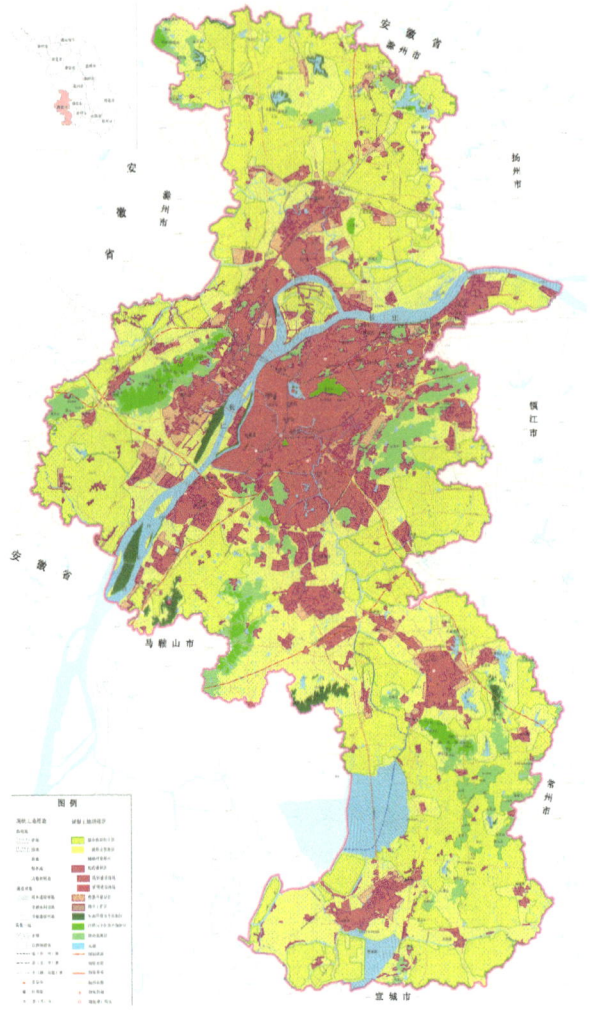

图6-3 南京市土地利用总体规划图
资料来源:《南京市土地利用总体规划(2006—2020年)》

---

① 程茂吉,罗海明,陶修华.市级国土空间总体规划市域总图表达研究[J].城市规划,2023(3):57-58.

地块管理,划定永久基本农田图斑(图6-4)。市域土地利用规划总图表达全域城镇村建设用地,但其用地范围和布局形态主要衔接城乡总体规划相关成果,不是所有建设用地都表达在用地规划总图上,部分已落实指标的国、省交通基础设施在用地规划总图上明确布局,其他部分基础设施采取预留通道的形式控制,也有部分基础设施不上图,采用清单方式进行规划控制。

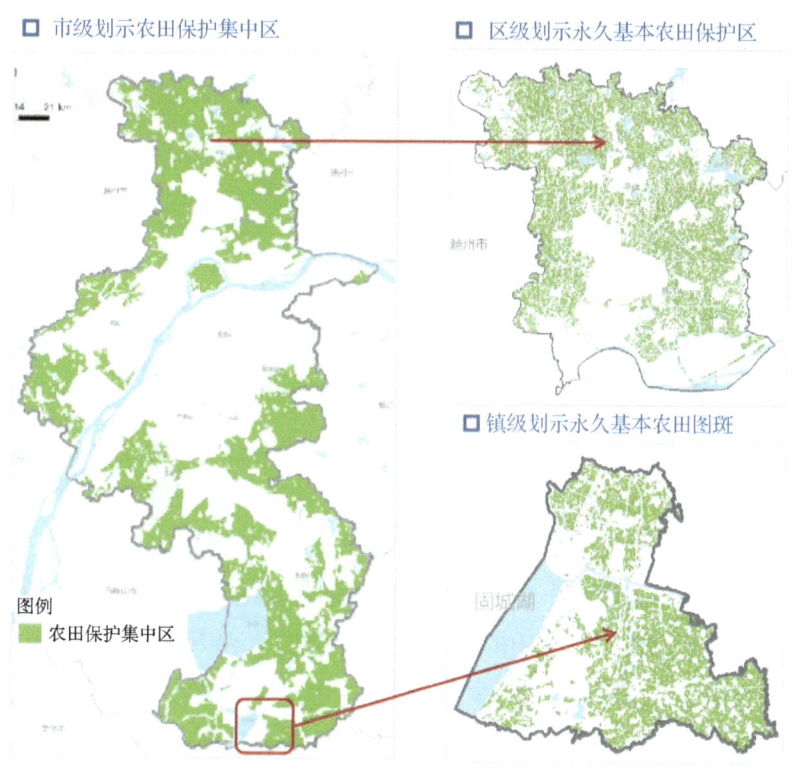

图6-4　南京市不同层级土地利用总体规划图永久基本农田表达方式
资料来源:《南京市土地利用总体规划(2006—2020年)》

经过一段时期的建设完善,与土地利用总体规划总图相对应的管理制度较为成熟,但作为农用地转用、征用管理依据的并不是市土地利用总体规划阶段的总图,而是由同步或压茬编制的区县土地利用总体规划的中心城区用地规划图和各乡镇土地利用规划图拼回的市级总图。为加强土地用途分区管制和差异化规划修改管控,原土地利用总体规划将市域土地利用分区划分为允许建设区、有条件建设区、限制建设区和禁止建设区四种管控分区(图6-5),一般把涉及禁止建设区调整的定为原则性修改,其他三区之间定位为规划调整或修改,并设定了严格程度不同的管理规定。

总体而言,基于各自不同的价值导向、管控重点、管理方式,原城市总体规划和土地利用总体规划市域总图各有侧重,城市总体规划注重城镇建设用地表达,关注当时定义的生态保护空间管控,土地利用总体规划注重耕地和永久基本农田布局、"四区"划定的表达。

"多规合一"后的市级国土空间总体规划,应传承和延续各自有效的合理做法,基于市级国土空间总体规划的作用定位和用途管制改革要求,科学确定市域规划总图的表达方式。

6.2 市级国土空间总体规划市域土地使用规划总图的作用定位

6.2.1 市级国土空间总体规划最基础的空间蓝图

习近平总书记曾讲过,一张好的蓝图,只要是科学的、切合实际的、符合人民愿望的,大家就要一茬一茬接着干。所谓的"一张蓝图"是包含

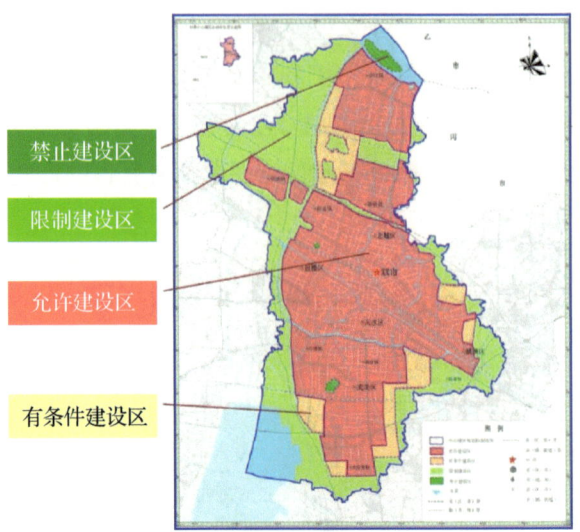

图6-5 某市土地利用总体规划中心城区建设用地管制分区图

资料来源:陈光.保护耕地 保障发展——关于土地利用规划的报告[R].南京市国土资源局,2016.

一整套规划成果的形象简称,但其中作为空间规划管控核心支撑的是市域土地使用规划图,是一张蓝图中的核心和基础,是各项保护开发利用活动的空间综合部署,也是统筹专项规划和指导下位规划的重要依据。

市域空间规划总图是所有涉及空间开发利用需求规划意图的集中体现,也是市级国土空间总体规划发挥刚性管控作用的基本技术政策工具,最具法定性和空间管制作用。市域国土空间规划总图的覆盖范围、用途分类、表达方式都对市域空间管制作用能否有效发挥有着重要影响。要适应新的规划定位和国土空间规划体系的需要,明确市域空间规划总图的土地使用分类逻辑、分区原则、用地表达方式、空间布局引导和不同用地指标政策的关系,既要体现不同层级规划的作用定位,也要便于上位规划对下位规划的有效传导。总体规划向详细规划的传导体现了一级管控权向二级管控权的过渡,这个"界面"应不同于其他层级之间的过渡,最"底层"的总体规划应该同时反映国家管控与地方利益的双重要求,形成融合国家意志与地方发展的综合性的蓝图[①]。

6.2.2 主要界定集中建设与非集中建设空间分区

根据国家对五级国土空间总体规划的定位,省级国土空间规划侧重战略性和协调性,重点明确省域国土空间农业、生态、城镇空间总体格局,无法对建设与非建设空间进行准确功能区分,需要通过市级国土空间总体规划明确具体的建设空间、生态空间和农业空间的主导功能布局。市级国土空间总体规划的战略引领作用主要体现在城市性质

---

① 王新哲,钱慧,刘振宇.治理视角下县级国土空间总体规划定位研究[J].城市规划学刊,2020(3):67.

和发展目标、空间总体格局引导上,而刚性管控作用主要通过空间底线管控(主要为耕地和永久基本农田、生态保护红线)、市域主导功能区规划等空间结构控制、中心城区用地布局、市域交通基础设施体系规划体现,但这种刚性管控不能完全满足规划许可的需要,还需要传导到县(区)国土空间总体规划、乡镇国土空间总体规划以及详细规划等深度的专项规划上来落实,最终以详细规划和村庄规划形成对全域空间的详细规划覆盖,为国土空间用途管制、建设项目规划许可提供依据。

市级国土空间总体规划基于空间尺度原因,空间用途管制的重点就是解决保护空间与集中建设空间区分问题。以往的土地利用总体规划,也是体现类似的逻辑,集中建设和非集中建设空间分区问题由市级规划层级解决。市县级国土空间总体规划以"三区三线"为基本依据,通过主导功能规划分区,主要解决集中建设空间和非集中建设空间分区问题,是进行农用地转用报批的基本依据。作为空间用途管制的重要依据,市县级国土空间总体规划要明确各类功能之间转换的条件和管控要求,以及各类项目的空间准入要求,为国土空间用途管制提供基本依据。

6.2.3 与市级政府国土空间管理事权相适应

我国中央和地方关系的基本模式是"中央决策,地方执行"[①],国家和省负责全国和省的政策指导和宏观调控,市县级政府负责具体耕地和自然资源保护、社会经济发展和城乡建设的实施和管理工作,市级管控在国家空间治理体系中起到非常重要的主体作用。以往的城市规划尤其强调管理的权限集中于市级人民政府,下辖区的城镇开发和基础设施建设详细规划的编制以及建设项目规划许可等管理权限基本集中在市级规划主管部门,以确保全市规划的统筹实施。土地利用规划及管理相对而言较为强调县级国土资源主管部门的具体行政管理工作,例如农用地征转用方案、征地补偿安置方案、供地方案和耕地占补平衡方案的编制、实施和验收,市级重在统筹和协调,主要是负责农用地征转用方案审核和耕地占补平衡方案的立项。

市级国土空间总体规划是承上启下的重要环节,在国土空间治理体系中起到基础性支撑作用,处于把国家和省有关国土空间治理宏观意图转化为具体的中微观的相对具体管理行动的重要层次。市域土地使用规划总图综合了保护修复利用的各类空间需求,是对一个城市保护发展的整体空间安排引导。要落实国家和省级层面的空间治理目标和战略,必然要求作为市级国土空间总体规划核心管控基础的市域土地使用规划总图在用途分类、具体空间布局等方面与市级空间治理主体的权力和责任相匹配。

6.2.4 统筹各类专项规划和传导下位规划

在"五级三类"国土空间规划体系中,纵向来说,市级国土空间总体规划既要严格落

---

① 宣晓伟.央地关系改革背景下我国国土空间规划体系的构建[J].区域经济评论,2021(5):34.

实省级国土空间规划的约束性指标、空间格局、"三区三线"和重大基础设施规划要求,又要把市级国土空间总体规划有关空间安排的意图分解到县区国土空间总体规划,还要指导和统筹好同层级的各类专项规划,协调各类专项规划的空间需求,实现交通基础设施与城市总体布局相适应,引导基础设施共用走廊或通道,推动各类设施节约集约布局、相互兼容的设施尽可能复合利用土地。

作为全市国土空间保护利用布局的总纲,市级国土空间总体规划的编制是否管用、能用、好用,关键在于作为用途管控总图的市域用途分区规划图的编制是否好用,其既要谋划好城市开发利用布局,又要统筹好开发用地、基础设施用地、公共设施用地空间需求,实现城市空间各类要素组合效益的最大化。市级国土空间总体规划要将"三区三线"、市域及中心城区主导功能分区、线性基础设施布局、历史文化保护线、河道蓝线、绿化绿线、重要基础设施黄线等规划内容有效分解落实到区县总体规划,保证总体规划意图得到贯彻。市级国土空间总体规划对于交通、市政、综合防灾等专项规划进行配置体系、配置标准、布局原则和较高等级设施用地的布局,明确生态保护修复、国土空间整治等专项规划要求,在市县域总图上统筹各专项规划的空间需求,实现国土空间总体规划的横向治理体系传导目标。

6.3 市县域土地使用规划总图的表达原则

6.3.1 遵守和落实"三区三线"底线管控要求

我国首轮国土空间总体规划编制最重要的创新是把"三线"划定作为支撑国土空间规划刚性管控作用的核心技术内容,把确保全国粮食安全和生态安全的要求落实到每个市县国土空间规划用地布局中。根据《市级国土空间总体规划编制指南(试行)》,市级国土空间总体规划要将"三区三线"、市域及中心城区主导功能分区、线性基础设施布局、历史文化保护线、河道蓝线、绿化绿线、重要基础设施黄线等规划内容区分严格落实、深化落实、优化落实,并分解到区县总体规划,保证总体规划意图得到贯彻。市域规划总图的表达内容和方式都应支撑市级国土空间总体规划的刚性管控和规划传导定位。

2022年10月,自然资源部统一组织划定封库的"三区三线"成果是各级国土空间规划的前提和约束条件,决定了市域国土空间农业、生态和城镇空间的基本格局,市县国土空间总体规划在进行市域和中心城区空间规划安排时,应严格落实国家批准的"三线"成果,落实永久基本农田保护区图斑、生态保护红线图斑和城镇开发边界线,不得进行调整修改。城镇开发边界外不得规划集中城镇建设用地和工业集中区,不得突破自然资源部和各省自然资源管理部门有关城镇开发边界外零星城镇建设用地布局的规定。非国家政策允许的项目层次和类型,不得占用或穿越永久基本农田和生态保护红线。

6.3.2 落实空间分区到土地使用地类传导要求

支撑一个城市进行空间用途管制的"一张图"是分层次的,发挥各自不同的空间治理和规划传导作用。自2018年自然资源部成立以来,对国土空间规划土地用途管制方式的讨论主要是强调制定"总量指标"、实施"分区管控"与实现自上而下的指标分解的重要作用[1],这些都需要建立与空间治理权限相适应的分级空间用途表达传导机制。

为加强上位规划的意图落实,根据市县和乡镇级国土空间规划的定位,市级国土空间总体规划要建立"主导功能分区→用途分类"的传导关系,通过传导规则设计,实现由一级主导功能控制(市级)—二级主导功能控制(县区级)—用途控制(乡镇级规划)的空间管控传导路径。通过逐次深化的市域、县域、乡镇域空间总图,分别支撑市县不同层级的空间治理定位,形成不同层级规划协同管控的体系。再通过城镇地区的详细规划和乡村地区的村庄规划,实现所有空间用途的精细化、全域全要素覆盖,为国土空间高质量利用和高效能治理提供基础支撑[2](图6-6)。

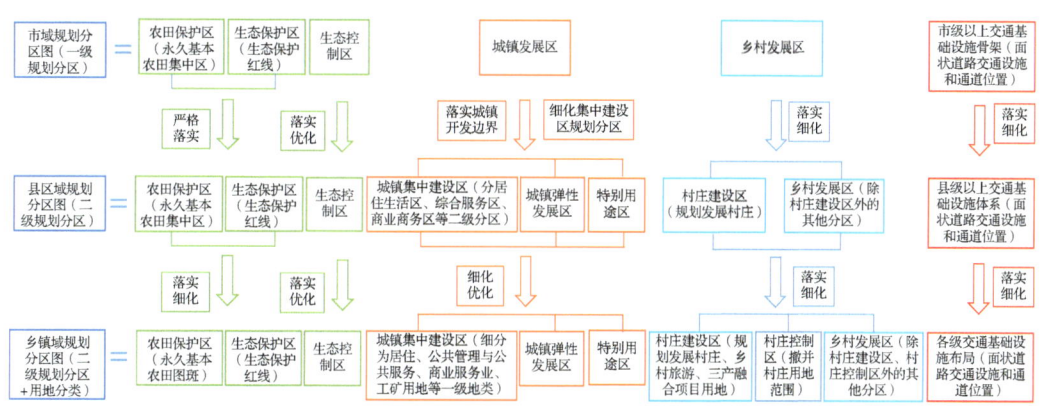

图6-6 市县(区)乡镇三级国土空间总体规划总图传导体系关系
资料来源:作者自绘

由于空间规模尺度往往较大,市级国土空间总体规划在全域空间使用引导上主要体现战略性、结构性,以体现主导功能的规划分区为主。市级国土空间总体规划市域土地使用规划总图主要明确市域主导功能规划分区(一般为一级规划分区),一般包括耕地和永久基本农田集中分布的农田保护区、生态保护区和生态控制区、城镇发展区和乡村发展区,在规划分区基础上再叠加市域交通基础设施线性要素。耕地和永久基本农田红线、生态保护红线和城镇开发边界发挥用地征转用的直接依据作用,主导功能分区主要发挥对下位规划的传导约束作用。

---

[1] 周宜笑.国土空间规划土地用途管制思考——基于德国土地利用可持续发展的规划实践[J].城市规划,2020(10):41.
[2] 程茂吉,罗海明,陶修华.市级国土空间总体规划市域总图表达研究[J].城市规划,2023(3):60.

在市级国土空间总体规划市域土地使用规划一级规划分区指导下（有的城市城镇发展区细化为城镇集中建设区、弹性发展区等二级规划分区），具体二级分区和用地类型留待县区级总体规划逐级细化，比如城镇集中建设区一般在市级国土空间总体规划中表达为一种色块，即城镇集中建设区，县区国土空间总体规划则进一步细分为居住生活区、工业发展区、商业商贸区、综合发展区等二级规划分区；市级国土空间总体规划中生态空间一般划定为生态保护区（生态保护红线）、生态控制区。

6.3.3 衔接管理需要细分空间规划分区

在一级规划分区基础上，县区总体规划的分区还应进行细化。细化的基本原则一是不违背一级规划分区的主导功能，二是要紧密衔接管理政策。县区层面的规划分区，根据生态保护红线区两个圈层的管理差异将生态保护区划分为核心保护区和外围保护区两个二级分区（表6-1）；对永久基本农田保护区实施统一的管理政策，因而不再进行主导功能分区细分（图6-7）。对于建设和保护矛盾相对小的其他片区，例如乡村建设区，在市域层面不强求进行二级规划分区，县区国土空间总体规划可以对乡村发展区进行细化，细分出村庄建设区，明确规划保留村庄和规划撤并村庄布点，深化细化交通基础设施布局，明确服务联系各乡镇的交通基础设施线型和设施用地布局。江苏等省还根据实际，允许在乡村发展区增设一个其他建设区，用于表达非村庄建设的零星城镇建设用地、市政基础设施、特殊用地等的布局。

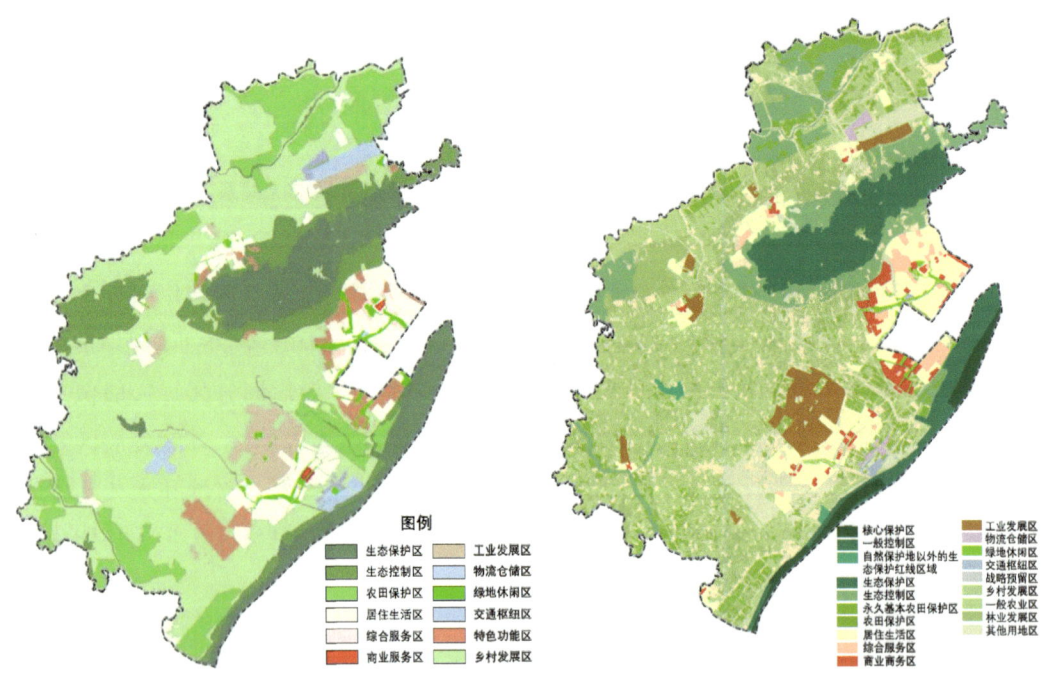

图6-7 从南京市国土空间总体规划到浦口区分区规划分区总图的深化

资料来源：《南京市国土空间总体规划（2021—2035年）》《南京市浦口区国土空间总体规划（2021—2035年）》

表6-1　县区级国土空间总体规划生态保护红线区细化表达

代码	规划一级分区	规划二级分区
100	生态保护红线区	
110		自然保护地
111		核心保护区
112		一般控制区
120		自然保护地以外的生态保护红线区域

资料来源：作者整理

乡镇层面国土空间规划则应进一步细化县区国土空间总体规划的要求，深化优化镇区用地布局（到一级地类，公共设施和市政公用设施用地一般细分到二级地类），衔接落实县区国土空间总体规划其他建设区布局（主要为规划期内规划建设的非乡村建设用地，如零星城镇建设用地、零星独立特殊用地等），非集中建设空间一般应进一步明确乡村道路、种植设施建设用地等农业设施建设用地布局，细化镇区与村庄之间、各村庄之间、村庄与主要农业大田之间联系的农村道路布局，明确各类村庄的布局、撤并村村庄建设控制区范围，探索划定规划保留村村庄建设边界，落实基本明确的一、二、三产融合项目和乡村旅游项目用地布局，明确镇域各项基础设施用地布局（图6-8）。

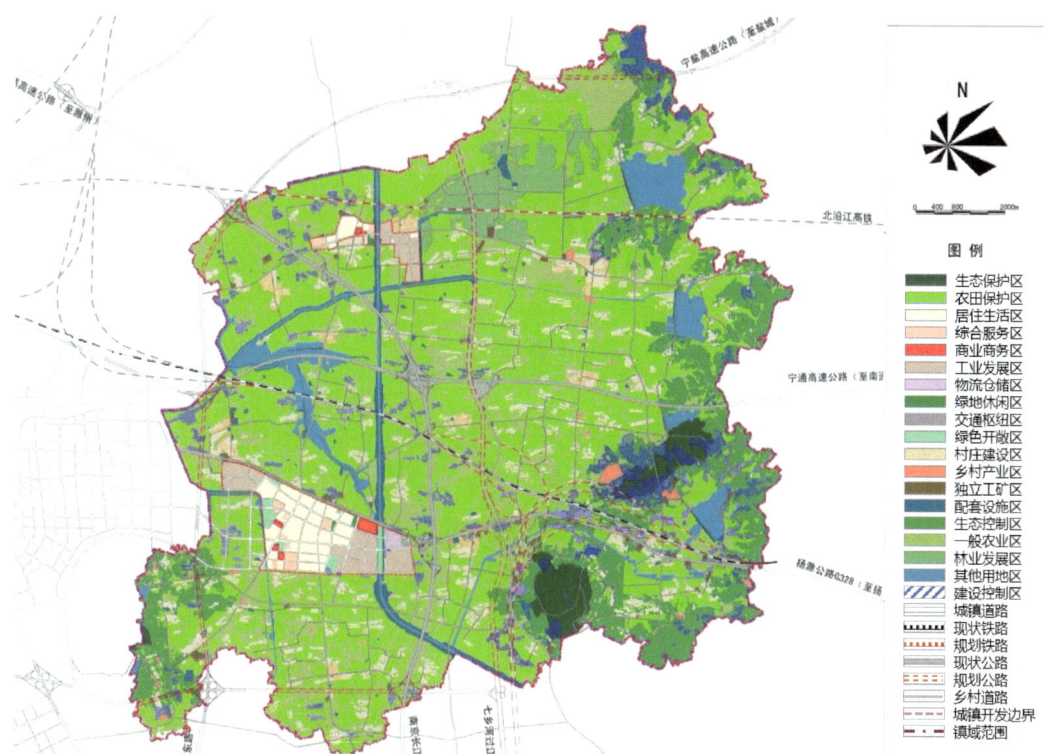

图6-8　南京市某镇镇域土地使用规划图
资料来源：《南京市六合区空间总体规划（2021—2035年）》（报批稿）

支撑国土空间用途管制的"一张图"不是简单的市级国土空间总体规划的市域空间规划分区总图,而是以市域总图为基础,将压茬推进的下一层次县区国土空间总体规划、乡镇国土空间总体规划的用途规划总图拼合的市域空间利用总图。这一张蓝图用于用地报批管理,与规模指标和管理数据库配合使用。在此基础上,城镇开发边界内和开发边界外零星城镇建设用地编制详细规划(城镇开发边界外涉及规划新增的应先编制规划综合论证报告等,经程序批准后方可开展详细规划编制),外围地区编制村庄规划,各类专项规划从编制到详细规划深化并落回详细规划,从而形成详细规划层次的全市县域"一张图"(图6-9)。

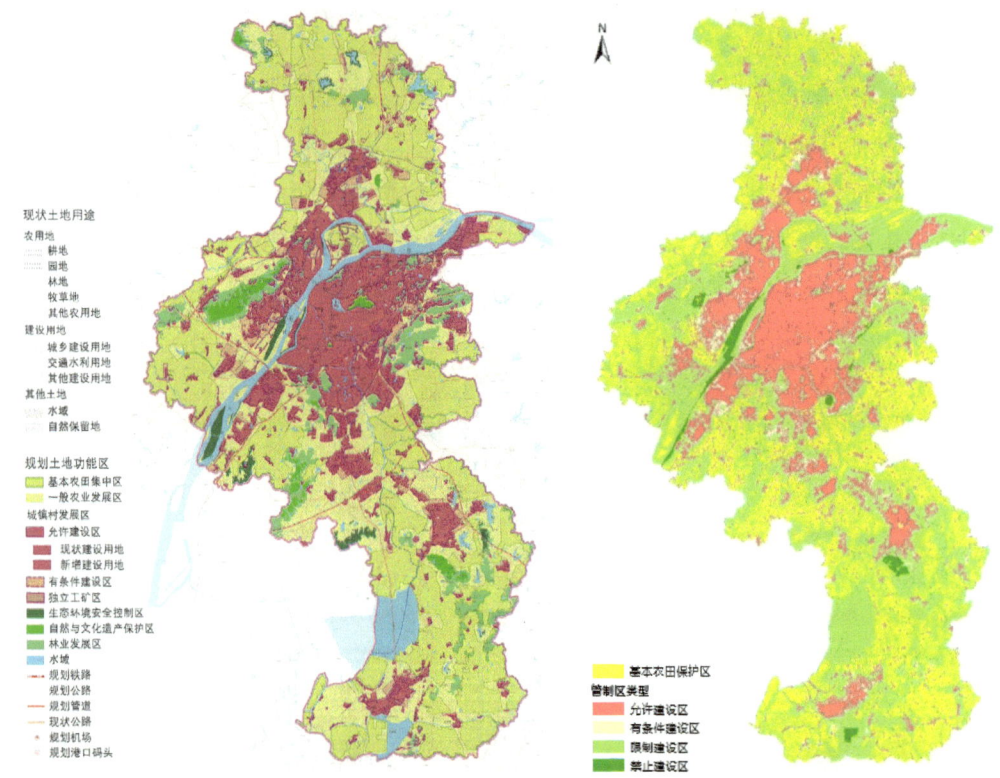

图6-9 南京市土地利用总体规划市级规划总图(左)与乡镇级土地使用规划图拼合后(右)对比图
资料来源:《南京市土地利用总体规划(2006—2020年)》

在以往的土地利用总体规划土地使用规划分区中,存在两类分区,即政策管控分区与用途管控分区。用途管控分区表达主导用地功能规划布局,政策管控分区是为保留规划一定的弹性,将用途管控分区分别归为允许建设区、有条件建设区、限制建设区、禁止建设区,设定严格程度不同的调整规则,例如禁止建设区不得调整为允许建设区,允许建设区在面积不改变的前提下,空间布局可在有条件建设区内进行形态调整,有条件建设区可以用于城乡建设用地增减挂钩指标落地;限制建设区只有特殊类型的项目才可以使用等(图6-10)。

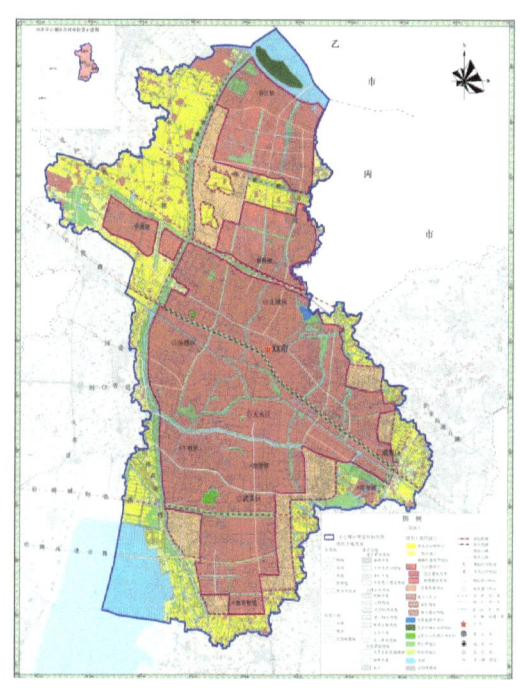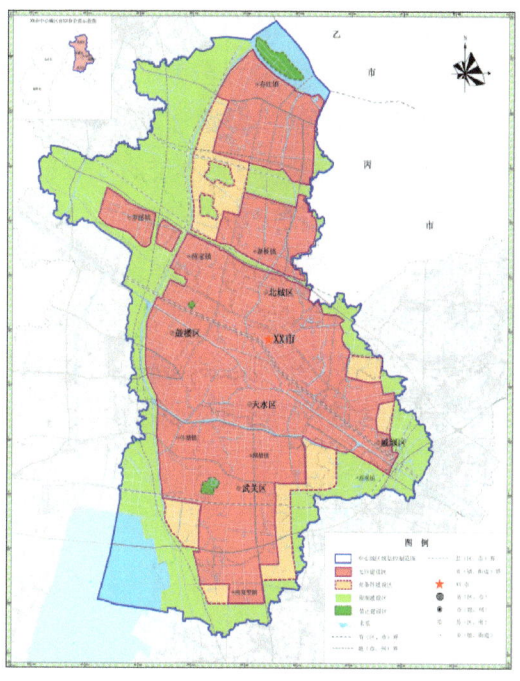

图6-10 某市土地利用总体规划（2006—2020年）中心城区土地利用规划图（左）和建设用地管制分区图（右）
资料来源：陈光.保护耕地 保障发展——关于土地利用规划的报告[R].南京市国土资源局,2016.

根据部省市县国土空间总体规划编制指南，在县区国土空间总体规划中应将中心城区规划分区进一步细分到用地地类。规划分区与地类对应关系较好的为永久基本农田、城镇集中建设区，对应较弱的是生态保护区、乡村发展区。农田保护区与永久基本农田基本对应，分区与地类对应，与管理事权也对应；城镇开发边界内二级分区包含集中建设区、弹性发展区、特别用途区，地类细分基本对应用地大类，传导到地类用以指导详细规划编制。但生态保护区、生态控制区为管理分区，无法与现状和规划用地分类对应。生态保护区内包含了多种地类，如林地、草地、水面、湿地、耕地等。生态保护区内也有具体的地类属性管理和引导问题，比如鼓励由耕地转向林地（自然保护地核心区内），其他用地转为林地、园地，建设用地转为林地、草地、水面等，也需要进行用途管控引导。建议在乡镇国土空间总体规划或自然保护地等特殊保护区详细规划层面对全域进行详细规划，将市县区总体规划确定的生态保护区、生态控制区细分到地类，以实现全域全要素规划覆盖，为实现用途管制全覆盖提供技术支撑。

6.4 市县域土地使用规划总图的表达

6.4.1 市县域土地使用规划分区

原城市总体规划偏重建设空间管控，重点是确定城乡建设用地尤其是城镇建设用地的布局；原土地利用总体规划则偏重于农业空间的保护，重点是明确耕地保护任务和永久基本农田布局。上述两类规划均缺少对生态空间的关注,对林地、园地、草地、湿地、陆地水域等自然资源要素保护考虑不足。

根据国土空间规划体系改革的要求,市级国土空间总体规划要落实国家和省级总体空间战略意图,在全国统一划定的"三线"空间底线管控的基础上(图6-11),根据《市级国土空间总体规划制图规范(试行)》确定的市域规划分区总图的制图规则,按照主要功能导向,将规划管制意图相同的关键资源要素划入同一分区,进一步细化生态、农业和城镇空间的保护利用用途,实现全域全要素用途覆盖。例如日本市级层面的"土地利用基本规划"主要划定城市、农业、森林、自然公园和自然保护区五类地区,再根据相应的法规对这五类地区进行用地细分规划[①]。

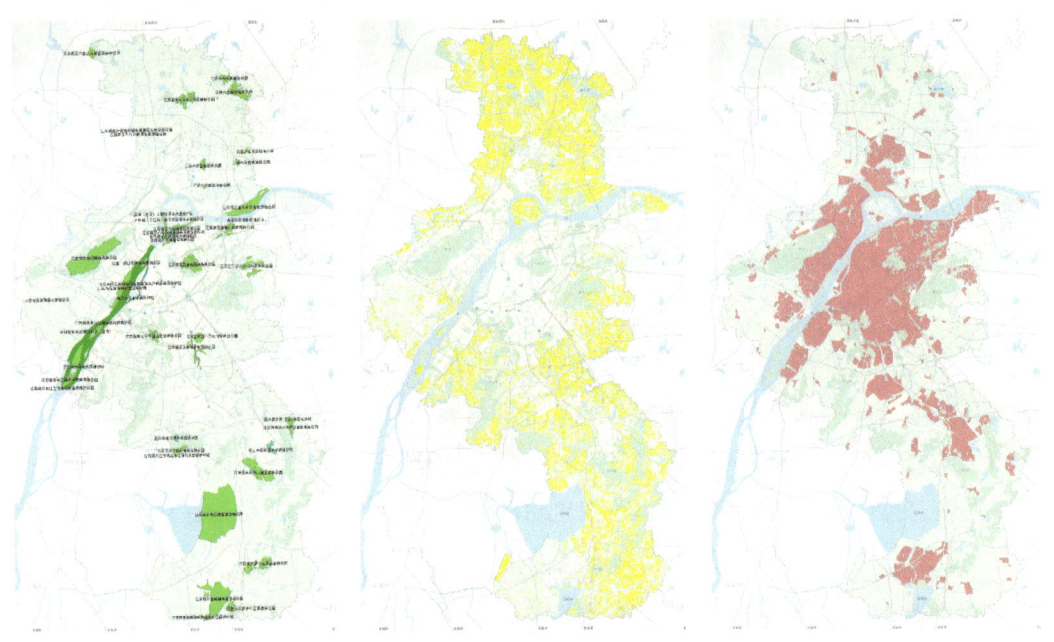

图6-11 南京"三线"划定成果图(从左到右依次为生态保护红线、永久基本农田、城镇开发边界)
资料来源:《南京市国土空间总体规划(2021—2035年)》

根据《市级国土空间总体规划编制指南(试行)》,落实国土空间规划战略意图,市域国土空间总体规划采取主导功能分区来对市域土地使用进行空间规划分区,同步对中心城区进行土地用途分类深度的空间引导,实现全域不同深度管控。规划分区分为一级规划分区和二级规划分区。一级规划分区包括以下7类:生态保护区、生态控制区、农田保护区,以及城镇发展区、乡村发展区、海洋发展区、矿产能源发展区。将城镇发展区、乡村发展区、海洋发展区分别细分为二级规划分区,各地可结合实际补充二级规划分区类型。规划分区类型和具体含义见下表(表6-2):

---

① 谭纵波,高浩歌.日本国土利用规划概观[J].国际城市规划,2018(6):3.

表6-2　市级国土空间总体规划空间规划分区

一级规划分区	二级规划分区		含　义
生态保护区			具有特殊重要生态功能或生态敏感脆弱、必须强制性严格保护的陆地和海洋自然区域，包括陆域生态保护红线、海洋生态保护红线集中划定的区域
生态控制区			生态保护红线外，需要予以保留原貌、强化生态保育和生态建设、限制开发建设的陆地和海洋自然区域
农田保护区			永久基本农田相对集中需严格保护的区域
城镇发展区			城镇开发边界围合的范围，是城镇集中开发建设并可满足城镇生产、生活需要的区域
城镇发展区	城镇集中建设区	居住生活区	以住宅建筑和居住配套设施为主要功能导向的区域
		综合服务区	以提供行政办公、文化、教育、医疗以及综合商业等服务为主要功能导向的区域
		商业商务区	以提供商业、商务办公等就业岗位为主要功能导向的区域
		工业发展区	以工业及其配套产业为主要功能导向的区域
		物流仓储区	以物流仓储及其配套产业为主要功能导向的区域
		绿地休闲区	以公园绿地、广场用地、滨水开放空间、防护绿地等为主要功能导向的区域
		交通枢纽区	以机场、港口、铁路客货运站等大型交通设施为主要功能导向的区域
		战略预留区	在城镇集中建设区中，为城镇重大战略性功能控制的留白区域
	城镇弹性发展区		为应对城镇发展的不确定性，在满足特定条件下方可进行城镇开发和集中建设的区域。
	特别用途区		为完善城镇功能，提升人居环境品质，保持城镇开发边界的完整性，根据规划管理需划入开发边界内的重点地区，主要包括与城镇关联密切的生态涵养、休闲游憩、防护隔离、自然和历史文化保护等区域
乡村发展区			农田保护区外，为满足农林牧渔等农业发展以及农民集中生活和生产配套为主的区域
	村庄建设区		城镇开发边界外，规划重点发展的村庄用地区域
	一般农业区		以农业生产发展为主要利用功能导向划定的区域
	林业发展区		以规模化林业生产为主要利用功能导向划定的区域
	牧业发展区		以草原畜牧业发展为主要利用功能导向划定的区域
海洋发展区			允许集中开展开发利用活动的海域，以及允许适度开展开发利用活动的无居民海岛
	渔业用海区		以渔业基础设施建设、养殖和捕捞生产等渔业利用为主要功能导向的海域和无居民海岛

续表

一级规划分区	二级规划分区	含 义
海洋发展区	交通运输用海区	以港口建设、路桥建设、航运等为主要功能导向的海域和无居民海岛
	工矿通信用海区	以临海工业利用、矿产能源开发和海底工程建设为主要功能导向的海域和无居民海岛
	游憩用海区	以开发利用旅游资源为主要功能导向的海域和无居民海岛
	特殊用海区	以污水达标排放、倾倒,以及军事等特殊利用为主要功能导向的海域和无居民海岛
	海洋预留区	规划期内为重大项目用海用岛预留的控制性后备发展区域
矿产能源发展区		为适应国家能源安全与矿业发展的重要陆域采矿区、战略性矿产储量区等区域

资料来源:《市级国土空间总体规划编制指南(试行)》

本次国土空间总体规划空间规划分区,为应对城市发展的不确定性,在一级规划分区城镇发展区中单列城镇弹性发展区,作为应对城镇发展的不确定性,在满足特定条件下方可进行城镇开发和集中建设的区域。在二级空间规划分区城镇集中建设区中单列战略预留区,作为应对城镇重大战略性功能控制的留白区域。对不可预期的重大事件、重大项目进行空间预留,对转型时序和方向尚不明确的区域进行空间发展时序和用地功能留白,提升了城市发展韧性。

6.4.2 各类土地使用规划分区

市县国土空间规划分区则应体现全域空间覆盖和山水林田湖草各类自然资源的全要素管控。

1. 农业和生态空间基本以管控分区划定

土地使用的分类既要满足资源分类调查和管理的需要,也要满足服务于国土空间用途管制的需要。根据国内外经验,市级层面很难达到按照自然资源要素用途分类的深度,都是基于其在国家空间战略中的重要性采取划定特定区域的方式进行管控。

由于耕地的布局既结合几千年来自然地形地貌,经过长期自组织不断调整而形成的布局形态,也与农村集体产权、承包权存在密切关系,无法像城镇化地区一样可以整体征为国有进行地块规整重划实现对耕地布局再优化,园地、林地等也存在同样的问题,因而,目前《市级国土空间总体规划编制指南(试行)》明确以永久基本农田划定的图斑作为农田保护区(一级规划分区)。生态空间按照管理严格程度区分为生态保护、生态控制区,而不是按照生态要素进行要素用途布局。生态空间一般通过建立正面清单的方式,对生态保护区的核心保护区、一般控制区和生态控制区进行管理。对于用途转用管理，多采用分级管理制度，例如耕地、永久基本农田、生态保护红线的一些不可避让的基础设施占用或穿越审批权限基本上在国家和省级政府[①]。

2. 城镇建设空间以时序管控分区与主导功能区相结合的方式进行分区

为便于指导下位规划、指导农用地征转用等管理工作，城镇集中建设区按照主导功能分类进行分区引导，表达城镇空间的主要功能布局和结构，一般细分为居住生活、综合服务、商业商务、工业发展等二级分区。在集中城镇建设用地之外单独划定生态开敞空间，类似于早期城乡规划中的生态绿地、郊野公园等空间，这类地不占用建设用地指标，在用地政策上可以采用转而不征的方式解决建设用地指标紧张的问题。弹性发展区、特别用途区和战略预留区作为特殊管控区单独表达。弹性发展区是规划期内遇特殊战略可以用于规划建设的空间；特别用途区主要为与城镇关联密切的生态涵养、休闲游憩、防护隔离等空间，原则上不得新增城镇建设用地；战略预留区属于规划期内不明确具体用地功能进行战略控制的区域（图6-12）。

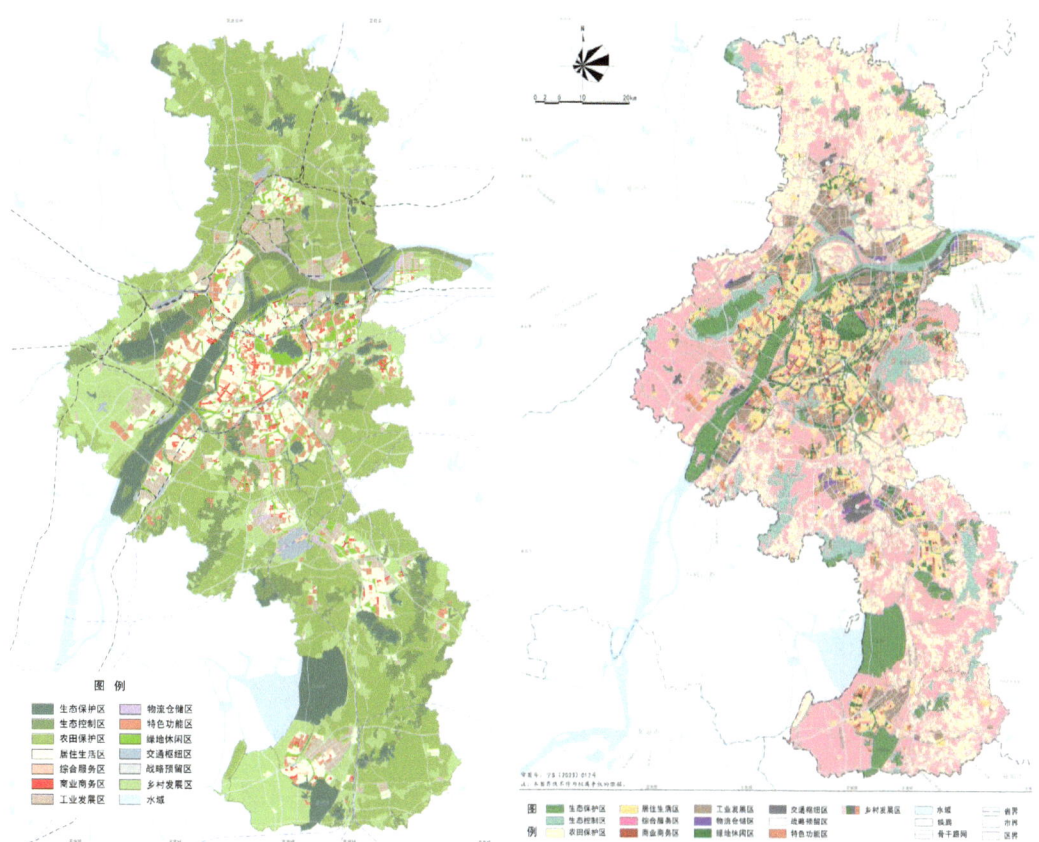

图6-12 南京市域国土空间规划分区图（左：过程稿；右：报批稿）
资料来源：《南京市国土空间总体规划（2021—2035年）》

---

① 程茂吉，罗海明，陶修华. 市级国土空间总体规划市域总图表达研究[J]. 城市规划，2023（3）：61-62.

有的城市，如广州市，其国土空间总体规划城镇发展区只表达到一级分区，不再细分到二级分区（图6-13），为下位区县国土空间总体规划中心城区、城镇集中建设区进行二级规划分区和土地使用规划引导提供较大弹性空间。这样的表达，是很多地方出于减少未来规划传导和规划实施中上级督查可能带来的压力而尽可能采用的更综合的分区表达，不足之处是这样的城镇发展空间引导缺乏具体主导功能分区，使下位规划的传导和相关专项规划的制定工作处于被动，没有具体的主导功能分区，相关专项规划的容量预测、分区配置、重大设施布局缺乏依据。江苏、广东、安徽等省则进一步深化了县（区）级国土空间总体规划的编制要求，如江苏省要求县域规划

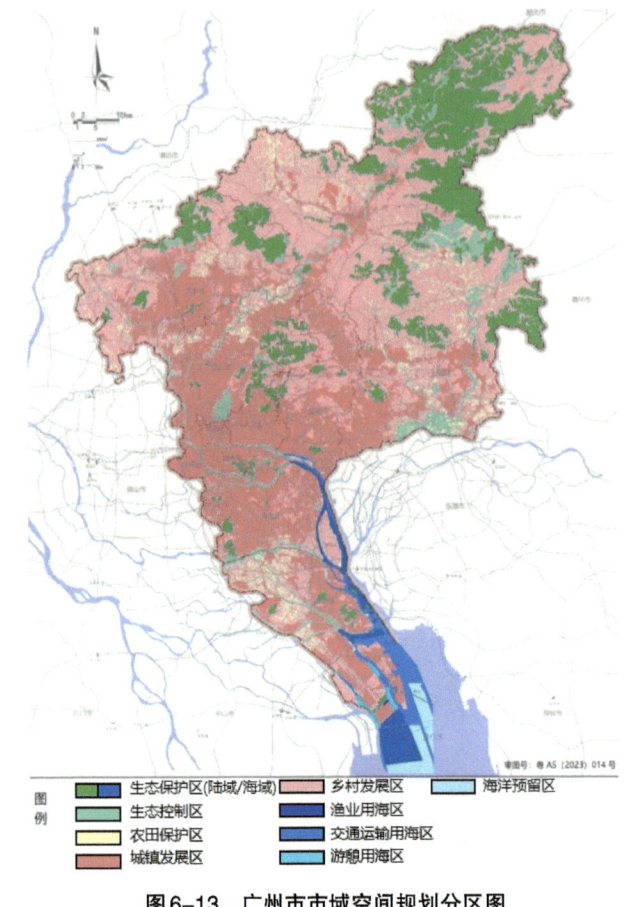

图6-13　广州市市域空间规划分区图
资料来源：《广州市国土空间总体规划（2021—2035年）》

总图细化至二级规划分区，中心城区的城镇集中建设区按国土空间用途分类二级地类深度，明确各类用地规模与结构。

3. 乡村发展区为主导功能区表达，内部功能构成更为多元

除了生态保护区和大片的永久基本农田呈面状分布外，乡村地区的村庄总体上为点状随机分布。根据公布的全国"三调"成果，全国耕地、园地、坑塘水面、沟渠等农业空间1.6亿hm²（24亿亩），村庄只有0.22亿hm²（3.3亿亩），呈现7：1的关系，如果加上湖泊水库水面、草地等农业空间，相对而言，村庄空间更是呈现不成片的点状分布特征。乡村地区不是底线管控的重点，可以结合村庄布局规划，把除了永久基本农田和生态保护红线之外的一般耕地、园地、草地、农村宅基地、坑塘水面等混合用地划为乡村发展区。有条件的城市，可以再进一步细分为村庄建设区、一般农业区、林业发展区等（表6-3）。市级国土空间总体规划主要确定规划保留的村庄布点数量、建设用地规模，确定规划撤并村庄规模，作为城镇建设用地增量上图的流量指标来源，并根据县区潜力分解到下级总体规划，通过县区国土空间总体规划划示撤并村庄的建设控制区边界。

表6-3　乡村发展区增设二级规划分区内涵

代码	规划一级分区	规划二级分区
500	乡村发展区	
510		村庄建设区：农民建房、公共服务与基础设施、一二三产融合及其他农村集体经营性建设项目
520		一般农业区
530		林业发展区
550		其他用地区
560		其他建设区：主要用于表达城镇开发边界外、村庄建设区以外的建设用地（特殊用地、采矿用地、交通运输用地、水工设施用地、开发边界外零星城镇建设用地等）

资料来源：作者自绘

村庄建设区主要包含农民建房项目、公共服务与基础设施完善项目、一二三产融合项目及其他农村集体经营性建设项目，其他建设区主要用于表达城镇开发边界外、村庄建设区以外的建设用地（特殊用地、采矿用地、交通运输用地、水工设施用地、开发边界外零星城镇建设用地等）。一般城市为了节约建设用地指标、减少上图建设用地规模、便于后续用地审批衔接，将城镇开发边界外的绿化休闲区（主要相当于原城市公园、郊野公园配套设施用地）优先纳入新增城镇建设用地，交通枢纽区一般都是国、省重点项目，可以采用单选通道，将其纳入重点建设项目清单，而对于不符合目前单选规定类型要求的高校、旅游、商业、物流、环卫等，纳入新增城镇建设用地，以增强这类建设项目的上位规划依据，便于下位规划后续编制和项目用地报批有合法合规的依据。涉及新增城镇建设用地的，按规则计入城镇开发边界外新增城镇建设用地规模并纳入全市城镇开发边界扩展倍数核算。类似于以往土地规划管理逻辑，根据新的国土空间规划体系确定的新版"允许建设区"＝城镇发展区＋村庄建设区＋其他建设区＋重点建设项目清单。

4. 视条件增设地方特色的二级规划分区

《市级国土空间总体规划编制指南（试行）》在统一规划分区基础上，允许各地区结合自身资源特点和空间管控需要，适度增设二级规划分区，但不得增设一级规划分区。目前自然资源部制定的市县国土空间规划成果制图规范，主要是从全国普适性角度明确了主要规划分区类型，各地可以结合自身城市实际，细化补充二级分区类型。例如南京市基于城市科教创新、历史文化资源特征，曾增加以高等院校、科研创新、文化创意等为主要功能导向的特色功能区二级规划分区，具体包括绿地休闲区、交通枢纽区、特色功能区等。基于功能完整性，将绿地休闲区、交通枢纽区、特色功能区分为两类。第一类为城镇开发边界内的绿地休闲区、城市交通设施和高校研发用地等，第二类为城镇开发边界外的生态型绿地休闲区、区域性基础设施和旅游休闲区、特殊用地等。按照《国务院办公厅关于科学绿化的指导意见》提出的,探索特大城市、超大城市的公园绿地依法办理用地手续但不纳入城乡建设用地规模管理的新机制的要求,对于城镇开发边界内,以结构性生态绿地、林地、水域等为主要功能导向区域,可细化增加绿色开敞区等规划分区类型,区别于属于城镇建设用地的绿地休闲区(图6-14)。

由于市县空间尺度存在差异性,原则上市层面以一级规划分区为主(有条件的城市可将城镇发展区细化至二级分区),县则需要在市级层面的基础上,深化细化至二级规划分区。市级规划的中心城区规划分区图基本以一级规划分区为主,城镇发展区、乡村发展区进一步细化至二级规划分区。另外,在规划深度方面,参照原城乡规划、原土地利用规划等相关制图要求,市县分别达到1∶100 000、1∶50 000深度,县国土空间规划中心城区应达到1∶2 000—1∶5 000深度,满足土地用途分类管控要求。

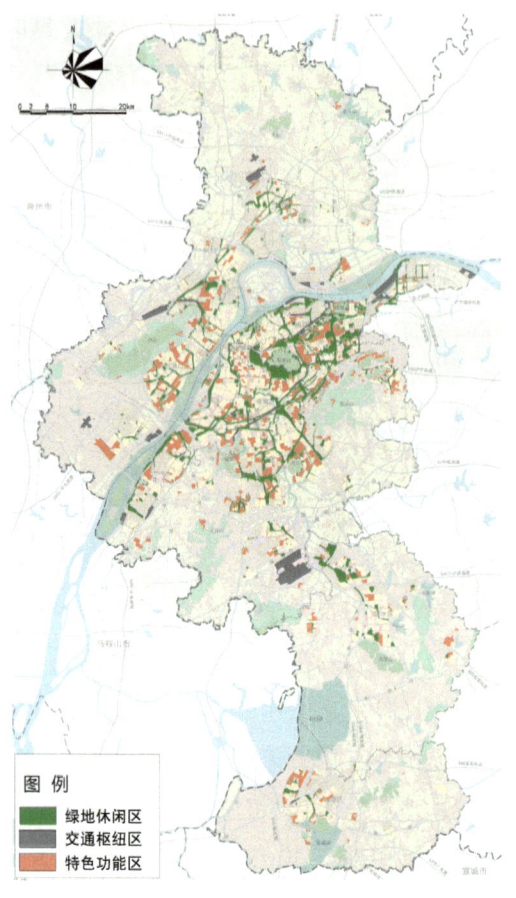

图6-14 南京市规划分区特色功能区分布情况
资料来源:《南京市国土空间总体规划(2021—2035年)(报批稿)》

表6-4 规划分区(城镇集中建设区)主导功能与禁止功能建议

城镇分区	主导功能建议比例	禁止功能用地
居住生活区	居住用地比例≥60%	工业用地、物流仓储用地
综合服务区	公共管理与公共服务设施用地比例≥60%	工业用地、物流仓储用地
商业商务区	商业服务业设施用地比例≥60%,其中市级、副市级、地区级(服务人口20万—30万)以上中心商业服务业设施用地比例≥80%	工业用地、物流仓储用地
工业发展区	工业用地比例≥60%	
物流仓储区	物流仓储用地比例≥60%	
绿地休闲区	绿地与开敞空间用地比例≥80%	居住用地、工业用地、物流仓储用地

续表

城镇分区	主导功能建议比例	禁止功能用地
交通枢纽区	交通运输用地比例≥80%	居住用地
战略预留区	—	—

资料来源：作者自绘

表6-5　南京市中心城区二级规划分区表

一级分区名称	二级分区名称	内涵与管控要求
生态保护区	—	生态保护红线划定的区域。按照生态保护红线要求进行管控管理
生态控制区	—	生态保护红线外，需要予以保留原貌、强化生态保育和生态建设、限制开发建设的区域。限制对生态环境造成较大影响的项目开发，按照生态环境、绿化园林、水务、农村农业等部门的对应要求进行管理
城镇发展区	居住生活区	以住宅建筑和居住配套设施为主要功能导向的区域，宜兼容布局公共管理与公共服务用地、商业服务业用地、绿地与开敞空间用地、交通运输用地、公用设施用地等
	综合服务区	以提供行政办公、文化、教育、医疗以及综合商业等服务为主要功能导向的区域，宜兼容布局居住用地、绿地与开敞空间用地、交通运输用地、公用设施用地等
	商业商务区	以提供商业、商务办公等就业岗位为主要功能导向的区域，宜兼容布局居住用地、绿地与开敞空间用地等、交通运输用地、公用设施用地等
	工业发展区	以工业及其配套产业为主要功能导向的区域，宜兼容布局商业服务业用地、物流仓储用地、交通运输用地、公用设施用地等
	物流仓储区	以物流仓储及其配套产业为主要功能导向的区域，宜兼容布局商业服务业用地、工业用地、交通运输用地、公用设施用地等
	特色功能区	以高等院校、科研创新、文化创意等为主要功能导向的特色功能区，宜兼容布局居住用地、商业服务业用地、绿地与开敞空间用地、交通运输用地、公用设施用地等
	绿地休闲区	以公园绿地、广场用地、滨水开敞空间、防护绿地等为主要功能导向的区域，宜兼容布局公共管理与公共服务用地、商业服务业用地、交通运输用地、公用设施用地等
	交通枢纽区	以机场、港口、铁路客货运站等大型交通设施为主要功能导向的区域，宜兼容布局商业服务业用地、仓储用地、公用设施用地等
	战略预留区	在城镇集中建设区中，为城镇重大战略性功能控制的留白区域

续表

一级分区名称	二级分区名称	内涵与管控要求
乡村发展区	绿地休闲区	城镇开发边界外，具有休闲旅游功能，且以林地、草地、陆地水域等为主导的区域，宜兼容布局公共管理与公共服务用地、商业服务业用地、交通运输用地、公用设施用地等
乡村发展区	特色功能区	城镇开发边界外，包括高等院校、科研院所等为主的区域，宜兼容布局公共管理与公共服务用地、商业服务业用地、交通运输用地、公用设施用地等
乡村发展区	交通枢纽区	城镇开发边界外，包括铁路、公路等为主的区域，宜兼容布局公用设施用地等
乡村发展区	乡村发展区（其他）	城镇开发边界外，除上述区域之外，包括零星耕地、零星林地、坑塘水面以及零星建设用地等为主的区域

资料来源：《南京市国土空间总体规划（2021—2035年）》

5. 明确道路等线型基础制图要素分区归属规则

无论是国家还是各地区，在已发布的相关规范中，均缺少对道路、水系等制图基础要素的规划分区归属。结合南京已开展的实践，总体上分为两种类型。一是市级国土空间总体规划，由于市域与中心城区规模均较大，建议对于一定等级以上城镇道路（如快速路以上或主干路以上）等线型要素，以道路中心线为界，将道路红线宽度分属不同规划分区类型，作为线型要素分层置于规划分区层之上，表达城镇道路系统性以及交通和用地的有机组合。二是县区级、乡镇级国土空间总体规划，总体上倾向于将铁路、公路、轨道、城镇道路、乡村道路等线型要素进行实体填充，细化增加线型要素图层（图6-15）。

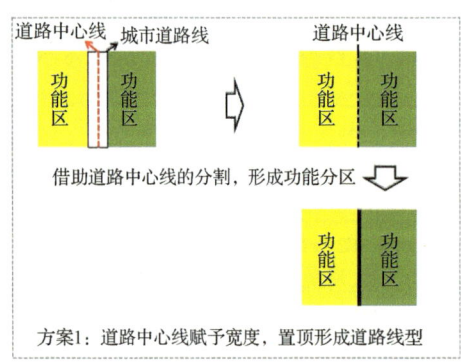 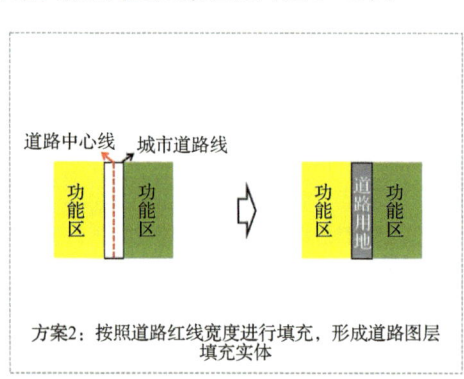

图6-15 城镇道路线型要素制图表达示例

资料来源：作者自绘

6.4.3 线性基础设施的多种表达方式

基于自身较强的系统性，交通基础设施等各类专项规划一般随同市县国土空间总体规划编制同步编制，提出基础设施通道和各类设施布局。经过市级国土空间总体规划的综合协调和空间统筹，在市级国土空间总体规划市域土地用途规划分区总图中可以落实区域性交通设施线网、重要场站设施布局、市域主干路网布局,以及县区级以上供水、供电、供气、垃圾处理等市政设施用地布局。

由于文化、教育、卫生、体育等公共设施一般位于规划城镇集中建设区内,在市域空间规划总图中不做单独用地表达,留待县区国土空间总体规划和专项规划深化细化落地。对应于目前的用地报批制度,城镇开发边界用地内涉及公益性基础设施和民生项目的城镇建设用地采用批次用地报批形式解决用地征转用问题,对于涉及征用集体土地的规划经营性用地,采用成片开发方式解决城镇建设空间征地审批依据问题,对于线性基础设施,采取单独选址方式进行用地报批。

由于设计深度原因和客观上存在的诸多不确定性,无法在市级国土空间总体规划阶段明确所有线性基础设施的具体线位,难以把所有基础设施尤其是交通设施的线性和设施用地方案研究得很透彻,首轮市县国土空间总体规划编制继续借鉴原土地利用总体规划的做法,根据线性基础设施的方案设计深度和建设时序分三种情况表达。第一类是规划方案研究比较深入且较为稳定的线性设施,按照实际规划用地面状表达。第二类是仅表达需要控制的通道。这类设施由于方案设计深度问题,可能红线宽度和线型都不太稳定,难以准确明确用地红线和边界,在规划总图上进行控制,线位是示意性的,只是呈现设施形态和走向(图6-16)。第三类是清单控制。这类设施由于规划方案缺乏研究基础,设施红线宽度和线性不甚明确,采取列清单的方式纳入规划文本,为未来项目实施留有规划依据,一旦项目立项,通过项目工程设计和单独选址报告论证,可以进行用地征转用报批工作。线性基础设施用地一般包括区域交通、能源、水利等基础设施用地,省级以上的设施涉及的新增建设用地规模和农转用计划指标一般由国家和省单独充分保障,对于纳入清单控制的基础设施,视同符合国土空间规划,连同规划中已明确用地布局和预留通道的项目,采取先申请先得的方式保障项目用地指标。

针对交通等线型要素布局不确定性,可采取留通道、列清单的弹性布局方式。其中线状交通等设施,通过虚线线位方式表达于规

图6-16 新建线性基础设施规划表达(局部图,红色虚线)
资料来源:作者自绘

划分区之上；块状供电等能源设施，通过点位控制方式表达其空间布局。对于城镇开发边界外的省级以上高等级基础设施，符合占用永久基本农田规则的，其布局可位于农田保护区中；而对于位于城镇开发边界内的省级以上高等级基础设施，根据"三线"不交叉不重叠规则，需要将永久基本农田调出，其布局需位于除农田保护区外的其他规划分区中[①]。

6.4.4 城镇开发边界外零星规划建设用地表达

从我国的城镇发展现状来说，除了集中的城镇建设用地之外，客观上存在大量零星分散的建设用地，一部分为分散组团式的开发用地，例如早期开发建设的度假区、成片低密度居住区、养老设施、文化旅游设施等，在大城市周边较为常见，如南京市集中城镇建成区之外还存在一定量的居住、娱乐康体等用地约 40 km²；一部分为难以在城镇建设用地内安排的市政、民生等设施，以邻避类设施为主，如城市大型垃圾处理场、殡葬设施、发电厂、监狱等特殊设施；第三部分为结合矿山资源分布的工矿区，一般带有采矿、矿石初加工和相关配套产业，形成独立的工矿用地，虽然这些年来大部分做了限采甚至禁采措施，但仍还有一定量的工矿用地规划保留。（图6-17，图6-18）

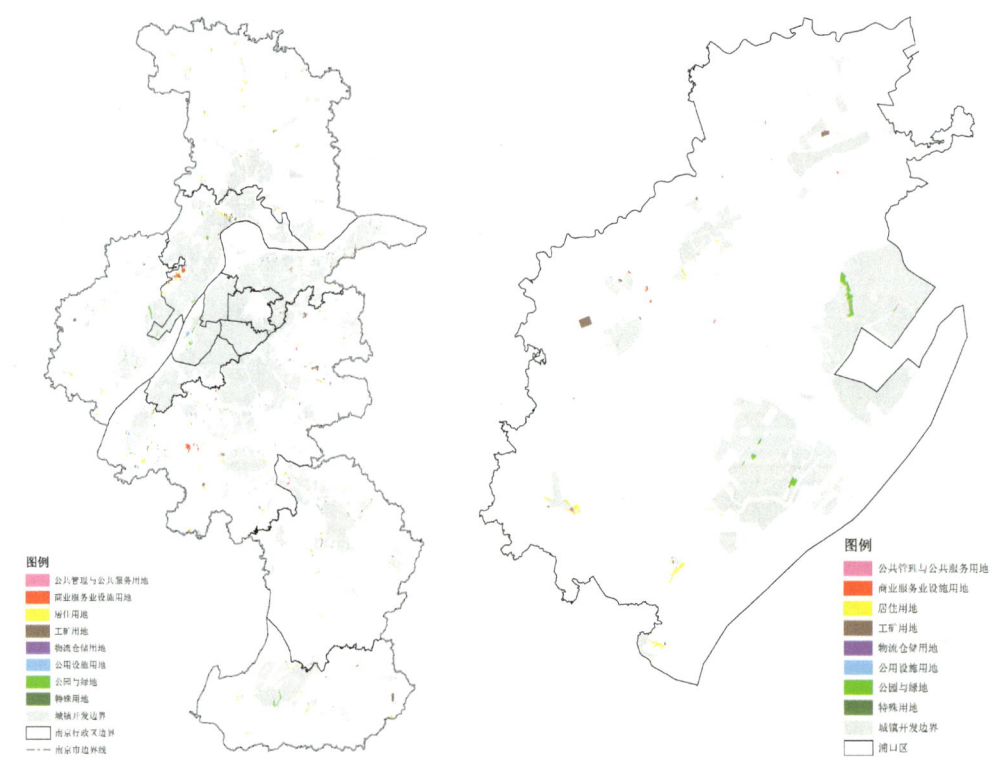

图6-17 南京市城镇开发边界外现状城镇建设用地分布图
资料来源：《南京市国土空间总体规划（2021—2035年）》

图6-18 南京市浦口区城镇开发边界外现状城镇建设用地分布图
资料来源：《南京市浦口区国土空间总体规划（2021—2035年）》

---

① 程茂吉,罗海明,陶修华.市级国土空间总体规划市域总图表达研究[J].城市规划,2023(3):64-65.

城镇开发边界是指集中城镇建设的空间，国家城镇开发边界划定规则要求将80%以上城镇建设用地划入城镇集中建设区，因而大部分城市会把集中成片的城镇建设用地纳入开发边界，但因对划入城镇开发边界的地块面积有下限要求，很多城市仍会有不少现状分散建设用地分布在城镇开发边界之外。除了城市和区域必需的交通、水利、能源设施以外，城镇开发边界外不代表现状不存在建设活动，也不代表禁止相对分散小体量的开发建设活动。由于城镇开发边界外几乎无新增规划建设用地指标，部分现状效益较好、环境污染小的分散工业企业用地必要的新增扩建或技术改造需求缺乏规划空间支撑。同时，城镇开发边界外客观上存在众多分散、小体量、非集中的城镇开发的旅游休闲、度假娱乐设施，而且，未来随着国家鼓励乡村振兴战略的实施，还存在一定量的与自然山水资源、特色农业资源相结合的新增旅游休闲设施建设需求，特别是中心城市周边乡村地区，这种需求更为多元，同样缺乏新增建设空间指标和用地规划布局支撑。另外，目前用地管理政策中独立选址项目还难以涵盖客观存在的一些必须在城镇开发边界外选址建设的公益类配套设施建设管理需求，例如殡葬设施、专科医院、福利院、养老院、加油站等，也缺乏空间规划支撑。

2023年10月8日，自然资源部发出《关于做好城镇开发边界管理的通知（试行）》（自然资发〔2023〕193号），同时部分省份出台有关城镇开发边界外用地功能引导要求和村庄规划专项流量指标，总量规定为城镇开发边界内新增空间规模的5%，各类城镇建设所需要的用地均需纳入规划城镇建设用地规模和城镇开发边界扩展倍数统筹核算，确保城镇开发边界扩展倍数不突破。

在市域规划总图表达上，一般采取建设用地总规模加主导功能正面清单控制的方式对城镇开发边界外分散建设用地规划控制，部分省采取城镇开发边界外以县市为单元的方式，例如江苏提出可以布局城镇开发边界增量5%的总规模的零星城镇建设用地（一般包含市县国土空间总体规划现状基期年以来的已批未供、已批未建用地），在区县总体规划层面进行用地布局落实，主要用于农村一二三产融合项目、旅游休闲设施用地和规划保留的工矿用地等（图6-19）。有的省则对城镇开发边界外的零星城镇建设用地规模控制较为宽松，例如广东省提出城镇开发边界外布局新增城镇建设用地原则上不得超过当地城镇开发边界内规划新增城镇建设用地规模的20%，可能与广东省乡村地区工业企业较多、划入城镇开发边界内的零星城镇工业比重较小有关系。对于一二三产融合项目，由于建设体量小、市场变化快、区位指向性弱，国家有关主管部门的政策文件一般要求以新增城乡建设用地总量的10%预留空间指标，留待县区总体规划统筹落实项目布局。

浙江、江苏等省出台执行细则，细化了城镇开发边界外可以适度规划布局的项目功能类型。在落实最严格的耕地保护、节约用地和生态环境保护制度的前提下，结合城乡融合、区域一体化发展和旅游开发等合理需要，在城镇开发边界外可规划布局下列用地：

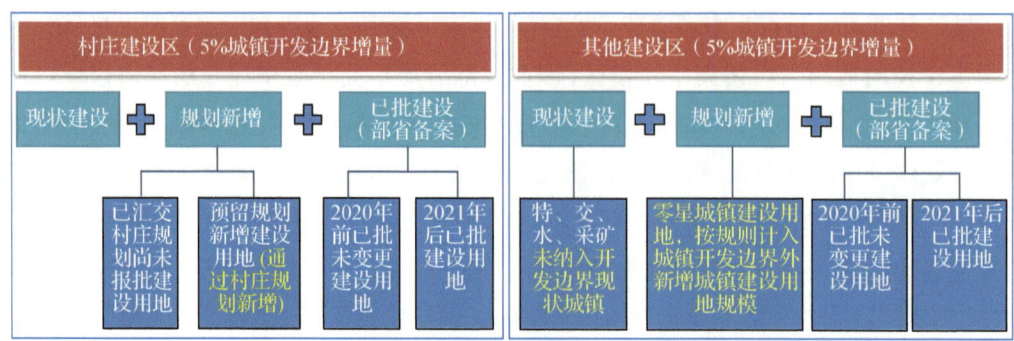

图6-19 江苏省城镇开发边界外建设用地表达规则和方式
资料来源：作者整理

（1）交通、水利、能源、矿山、军事等单独选址项目用地；（2）外事、宗教、监教、殡葬、安保、文物古迹和其他特殊用地等；（3）有特定选址要求、确需布局在城镇开发边界外的少量城镇建设用地，主要包括：道路、交通场站、停车场等交通运输用地，水、电、气、通讯、邮政、环卫、消防等公用设施用地，具有特定选址要求的少量公共管理与公共服务用地、商业服务业用地、仓储用地等，依托特定资源的零星工业用地，绿地、郊野公园等建设用地；（4）乡村建设用地。同样的，规定安排在城镇开发边界外的规划新增城镇建设用地规模需要纳入城镇开发边界扩展倍数统筹核算，等量缩减城镇开发边界内的新增城镇建设用地，确保新增城镇建设用地规模和城镇开发边界扩展倍数不突破。

由于乡村地区空间资源的多样性、复杂性和功能复合性，上述规定的零星城镇建设用地大部分为点状分散用地，难以按照规划分区标准——对应，例如未纳入城镇开发边界的现状城镇建设用地，零星城镇建设用地、已汇交村庄规划尚未报批建设用地以及已批建设用地等。因此，县域规划总图应探索规定空间规划分区之外的适宜表达方式。以江苏省为例，补充细化二级规划分区类型，在乡村发展区增加其他建设区以区别于村庄建设区，以更好地适应乡村地区零星城镇建设用地的规划引导要求。以城镇开发边界内新增建设用地总量的5%作为村庄流量指标和城镇开发边界外零星城镇建设用地指标，将其分别纳入村庄建设区、其他建设区，划示传导城镇发展区新增建设用地布局。

根据《江苏省县级国土空间总体规划数据库规范（2023年报批版）》《江苏省市县国土空间总体规划成果数据汇交要求（2023年报批版）》《关于〈市县国土空间总体规划数据库规范（2023年报批版）〉的说明》《江苏市县国土空间规划数据库审查要点》，汇交的城镇开发边界数据包括更新层、调整层和城镇开发边界外零星城镇建设用地层（简称"边界外零星城镇建设用地层"，该图层为条件可选）三个图层，其中边界外零星城镇建设用地层主要用于记录城镇开发边界外规划布局的有特定选址要求的零星城镇建设用地。根据国家和省有关县区级规划成果和数据库的规定要求，城镇开发边界外，以乡村发展区内的"其他建设区"二级规划分区，容纳不属于乡村建设的零星城镇建设用地。对于已批未建的建设用地,首先是衔接省和市国土空间规划现状底图底数(2020年),纳入其他建设区的2021年1月1日以后报批用地和2020年12月31日以前已批未变更的建设用地,符合城镇开发边界外项目准入类型的,可按照实际批准用途在用地用海规划分区图层中标注用地用海分类代码和名称,依据详细规划进行规划管理许可。

南京市的区级总体规划空间规划分区总图中的城镇开发边界外的生态型绿地休闲用地、区域性基础设施和旅游休闲用地、特殊用地等一般划入"其他建设区",在数据库中采用单独图层表达,这类用地一旦项目启动,在进行用地报批时,国家和省级主管部门在进行审查时,只要符合其他建设区布局就可以视作符合规划。其他建设区内表达的规划增加零星城镇建设用地,城镇开发边界评估调整时缩减相应规模(图6-20,图6-21)。

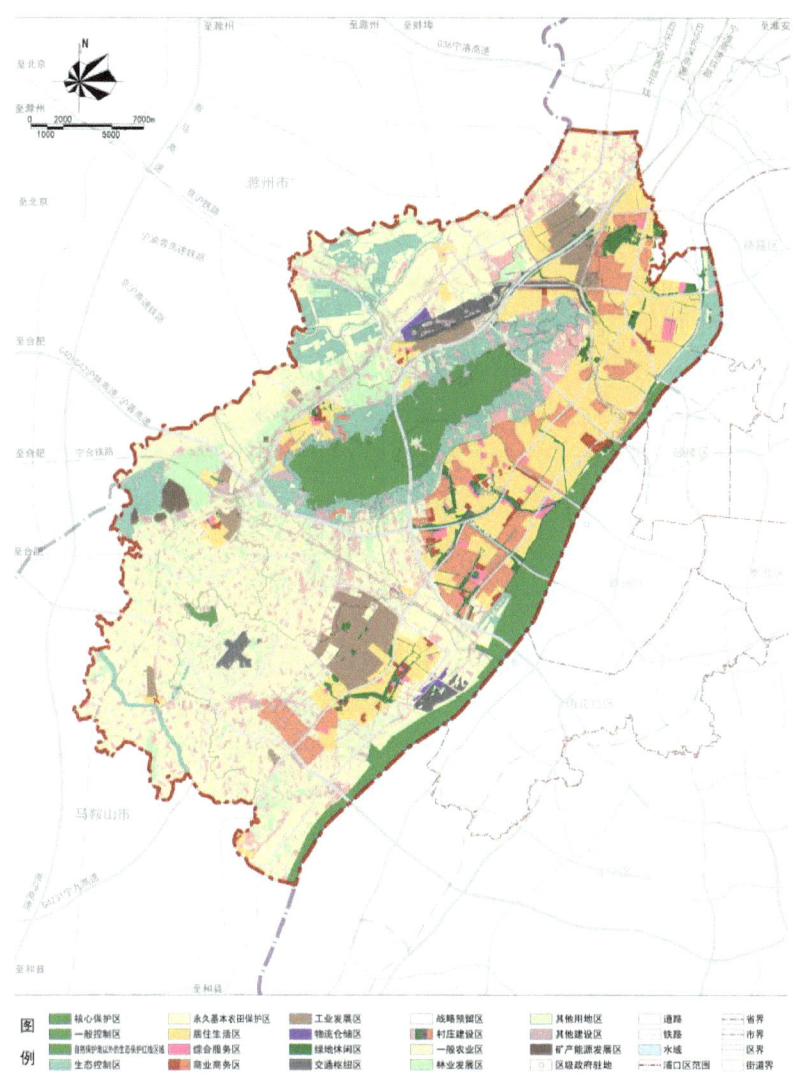

图6-20　南京市浦口区城镇开发边界外乡村建设区表达
资料来源:《南京市浦口区国土空间总体规划(2021—2035年)》

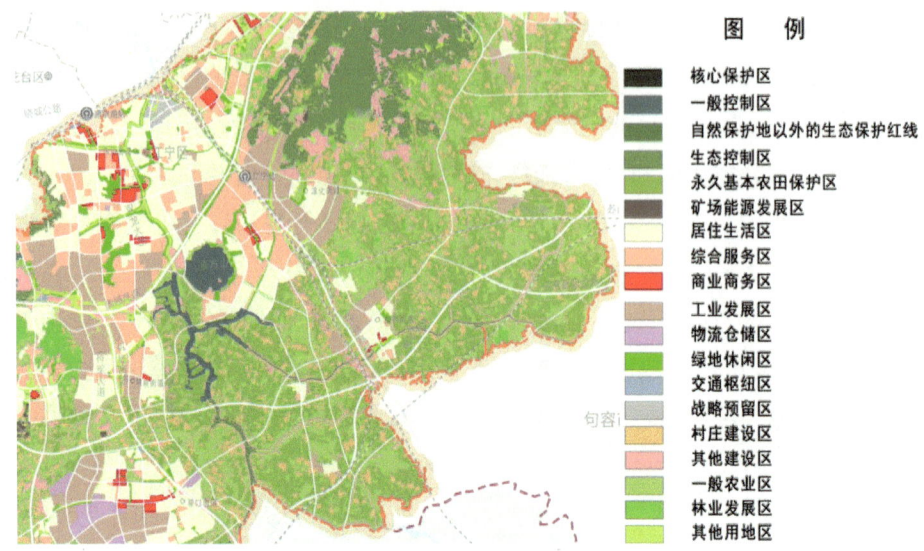

图 6-21　南京市江宁区城镇开发边界外乡村建设区表达
资料来源：《南京市江宁区国土空间总体规划（2021—2035 年）》

6.5　中心城区空间规划总图

中心城区是以城镇主城区为主体，包括邻近各功能组团以及需要加强土地用途管制的空间区域，一般来说是市县的政治、经济、文化中心，更加强调地方发展意图。市级国土空间总体规划、县区级国土空间总体规划除了要制作市县域表达到规划分区的市县域土地使用规划总图外，还要针对市级、县区级中心城区同时制定二级分区空间规划总图和表达到地类深度的土地使用规划图，作为报批成果和数据库的重要内容上报，也是传导城镇开发边界内详细规划的重要依据。

由于详细规划与实施紧密相关，调整的频度较高，市县级国土空间总体规划中对中心城区规划分区图，尤其是土地使用规划图抱着较为慎重的态度，因为一旦批准后，如调整幅度较大，或涉及对国家和省政府批准的中心城区规划图的调整，需要履行相关程序，还面临上级上位规划的传导督查，也会涉及很多禁止性政策门槛。根据现行建设用地指标管理制度，中心城区内因建设用地规模的控制，不能实施增减挂钩项目，且增减挂钩建新指标不得投放于中心城区内。

在报国家审批的城市国土空间总体规划成果构成中，地方政府普遍希望不含土地使用规划图，给予规划传导和地方详细规划编制较大弹性。最终，为平衡国家控制和地方实际，一是要求土地使用规划图尽可能用大类，二是在规划文本和图件中标注说明，即详细规划可以基于合理原因对中心城区用地进行深化细化和适度调整（图 6-22）。

《市级国土空间总体规划制图规范（试行）》基本明确了中心城区规划分区和土地使用规划总图制图规则。各个城市都基本按照规划编制技术要求，在市级国土空间总体规

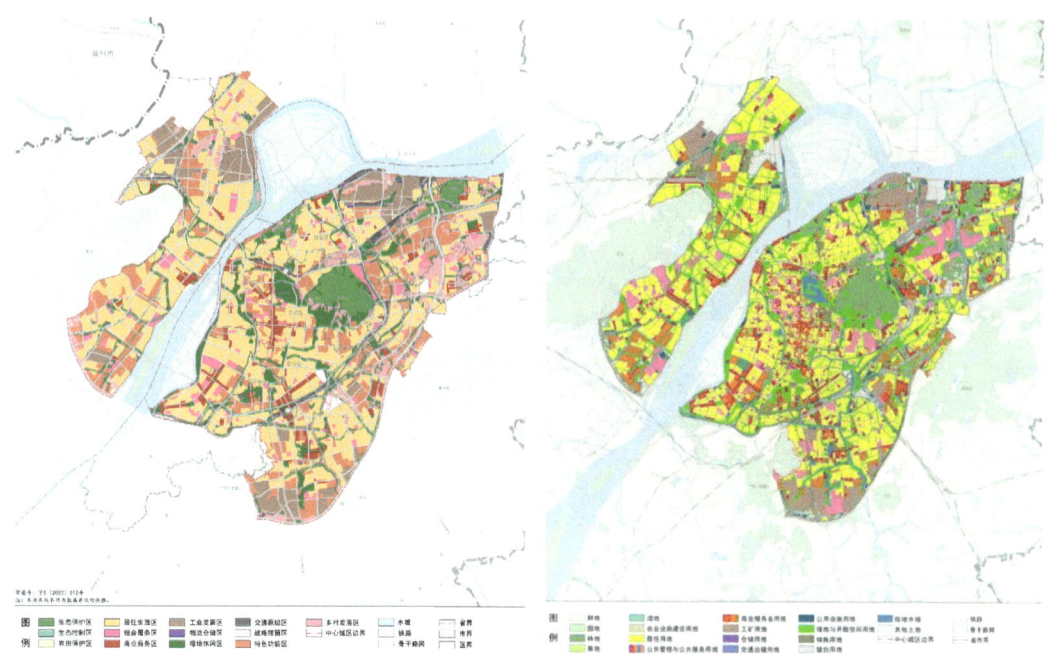

图6-22　南京市中心城区空间规划分区图(左)和土地使用规划图(右)
资料来源:《南京市国土空间总体规划(2021—2035年)》

划城镇发展区一级分区或二级分区基础上,对县区中心城区的二级规划分区进行细化或优化。

但由于中心城区用地规划图是市县国土空间总体成果中唯一一张具体细化到地类的用地引导图,用地分类细度一直是各级规划主管部门关注的重点。因为涉及下位详细规划传导和未来规划督查问题,也由于被国家和省批准后入库作为规划传导、用地报批的依据,中心城区总图与地方政府主导的详细规划编制关系成为关注重点。地方各级规划主管部门基于更大弹性的需要,也考虑到规划实施中很多不确定性,希望中心城区用地规划图表达相对粗一些,给区县总体规划和详细规划编制留有一定弹性,因而市县国土空间总体规划的中心城区用地规划图要注意和既有控制性详细规划的关系,用地分类不宜过细。

中心城区用地规划图要传导中心城区规划分区图的要求,明确规划用途地类,实现由主导功能引导向用途管制的空间管控传导。考虑到各地城市中心城区基本上是以往城市规划大扩张时代规划重点建设地区,一般原先的控制性详细规划经过了多轮覆盖,主要为建成区,部分为新建地区,由于审批主体和层次不同,以及要面临规划督查的形势,在中心城区土地使用图规划形成过程中,要特别注意与既有控制性详细规划的关系,遵守用地大类与详细规划小类的对应关系(图6-23,图6-24)。

中心城区范围应统筹考虑城镇开发边界邻近地区的道路、市政与防灾设施等。由于

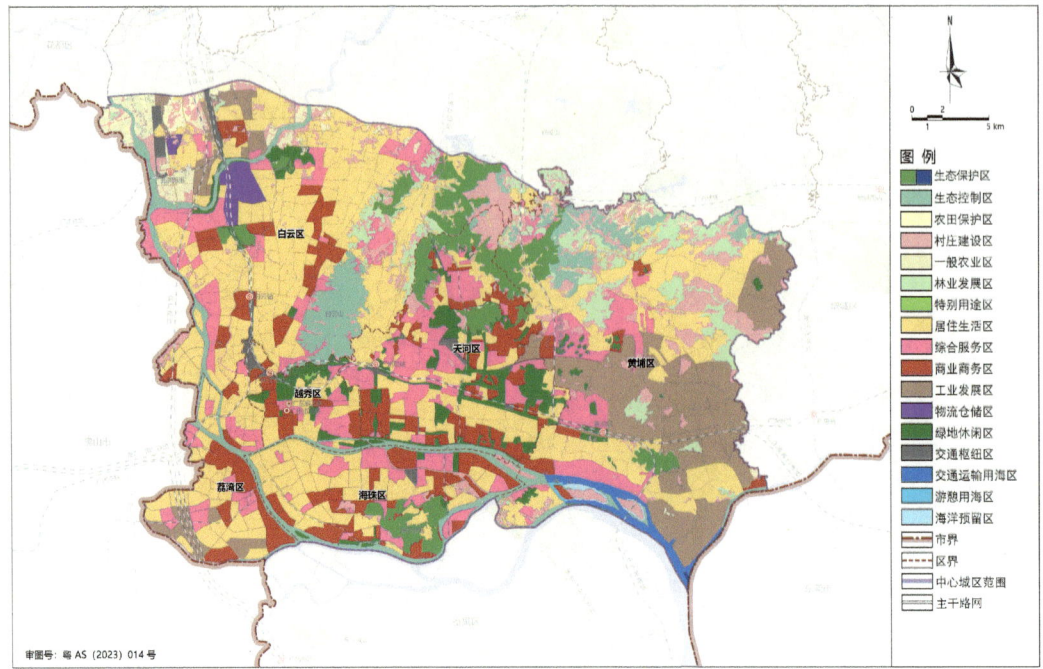

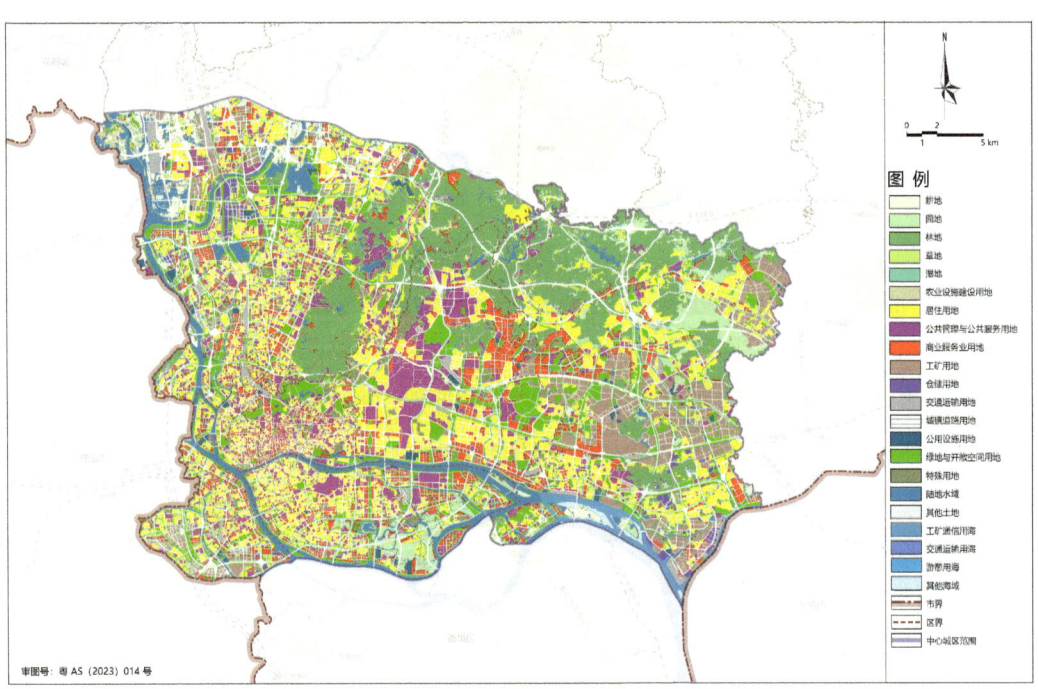

图6-23 广州市中心城区规划分区图(上)和土地使用规划图(下)
资料来源:《广州市国土空间总体规划(2021—2035年)》

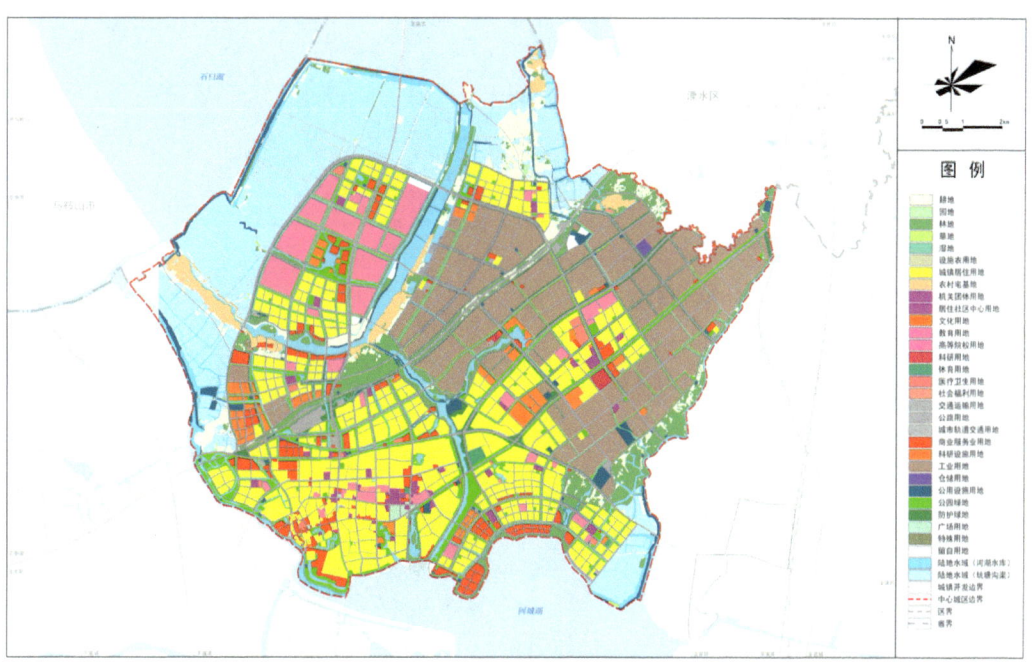

图6-24 南京市高淳区中心城区国土空间规划分区图(上)和土地使用规划图(下)
资料来源:《南京市高淳区国土空间总体规划(2021—2035年)》

中心城区范围划定一般不完全与城镇开发边界对应，可能存在部分结构性绿地和大型水面、基础设施被"开天窗"，处在城镇开发边界之外，但这些绿地、水面、基础设施与中心城区的功能有紧密关系，有的甚至是中心城区必需的公共绿地休闲空间，在中心城区规划用地表达时，要关注这些用地的表达。由于开发边界内外用地政策不同，建设用地规划指标来源不同，各地在表达中心城区内城镇开发边界外建设用地布局时做法不一，有的采取表达现状建设用地方式，有的尽可能表达已有确定用地方案，有的表达为乡村建设区的乡村建设用地或其他建设区，不进行具体城镇建设用地功能的表达（图6-25）。

在用地规划深度上，城镇建设用地应细分至二级地类，尤其是公共服务设施，交通、市政与防灾设施以及绿地等。由于中心城区用地规划图现状变更调查分类深度与大部分城市中心城区用地分类深度不一致，会出现规划的公共设施用地、交通运输用地和公用设施用地等相对于现状没有改善的情况，要在规划文本和说明中加以标注说明。其中：

公共管理与公共服务设施用地：2020年度国土变更调查中，公共管理与公共服务设施用地包

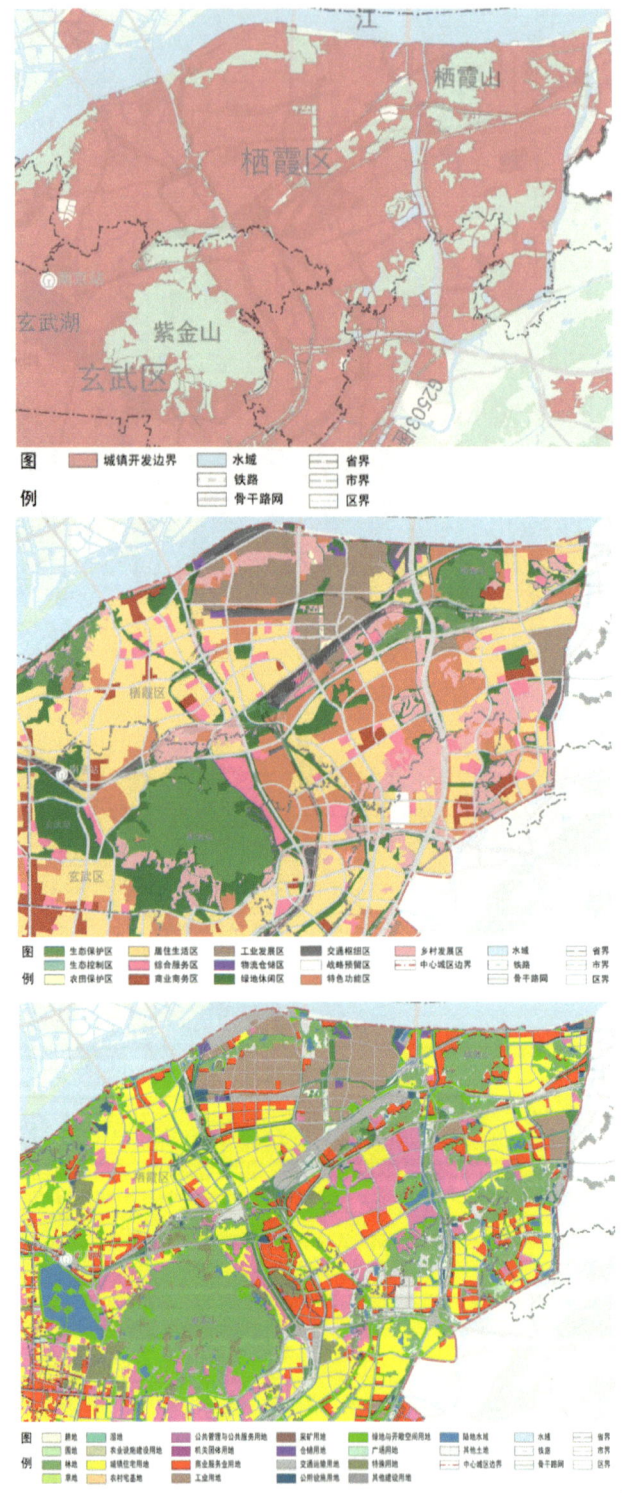

图6-25　南京市中心城区范围内城镇开发边界外规划分区及土地使用规划表达方式图

资料来源：《南京市国土空间总体规划（2021—2035年）》

含初中、小学等用地以及低等级的机关团体、文化、医疗卫生、社会福利等设施用地。按照市级国土空间总体规划编制指南的要求，上述用地在中心城区规划中未细化至公共管理与公共服务设施用地，因此公共管理与公共服务设施用地规划目标年比基期年数据有所减少。

交通运输用地：2020年度国土变更调查中，交通运输用地包含支路以及各级公交场站、社会停车场等用地。按照市级国土空间总体规划编制指南的要求，中心城区规划中道路系统主要表达次干路以上级别道路，未表达上述支路用地以及部分规模较小的公交场站、社会停车场等用地，因此交通运输用地规划目标年比基期年数据有所减少。

公用设施用地：2020年度国土变更调查中，公用设施用地包含各级给水增压站、排涝泵站、220千伏及以下变电站、消防站等用地。按照市级国土空间总体规划编制指南的要求，上述用地在中心城区规划中未细化至公用设施用地，因此公用设施用地规划目标年比基期年数据有所减少。

特殊用地：2020年度国土变更调查中，特殊用地包含干休所、文物古迹、宗教设施等用地。按照市级国土空间总体规划编制指南的要求，上述用地在中心城区规划中未细化至特殊用地，因此特殊用地规划目标年比基期年数据有所减少。

表6-6 南京市中心城区城镇建设用地调整表

序号	用地类型	规划基期年		规划目标年	
		面积/平方千米	比重/%	面积/平方千米	比重/%
1	居住用地	178.38	30.77	258.23	36.86
2	公共管理与公共服务用地	79.89	13.78	61.21	8.74
3	商业服务业用地	42.38	7.31	91.71	13.09
4	工矿用地	83.27	14.36	35.84	5.12
5	仓储用地	3.75	0.65	0.76	0.11
6	交通运输用地	126.15	21.76	115.61	16.51
7	公用设施用地	12.05	2.08	7.54	1.08
8	绿地与开敞空间用地	34.30	5.92	86.08	12.29
9	特殊用地	19.52	3.37	12.92	1.84
10	留白用地	—	—	30.54	4.36
	合计	579.69	100.00	700.45	100

资料来源：《南京市国土空间总体规划（2021—2035年）》

根据现有市级国土空间总体规划制图规范，市域总图只是表达了未来的空间规划分区布局，不能直观反映规划分区对应的现状用途地类情况。借鉴上地利用总体规划制图规范要求,在规划分区类型中叠加现状用途地类,可以使以生态、农业空间类为主导的规划分区清晰表达对应的自然资源要素现状构成,如生态保护区能够表达具体是由林地、湿地或陆地水域、海洋等哪些自然资源要素构成;对于建设空间则能充分反映规划期新增建设用地布局空间以及减量腾挪空间,体现城乡建设空间布局优化(图6-26)。

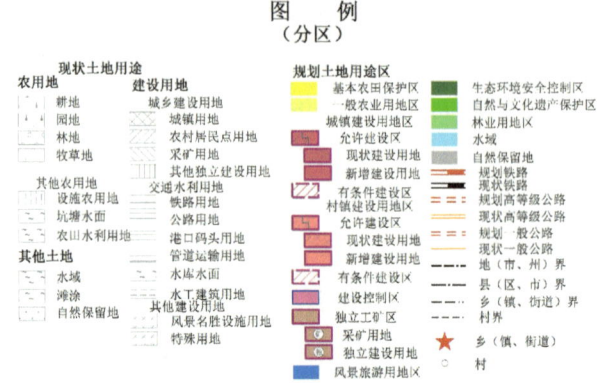

图6-26　土地利用总体规划现状地类与规划分区表达图例
资料来源:现行土地利用总体规划数据库

6.6 项目清单:特殊的规划预控方式

现代国土空间治理体系需要精准的用途分区管制及相应的各类用地规模管控,便于全国全省实现一张图管控、一个台账管理。图数一致是各类空间规划的基本要求,但相对于以往的城市总体规划和土地利用总体规划,技术思路和做法各不相同,以往的土地规划并不是在市级国土空间总体规划编制阶段实现的,而是通过各级规划压茬推进,把市级主要约束性指标层层分解到区县、乡镇级规划,落图、留通道、列清单后拼合形成市域用地规划图,在原先市域用地规划总图基础上,拼合形成一张管理用的用地总图。以此为基础,建立以现状量、规划总量、规划期增(减)量为主要内容的管理数据库,实现对耕地保有量、永久基本农田面积、建设用地总量等指标的精准管理(表6-7)。原先的城市总体规划往往图数不一,有图有数无库,每次规划修编时要重新调查现状,缺乏连续的跟踪信息化管理,建设用地规模管控不够精细。

目前,市县国土空间总体规划层面的主要约束性控制指标,比如生态保护红线、耕地和永久基本农田划定任务已由国家明确,已落实到具体图斑,在市域空间规划总图中为生态保护区、农田保护区,生态保护红线、永久基本农田面积与总图是严格对应的。建设用地总量和建设用地布局对应关系上则更为复杂,城镇建设用地规模与城镇集中建设区没有一一对应关系,因为市域空间规划分区总图只是一级主导功能分区,绿地休闲区中有很大比重为非建设用地,其他分区中也包含部分实际建设中不需要用地报批的非建设用地,所以城镇集中建设区规模与城镇建设用地规模缺乏严格的对应关系。区域性基础设施在总图上并没有全部明确布局,主要为已落实建设用地指标的国省级基础设施项目,还有部分项目以清单形式表达规划依据和有限的用地需求,清单控制的区域性基础设施规模规划分配指标很少,远比规划项目清单中的设施实际用地需求小。由于乡村地区产业发展预测的不确定性较大,其所需新增建设用地一般按照全市新增城乡建设用地规模的一定比例预控，并以不确定空间布局的方式分解到各县区单元进行指标控制。目前的指标管理中还存在异地购买空间指标问题，规划市域总图中需要明确异地购买空间指标的落地准则。

表6-7 土地利用总体规划对应的管理台账主要数据构成

建设用地总规模	下达规模			预留规划空间			报批已使用建设用地规模						目前可使用建设用地规模
							国家报批/省报批等						
	城乡建设用地规模	交通水利及其他	流量指标	小计	上图城乡建设用地规模(含流量)	清单规模	新增建设用地	城乡建设用地	交通水利及其他	增减挂钩新增建设用地	工矿废弃地新增建设用地	其他新增建设用地	

资料来源：作者自绘

为进一步衔接国民经济和社会发展"十四五"规划，根据分阶段实施目标和重点任务，市县级国土空间总体规划应对县（区）级及以上的重点建设项目及国土空间资源配置作出统筹安排，形成重点建设项目清单，科学引导建设项目土地储备与空间落实等。项目清单主要通过文本附表的形式予以落实，是一种特殊的规划预控方式，也是空间规划解决诸多不确定性矛盾、"刚弹"结合的管理创新。纳入清单控制的项目大部分位于城镇开发边界外，主要包括交通、水利、能源、其他项目以及其他公共服务和基础设施建设项目，在规划实施过程中可根据经济社会背景变化适时调整。纳入项目清单的项目，视同符合国土空间规划，作为用地保障的依据；规划期内如实施，将以单独选址方式履行用地审批手续。在规划总图中，线状交通等设施通过虚线线位方式表达于规划分区之上，块状供电等能源设施通过点位控制方式表达其空间布局。对于城镇开发边界外的省级以上高等级基础设施，符合占用永久基本农田规则的，其布局可位于永久基本农田保护区中。

第七章 "三线"管控制度

理解"三线"的管控制度,对科学合理划定"三线"、做好"三线"的后续优化调整工作尤为重要。永久基本农田保护红线制度建立的较早,1994年国务院制定《基本农田保护条例》,对基本农田保护做了详细规定,2008年中共十七届三中全会提出"永久基本农田"概念,之后,相关部委先后颁布永久基本农田保护的部门规章及规范性文件。2011年国务院发布《关于加强环境保护重点工作的意见》,首次提出"划定生态红线",相应的管制制度于2017年《生态保护红线划定指南》印发而明确。城镇开发边界的划定是本次国土空间总体规划中首次在全国范围内开展的工作,相应的管控制度也是随着国土空间规划的编制同步制定完善。

7.1 耕地和永久基本农田

粮食安全始终是国家安全的重中之重,确保粮食安全是每个国家都必须面对的重要问题[①]。耕地是粮食生产的根基,在经济快速发展的背景下,耕地减少成为保护粮食安全的难题,确保一定数量的优质耕地资源用于粮食生产是保障国家粮食安全的关键[②③]。为了遏制耕地每年大量减少的趋势,守住永久基本农田保护红线和国家粮食安全底线,保障资源安全和粮食安全,国家建立耕地保护制度,对永久基本农田实行特殊保护。

7.1.1 耕地用途管制

1. 制止耕地"非农化"

耕地"非农化"指的是耕地被用于农业生产以外的生产经营活动,也是早期国土资源管理工作的核心任务,其制度的建立早于耕地"非粮化"。"非粮化"是近期随着中央总体国家安

---

① 傅泽强,蔡运龙,杨友孝,等.中国粮食安全与耕地资源变化的相关分析[J].自然资源学报,2001(4):313.
② 漆信贤,张志宏,黄贤金.面向新时代的耕地保护矛盾与创新应对[J].中国土地科学,2018(8):9.
③ 梁鑫源,金晓斌,孙瑞,等.多情景粮食安全底线约束下的中国耕地保护弹性空间[J].地理学报,2022(3):697.

全观的提出，为确保国家一些重大产品安全而提出的。农业的范围比较大，包括粮食种植、林业种植、果蔬种植、水产养殖和禽畜养殖及一些杂粮种植等等（图7-1）。耕地"非农化"会明显改变土地的利用性质，破坏耕地的生产能力，对国家粮食安全构成威胁。对此，2020年9月，《国务院办公厅关于坚决制止耕地"非农化"行为的通知》明确提出了严禁占用耕地的"六个严禁"（图7-2）：

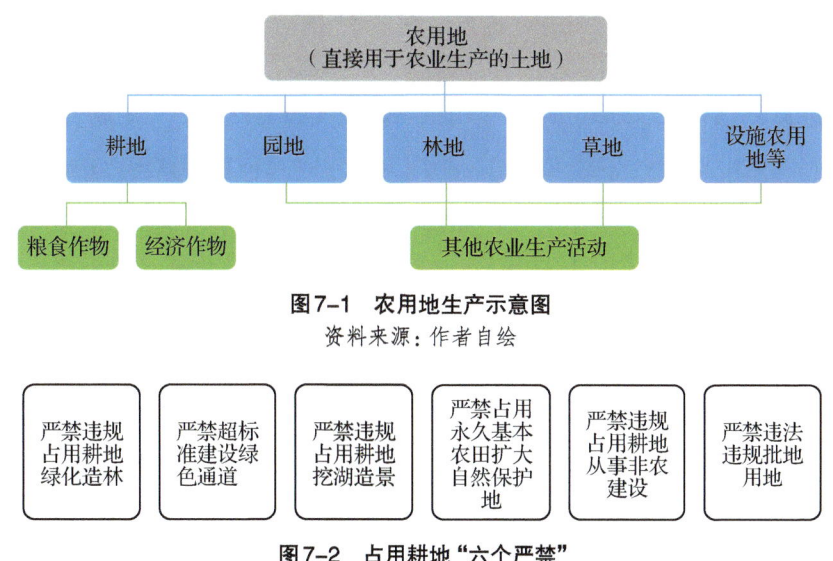

图7-1　农用地生产示意图
资料来源：作者自绘

图7-2　占用耕地"六个严禁"
资料来源：作者自绘

一是严禁违规占用耕地绿化造林。禁止占用永久基本农田种植苗木、草皮等用于绿化装饰以及其他破坏耕作层的植物。

二是严禁超标准建设绿色通道。道路沿线是耕地的，铁路、公路两侧用地范围以外绿化带宽度不得超过5米，其中县乡道路不得超过3米。不得违规在河渠两侧、水库周边占用耕地及永久基本农田超标准建设绿色通道。交通、水利工程建设用地范围内的绿化用地要严格按照有关规定办理建设用地审批手续，其中涉及占用耕地的必须做到占补平衡。禁止以城乡绿化建设等名义违法违规占用耕地。

三是严禁违规占用耕地挖湖造景。禁止以河流、湿地、湖泊治理为名，擅自占用耕地及永久基本农田挖田造湖、挖湖造景。不准在城市建设中违规占用耕地建设人造湿地公园、人造水利景观。

四是严禁占用永久基本农田扩大自然保护地。新建的自然保护地不准占用永久基本农田。目前已划入自然保护地核心保护区内的永久基本农田要纳入生态退耕、有序退出。

五是严禁违规占用耕地从事非农建设。加强农村地区建设用地审批和乡村建设规划许可管理，坚持农地农用。不得违反规划搞非农建设、乱占耕地建房等。

六是严禁违法违规批地用地。批地用地必须符合国土空间规划，凡不符合国土空间规划以及不符合土地管理法律法规和国家产业政策的建设项目，不予批准用地。各地区不得通过擅自调整县乡国土空间规划规避占用永久基本农田审批。

2. 防止耕地"非粮化"

近年来，我国农业结构不断优化，区域布局趋于合理，同时，部分地区也出现了耕地"非粮化"倾向，将耕地用于种植非粮食作物或者将耕地转为林地、草地、园地等其他农用地。如果任其发展，将影响国家粮食安全。为坚决防止耕地"非粮化"倾向，牢牢守住国家粮食安全的生命线，2020年11月，国务院办公厅印发《关于防止耕地"非粮化"稳定粮食生产的意见》（国办发〔2020〕44号），明确对耕地实行特殊保护和用途管制，严格控制耕地转为林地、园地等其他类型农用地，耕地要优先满足粮食和食用农产品生产。依法划定的优质耕地，要重点用于发展粮食生产，特别是保障稻谷、小麦、玉米三大谷物的种植面积。一般耕地应主要用于粮食和棉、油、糖、蔬菜等农产品及饲草饲料生产。

2021年11月，自然资源部、农业农村部、国家林业和草原局联合印发《关于严格耕地用途管制有关问题的通知》（自然资发〔2021〕166号），通知进一步明确严格管控一般耕地转为其他农用地，一般耕地主要用于粮食和棉、油、糖、蔬菜等农产品及饲草饲料生产。同时也明确了一般耕地上的相关要求：① 不得在一般耕地上挖湖造景、种植草皮。② 不得在国家批准的生态退耕规划和计划外擅自扩大退耕还林还草还湿还湖规模。③ 不得违规超标准在铁路、公路等用地红线外，以及河渠两侧、水库周边占用一般耕地种树建设绿化带。④ 未经批准不得占用一般耕地实施国土绿化。⑤ 未经批准工商企业等社会资本不得将通过流转获得土地经营权的一般耕地转为林地、园地等其他农用地。⑥ 确需在耕地上建设农田防护林的，应当符合农田防护林建设相关标准。建成后，达到国土调查分类标准并变更为林地的，应当从耕地面积中扣除。⑦ 严格控制新增农村道路、畜禽养殖设施、水产养殖设施和破坏耕作层的种植业设施等农业设施建设用地使用一般耕地。确需使用的，应经批准并符合相关标准。

2023年12月通过的《中华人民共和国粮食安全保障法》明确：耕地应当主要用于粮食和棉、油、糖、蔬菜等农产品及饲草饲料生产。县级以上地方人民政府应当根据粮食和重要农产品保供目标任务，加强耕地种植用途管控，落实耕地利用优先序，调整优化种植结构。违反本法规定，种植不符合耕地种植用途管控要求作物的，由县级人民政府农业农村主管部门或者乡镇人民政府给予批评教育；经批评教育仍不改正的，可以不予发放粮食生产相关补贴；对有关农业生产经营组织，可以依法处以罚款。

7.1.2 永久基本农田特殊保护

1. 一般管控要求

土地管理法规定，永久基本农田一经划定，要纳入国土空间规划，任何单位和个人不得擅自占用或者擅自改变用途，不得多预留一定比例永久基本农田为建设占用留有空间,严禁通过擅自调整县乡土地利用总体规划规避占用永久基本农田的审批,严禁未经审批违法违规占用。一般建设项目不得占用永久基本农田。

2. 从严禁止要求

自然资源部、农业农村部、国家林业和草原局《关于严格耕地用途管制有关问题的通知》(自然资发〔2021〕166号),自然资源部、农业农村部《关于公开征求永久基本农田保护红线管理办法(征求意见稿)》等一系列文件要求严格落实永久基本农田特殊保护制度,永久基本农田不得转为林地、草地、园地等其他农用地及农业设施建设用地;严禁占用永久基本农田发展林果业和挖塘养鱼;严禁占用永久基本农田种植苗木、草皮等用于绿化装饰及其他破坏耕作层的植物;严禁占用永久基本农田挖湖造景、建设绿化带;严禁新增占用永久基本农田建设畜禽养殖设施、水产养殖设施和破坏耕作层的种植业设施;严禁制梁场、拌合站等以临时用地方式占用永久基本农田。

新建的自然保护地不准占用永久基本农田,目前已划入自然保护地核心保护区内的永久基本农田要纳入生态退耕、有序退出。自然保护地一般控制区内的永久基本农田要根据对生态功能造成的影响确定是否退出,造成明显影响的纳入生态退耕、有序退出,不造成明显影响的可采取依法依规相应调整一般控制区范围等措施妥善处理。自然保护地以外的永久基本农田和集中连片耕地,不得划入生态保护红线,允许生态保护红线内零星的原住民在不扩大现有耕地规模前提下,保留生活必需的少量种植。

3. 建设占用

1) 允许占用的建设项目范围

2023年6月,自然资源部印发《关于进一步做好用地用海要素保障的通知》(自然资发〔2023〕89号),最新明确六类允许占用永久基本农田重大建设项目范围:① 党中央、国务院明确支持的重大建设项目(包括党中央、国务院发布文件或批准规划中明确具体名称的项目和国务院批准的项目);② 中央军委及其有关部门批准的军事国防类项目;③ 纳入国家级规划(指国务院及其有关部门颁布)的机场、铁路、公路、水运、能源、水利项目;④ 省级公路网规划的省级高速公路项目;⑤ 按《关于梳理国家重大项目清单加大建设用地保障力度的通知》(发改投资〔2020〕688号)要求,列入需中央加大用地保障力度清单的项目;⑥ 原深度贫困地区、集中连片特困地区、国家扶贫开发工作重点县省级以下基础设施、民生发展等项目(图7-3)。

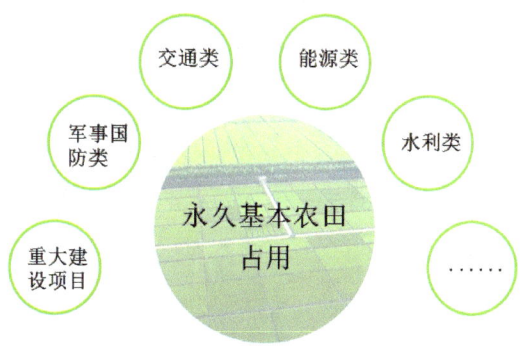

图7-3 永久基本农田占用情形

资料来源:作者自绘

2）占用永久基本农田报批

① 报批程序

确实难以避让永久基本农田的重大建设项目，建设单位在可行性研究阶段，必须对占用永久基本农田的必要性和占用规模的合理性进行充分论证。市县级自然资源主管部门要按照法定程序，依据规划修改和永久基本农田补划的要求，认真组织编制规划修改方案暨永久基本农田补划方案，确保永久基本农田补足补优；省级自然资源主管部门负责组织对占用永久基本农田的必要性、合理性和补划方案的可行性进行踏勘论证，并在用地预审初审中进行实质性审查，预审材料齐全后报自然资源部用地预审，并按照规定办理农用地转用和土地征收。严禁通过擅自调整县乡土地利用总体规划，规避占用永久基本农田的审批（图7-4）。

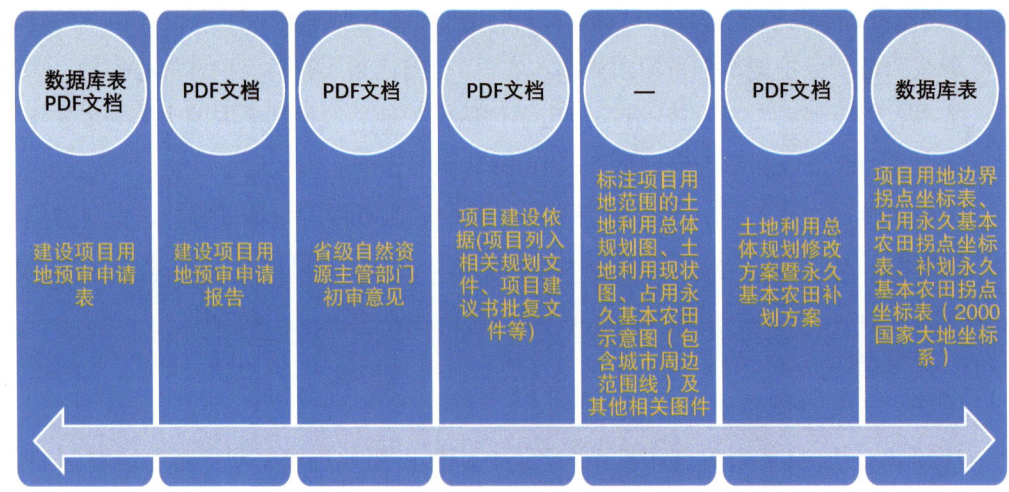

图7-4 涉及占用永久基本农田的重大建设项目用地预审材料目录
资料来源：作者自绘

专栏7-1 省级自然资源主管部门关于涉及占用永久基本农田的重大建设项目用地预审初审报告格式

**（省级自然资源主管部门）文件

****（文号）　　　　　签发人：

关于**项目建设用地预审初审意见的报告

自然资源部：

根据《建设项目用地预审管理办法》（国土资源部令第68号）和《自然资源部关于做好占用永久基本农田重大建设项目用地预审的通知》（自然资规〔2018〕3

号）的规定，我厅（局、委）受理了**项目的建设用地预审申请，并对该项目用地进行了初审审查，现将初步审查意见报告如下：

一、项目基本情况

〔项目建设依据〕该项目已列入**规划（文号）［如《国家公路网规划（2013—2030年）》《中长期铁路网规划》等］/……项目应由**部门审批（核准），符合受理占用永久基本农田的重大建设项目用地预审范围。〔项目建设意义〕项目建设对**具有重要意义。项目建设符合国家产业政策和国家土地供应政策。〔项目建设地点〕项目用地涉及**省（区、市）**市（盟）**县（市、区、旗）和**市（盟）**县（市、区、旗）。（跨省项目，增加表述：该项目为跨省项目，涉及**、**、**共**个省份。）

二、项目符合规划情况

〔项目用地现状分类〕该项目用地总面积**公顷，土地利用现状情况为农用地**公顷（耕地**公顷，含永久基本农田**公顷），建设用地**公顷，未利用地**公顷，围填海**公顷（或项目不涉及围填海）。（跨省项目需再按省分别表述用地现状。）改扩建项目表述为：该项目申请用地总面积**公顷，项目原有建设用地总面积**公顷，改扩建后新增用地面积**公顷，农用地**公顷（耕地**公顷，含永久基本农田**公顷），建设用地**公顷，未利用地**公顷，围填海**公顷（或项目不涉及围填海）。

〔符合规划的部分用地情况〕该项目在**省（区、市）**市（盟）**县（市、区、旗）用地符合当地土地利用总体规划/已列入当地土地利用总体规划重点建设项目清单，不占用永久基本农田。

〔不符合规划的部分用地情况〕该项目在**省（区、市）**市（盟）**县（市、区、旗）用地不符合土地利用总体规划/已列入**省（区、市）**市（盟）**县（市、区、旗）土地利用总体规划，但涉及占用**市（盟）**县（市、区、旗）境内永久基本农田**公顷，相关县（市、区、旗）已按规定编制土地利用总体规划修改方案暨永久基本农田补划方案，材料齐备；相关县（市、区、旗）将在用地报批前完成规划修改听证、对规划实施影响评估和专家论证等工作。

三、占用和补划永久基本农田论证情况

见《涉及占用永久基本农田的重大建设项目土地利用总体规划修改方案暨永久基本农田补划方案》。

四、项目符合土地使用标准情况

〔项目用地功能分区〕该项目总用地规模为**公顷，其中各功能分区用地面积分别为**（各功能分区面积情况以及与土地使用标准对比情况）。如该项目为工业项目，须按照《国土资源部关于发布和实施〈工业项目建设用地控制指标〉的通知》（国土资发〔2008〕24号）的要求，说明是否符合投资强度、容积率、行政办公及生活服务设施用地、建筑系数、绿地率等五项控制指标情况。

〔项目用地规模符合土地使用标准情况〕该项目申请用地总面积和各功能分区用地面积均符合《**项目建设用地指标》的规定。该项目用地规模超过《**项目建设用地指标》的规定或该类型项目未颁布土地使用标准，已由**省（区、市）自然资源主管部门开展项目节地评价并组织专家评审。评审论证认为，该项目各用地功能分区和总规模用地合理，采用的工程技术比较先进可行，符合节约集约用地的要求，并按要求出具评审论证意见，同意该项目申请用地预审。

五、落实用地相关费用情况

建设项目已按规定将补充耕地、征地补偿、土地复垦等相关费用足额纳入项目工程概算，占用永久基本农田的缴费标准按照当地耕地开垦费最高标准的两倍执行。我厅（局、委）将督促建设单位和地方政府，在正式用地报批前按规定做好征地补偿安置、耕地占补平衡以及土地复垦有关工作。

六、关于其他问题的说明

对该项目是否属于重新预审等问题进行说明。

七、小结

综上所述，我厅（局、委）拟同意该项目用地。根据相关规定，现将我厅（局、委）的初步审查意见报上，请予审查。

联系人及电话：（姓名）　（电话）

（公章）

年　月

② 建设项目规模和区位调整报批

重大建设项目在用地预审时不占用永久基本农田、用地审批时占用的，按有关要求报自然资源部用地预审。其中：线性重大建设项目占用永久基本农田用地预审通过后，选址发生局部调整、占用永久基本农田规模和区位发生变化的，由省级自然资源主管部门论证审核后完善补划方案，在用地审查报批时详细说明调整和补划情况。预审批复后规模调增或区位变化比例超过10%的项目，已不属于局部调整范畴。为进一步规范占用永久基本农田的审查，在用地审批阶段将对该类项目进行从严审查，要说明占用永久基本农田调整原因、调整的必要性和合理性，以及功能分区占用永久基本农田具体情况，在实地踏勘基础上进行充分论证。对涉及新增占用永久基本农田面积过大、论证不充分的,要求进行重新预审。非线性重大建设项目占用永久基本农田用地预审通过后,所占规模和区位原则上不予调整。

3）占用永久基本农田补划

① 补划范围。建设项目经依法批准占用永久基本农田的,在永久基本农田储备区耕地中补划；储备区中难以补足的,在县域范围内其他优质耕地中补划；县域范围内无法补足的,可在市域范围内补划；市域范围内无法补足的,可在省域范围内补划。优先将完成高标准农田建设的耕地补划为永久基本农田。(图7-5)

图7-5　占用永久基本农田补划范围
资料来源：作者自绘

② 补划要求。按照"数量不减、质量不降、布局稳定"的要求进行补划,并按照法定程序修改相应的国土空间总体规划。补划的永久基本农田必须是坡度小于25度的耕地,原则上与现有永久基本农田集中连片,补划数量、质量与占用的基本农田相当。占用城市周边永久基本农田的,原则上在城市周边范围内补划,经实地踏勘论证确实难以在城市周边补划的,按照空间由近及远、质量由高到低的要求进行补划。

专栏7-2　江苏省重大建设项目规划土地用途调整方案暨占用永久基本农田补划方案编制及审核监管要点（试行）

一、方案编制

（一）预审阶段

1. 永久基本农田占用情况

说明项目是否符合国家规定的允许占用永久基本农田的项目范畴,介绍项目选址选线具体方案占用永久基本农田规模、地类、图斑数量和耕地平均质量等别等情况。

2. 占用永久基本农田的必要性与合理性分析

详细说明该项目不同选址选线方案占用永久基本农田比选情况,充分说明占用永久基本农田的不可避免性。说明通过综合考虑建设成本、工程施工难易度、占用永久基本农田不同情况,选择项目选址选线具体方案。介绍项目选址选线具体方案的用地规模合理性,以及是否采取工程、技术等措施减少占用永久基本农田,明确减少占用永久基本农田规模。

3. 补划永久基本农田潜力分析

根据补划永久基本农田要求,分析本地区补划永久基本农田潜力,并结合潜力分析结果研判是否能够足额保质落实项目占用永久基本农田相应需落实的补划任务。

（二）报批阶段

1. 项目概况

（1）项目建设依据

该项目已列入**规划（文号），项目由**部门审批（核准），是否符合国家规定的占用永久基本农田的重大建设项目范围，项目用地预审通过情况。

（2）项目建设意义

项目建设重要意义，明确是否符合国家产业政策和国家土地供应政策。

（3）项目建设地点

项目用地涉及**市**县（市、区）。若为跨设区市项目，明确项目涉及共**个设区市。附项目所在县（市、区）规划图，及本县（市、区）所在设区市的用地选线平面图和多方案比选。

（4）项目建设方案

项目建设规模、主要技术指标等内容。

（5）项目用地情况

项目申请用地总面积**公顷，其中农用地**公顷（耕地**公顷，永久基本农田**公顷），建设用地**公顷，未利用地**公顷。

2. 规划土地用途调整的原则和依据

（1）规划土地用途调整原则

规划土地用途调整应严格落实耕地保护制度、节约集约用地制度和生态环境保护制度。

（2）规划土地用途调整依据

相关法律法规及部门规章、规范性文件、标准规范及技术规程、相关规划及其他文件材料。

3. 现行规划情况

（1）现行规划基本情况

市县国土空间总体规划已批复且数据库已启用的地区，介绍市县国土空间总体规划的基本情况。

市县国土空间总体规划已批复但数据库未启用的地区，介绍市县国土空间总体规划及县（市、区）国土空间规划近期实施方案的基本情况。

市县国土空间总体规划未批复的地区，介绍县（市、区）国土空间规划近期实施方案的基本情况。

(2) 规划实施情况

市县国土空间总体规划已启用的地区,介绍国土空间总体规划的实施情况,重点介绍"三区三线"、国土空间规划分区和城镇开发边界内增量空间使用情况。

市县国土空间总体规划未启用的地区,介绍国土空间规划近期实施方案的实施情况,重点介绍"三区三线"和建设用地指标使用情况。

4. 规划土地用途调整方案

(1) 土地用途调整总体情况及指标调整情况

规划土地用途调整情况综述,并重点说明项目用地、补划永久基本农田与"三区三线"、生态空间管控区域的衔接情况,城镇开发边界内增量空间的调整情况,是否占用已批未建土地。

(2) 土地规划分区调整情况

市县国土空间总体规划已批复且数据库已启用的地区,介绍项目用地、补划永久基本农田对国土空间规划分区的调整情况。

市县国土空间总体规划已批复但数据库未启用的地区,介绍项目用地、补划永久基本农田对在建数据库中国土空间规划分区的调整情况,对建设用地管制区的调整情况。

市县国土空间总体规划未批复的地区,介绍项目用地、补划永久基本农田对建设用地管制区的调整情况。

5. 占用永久基本农田的必要性和合理性

(1) 占用永久基本农田的不可避免性(必要性)

详细说明项目不同选址选线方案占用永久基本农田比选情况,充分说明占用永久基本农田的不可避免性。对重大建设项目直接相关的改路、改沟、改渠和安置用地与主体工程同步报批时,需要严格论证改路、改沟、改渠等确实难以避让永久基本农田。对于铁路项目已批准的初步设计明确的"四电"工程(通信工程、信号工程、电力工程和电气化工程),主体工程允许占用永久基本工程的,需要严格论证"四电"工程确实难以避让永久基本农田。

(2) 占用永久基本农田规模的合理性

详细说明通过综合考虑建设成本、工程施工难易度、占用永久基本农田不同情况,选择项目选址选线具体方案。介绍项目选址选线具体方案的用地规模合理性,以及是否采取工程、技术等措施减少占用永久基本农田,明确减少占用永久基本农田规模,充分说明项目选址选线具体方案和占用永久基本农田的合理性。

6. 永久基本农田的占用补划情况

(1) 永久基本农田占用情况

详细说明项目选址选线具体方案占用永久基本农田规模、地类、图斑数量和耕地平均质量等别等内容，介绍项目选线不同功能分区用地情况、占用永久基本农田情况、占用永久基本农田占总用地比例情况。填写项目占用永久基本农田情况表，并附占用永久基本农田分布示意图和局部图。

(2) 永久基本农田补划情况

直接在永久基本农田储备区中落实补划；储备区中难以补足的，在县域范围内其他优质耕地中补划，并说明优质耕地的来源与质量；县域范围内无法补足的，可在市域范围内补划；个别市域范围内仍无法补足的，可在省域范围内补划。

依据最新年度变更调查数据，补划地块必须是可以现状长期稳定利用的耕地，且应当与现有永久基本农田集中连片。已建成的高标准农田，依据《土壤污染防治法》列入优先保护类、安全利用类土地，有良好水利与水土保持设施的耕地应当优先作为补划地块。

根据以上要求，选取永久基本农田补划地块，详细说明补划永久基本农田规模、地类、图斑数量和耕地平均质量等别等内容。填写项目占用永久基本农田补划情况表，并附补划永久基本农田分布示意图和局部图。若因县域范围内补划永久基本农田潜力不足，实行跨区域调剂补划永久基本农田的，还应说明跨区域补划永久基本农田调剂和补划任务落实方的具体情况。

(3) 报批阶段与预审阶段变化情况

说明项目报批阶段选址选线与预审阶段变化情况，重点说明占用永久基本农田规模和布局变化情况。

(4) 永久基本农田补划地块与相关成果衔接情况

明确永久基本农田补划地块与相关成果衔接情况，主要包含与最新年度国土变更调查稳定利用耕地、国土空间规划分区、生态保护红线、生态空间管控区域等衔接情况，并附补划地块与相关成果的布局关系图。

(5) 永久基本农田补划方案可行性分析

从数量、结构、质量和布局等不同角度，对永久基本农田补划是否符合"数量不减、质量不降、布局稳定"的要求进行分析。

(6) 占用永久基本农田补划实地踏勘与市级初审情况

说明设区市自然资源主管部门通过实地踏勘论证，项目建设方案是否符合供地政策和保护耕地、节约集约用地的要求，用地选址和用地规模是否合理，占用永久基本农田是否必要与合理，补划永久基本农田是否符合要求，永久基本农田补划方案是否切实可行。设区市自然资源主管部门是否出具了实地踏勘意见与初审意见。

7.保障措施

（1）保障被征地农民合法权益

从公示听证、公众参与、安置补偿等方面介绍保障被征地农民合法权益有关情况。

（2）加强永久基本农田管护

从落实永久基本农田保护责任、加强永久基本农田质量建设等角度，说明强化耕地质量保护与提升、加强永久基本农田管护的各项措施。

（3）永久基本农田数据库更新

说明方案经批准后数据库更新计划。

8.结论

说明方案经批准后拟落实永久基本农田保护责任情况、数据库更新计划。明确提出重大建设项目规划土地用途调整、占用永久基本农田是否必要与合理，规划土地用途调整暨永久基本农田补划方案是否可行，说明对规划实施的影响程度，说明补划永久基本农田后是否影响涉及县（市、区）永久基本农田保护任务完成。

二、审核监管

（一）预审阶段

预审阶段主要对建设项目用地预审申报材料中涉及永久基本农田情况进行重点审核。主要审核内容如下：

1.项目是否属于《土地管理法》第三十五条以及自然资源部《关于进一步做好用地用海要素保障的通知》（自然资发〔2023〕89号）规定的允许占用永久基本农田的重大建设项目范围。

2.是否通过多方案比选分析项目用地避让永久基本农田的可能性，是否明确采取工程、技术等措施尽量减少占用永久基本农田，是否明确了项目选址拟占用永久基本农田的具体方案。

3.是否对辖区内补划永久基本农田潜力进行分析，补划永久基本农田潜力是否能够满足项目占用永久基本农田补划需求。

（二）报批阶段

报批阶段通过采取技术审查与专家论证相结合的形式，对规划土地用途调整方案暨永久基本农田补划方案进行论证审核。论证审核要点如下：

1.项目是否属于《土地管理法》第三十五条以及自然资源部《关于进一步做

好用地用海要素保障的通知》（自然资发〔2023〕89号）等国家规定允许占用永久基本农田的重大建设项目范围。

2. 规划土地用途调整方案暨永久基本农田补划方案是否按省厅明确的成果要求编制。

3. 土地用途调整的必要性分析。分析项目用地是否符合"三区三线"和生态空间管控区域的管控要求。分析项目用地与国土空间规划分区（建设用地管制区）的衔接情况。分析城镇开发边界内增量空间的使用情况。分析是否占用已批未建土地。

4. 项目占用永久基本农田必要性分析。项目选址选线方案比选时，是否将避让或减少耕地和占用永久基本农田作为比选因素；是否针对选址方案、备选方案占用永久基本农田具体数量（包括水田面积）、平均质量等别、空间位置等情况进行比选；综合考虑建设成本、工程施工难易度、占用永久基本农田不同情况，是否明确了项目选址拟占用永久基本农田的具体方案。

5. 项目占用永久基本农田合理性分析。项目是否符合供地政策和节约集约用地要求，项目占用永久基本农田规模是否合理，项目是否通过采取相关工程、技术等措施，优化选址选线，尽可能减少占用永久基本农田，减少占用规模是否明确量化。

6. 占用永久基本农田情况分析。方案是否以县级行政区为单元，详细说明选址方案占用永久基本农田具体规模、地类结构、图斑数量、耕地平均质量等别等基本情况，是否与农用地转用和土地征收时点的用地地类一致。明确项目是否占用本行政区范围内其他已取得用地批文的重大建设项目补划永久基本农田，如涉及，应明确已补划地块的处理措施。

7. 方案是否明确各功能分区占用永久基本农田情况，特别是对于公路项目，交叉工程、连接线用地及互通式、分离式立交用地等是否尽量减少占用永久基本农田，项目中的沿线设施，如收费站、服务区、养护工区、监控通信分中心等配套用地是否避让永久基本农田；对于铁路用地，项目中的站后工程用地是否避让永久基本农田。

8. 补划永久基本农田情况分析。方案是否以县级行政区为单元，详细说明补划永久基本农田具体规模、地类结构、图斑数量、耕地平均质量等别等基本情况；依据最新年度国土变更调查成果确认，补划永久基本农田是否为现状可以长期稳定利用耕地，是否与提供补划地块的遥感影像、通过国土调查云拍摄现场实地踏勘照片等保持一致；补划永久基本农田是否集中连片或是否与现状永久基本农田集中连片；补划地块是否与生态保护红线、生态管控区、农业"两区"等相关规划进行衔接。

9. 项目报批与预审阶段变化情况，审查项目报批阶段永久基本农田占用补划情况与用地预审阶段的变化情况。

10. 占用与补划永久基本农田可行性分析。是否按照"数量不减、质量不降、布局稳定"要求落实永久基本农田补划。

11. 占用和补划永久基本农田情况表填表是否规范，是否做到按项目汇总。

12. 占用与补划永久基本农田图件是否规范、要素表达是否齐全、图面是否清晰。

13. 是否提供了市级实地踏勘影像资料及情况说明、初审意见等附件材料，实地踏勘影像资料是否支持补划地块符合纳入永久基本农田条件，市级实地踏勘情况说明是否阐述清楚补划地块实地现状情况，初审意见是否明确通过市级审查。

（三）补划永久基本农田地块监管要点

（略）

4. 其他

临时用地和设施农用地原则上不得占用永久基本农田，重大建设项目施工和地质勘查临时用地选址确实难以避让永久基本农田的，直接服务于规模化粮食生产的粮食晾晒、粮食烘干、粮食和农资临时存放、大型农机具临时存放等用地确实无法避让永久基本农田的，在不破坏永久基本农田耕作层、不修建永久性建（构）筑物的前提下，经省级国土资源主管部门组织论证确需占用且土地复垦方案符合有关规定后，可在规定时间内临时占用永久基本农田，原则上不超过两年，到期后必须及时复垦并恢复原状。

7.1.3 永久基本农田保护红线调整

2024年1月，自然资源部、农业农村部发布了《关于公开征求〈永久基本农田保护红线管理办法〉（征求意见稿）意见的公告》，较之前对永久基本农田保护红线（简称永农红线）的管理模式，这部规章最大的特点是拟计划对永农红线实行动态管理，明确了高标准农田建设、土地综合整治、集体经济组织配套设施建设、年度评估等四种情形可以调整永农红线，是对原来永农管理模式的重大变革（图7-6）。

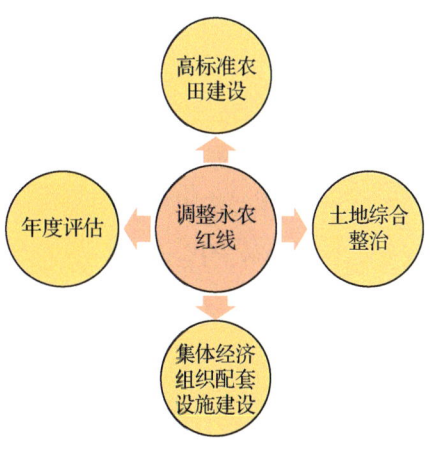

图7-6　永久基本农田红线调整四种情形

资料来源：作者自绘

1. 高标准农田建设调整红线

依据高标准农田建设规划实施的高标准农田建设项目，开展必要的灌溉及排水设施、田间道路、农田防护林等配套建设，涉及少量调整永久基本农田的，原则上不得突破项目区原有灌排设施、田间道路和农田防护林等农田基础设施实际用地和项目区通过高标准农田建设实际新增耕地的面积之和。确需少量突破或调整的，由县级人民政府负责组织编制永久基本农田调整补划方案，统筹落实调整补划任务。由县级自然资源主管部门负责将永久基本农田调整补划方案，按照有关规定逐级报国务院自然资源主管部门备案，更新永久基本农田数据库。

2. 土地整治调整红线

2019年，自然资源部印发《关于开展全域土地综合整治试点工作的通知》(自然资发〔2019〕194号)，明确整治区域内涉及永久基本农田调整的，应确保新增永久基本农田面积原则上不少于调整面积的5%，调整方案应纳入村庄规划。整治区域完成整治任务并通过验收后，更新完善永久基本农田数据库。2023年，自然资源部办公厅进一步印发《关于严守底线规范开展全域土地综合整治试点工作有关要求的通知》(自然资办发〔2023〕15号)，规定土地综合整治中确需对少量破碎的耕地和永久基本农田进行布局调整的，按照"总体稳定、优化微调"的原则，在数量有增加、质量有提升、生态有改善、布局更优化的前提下，稳妥有序实施(图7-7)。

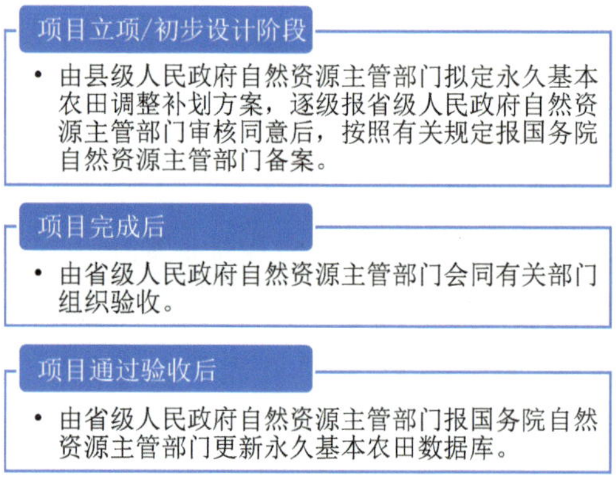

项目立项/初步设计阶段
- 由县级人民政府自然资源主管部门拟定永久基本农田调整补划方案，逐级报省级人民政府自然资源主管部门审核同意后，按照有关规定报国务院自然资源主管部门备案。

项目完成后
- 由省级人民政府自然资源主管部门会同有关部门组织验收。

项目通过验收后
- 由省级人民政府自然资源主管部门报国务院自然资源主管部门更新永久基本农田数据库。

图7-7　土地整治调整永久基本农田红线程序
资料来源：作者自绘

3. 集体经济组织配套设施建设调整红线

集体经济组织在永久基本农田开展必要的灌溉及排水设施、农村道路、农田防护林等配套设施建设确需对少量永久基本农田布局进行优化调整，且不涉及非农建设占用的，按照下列规定办理：

首先，集体经济组织按照集体经济组织章程规定，履行重大事项决议程序后，按年度向乡(镇)人民政府提出永久基本农田调整补划建议。

其次，乡(镇)人民政府结合实际情况，统筹永久基本农田调整补划建议。辖区内永久基本农田储备区耕地超过上级下达的永久基本农田保护任务1%比例的，可以按年度向县级人民政府自然资源主管部门提出调整补划申请。永久基本农田年度调整规模不超过辖区内永久基本农田实际划定面积的1%。

接着，县级人民政府自然资源主管部门统筹乡(镇)人民政府提出的永久基本农田调整补划申请,依据国土空间规划拟定永久基本农田调整补划方案,按照有关规定逐级报省级自然资源主管部门审核同意后,报国务院自然资源主管部门备案。

然后,配套设施建设完成后,由市级人民政府自然资源主管部门会同同级农业农村主管部门对永久基本农田调整补划方案落实情况进行核查。

最后,核查通过后,经省级人民政府自然资源主管部门审核,报国务院自然资源主管部门更新永久基本农田数据库。

4. 年度评估调整红线

乡(镇)人民政府按照国家有关规定对辖区内永久基本农田保护情况进行年度评估,根据评估结果确需对少量永久基本农田布局进行调整优化的,应当落实"数量不减、质量不降、布局稳定"的要求,按照下列规定办理:

首先,乡(镇)辖区内永久基本农田储备区耕地超过上级下达永久基本农田保护任务1%比例的,乡(镇)人民政府可以申请将储备区中的优质耕地或农业空间治理活动中产生的优质耕地调入永久基本农田。

其次,乡(镇)辖区内永久基本农田存在移民搬迁后不适宜耕种的地块,零星破碎地块,以及位于15度以上、处于生态脆弱地区、列入严格管控类且无法恢复治理、灾毁和采矿损毁无法修复、年度国土变更调查认定为不稳定耕地等地块或者经核实不符合划入永久基本农田要求的,乡(镇)人民政府可以同时申请将有关地块调出永久基本农田。

最后,符合条件后,乡(镇)人民政府可以向县级人民政府自然资源主管部门提出调整优化申请,县级人民政府自然资源主管部门核查后形成永久基本农田保护红线年度调整补划方案,逐级报省级人民政府自然资源主管部门审核同意后,报国务院自然资源主管部门更新国家永久基本农田数据库。

根据年度评估结果申请调整的永久基本农田原则上应当在乡(镇)范围内,个别确实无法在乡(镇)范围内落实补划的,按照省级人民政府自然资源主管部门的规定做好统筹。省级人民政府自然资源主管部门应当确保本行政区域内永久基本农田调入面积大于调出面积,优化调整后永久基本农田中属于平原地区的耕地面积应当增加,山区耕地面积应当减少。

7.2 生态保护红线

2015年9月,中共中央、国务院发布了《生态文明体制改革总体方案》,以正确处理人与自然的关系为核心,树立"绿水青山就是金山银山""山水林田湖是一个生命共同体"的理念(图7-8)。2017年,党的十九大报告从建设生态文明的高度,要求提升生态系统质量和稳定性,并完成生态保护红线划定工作。生态保护红线是国家生态安全的底线和生命线,关乎充分发挥自然生态系统生态功能、维护国家生态安全,也关乎子孙

图7-8 山水林田湖草共同体关系示意图
资料来源：作者自绘

后代生存发展和中华民族永续发展①②。至2023年4月，我国生态保护红线划定工作全面完成。

习近平总书记先后多次就生态保护红线作出重要指示批示，要求建立严格的管控体系，实现一条红线管控重要生态空间。2017年3月，国家有关部门出台的《自然生态空间用途管制办法（试行）》原则确定生态保护红线区按照禁止建设区的要求、其他生态空间按照限制建设区的要求控制。生态保护红线管控要求主要依据《生态保护红线划定技术指南》中的"性质不转换、功能不降低、面积不减少、责任不改变"，或依据生态保护红线的不同组成对象，执行风景名胜区、自然保护区、森林公园、湿地保护及水源保护等不同领域的法律法规，总体上管控要求比较严格。2022年8月，自然资源部、生态环境部和国家林业和草原局联合印发《关于加强生态保护红线管理的通知（试行）》（自然资发〔2022〕142号，简称142号文），进一步明确了生态保护红线管理要求，强化了生态保护红线管理。

7.2.1 生态保护红线差异化用途管控

众多学者从维护生态系统安全和质量的角度出发，提出对生态空间进行差异化用途管控，细化生态保护红线具体管控要求，推进生态保护和经济社会协调发展③④⑤。2020年，程茂吉在研究中对不同分级生态空间管控提出要求。其中生态保护红线区的"无人区"侧重刚性管控，以生态保护修复为主的区域，除了必要的管护设施外，基本不进行开发建设，不对游客开放；"有条件进入区"侧重刚性管控，明确禁止住宅、商业等城镇开发建设，但可兼容少量的科教宣传等设施。生态控制区以生态修复、生态维育为主，严禁有损主导生态功能的开发建设活动，体现适度弹性引导，可通过指标控制达到管控要求。具体见下表7-1：

---

① 黄润秋.划定生态保护红线守住国家生态安全的底线和生命线[J].时事报告（党委中心组学习），2017(5)：51.
② 李干杰."生态保护红线"——确保国家生态安全的生命线[J].求是，2014(2)：44.
③ 汪云，夏巍，刘菁，等.武汉城市生态空间转型发展策略与路径研究[J].城市规划，2018，42(S2)：41.
④ 程茂吉，陶修华，张彦.生态空间的系统化构建和差异化管控研究[J].规划师，2020(2)：52.
⑤ 燕守广，林乃峰，沈渭寿.江苏省生态红线区域划分与保护[J].生态与农村环境学报，2014，30(3)：296.

表7-1　不同分级生态空间管控主要要求

生态空间用途分区	定义与范围		主导功能与管控要求
生态保护红线区	具有特殊重要生态功能，必须强制性严格保护的区域，以目前划定的国家生态保护红线区为主，是生态空间管控最严格的主导功能区	"无人区"	自然保护区的核心区等各类禁止开发的保护地以及生态敏感性或生态功能价值极其重要的地区	侧重刚性管控，以生态保护修复为主的区域，除了必要的管护设施外，基本不进行开发建设，不对游客开放
		"有条件进入区"	除"无人区"外的其他生态保护红线区	侧重刚性管控，明确禁止住宅、商业等城镇开发建设，但可兼容少量的科教宣传等设施
生态控制区	包括未列入生态保护红线区的其他山体、湖泊、河流水系以及具有重要生态服务功能的生态涵养区、隔离廊道等，从满足人民群众对自然山水生态空间休闲游憩的需求出发，可兼容点状休闲旅游配套服务设施及基础设施建设			以生态修复、生态维育为主，严禁有损主导生态功能的开发建设活动，体现适度弹性引导，可通过指标控制达到管控要求

资料来源：程茂吉，陶修华，张彦.生态空间的系统化构建和差异化管控研究[J].规划师，2020（2）：52.

2022年142号文的发布明确了生态保护红线差别化管控的具体内容。生态保护红线内，自然保护地核心保护区原则上禁止人为活动，其他区域严格禁止开发性、生产性建设活动，在符合现行法律法规前提下，除国家重大战略项目外，仅允许对生态功能不造成破坏的有限人为活动（图7-9）。

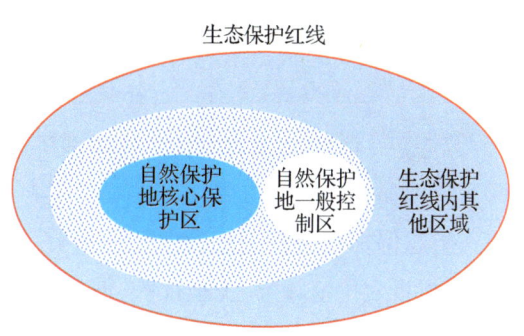

图7-9　生态保护红线示意图
资料来源：作者自绘

专栏7-3　有限人为活动范围

① 管护巡护、保护执法、科学研究、调查监测、测绘导航、防灾减灾救灾、军事国防、疫情防控等活动及相关的必要设施修筑。

② 原住居民和其他合法权益主体，允许在不扩大现有建设用地、用海用岛、耕地、水产养殖规模和放牧强度（符合草畜平衡管理规定）的前提下，开展种植、放牧、捕捞、养殖（不包括投礁型海洋牧场、围海养殖）等活动，修筑生产生活设施。

③ 经依法批准的考古调查发掘、古生物化石调查发掘、标本采集和文物保护

活动。

④ 按规定对人工商品林进行抚育采伐，或以提升森林质量、优化栖息地、建设生物防火隔离带等为目的的树种更新，依法开展的竹林采伐经营。

⑤ 不破坏生态功能的适度参观旅游、科普宣教及符合相关规划的配套性服务设施和相关的必要公共设施建设及维护。

⑥ 必须且无法避让、符合县级以上国土空间规划的线性基础设施、通讯和防洪设施、供水设施建设和船舶航行、航道疏浚清淤等活动；已有的合法水利、交通运输等设施运行维护改造。

⑦ 地质调查与矿产资源勘查开采。包括：(略)。上述勘查开采活动，应落实减缓生态环境影响措施，严格执行绿色勘查、开采及矿山环境生态修复相关要求。

⑧ 依据县级以上国土空间规划和生态保护修复专项规划开展的生态修复。

⑨ 根据我国相关法律法规和与邻国签署的国界管理制度协定（条约）开展的边界边境通视道清理以及界务工程的修建、维护和拆除工作。

⑩ 法律法规规定允许的其他人为活动。

开展上述活动时禁止新增填海造地和新增围海。上述活动涉及利用无居民海岛的，原则上仅允许按照相关规定对海岛自然岸线、表面积、岛体、植被改变轻微的低影响利用方式。

7.2.2 严格项目占用生态红线审批

1. 有限人为活动占用

生态保护红线管控范围内允许的有限人为活动，涉及新增建设用地、用海用岛审批的，在报批农用地转用、土地征收、海域使用权、无居民海岛开发利用时，附省级人民政府出具的符合生态保护红线内允许有限人为活动的认定意见；不涉及新增建设用地、用海用岛审批的，按有关规定进行管理，无明确规定的由省级人民政府制定具体监管办法。上述活动涉及自然保护地的，应征求林业和草原主管部门或自然保护地管理机构意见（图7-10）。

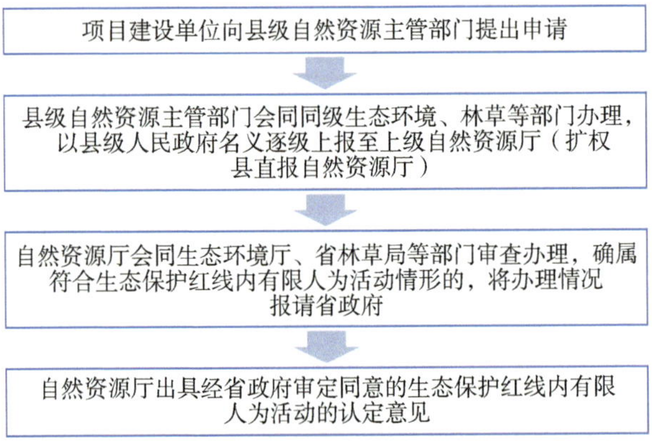

2. 有限人为活动外占用——国家重大项目

生态保护红线管控范围内允许

```
项目建设单位向县级自然资源主管部门提出申请
          ↓
县级自然资源主管部门会同同级生态环境、林草等部门办理，
以县级人民政府名义逐级上报至上级自然资源厅（扩权
县直报自然资源厅）
          ↓
自然资源厅会同生态环境厅、省林草局等部门审查办理，确属
符合生态保护红线内有限人为活动情形，将办理情况
报请省政府
          ↓
自然资源厅出具经省政府审定同意的生态保护红线内有限
人为活动的认定意见
```

图7-10 生态保护红线内有限人为活动认定意见办理流程

资料来源：四川省自然资源厅.关于加强和规范生态保护红线管理的通知（试行）[R].2023.

的有限人为活动之外，确需占用生态保护红线的国家重大项目（不含新增填海造地和新增用岛），按规定由自然资源部进行用地用海预审后，报国务院批准。报批农用地转用、土地征收、海域使用权时，附省级人民政府基于国土空间规划"一张图"和用途管制要求出具的不可避让论证意见，说明占用生态保护红线的必要性、节约集约和减缓生态环境影响措施。依据142号文，国家重大项目占用生态保护红线不可避让论证意见办理流程如下：

国家重大项目新增填海造地、新增用岛确需在生态保护红线内实施的，省级人民政府应同步编制生态保护红线调整方案，调整方案随海域使用权、无居民海岛开发利用申请一并报国务院批准（图7-11）。

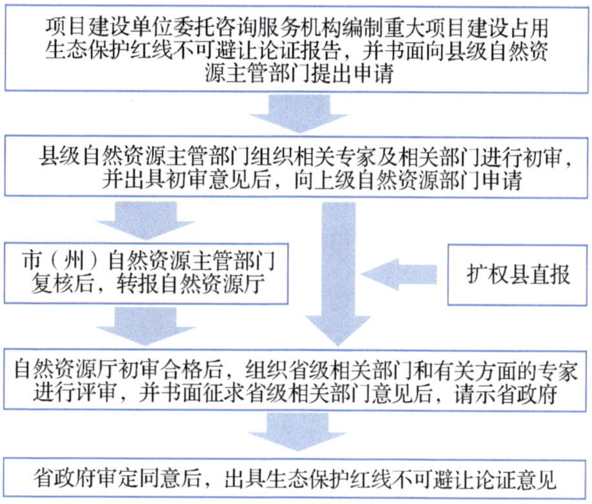

图7-11 国家重大项目占用生态保护红线不可避让论证意见办理流程

图片来源：四川省自然资源厅.关于加强和规范生态保护红线管理的通知（试行）[R].2023.

专栏7-4　国家重大项目范围

① 党中央、国务院发布文件或批准规划中明确具体名称的项目和国务院批准的项目；

② 中央军委及其有关部门批准的军事国防项目；

③ 国家级规划（指国务院及其有关部门正式颁布）明确的交通、水利项目；

④ 国家级规划明确的电网项目，国家级规划明确的且符合国家产业政策的能源矿产勘查开采、油气管线、水电、核电项目；

⑤ 为贯彻落实党中央、国务院重大决策部署，国务院投资主管部门或国务院投资主管部门会同有关部门确认的交通、能源、水利等基础设施项目；

⑥ 按照国家重大项目用地保障工作机制要求，国家发展改革委会同有关部门确认的需中央加大建设用地保障力度，确实难以避让的国家重大项目。

3. 临时用地占用

生态保护红线内允许的有限人为活动和国家重大项目占用生态保护红线涉及临时用地的，按照自然资源部关于规范临时用地管理的有关要求，参照临时占用永久基本农田规定办理,严格落实恢复责任。

7.2.3 重大建设项目占用生态保护红线不可避让论证程序——以XX省为例

1. 准备工作

① 技术初审。收到省政府批转的有关市政府申请后,省自然资源厅组织对成果资料完备性、内容规范性、表述准确性以及项目是否符合生态保护红线管理要求等方面进行技术初审,形成初审意见反馈各市自然资源主管部门。各市按照初审意见组织对论证报告修改完善,并提交补正材料,经复核通过后方可组织开展论证。

② 抽取专家。根据项目涉及的专业领域要求,在"XX省自然资源专家库"和省生态环境厅、省交通运输厅、省水利厅、省能源局等相关部门推荐的专家中随机抽取专家。

③ 制定论证方案。项目论证前,省自然资源厅研究制定专家论证会议方案。方案经分管厅领导审核通过后,通知参会专家、省有关部门负责同志和项目所在市自然资源主管部门、论证报告编制单位有关人员参会。

2. 专家论证

(1) 汇报项目情况

省自然资源厅有关部门负责同志主持会议,介绍有关情况,推选专家组组长。项目所在市自然资源主管部门负责同志汇报项目情况,主要包括:项目基本情况、前期手续办理情况、符合国土空间规划(土地规划、城乡规划)或相关规划情况、涉及生态保护红线情况、方案比选和不可避让性、节约集约用地情况、涉及自然保护地等区域情况、可能对周边生态环境造成的影响及采取的减缓措施、报告结论,以及市级论证情况、现场勘查的照片影像辅助资料等。

(2) 专家审查论证意见

与会专家结合相关部门的意见,进行质询和讨论,形成专家审查论证意见,并签字确认。

3. 报告修改与资料存档

(1) 修改完善

会议结束后,按照专家论证意见及部门意见组织对论证报告进行修改完善,形成修改情况说明。

(2) 提交成果

修改后的论证报告、修改情况说明及相关补正材料应于10个工作日内提交省自然资源厅,经专家及省有关部门复核通过后,由省自然资源厅履行后续报批程序(图7-12)。

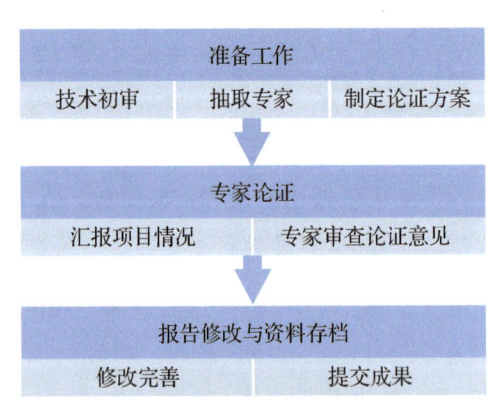

图7-12　XX省重大建设项目占用生态保护红线不可避让论证程序

资料来源:作者自绘

专栏7-5　XX省建设项目穿越（占用）生态保护红线不可避让论证报告编制要求

国家重大建设项目确需在生态保护红线内实施的，应当编制《建设项目穿越（占用）生态保护红线不可避让论证报告》。论证报告成果应包括报告文本、附图和项目批准文件等支撑性材料。编制要求如下：

一、文本

报告文本主要包括以下内容：

（一）概述。对报告编制的背景、原则、依据、数据来源等进行说明。

（二）项目基本情况。对项目名称、性质、地点、规模、工期、工艺等进行说明，重点说明项目建设的必要性、前期手续办理情况，以及涉及生态保护红线区域的项目工程规模、施工工艺、工期、材料运输方式和线路等。

（三）项目穿越（占用）生态保护红线概况与合规性。说明项目所在县（市、区）生态保护红线情况，项目穿越（占用）的生态保护红线区的名称、类型、位置、分区、面积等情况，涉及自然保护地、饮用水水源保护区等区域情况及相关主管部门意见。详细说明项目属于文件规定的允许占用生态保护红线的国家重大项目情形及依据。

（四）项目穿越（占用）生态保护红线的不可避让性。对不同选址方案涉及生态保护红线的空间位置、用地形式、施工工艺、占地面积（永久占地和临时用地）、现状地类、动植物资源、主要保护对象分布，以及对生态系统、生态功能的影响，节约集约用地等进行比较分析，提出推荐方案，充分论证项目穿越（占用）生态保护红线的不可避让性，说明是否采取必要的工程技术措施减少穿越（占用）生态保护红线。

（五）建设项目对生态保护红线的影响及采取的生态保护措施。结合项目施工期和运营期，分别说明建设项目对生态保护红线的影响，以及采取的生态保护措施。

（六）结论与建议。明确项目属于文件规定的允许占用生态保护红线的国家重大项目具体情形，简要总结项目穿越（占用）生态保护红线的必要性、用地节约集约性、对生态保护红线的影响以及采取的减缓生态环境影响的措施，梳理存在的问题，提出优化完善建议。

二、附图

图件数据采用2000国家大地坐标系统，高斯—克吕格投影，1985国家高程基准；附图根据项目用地范围大小自行设定比例尺。幅面大小原则上不大于A0幅面。包括但不限于以下图纸：

（一）项目区位示意图。应体现项目在省、市、县等不同层级行政区域的区位。

（二）项目穿越生态保护红线位置图。在相对完整的被涉及生态保护红线区域对项目位置进行落界，并叠加项目比选选址位置。

（三）项目涉及生态保护红线区域主要保护对象分布图。标注主要保护对象，无明确主要保护对象的可以借助自然保护地功能分区等辅助表达保护要求，并叠加项目选址路线。

（四）项目涉及生态保护红线区域生态现状图。采用最新影像图，通过鸟瞰照片、正常视点透视照片等表达项目选址路线生态现状。

（五）项目涉及生态保护红线区域现状地类图。清晰表达项目选址路线的现状地类，并附表格反映项目占用生态红线区域地类一览表。

（六）项目与相关规划的符合性分析图。清晰表达项目选址在相关规划图纸中的位置，以及项目符合规划的详细情况。

（七）项目相关设计图。点状用地项目应提供建筑或构筑物平面布置图、立面图；线状用地项目提供工程平面布置图、断面图、剖面图等。

三、格式

（一）报告排版。报告应按封面、内封、目录、正文、附表、附图顺序排版，竖版左侧装订，A4大小。

（二）报告落款。报告封面及内封落款应为建设项目单位名称、报告编制单位名称和年月。

（三）图件要求。图件名称为"XX项目位置示意图""XX项目穿越（占用）生态保护红线示意图"等，叠图A4大小统一装订。

7.2.4 生态保护红线调整

《生态保护红线管理办法（试行）》规定：生态保护红线一经划定，未经批准，严禁擅自调整。各地不得擅自通过修改市县乡级国土空间规划调整生态保护红线。符合规定确需调整的，应根据国务院或省级人民政府有关批准文件，修改相应层级国土空间规划，调整生态保护红线，更新国土空间规划"一张图"。

1. 生态保护红线调入

国务院自然资源主管部门会同有关部门，定期监测生态系统功能变化，结合生态保护修复、退耕还林还草还湿、人为活动调整退出等，经科学评估，适时将生态系统服务功能得到提升，或生态系统面临退化风险的区域调入生态保护红线，优化生态保护红线布局，调整方案按程序报国务院批准。

拟调入生态保护红线的区域，应属生态功能极重要、生态系统极脆弱区域，包括森林、草原、湖泊、湿地等重要生态系统和重要物种栖息地，或位于生态保护红线邻近区域的重要生态空间，调入后有利于提高生态系统的完整性和空间连通性。

2. 自然保护地调整

自然保护地等禁止开发区域边界范围发生调整的，生态保护红线相应调整。省级自然资源主管部门依据国务院或省级人民政府批准文件，调整生态保护红线，并报自然资源部备案。涉及多个省域的，省级自然资源主管部门应做好省际沟通衔接。

3. 生态保护红线调出

因国家重大项目建设，确需占用生态保护红线的，经评估对生态功能造成破坏的，按程序调整生态保护红线。

7.2.5 生态保护红线管控措施探索

2023年8月，在首个全国生态日主场活动生态文明重要成果发布会上，中国国土勘测规划院组织编撰的《中国生态保护红线蓝皮书（2023年）》（简称《蓝皮书》）发布，这是我国首次以蓝皮书形式发布生态保护红线划定成果。《蓝皮书》在系统总结了国家及地方层面生态保护红线管理要求的基础上，对完善管控措施提出了进一步的建议[①]。

1. 针对特殊情形探索分类管理

坚持三条控制线不交叉、不重叠、不冲突的总体原则，针对某些特殊情形，探索采取分类管理的措施。比如，对依赖于农作物种植的珍稀鸟类自然保护区，从保障鸟类栖息地生境出发，一方面，结合未来自然保护区边界的动态优化，可将周边永久基本农田纳入自然保护区范围；另一方面，对自然保护区内的一般耕地，可结合永久基本农田调整补划工作，逐步纳入永久基本农田储备区，未来可探索实施生态保护红线和永久基本农田的"双重"管理。又比如，对于云南红河哈尼梯田等梯田湿地公园，因其兼具生态功能和农耕文化双重复合功能，在充分尊重地方意愿基础上，也可考虑探索实施永久基本农田和生态保护红线"双重"管理。

2. 探索生态系统适应性管控措施

生态保护红线划定过程中，为了减少矛盾冲突，将永久基本农田、矿业权、重大建设项目、人工商品林等调出了生态保护红线，下一步建议对这些区域探索实施生态化管控措施，减少人为活动对生态系统的扰动。比如，对生态保护红线周边的永久基本农田，应引导农民实施生态种植，严格控制农药和化肥的使用；对矿产勘查开采活动，应按照绿色矿山建设的要求，严格评估矿产开发对生态系统的影响，加强日常监管和定期督察，及时开展生态修复；对人工商品林应注重采用更为科学合理的采伐方式和更新技术，最大限度降低对生态系统功能的影响。

---

① 中国国土勘测规划院.中国生态保护红线蓝皮书（2023年）[M].北京：中国大地出版社，2023.

3. 开展定期监测及保护成效评估

以自然资源调查监测体系为基础，结合国土空间规划实施评估等要求，围绕生态系统结构、布局、质量、功能和风险等研究制定生态保护红线监测及保护成效评估技术标准，监测生态保护红线范围内各类用地变化及人为活动情况，分析生态保护红线生态状况变化趋势。结合资源环境承载能力监测预警、国土空间规划实施评估，适当优化生态保护红线空间布局，开展生态系统保护和修复工作。

7.3 城镇开发边界

2019年，中办、国办联合印发了《关于在国土空间规划中统筹划定落实三条控制线的指导意见》，至此，开始了长久而艰难的"三区三线"划定工作，持续到2023年初，全国的"三区三线"才完全划定完成（详见第四章）。

城镇开发边界作为一项我国国土空间规划和用途管制关键的公共政策工具，其最终目的是通过有效实施达到界定和应对城市扩张所引发的外部性的政策目标，因此相比城镇开发边界的划定工作，更重要的是划定后的管理和监督，这在很大程度上依赖于一套合理的管理政策设计[①②③]。

为了运用好"三区三线"划定成果，解决城镇开发边界从"怎么划"转向"怎么管"的问题，在借鉴多地经验做法、广泛听取各地意见建议后，2023年10月，自然资源部印发《关于做好城镇开发边界管理的通知（试行）》（自然资发〔2023〕193号）。这是第一份以政策文件形式规定了城镇开发边界管理的文件，之前，对于城镇开发边界的管理内容集中在《城镇开发边界划定指南（试行）》以及《全国国土空间规划纲要》这两个文件中，但是这两个文件一个是指南，一个是规划，都不是管理能够有效依托的政策文件，此次发布该文件，进一步在国土空间开发保护利用中加强和规范了城镇开发边界管理，意义重大。

7.3.1 以往建设用地空间管制思路

为加强建设用地空间管制，依据《市县乡级土地利用总体规划编制指导意见》（国土资厅发〔2009〕51号）、《土地利用总体规划管理办法（2017年）》要求，编制市级、县级、乡（镇）级土地利用总体规划时需划定"三界四区"。其中"三界"分别为城乡建设用地规模边界、城乡建设用地扩展边界、城乡建设用地禁建边界；"四区"分别为允许建设区、有条件建设区、限制建设区、禁止建设区（图7-13）。

---

① 张书海,王小羽.城镇开发边界的划定与管理[J].中国土地,2019(1):29.
② 王晨跃,叶裕民,范梦雪.论城镇开发边界划定与管理的三大关系——基于"城市人"理论的理念辨析[J].城市规划学刊,2021(1):34.
③ 程茂吉.城镇开发边界的划定原则和管控政策探讨[J].城市规划,2019(8):70.

① "三界"

城乡建设用地规模边界：按照土地利用总体规划确定的城乡建设用地面积指标，划定城、镇、村、工矿建设用地边界。

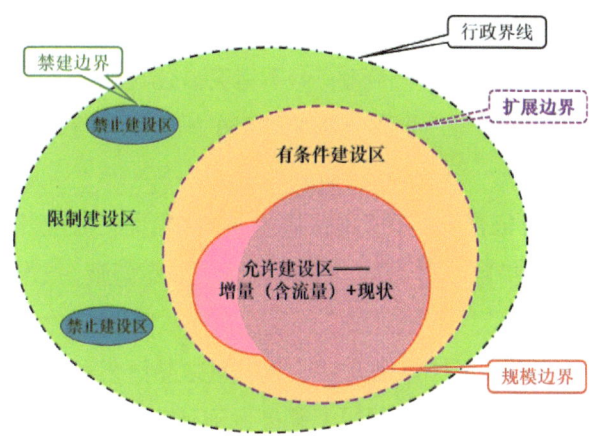

图7-13　原土地利用总体规划"三界""四区"关系模式图
资料来源：《南京市土地利用总体规划（1996—2010年）》

城乡建设用地扩展边界：为适应城乡建设发展的不确定性，在城乡建设用地规模边界之外划定城、镇、村、工矿建设规划期内可选择布局的范围边界。扩展边界与规模边界可以重合。

城乡建设用地禁建边界：为保护自然资源、生态、环境、景观等特殊需要，划定规划期内需要禁止各项建设的空间范围边界。

② "四区"

允许建设区：城乡建设用地规模边界所包含的范围，是规划期内新增城镇、工矿、村庄建设用地规划选址的区域，也是规划确定的城乡建设用地指标落实到空间上的预期用地区。

有条件建设区：城乡建设用地规模边界之外、扩展边界以内的范围。在不突破规划建设用地规模控制指标的前提下，区内土地可以用于规划建设用地区的布局调整。

限制建设区：辖区范围内除允许建设区、有条件建设区、禁止建设区外的其他区域。

禁止建设区：禁止建设用地边界所包含的空间范围，是具有重要资源、生态、环境和历史文化价值，必须禁止各类建设开发的区域。

表7-2　建设用地管制区分区代码

代码	管制区类型	说明	
010	允许建设区	011	现状建设用地
		012	新增建设用地
020	有条件建设区	—	—
030	限制建设区	—	—
040	禁止建设区	—	—

资料来源：《市县乡级土地利用总体规划编制指导意见》（国土资厅发〔2009〕51号）

③ 管制规则

允许建设区：区内土地主导用途为城、镇、村或工矿建设发展空间，具体土地利用安排应与依法批准的相关规划相协调。区内新增城乡建设用地受规划指标和年度计划指标约束,应统筹增量与存量用地,促进土地节约集约利用。规划实施过程中,在允许建设区面积不改变的前提下,其空间布局形态可依程序进行调整,但不得突破建设用地扩展边界。允许建设区边界(规模边界)的调整,须报与规划审批机关同级的国土资源管理部门审查批准。

有条件建设区:区内土地符合规定的,可依程序办理建设用地审批手续,同时相应核减允许建设区用地规模。规划期内建设用地扩展边界原则上不得调整。如需调整,按规划修改处理,严格论证,报规划审批机关批准。

限制建设区:区内土地主导用途为农业生产空间,是开展土地整理复垦开发和基本农田建设的主要区域。区内禁止城、镇、村建设,严格控制线型基础设施和独立建设项目用地。

禁止建设区:区内土地的主导用途为生态与环境保护空间,严格禁止与主导功能不相符的各项建设。除法律法规另有规定外,规划期内禁止建设区用地边界不得调整。

7.3.2 城镇开发边界管控主要内容

1. 城镇开发边界内管控

1)建设用地总量控制

各类城镇建设所需要的用地(包括能源化工基地等产业园区、围填海历史遗留问题区域的城镇建设或产业类项目等)均需纳入全省(区、市)规划城镇建设用地规模和城镇开发边界扩展倍数统筹核算。不得擅自突破城镇建设用地规模和城镇开发边界扩展倍数,严禁违反法律和规划开展用地用海审批。

在不突破规划城镇建设用地规模的前提下,城镇建设用地布局可在城镇弹性发展范围内进行调整,同时相应核减城镇集中建设区用地规模。调整方案由与国土空间规划审批机关同级的自然资源主管部门同意后,及时纳入自然资源部国土空间规划监测评估预警管理系统实施动态监管,调整原则上一年不超过一次。未调整为城镇集中建设区的城镇弹性发展区不得编制详细规划。特别用途区原则上禁止任何城镇集中建设行为,实施建设用地总量控制,原则上不得新增除市政基础设施、交通基础设施、生态修复工程、必要的配套及游憩设施外的其他城镇建设用地。根据实际功能分区,在市县国土空间规划中明确用途管制方式。

2)增量用地分阶段和年度控制

"十四五"期间可使用城镇开发边界内增量用地的40%,"十五五"要预留35%,"十六五"要预留25%。在年度增量用地使用规模上,至少为每年保留五年平均规模的80%,其余可以用于年度间调剂,但不得突破分阶段总量控制,以便为未来发展预留合理空间。之所以出台这项要求,就是为了倒逼各地使用存量用地,出台存量规划,避免"摊大饼"式的发展。

表7-3 各时期可使用增量用地情况

时期	期内可使用增量用地规模比例(%)	期内年度可使用增量用地规模比例(%)	期内可用于年度间调剂增量用地规模总比例(%)	备注
"十四五"（2021—2025年）	40	6.4	8	不得突破城镇建设用地规模和城镇开发边界扩展倍数
"十五五"（2026—2030年）	35	5.6	7	
"十六五"（2031—2035年）	25	4	5	
合计	100	—	—	

注：期内年度可使用增量用地规模比例＝期内可使用增量用地规模/5×80%
期内可用于年度间调剂增量用地规模总比例＝期内可使用增量用地总规模×20%
资料来源：作者根据相关资料整理

3)"详细规划＋规划许可"管制

在城镇开发边界内建设，实行"详细规划＋规划许可"的管制方式，并加强与水体保护线、绿地系统线、基础设施建设控制线、历史文化保护线等控制线的协同管控。这种管制方式注重规划的详细性和规划许可的严格性，旨在确保开发边界内的城市建设有序、合规地进行。"详细规划"对具体地块用途、开发建设强度和管控要求等进行详细规定。"规划许可"是对具体建设项目的审批，确保其建设行为符合规划要求。城镇开发边界内实施"详细规划"全覆盖，根据"详细规划"明确的用地性质统一核发"规划许可"。

2. 城镇开发边界外管控

1）零星城镇建设用地布局

城镇开发边界外空间主导用途为农业和生态，是开展农业生产、实施乡村振兴和加强生态保护的主要区域。城镇开发边界外不得进行城镇集中建设，不得规划建设各类开发区和产业园区，不得规划城镇居住用地。在落实最严格的耕地保护、节约用地和生态环境保护制度的前提下，结合城乡融合、区域一体化发展和旅游开发、边境地区建设等合理需要，在城镇开发边界外可规划布局有特定选址要求的零星城镇建设用地，并依据国土空间规划，按照"三区三线"管控和城镇建设用地用途管制要求，纳入国土空间规划"一张图"严格实施监督。

2）"等量缩减"建设用地

城镇开发边界外涉及的新增城镇建设用地纳入城镇开发边界扩展倍数统筹核算，等量缩减城镇开发边界内的新增城镇建设用地，确保城镇建设用地总规模和城镇开发边界扩展倍数不突破（图7-14）。

永久基本农田
新增建设用地
现状建设用地
生态保护红线
图例
城镇开发边界
现状建设用地
新增建设用地
永久基本农田
生态保护红线
新增零星城镇建设用地
等量缩减的城镇建设用地

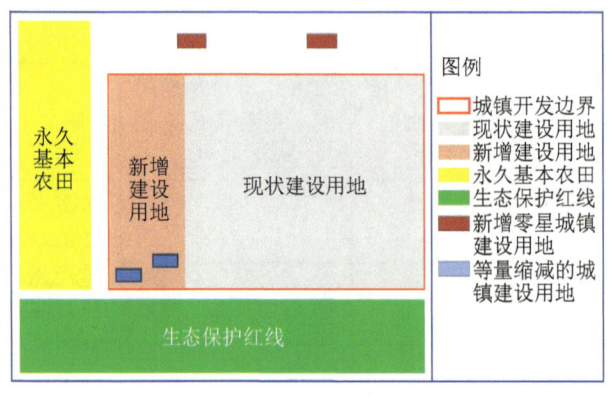

图7-14 “等量缩减”示意图
资料来源：作者自绘

3）“详细规划+规划许可”和“约束指标+分区准入”管制

在城镇开发边界外的建设，按照主导用途分区，实行“详细规划+规划许可”和“约束指标+分区准入”的管制方式。城镇开发边界外不开展大规模建设活动的单元，可以不编制详细规划。以“约束指标+分区准入”的方式核发规划许可的，可以在符合国土空间总体规划明确管控要求的基础上，通过编制规划落实方案细化地块用途，提出容积率、建筑密度、建筑高度、配套设施等规划条件。这种方式在注重规划的同时，也设定了一些约束条件和分区准入标准，以确保开发边界外的建设符合一定的规范和标准。

7.3.3 城镇开发边界调整

在规划实施期内，城镇开发边界可基于五年一次的规划实施评估按照法定程序经原审批机关同意后进行调整。城镇开发边界的调整可以分为城镇开发边界范围内耕地和永久基本农田的调整及其他六类可调整情形。

1. 城镇开发边界范围内耕地和永久基本农田的调整

确需对永久基本农田进行集中连片整治的，原则上仍应以“开天窗”方式保留在城镇开发边界范围内，且总面积不减少；确需调出城镇开发边界范围的，应确保城镇建设用地规模和城镇开发边界扩展倍数不突破。

2. 其他情形

在严格落实耕地保护优先序，确保城镇建设用地规模和城镇开发边界扩展倍数不突破的前提下，可对六种情形的城镇开发边界进行局部优化（图7-15）。

国家和省重大战略实施、重大政策调整、重大项目建设，以及行政区划调整涉及城镇布局调整的
因灾害预防、抢险避灾、灾后恢复重建等防灾减灾确需调整城镇布局的
耕地和永久基本农田核实处置过程中确需统筹优化城镇开发边界的
已依法依规批准且完成备案的建设用地，已办理划拨或出让手续，已核发建设用地使用权权属证书，确需纳入城镇开发边界的
已批准实施全域土地综合整治确需优化调整城镇开发边界的
规划深化实施中因用地勘界、比例尺衔接等需要局部优化城镇开发边界的

图7-15 城镇开发边界局部优化情况
资料来源：作者自绘

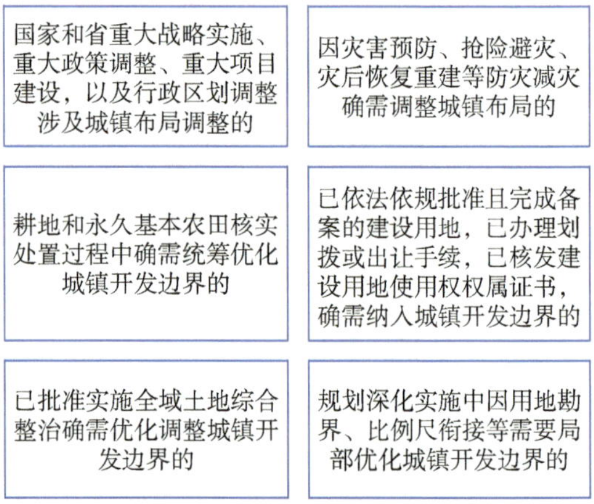

7.3.4 城镇开发边界全生命周期管理

城镇开发边界发生变化的，省级自然资源主管部门应及时向自然资源部汇交数据（附审查认定文件、矢量数据等），检验合格纳入国土空间基础信息平台和国土空间规划“一张图”实施监督信息系统

并反馈省级自然资源主管部门后，方可作为规划管理、用地用海审批的依据。自然资源部将依托国土空间规划"一张图"实施监督信息系统，加强对城镇开发边界实施、监督、评估、考核、执法等全生命周期管理。

7.3.5 城镇开发边界管理地方细化探索

为贯彻落实自然资源部《关于做好城镇开发边界管理的通知（试行）》（自然资发〔2023〕193号），在国土空间开发保护利用中加强和规范城镇开发边界管理，各省陆续出台进一步做好城镇开发边界管理的政策文件。

1. 江苏省细化探索

2024年5月，江苏省自然资源厅印发《关于进一步做好城镇开发边界管理的通知》（苏自然资发〔2024〕122号），在落实国家有关要求的基础上，对开发边界内外管理、城镇开发边界调整的实际需要进行了进一步规定。

1）城镇开发边界内

① 增量用地有序实施

落实自然资源部要求，"十四五"期间，江苏省各市县城镇开发边界内增量空间规模使用量原则上不得突破40%，应为"十五五""十六五"期间至少留下35%、25%的增量用地。在年度增量用地规模使用上，至少为每年留下五年平均规模的80%，为未来发展预留合理空间。

② 建设用地规模统筹

部分地方确因经济社会发展等需要局部突破的，原则上应在设区市范围内做好规模统筹。年度规模不足的县（市、区），允许通过城镇开发边界内存量建设用地布局优化，确保城镇开发边界内剩余增量用地符合要求。

③ 建设用地布局调整

在不突破城镇开发边界扩展倍数的前提下，城镇建设用地布局可在城镇弹性发展区内进行调整，同时相应核减城镇集中建设区用地规模。特别用途区原则上禁止任何城镇集中建设行为，除市政、交通等基础设施，必要的配套及游憩设施外，原则上不得新增其他城镇建设用地。

2）城镇开发边界外

① 可规划布局用地

在落实最严格的耕地保护、节约用地和生态环境保护制度的前提下，结合城乡融合、区域一体化发展等合理需要，在城镇开发边界外除了符合单独选址要求的项目用地、乡村建设用地、围填海历史遗留问题区域内非城镇非产业类项外，可以布局有特定选址要求的零星城镇建设用地，主要包括以下类型：确需布局在城镇开发边界外的城镇联接道路及其附属设施用地、"平急两用"公共基础设施用地等；具有特定选址或邻避要求的少量公共管理与公共服务设施、公用设施、零星工矿、物流仓储、商业服务业、科研用地等；依托自然景观、人文资源建设的必要的文化旅游服务设施用地等。

② 零星城镇建设用地规模管控

规划期内，城镇开发边界外规划新增零星城镇建设用地规模原则上不超过城镇开发边界扩展规模的5%。零星城镇建设用地可不划入城镇开发边界，但应纳入城镇开发边界扩展倍数统筹核算，等量缩减城镇开发边界内的新增城镇建设用地，确保城镇建设用地总规模和城镇开发边界扩展倍数不突破。

3）城镇开发边界局部优化

① 可优化情形

在严格落实耕地保护优先序，确保新增城镇建设用地规模和城镇开发边界扩展倍数不突破的前提下，可按以下情形对城镇开发边界进行局部优化：

a. 因国家和省重大项目建设确需优化城镇开发边界的；

b. 因灾害预防、抢险避灾、灾后恢复重建等防灾减灾确需调整城镇布局的；

c. 已依法依规批准且完成备案的，或已办理划拨或出让手续的，或已核发建设用地使用权权属证明的建设用地，围填海历史遗留问题区域内的城镇建设或产业类项目用海，确需纳入城镇开发边界的；

d. 耕地和永久基本农田核实处置、已批准实施国土空间全域综合整治确需统筹优化城镇开发边界的，自然保护地整合优化和生态保护红线评估调整、范围扩大确需统筹优化城镇开发边界的；

e. 规划深化或实施中，因用地勘界、比例尺衔接等需要局部优化城镇开发边界的，或在详细规划编制、修改过程中，对紧邻城镇开发边界的河流水面、绿地、道路等进行布局优化的，局部优化面积占项目用地面积比例一般不超过5%，且面积一般不超过2000平方米；

f. 其他经评估确需局部优化的。

② 城镇开发边界优化管理要求

城镇开发边界局部优化方案以县（市、区）为单元编制，调整面积原则上不超过城镇开发边界扩展规模的5%。涉及调入新增城镇建设用地的，应等量缩减城镇开发边界内的新增城镇建设用地。

鼓励城镇开发边界外的批而未用建设用地，有序腾挪迁建，在城镇开发边界内集中连片建设，实现空间布局优化。城镇开发边界内不实施的空间，可以有序复垦退出，优化城镇建设用地布局。已依法依规批准，或已办理划拨或出让手续，或已核发建设用地使用权权属证明的城镇建设用地，原则上不允许调出城镇开发边界。经局部优化调入、调出城镇开发边界的用地，原则上不允许再次调出或调入。

③城镇开发边界优化程序

城镇开发边界局部优化方案原则上每年可以上报一次。由县级自然资源主管部门编制方案，县级人民政府报请市级人民政府同意后，由市级自然资源主管部门上报省自然资源厅。省自然资源厅将审查通过的成果数据汇交至自然资源部，经自然资源部检验合格纳入国土空间基础信息平台和国土空间规划"一张图"实施监督信息系统后，作为规划管理、用地用海审批的依据。

2. 浙江省细化探索

2023年12月，浙江省自然资源厅印发《关于进一步做好城镇开发边界管理的通知（试行）》，明确要在保护利用中加强和规范城镇开发边界管理。

1）城镇开发边界内

增量用地规模统筹

在落实自然资源部新增城镇建设用地分阶段有序实施要求的基础上，浙江省提出在实行分阶段总量控制和年度增量控制中，部分地方确因经济社会发展等需要局部突破的，原则上应在设区市范围内实行规模统筹。省自然资源厅要适时完善规划建设用地额度管理、计划指标配置等机制，确保全省规划新增城镇建设用地分阶段规模不突破。

2）城镇开发边界外

① 从严管控

在落实国家要求的城镇开发边界外除不得进行城镇集中建设、不得规划建设各类开发区和产业园区、不得规划城镇居住用地外，浙江省补充不得兼容城镇居住功能的用地。

② 允许布局用地

确需安排在城镇开发边界外的规划城镇建设用地，应在落实最严格的耕地保护、节约用地、生态环境保护制度的前提下，符合用地类型和规模管控要求。允许下列用地在城镇开发边界外布局：

a. 乡村建设用地；

b. 交通、能源、水利、矿山、军事等单独选址项目用地；

c. 外事、宗教、监教、殡葬、安保、文物古迹和其他特殊用地等；

d. 结合城乡融合、区域一体化发展、旅游开发和"平急两用"公共基础设施建设等合理需要，有特定选址要求、确需布局在城镇开发边界外的少量城镇建设用地，主要包括：道路、交通场站、停车场等交通运输用地；供水、排水、供电、供燃气、供热、通讯、邮政、广播电视、环卫、消防和其他公用设施用地等；依托资源的零星产业用地；其他具有特定选址要求的少量公共管理与公共服务用地、商业服务业用地、仓储用地等。

③ 开发边界外城镇建设用地规模与报批

规模要求。各地确需安排在城镇开发边界外的规划城镇建设用地，应依据国土空间规划,按照"三区三线"管控和城镇建设用地用途管制要求,纳入国土空间规划"一张图"严格实施监管,所涉规划新增城镇建设用地规模,一般不超过当地规划新增城镇建设用地规模的10%,并需相应调减城镇开发边界内规划新增城镇建设用地规模,确保城镇开发边界扩展倍数和规划新增城镇建设用地规模不突破。

报批要求。除符合单独选址报批要求的用地外,其他用地按照城镇村分批次用地(含城乡建设用地增减挂钩实施方案)报批。历史围填海区域和存量建设用海依据法律法规和相关政策文件执行。在国土空间总体规划批准前,允许在城镇开发边界外布局的用地应纳入正在审查的国土空间总体规划。

3)允许结合国土空间规划编制局部优化城镇开发边界

在符合城镇开发边界局部优化条件的前提下,各地可结合市级、县级国土空间总体规划编制和修改工作,编制城镇开发边界局部优化方案,随市级、县级国土空间总体规划成果方案一并上报;属于因用地勘界、比例尺衔接等确需局部优化城镇开发边界的,各地可结合乡镇级国土空间总体规划、国土空间详细规划编制和修改工作,编制城镇开发边界局部优化方案,随乡镇级国土空间总体规划、国土空间详细规划成果方案一并上报。

第八章 市县国土空间总体规划传导

市县国土空间总体规划在国土空间规划体系中具有承上启下的作用，建立科学有效的传导机制，才能打通国家、区域战略通过市级规划向实施性规划逐步落实的路径。我国空间规划体系要求下级规划落实上级规划的导向十分清晰，如何把市级总体规划的意图有效传到县区总体规划、详细规划和专项规划，是市县总体规划编制过程中应关注的重点内容。国家有关市级国土空间总体规划编制技术指南规定了各级规划的基本深度，但对于不同层级、类型规划之间如何传导并没有提出具体要求，需要各地在编制国土空间总体规划实践中提出传导的内容、方式等建议，有效落实市级总体规划的要求，指导县区总体规划的编制。

8.1 规划传导的内涵和重要作用

8.1.1 规划传导内涵

在我国"五级三类"的国土空间规划体系中，建立纵向不同层级、横向不同类型规划之间的传导关系和技术路径，既是空间规划体系建立的基础，也是空间规划改革逻辑建构的重要内容。

2019年5月，中共中央、国务院发布《关于建立国土空间规划体系并监督实施的若干意见》（简称《若干意见》），提出了健全规划实施传导机制的概略性要求，即"明确规划约束性指标和刚性管控要求，同时提出指导性要求。制定实施规划的政策措施，提出下级国土空间总体规划和相关专项规划、详细规划的分解落实要求"。在强调规划层级传导重要性的同时，也区分了"约束性""刚性""指导性"等不同约束力的传导方式。

除了政府部门发布的政策文件外，如何将管控内容从宏观层面有效传导至实施"终端"也成为学术界探讨的重点，学者们从不同的角度和层面进行研究，为政策的完善和具体实施提供了丰富的学术支持。从传导路径来看，主要分为规划层级之间的传导以及总体规划与专项规划之间的协同两种形式。从规划传导内容来看，一般包括政策传导、指标传导、控制线传导、用途和设施传导等内容。

政策传导是各层级规划之间最基础且首要的传导方式，包括对规划目标、战略意图、土地使用政策以及具有空间属性的政策区传导等。指标传导是规划传导的核心要素，分为约束性指标和预期性指标[1]。以具有一定约束力的指标传导作为自上而下分解规划目标和规划管控的方式在理论上是可行且较为高效的，但总体上，这类传导方式在西方规划实践中因不同程度的实施困难而较少被采用。控制线传导属于空间边界类形式传导，主要体现在次国家一级或更低层级规划向下位层级规划传导的过程中，随着规划尺度的缩小，规划的空间性表达方式逐渐由高度概括指引性的结构性表达，向可度量实际面积或长度的实质性表达转变[2]。就目前学界已讨论较多的控制线传导而言，一般针对生态资源、海洋资源和各类专项规划设定的保护性边界和城市空间增长边界，地方政府以落实为主，如生态保护红线、永久基本农田保护红线和城镇开发边界。用途传导是实现空间用途管制的主要方式，在宏观规划层面广泛应用于政策性分类或粗线条的主要功能分区，体现空间结构意图和规划功能布局；在微观规划层面通过划分细致的用地功能分类来管控和规范开发建设行为[3]。空间用途传导的技术核心在于如何实现由"分区"向"分类"的有效转换。设施传导主要包括基础设施和公共服务设施传导，一般在宏观层面提出设施配置的原则性要求，市县国土空间总体规划层面提出设施选址指引，开发建设规划层面深化布局方案。

8.1.2 规划传导重要作用

1. 各级各类规划发挥各自作用又相互协调衔接的机制

国土空间规划体系是一个有机的体系，其中不同层级的规划各自发挥着独特而重要的作用，并且相互之间紧密关联。总体规划在国土空间规划体系中起着引领性的作用。国家、省、市等不同层级的国土空间总体规划，为区域的发展确定了总体战略、目标定位、空间布局等重大方向。例如，市级国土空间总体规划会根据国家和省级的发展要求，结合本市的实际情况，对城市的功能布局、产业发展、生态保护等方面进行全面统筹规划。这种规划的传导机制就如同一个紧密连接的链条。国土空间总体规划的决策和要求会传导到县区国土空间总体规划，县区国土空间总体规划在承接上级国土空间总体规划的基础上，进一步细化和落实相关内容，使其更具针对性和可操作性。县区国土空间总体规划会充分考虑本区域的特色资源、发展需求和实际问题，对土地利用、基础设施建设、公共服务设施布局等进行具体安排。而详细规划则是在国土空间总体规划和县区国土

---

[1] 徐晶,杨昔.国土空间规划传导体系与实施机制探讨[J].中国土地,2020(8): 23.
[2] 张立,李雯骐,汪劲柏.空间规划的传导协同——治理视角下的国际实践与启示[J].国际城市规划,2022(5): 6.
[3] 程遥,赵民.国土空间规划用地分类标准体系建构探讨——分区分类结构与应用逻辑[J].城市规划学刊,2021(4): 54.

空间总体规划的指导下，对特定区域进行更加深入细致的规划设计，确定每一块土地的用途、开发强度、建筑形态等具体指标。这种传导机制体现了国土空间规划的内在关联性。各个层级的规划相互依存、相互支持，共同构成了一个完整的国土空间规划体系。

2. 推进治理体系和治理能力现代化的重要政策工具

规划传导体系在国土空间规划编制审批体系、实施监督体系、法规政策体系和技术标准体系中具有重要作用（图8-1）。从编制审批体系上看，要求国土空间规划从技术性审查转换到控制性审查，通过各级各类规划有效传导保障"多规合一"规划实施；从实施监督体系上看，对下级规划中管控边界、约束性指标等管控要求的执行落实情况也将成为自然资源执法督察的重要内容；从法规政策体系上看，以规划传导为核心完善配套政策，可以更加有效地保障完善法规政策体系的刚性和弹性；从技术标准体系上看，结合规划传导体系完善技术标准，可以进一步明确规划管控规则，也可以为地方管理和创新活动留有空间。市县总体规划意图的落实情况是衡量治理成效的重要标准之一，通过对规划传导的检查，进而判断国土空间总体规划意图是否落实，及时发现问题并采取相应的措施进行整改，确保规划的有效实施，维护规划的严肃性和权威性。

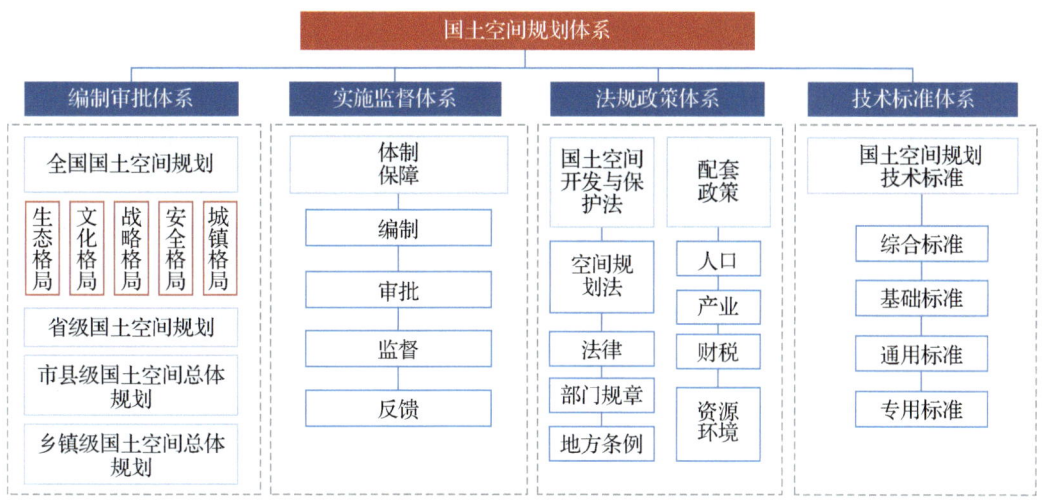

图8-1　国土空间规划四大运行体系示意图
资料来源：作者自绘

3. 规范各级规划编制审批的基本依据和规范标准

《若干意见》提出要求"健全规划实施传导机制，确保规划能用、管用、好用"。在中国的分级管理体制下，省、市、县各级规划相互衔接、各有定位，共同构成了一个完整的规划体系。规划传导体系有助于明确不同层级规划之间的协调衔接关系，形成规范下级规划编制和上级督查下级规划执行情况的基本规则，确保各级规划协调统一、有效实施。为贯彻落实《若干意见》，各地结合实际情况逐步探索建立规划纵向传递的空间管控机制，进一步深化了国土空间总体规划编制要求以及对市辖县（市、区）国土空间总体规划、专项规划的传导要求。例如，江苏省出台的《关于建立全省国土空间规划体系并监督实施的意见》（苏发〔2019〕30号）要求强化规划传导，建立规划纵向传递和横向传导的空间管控机制，并明确了省、市县、乡镇级国土空间总体规划的编制重点和传导要求。自然资源部印发的《市级国土空间总体规划编制指南（试行）》（简称《市级指南》）要求按照主体功能区定位，落实市级国土空间总体规划确定的规划目标、规划分区、重要控制线、城镇定位、要素配置等规划内容，制定市辖县（市、区）的约束性指标分解方案，下达调控指标，确保约束性指标的落实。

8.2 规划传导既有实践经验

8.2.1 原相关规划的做法

1. 主体功能区规划

原主体功能区规划主要是以行政边界为基本单元，划定优化开发区、重点开发区、限制开发区（可细分为农产品主产区、重点生态功能区）、禁止开发区四大主体功能区，明确各类区域的功能定位、发展目标和发展方向，并提出与主体功能定位相对应的产业政策、投资政策、土地政策、环境政策、人口政策以及财政政策等，力图实现因地制宜的差异化发展。主体功能区规划采取的是"自上而下""下级服从上级"的单向传导方式，具有鲜明的政策传导特征，虽然有利于顶层设计意图的逐层分解，但是其以县、镇为基本单元，使得全行政区单一的定位与内部非均质的发展条件存在一定的矛盾[①]。

2. 城乡规划

在原城乡规划方面，《中华人民共和国城乡规划法》设立了国家、省级、市级、县级和乡镇的五级城乡规划编制体系。这一体系注重技术性，规划提出的各类管控手段多样，在具体传导中也具有多样性。主要传导方式包括规则传导、名录传导、指标传导、结构传导、边界传导、形态传导等（表8-1）。

表8-1 城乡规划主要传导方式一览表

传导方式	传导内容	传导路径	实例
规则传导	内容过细，无法在本级规划中定量或定位的对象	上级规划列出必须遵守的法律法规、规范标准等，本级规划深化细化，并明确下级规划深化的原则和要求	市级国土空间总体规划明确公共设施配置标准，县区级国土空间总体规划、乡镇级国土空间总体规划逐级传导落实，明确各级各类公共设施布局

---

① 胡海波，唐小龙.国土空间规划多元传导机制构建——基于南通地区多层次规划实践的探索[J].城乡规划，2021（1）：41.

续表

传导方式	传导内容	传导路径	实例
名录传导	需要明确传导对象名录及管控要求，但在本级规划中难以定位的对象	上级规划确定特定区域、设施、项目等规划内容的名称、规模等，本级规划深化细化，并提出下级规划划定边界、空间管控等深化要求	国家公布国家级文物保护单位名录，提出管控要求，各级规划逐级传导落实，逐步实现由名录到定位到划界的深化细化
指标传导	需要明确传导对象的指标要求，核心指标一般为人口规模、建设用地规模等以及人均建设用地、人均公园绿地等量化指标	上级规划明确指标要求，本级规划传导落实，并提出下级规划的分解和落实要求	市级国土空间总体规划确定全市人口规模，并分配到各个县区；县区级国土空间总体规划传导落实，深化细化县城、新市镇的人口规模
结构传导	需要明确空间布局结构性要求的对象	上级规划明确总体结构、廊道大致走向、空间连续性或最低宽度要求以及功能分区等结构性要求，本级规划深化细化，并提出下级规划引导要求	市级国土空间总体规划确定城市公共服务中心体系、生态格局结构等结构性要求，县区级国土空间总体规划围绕空间结构深化确定下级公共服务中心、明确生态功能区，逐级明确空间布局
边界传导	需要明确空间准确边界的对象	本级规划精准划定用地边界，下级规划传导落实，可结合实际优化细化	市级国土空间总体规划划定生态保护红线，县区级国土空间总体规划严格落实
形态传导	需要提出空间形态、风貌等要求的对象	上级规划确定特色空间结构和形态控制要求，本级规划逐级深化细化视廊、天际线、建筑高度、开发强度等内容，并提出下级规划引导要求	市级国土空间总体规划提出特色空间结构，县区级国土空间总体规划划定特色意图区，并提出引导要求

资料来源：作者自绘

传导机制一直是城乡总体规划的短板之一，主要问题包括：(1)"控规架空总规"现象严重，市级国土空间总体规划向控规的分层传导路径不清晰；(2)传导内容未实现全域覆盖，过分倚重中心城区和建设空间拓展；(3)"刚弹"划分不清晰，强制性内容、引导性内容的传导方式和要求不明确；(4)对市政基础设施、交通等专项规划约束指导作用不足[①]。

3. 土地利用总体规划

土地利用总体规划体系包括国、省、市、县、乡五级，通过指标的分解下达以及分区细化实现逐级传导，在多年的实践中形成了以"地域(分区)管制规则和控制指标"为主的纵

---

① 石春晖,高浩歌,欧阳鹏.市级国土空间总体规划传导机制研究——以许昌市为例[C]//2020中国城市规划年会论文集.2021：1-2.

向传导机制,传导实施性强于城乡规划(图8-2)。土地利用总体规划的传导方式以分区管控和指标分解为主,管控手段相对单一;作为约束性规划,各层级土地利用规划的分区之间没有逐层细化衔接,控制指标仅以耕地保护和建设用地总量控制为主,全面性不足。

以一个城市为例,上级下达的土地利用规划中,规定其耕地保有量不得低于1 000 hm^2,

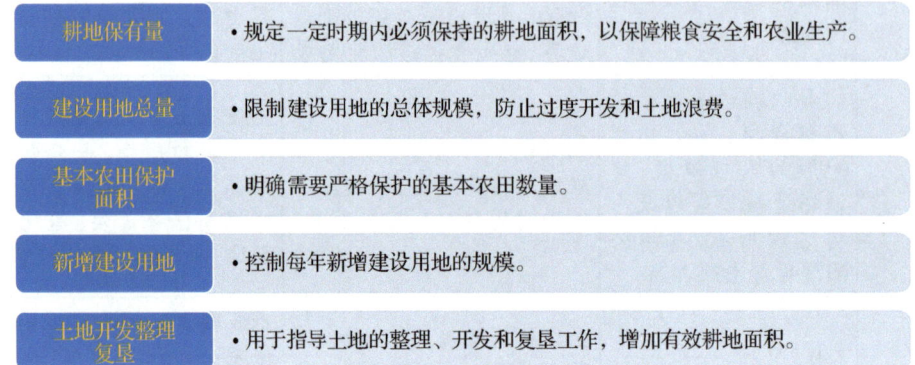

图8-2　土地利用总体规划主要控制指标示意图
资料来源:作者自绘

建设用地总量不得超过2 000 hm^2,每年新增建设用地不得超过100 hm^2。城市在进行具体的土地利用规划时,必须依据这些指标来安排各类用地。

8.2.2　已批国土空间总体规划的城市经验

北京、上海总体规划在机构改革之前已批准实施,为适应新的国土空间规划体系建设和改革的要求,在规划传导体系上探索创新,强调以空间统筹促进治理体系和治理能力提升,在衔接层级的设定逻辑和技术要点上需着重处理好"刚与弹""保与控""静与动""近与远"等问题。

1. 上海市——创新规划传导体系,确保规划实施的有效传导

2017年12月15日,国务院批复《上海市城市总体规划(2017—2035年)》(简称"上海2035"),要求"上海市人民政府要坚持一张蓝图干到底,以钉钉子精神抓好规划的组织实施"。为此,上海以《上海市委、市政府关于全面实施〈上海市城市总体规划(2017—2035年)〉的意见》《上海市委、市政府关于上海建立国土空间规划体系并监督实施的意见》为统领,研究"上海2035"规划传导机制和实施框架体系,重点围绕构建规划实施框架体系和传导机制,开展国土空间总体规划实施相关制度的研究工作,强化国土空间规划对城市发展的战略引领和刚性管控的作用,按照"能用、管用、好用"的目标,搭建实施框架体系,确保规划实施的有效传导。上海将原有的"总体规划—分区规划—单元规划—整单元控制性详细规划"四级规划传导体系简化为"总体规划—单元规划—局部控制性详细规划"三级规划传导体系,创新性地提出单元规划层次,分单元明确和落实底线要求,完善公益性设施建设(图8-3)。

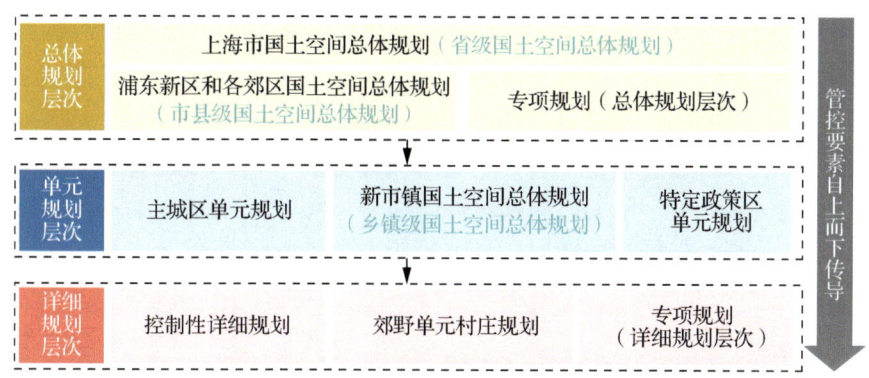

图8-3　上海市国土空间规划体系示意图
资料来源：上海规划资源：《"上海2035"规划传导机制和实施框架体系》

1）强化单元规划的传导作用

在上海规划传导体系中，总体规划层次突出战略引领作用，是凝聚全社会共识的发展纲领，是指导全市、各区和各专业系统未来20年乃至更长远发展的战略蓝图。单元规划则突出承上启下、保障公共资源的作用，是统筹协调生态空间、公益性设施和文化风貌等底线型内容，强化空间引导和落地管控的管理平台。

单元规划层次承担部分国土空间总体规划职能，并针对中心城区内外不同特点，采取差异化传导方式。在中心城区内，构建"城市总规—主城区单元规划—详细规划"的传导体系，向上突出战略性与结构性，衔接上位战略意图；向下强调对控规的分解传导，对应街道范围，突出开发控制，强化品质引导。在中心城区外浦东新区和各郊区，构建"城市总规—浦东新区和各郊区总规—新市镇总规—详细规划"的传导体系，主要通过单元规划层次的乡镇级国土空间总体规划落实传导要求，侧重全域精细化管控，明确各城镇单元和乡村单元的发展要求，强调加强城乡要素统筹。

2）突出传导重点要素

上海采用分区指引的方式明确市级国土空间总体规划对区（分区）国土空间总体规划的传导要求，从单独章节到相对独立的法定技术文件，成为传导市级国土空间总体规划指引下层次主城区单元规划、乡镇级国土空间总体规划的编制依据，强化总体发展战略、发展要求的上下传导。国土空间总体规划的底线管控、约束性指标、区域协调、重大设施布局、保护名录等要求，通过市—县（区）—乡镇级国土空间总体规划进行纵向传导，保障市级国土空间总体规划的有效落实。

落实"上海2035""底线约束、内涵发展、弹性适应"的发展理念，强化"目标（指标）—策略—机制"的逻辑框架。突出指标体系管控，实现纵向上的逐层分解和时间维度上的全过程传导；突出四条控制线，将生态保护红线、永久基本农田保护红线、城镇开发边界和文化保护控制线等四条控制线作为空间资源配置和管控的核心要素，实现空间治理。突出城市设计,将城市设计理念和方法贯穿规划编制和管理全过程,提升空间品质(图8-4)。

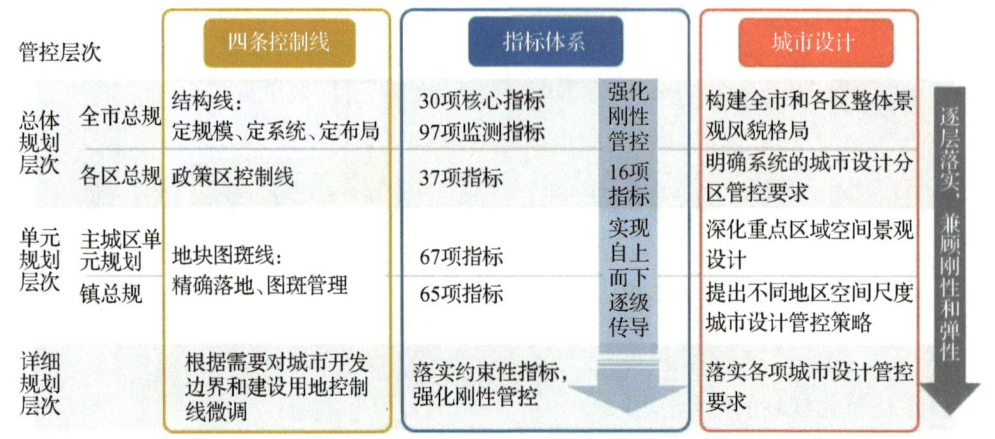

图8-4 不同层次规划管控要素示意图
资料来源:上海规划资源:《"上海2035"规划传导机制和实施框架体系》

3)明确空间维度各层次规划传导机制

① 成果框架加强衔接。各层次规划的成果框架均突出了承上启下的特点,既承接上层次规划的主要内容,也明确对下层次规划的指引内容,相当于下层次规划的规划编制任务书,指导下层次规划的编制工作。(图8-5)

② 成果深度逐层细化。用地表达区分不同规划层次。总体规划层次,借鉴主体功能区规划,以功能引导区表达。单元规划层次,对于居住、商办、工业等经营性用地,以功能引导区表达,为下层次规划预留弹性,对底线型、公益性设施则直接落实到地块图斑。详细规划层次,面向开发建设,以"地块图斑"表达。(图8-6)

同一层次的规划也根据实际情况进行分类引导。例如为落实"双增双减",主城区单元规划对所有公益性设施均落实至控规图则深度,镇国土空间总体规划更强调对近期建设项目的指导,重点对近期实施的公益性设施深化至控规图则深度。

③ 构建空间管控体系。将四条控制线、指标体系、城市设计三位一体的管控要素作为各级规划的编制内容和成果载体,结合空间规划体系逐层落实,最终依托详细规划编制与土地出让和建设管理相衔接,兼顾刚性和弹性。

④ 建立时间维度闭合动态的传导机制。结合已开展的近期规划和年度监测工作,探索在时间维度上的具体落实。年度监测重点围绕97项规划实施监测指标开展评价,近期规划将全市国土空间总体规划明确的目标、指标和策略自2035年进行回溯,分解落实到2020年、2025年,并构建"目标—战略—行动"的内容框架。两项工作相互支撑,形成"近期规划—年度监测和定期评估—新一轮近期规划"的动态机制。监测和评估过程如发现问题,可及时通过编制专项近期规划进行调整。

第八章 市县国土空间总体规划传导

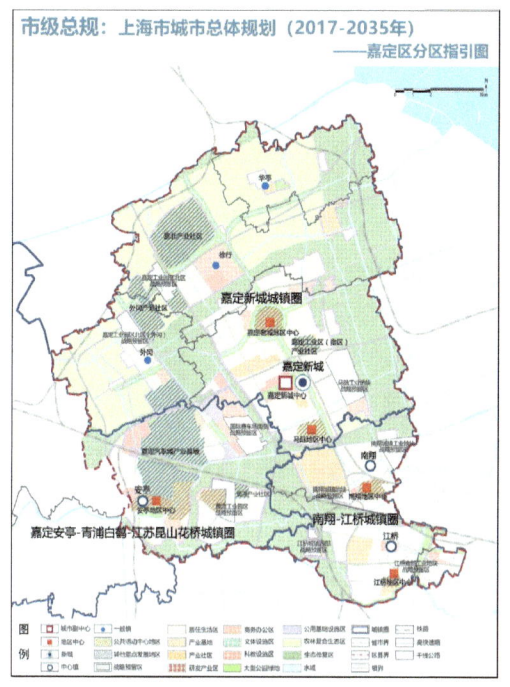
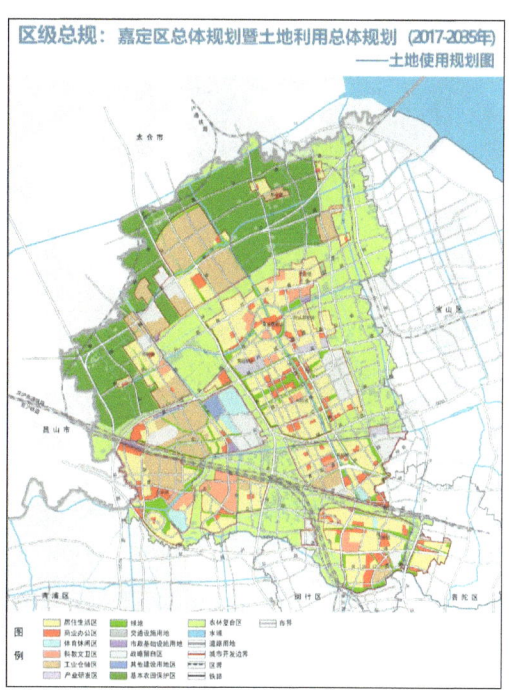

图8-5 不同规划层次的成果衔接

资料来源：《上海市城市总体规划（2017—2035年）》（左上）、《上海市嘉定区总体规划暨土地利用总体规划（2017—2035年）》（右上）、《嘉定区华亭镇国土空间总体规划（2021—2035）》（含近期重点公共基础设施专项规划）（下）

2. 北京市——增加中间传导层级，完善减量背景下规划传导路径

《北京城市总体规划（2016年—2035年）》（简称"北京总规"）于2017年获批，此后北京相继发布了《北京市城乡规划条例》《关于建立国土空间规划体系并监督实施的

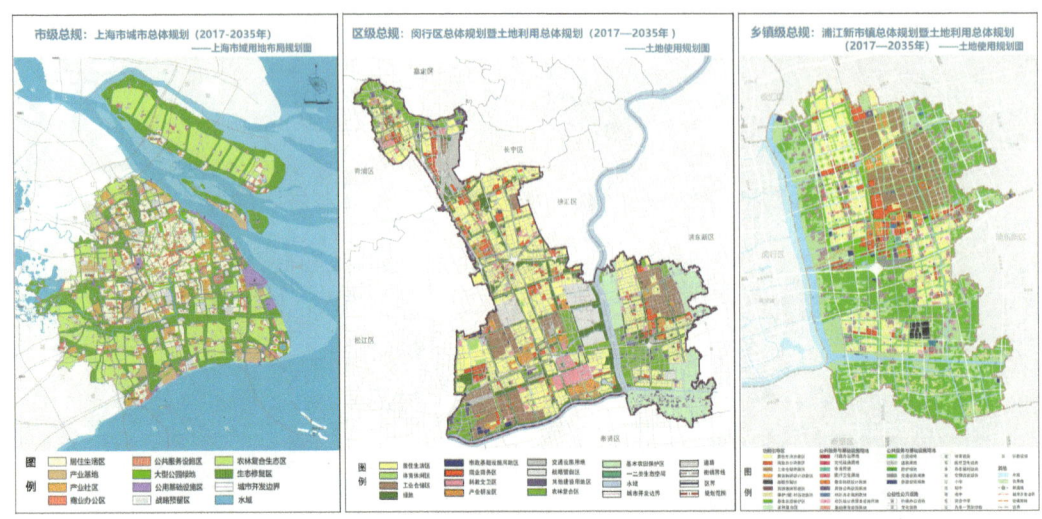

图8-6 不同规划层次的用地表达深度

资料来源：《上海市城市总体规划（2017—2035年）》（左）、《上海市闵行区总体规划暨土地利用总体规划（2017—2035年）》（中）、《闵行区浦江新市镇（含浦锦街道）总体规划暨土地利用总体规划（2017—2035年）》（右）

实施意见》等文件，形成一套"总体规划—分区规划—控制性详细规划"的国土空间规划传导体系（图8-7）。

北京市创新性地提出介于总体规划和详细规划之间的"街区指引"衔接工作层级，通过统一空间网格和明确规划任务重点，解决总体规划、详细规划、专项规划传导过程中存在的衔接问题（图8-8）。"街区指引"聚焦于全市中心城区、多点及生态涵养区的新城和特定单元地区，将分区规划确定的人口规模、用地规模、建筑规模和公益性设施要求分解落实至街区层面，成果内容随法定规划的审批不断稳定，并随现状数据的更新保持时效性，有效指导详细规划编制①。

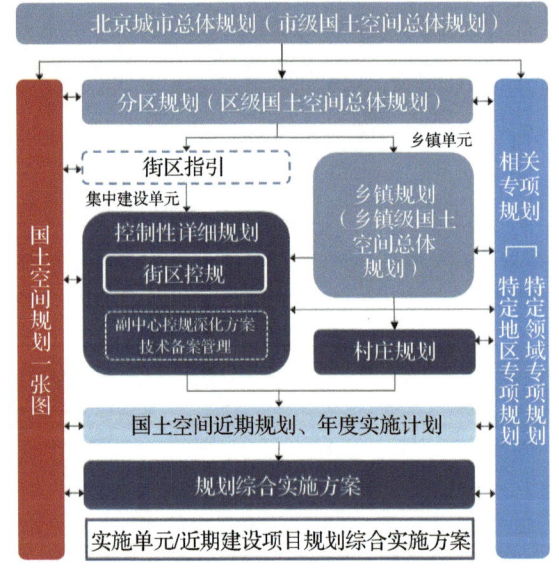

图8-7 北京市国土空间规划体系框架

资料来源：赵勇健,徐碧颖,王若冰.共商共治的实施性详细规划——北京规划综合实施方案的内涵思路与技术探索[J].城市规划,2023(4): 17.

---

① 王珊珊,杨贺,徐碧颖,徐勤政.北京市"街区指引"创新：国土空间规划总规与详规的传导和统筹[J].规划师,2023(9): 80.

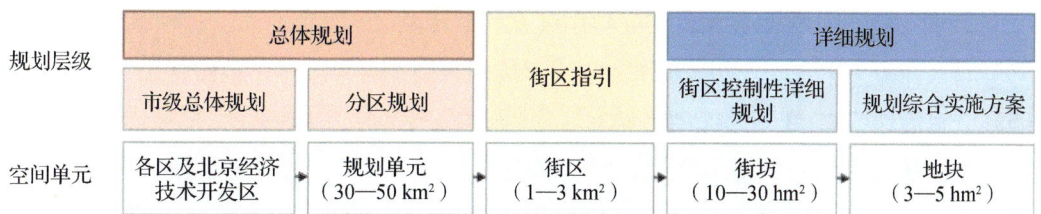

图8-8　北京规划层级与空间网格对应示意图

资料来源：王珊珊,杨贺,徐碧颖,徐勤政.北京市"街区指引"创新：国土空间规划总规与详规的传导和统筹[J].规划师,2023(9)：80.

1）构建差异化规划传导体系，发挥乡镇级国土空间总体规划作用

北京在国土空间规划体系改革中，强调明晰规划权责、完善治理体系，与行政管理事权对应，形成"市级—区级—乡镇级"三级规划传导体系。市级国土空间总体规划在守住底线的基础上将更多的规划编管权责下放至区级，区级国土空间总体规划作为规划实施的主体需进一步处理协调好乡镇之间规划发展权的相关问题。

杨俊在题为"北京控制性详细规划的探索与实践"的学术讲座中提到，针对中心城区内外差异性特征，北京在中心城区内形成"市级总规—分区规划—详细规划"的规划传导体系，在中心城区外构建"市级总规—分区规划—乡镇规划—详细规划（村庄规划）"的规划传导体系，通过乡镇级国土空间总体规划发挥上承下传的作用，强化外围地区编制乡镇级国土空间总体规划对全域全要素管控的重要作用（图8-9）。

图8-9　北京市国土空间规划体系示意图

资料来源：作者自绘

2)推动规划从技术性文件向完整制度设计的转型

北京在每一个规划层级都探索构建了"规划编制—规划实施—监督保障"的全周期闭环空间治理模式,在不同深度层次上区分"刚性管控"与"引导完善"两类内容。

市级国土空间总体规划以空间约束倒逼发展方式转型。采用"目标管理+指标管理"的方式,以城市战略定位、城市空间布局和市域绿色空间结构为目标,划定底线约束条件。在实施治理中,采用"任务清单+行动计划"的方式,将国土空间总体规划目标指标分解到各区各部门,带动一系列专项行动和任务,集全市之力共同推动国土空间总体规划实施。

分区规划以空间统筹促进治理体系和治理能力提升。强调"多规合一",采用"用途管制+单元管理"的方式,通过划定11类国土用途分区和215个规划单元,以条带块、以块统条,落实和传导国土空间总体规划的各项指标,确定各区差异化发展方向。在实施治理中,采用"规则管控+动态维护"的方式,统筹建设与非建设全域全要素空间管控,重点推动山水林田湖草沙系统治理。

3)以街区边界衔接空间和管理逻辑,分类引导街区资源利用

为将总体规划、分区规划的刚性管控要求有效地传递至街区控规,实现总量管控、动态监测,在既有分区规划的基础上,采用"图则管控+导则管理"的方式,通过"街区指引"在分区规划的基础上进一步将空间网格细化至街区,以街区作为核定规划任务的基本单元,对规划空间边界和规划内容予以统筹。将城镇开发边界内1 372个街区细化分为"三大类""四小类",进行差异化的空间引导,进一步分解国土空间总体规划、分区规划确定的目标指标和底线约束要求,尤其是人、地、房、三大设施等刚性指标,形成一个街区、一套指引、一本规划,作为各区开展控规编制的基本依据。

4)紧扣减量主题,强化规模结构性优化和指标精准使用

北京将党中央减量规划要求层层落实,在市级国土空间总体规划层面框定各区规模总量,并将市级国土空间总体规划确定的主导功能、规划人口规模、建设用地规模、建筑规模以及两线三区比例、永久基本农田面积等核心指标分解到各区、各新城(特定地区)和215个乡镇(街道)规划单元,特别针对建筑规模的分解问题开展探索创新,实施人口规模、建设规模双控,切实减重、减负、减量发展。

改变对街区建筑规模进行单一总量管控的思路,将建筑规模总量进一步细化为"五池",以实现建筑规模结构持续监管的目标(图8-10)。"五池"指存量规模池、公共设施规模池、发展资源规模池、匹配战略留白规模池和区级统筹规模池。其中,存量规模池即现状已形成规模,从现状实际情况出发,杜绝抛开现状讲规划的现象,防止"预支"现状指标造成总量管控失灵;公共设施规模池即梳理暂未建设的公共设施规模缺口,为设施落实预留充足指标,防止发展过程中设施底线失守;发展资源规模池即用于

全区各类非公共设施类项目落实的规模指标,有利于提前谋划地区增长重点;匹配战略留白规模池即专门用于匹配中央及市级重大项目的规模指标,规模指标总量与街区内战略留白用地的分布情况相对应。以上4类指标池均分解落实至街区层面,区级统筹规模池作为暂不分解至街区、由区级统一预留的机动规模指标,主要用来应对发展的不确定性。

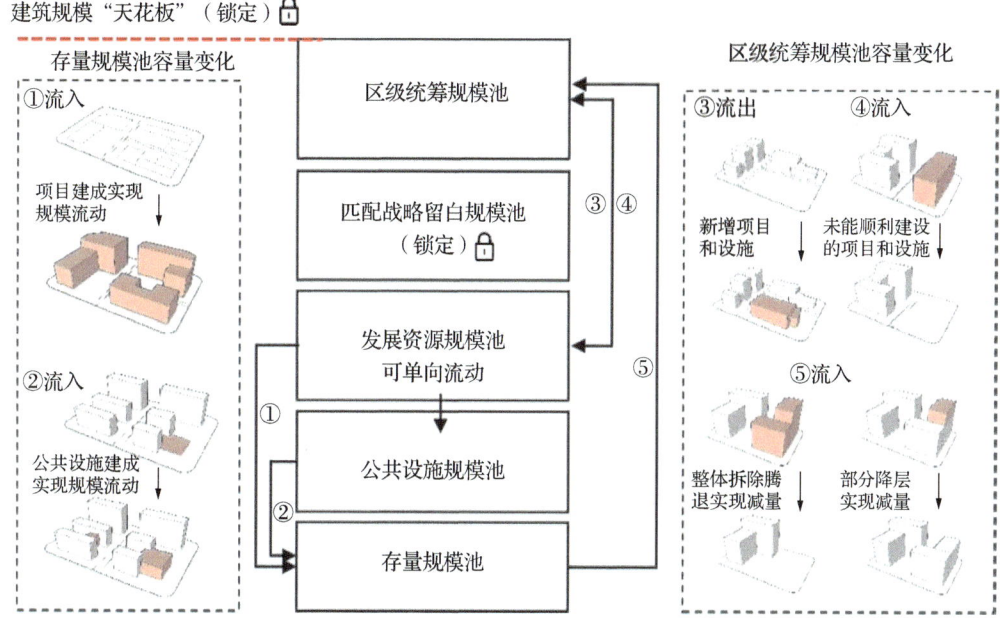

图8-10　北京"街区指引"建筑规模"五池"示意图

资料来源:王珊珊,杨贺,徐碧颖,徐勤政.北京市"街区指引"创新:国土空间规划总规与详规的传导和统筹[J].规划师,2023(9):81.

8.2.3　首轮国土空间总体规划相关城市做法

在国土空间规划体系背景下,很多城市结合国土空间总体规划编制工作,针对规划传导体系构建开展了积极的探索。

1. 广州市——事权对应、分层管控

广州以事权对应、分层管控为原则,以满足建设、审批、管理维护等实施需求的高效率简便操作为方向,强化规划编制和"市—区—街道"行政管理体系的衔接,构建"刚弹"结合、规管对应的"市域—片区—规划管理单元"三级规划传导体系(图8-11)。围绕"目标战略、底线管控、功能与用地管控、设施管控"4类核心管控内容分解传导市域总体规划意图,明确各层级编制内容和深度,以"功能分区—用途分区—用地分类"的传导机制逐层细化落实功能要求,构建专项规划与各层级规划的"联系—反馈"机制①。

---

① 黄慧明,韩文超,朱红.面向全域全要素的广州市国土空间规划传导体系研究[J].热带地理,2022(4):554.

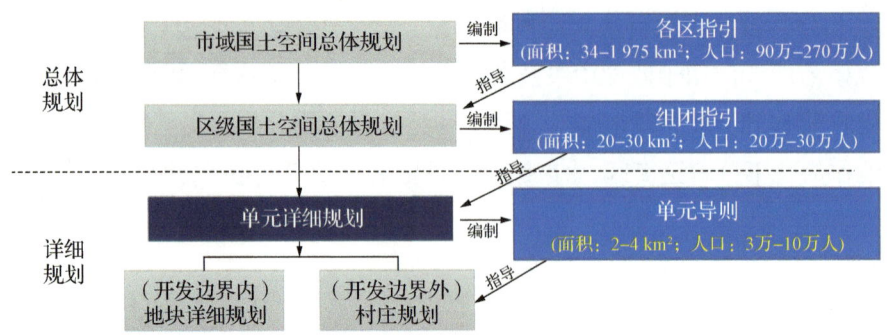

图8-11　广州市国土空间规划传导体系构建示意图
资料来源：根据相关资料整理绘制

1）构建"事权对应、分层管控"的规划传导体系

广州市在总结总控联动问题的基础上，建立了市域—片区—规划管理单元（村）的空间传导体系，将原先广州市的"市—区县—镇街—规划管理单元"四级体系简化为三级体系，同时与土地利用总体规划管控传导体系形成良好衔接，"两规"同步推进，有效促进了"两图合一"[①]。其中，市域层面重点通过划定生态保护红线、永久基本农田、城镇开发边界和统筹功能分区、要素配置、协调部门空间开发和保护的矛盾，形成与中央事权相匹配的市域总体规划。片区根据资源禀赋、发展战略、中心城区范围和行政区划等情况，按照不跨越县（区、县级市）一级行政边界的原则划定空间区域。片区层面统一用途分区和管制规则，深化城市总体规划空间管控内容，统筹用途管制。规划管理单元是在城镇开发边界内按照公共服务设施服务范围、自然地理条件、规划管理要求，结合行政界线等划定的空间单元（图8-12）。规划管理单元应编制详细规划，统一用地管理；在城镇开发边

图8-12　市—区—单元三级国土空间规划传导示意图（以广州市番禺区为例）
资料来源：黄慧明，韩文超，朱红.面向全域全要素的广州市国土空间规划传导体系研究[J].热带地理，2022(4)：558.

---

① 朱红，霍子文，李丹妮，等.广州国土空间总体规划—详细规划传导路径的优化思考[J].规划师，2024(7)：35.

界外编制村庄规划,实施乡村振兴。

2)建立"功能分区—用途分区—用地分类"的"刚弹"结合传导机制

在传导体系的构建过程中,广州国土空间总体规划充分体现了底线约束和"刚弹"结合的原则作用,改变了传统国土空间总体规划对用地功能布局"一竿子捅到底"的管控,实现了由"功能分区—用途分区—用地分类"的逐层细化落实。市域层面衔接省级国土空间总体规划的主体功能区要求,将全市细分为生态功能优化区、农业发展协调区、城镇功能优化区、城镇功能重构区和城镇拓展区5类主体功能政策分区。在遵循不同主体功能政策分区的特征与指引要求的基础上,市级国土空间总体规划结合《市级指南》的6类一级规划分区,以主干道路网为主要分隔,将部分用地主导功能布局图细化为二级分区(图8-13),明确各分区的核心管控目标、分区准入或禁止等管制规则①。县区级国土空间总体规划进一步落实细化市级重要发展区域用地管控政策要求,将主导功能规划分区按照《国土空间调查、规划、用途管制用地用海分类指南》细化至一级类用地(图8-14)。各类功能分区与用地分类之间并非严格的一一对照或多一对照关系,而是一种主导功能的对应关系,由此避免了总体规划对用地的过度规定,增加了传导的弹性。

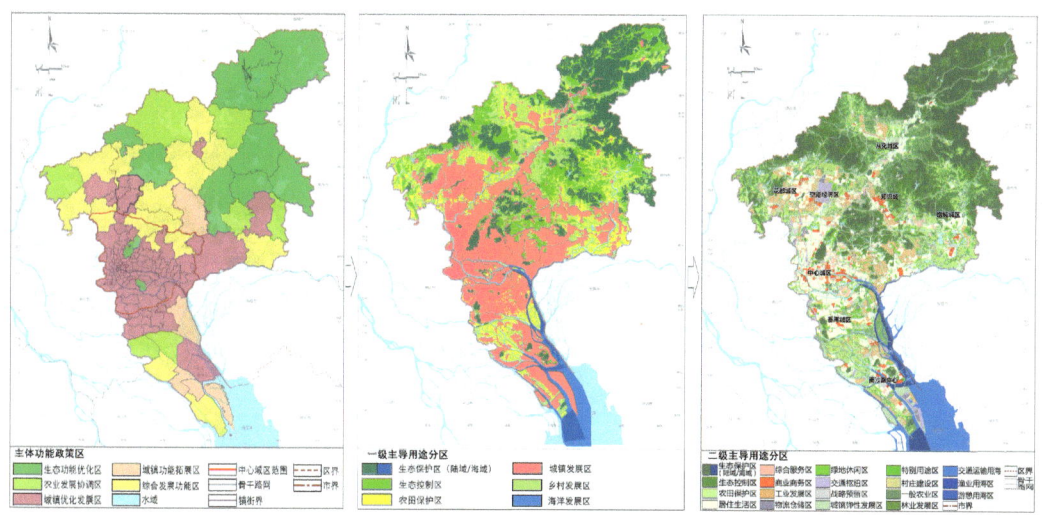

图8-13　广州"功能分区—用途分区—用地分类"传导示意图
资料来源:《广州市国土空间总体规划(2021—2035年)》(上报稿)

3)通过"结构管控+边界管控+指标管控",探索要素配置的有效传导

新的传导体系充分体现事权分层的原则,将基础设施、公共服务、公共开敞空间等各类要素布局按照不同层级规划的管控重点和管控深度进行设计。重点从目标战略、底线

---

① 黄慧明,韩文超,朱红.面向全域全要素的广州市国土空间规划传导体系研究[J].热带地理,2022(4):560.

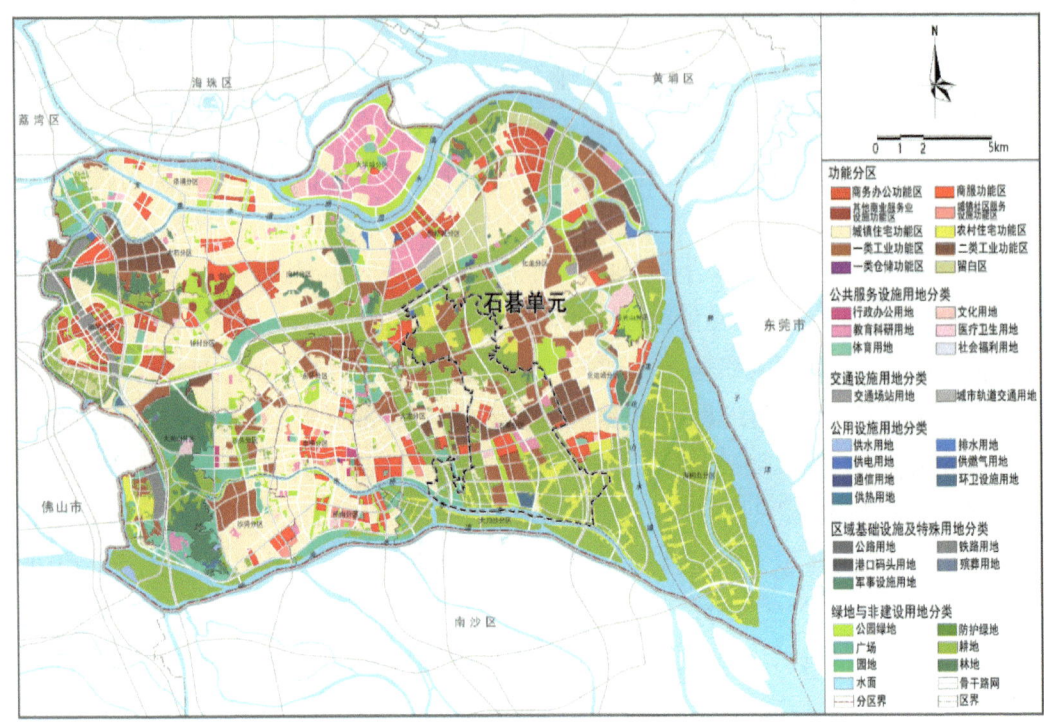

图 8-14　番禺区用地分区分类规划图
资料来源：《广州市番禺区国土空间总体规划（2021—2035年）》（上报稿）

管控、功能与用地管控以及设施管控4个方面，以"结构管控+边界管控+指标管控"的形式，深化传导机制设置（图8-15）。在横向传导上，重点从指标传导、名录传导、位置传导和结构传导等方面加强专项规划与市级、区级国土空间总体规划的传导互动。

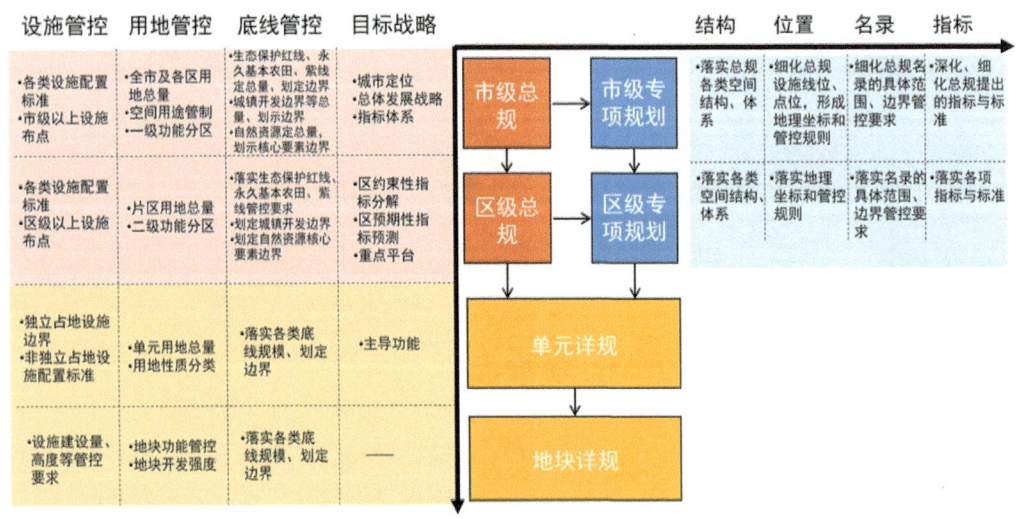

图 8-15　广州横向与纵向传导机制示意图
资料来源：黄慧明，韩文超，朱红.面向全域全要素的广州市国土空间规划传导体系研究[J].
热带地理，2022(4): 559.

市域层面边界管控的重点是与中央事权有关的核心保护要素,其他为结构管控和指标管控内容;片区层面和管理单元层面在落实市域边界管控基础上,逐层落实指标要求和结构性要求,将需要落地内容转换为边界管控,其他内容保留为指标管理。

4) 以满足规划实施监管需求为方向,探索规划—建设—管理一体化的传导体系

空间传导体系的建立应以满足规划实施监管需求为方向。规划的编制内容应与审批内容和实施监管内容相对应(图8-16),做到规划—建设—管理的一体化设计,提升规划的可实施性。

2. 深圳市——构建以标准单元为核心载体的传导实施机制

深圳按照自然资源部《关于进一步

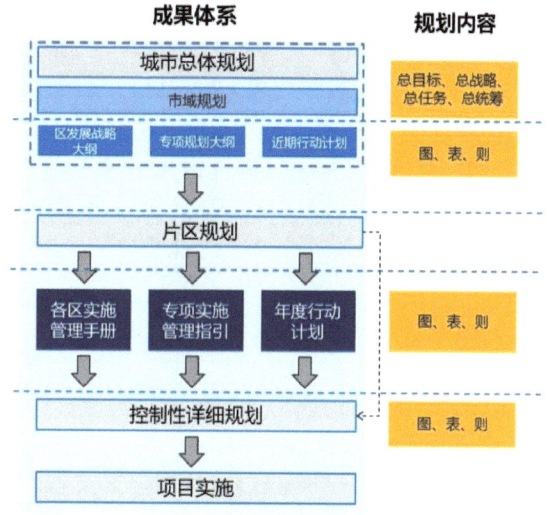

图8-16 广州规划—建设—管理一体化的传导体系
资料来源:结合网络资源作者自绘

加强国土空间规划编制和实施管理的通知》部署要求,结合自身社会经济发展与规划管理实际,出台了《关于加强和改进法定图则管理的实施意见》。根据《UP论坛系列报道之:构建以标准单元为核心载体的传导实施机制 打造支撑高质量发展的空间规划新体系——深圳法定图则制度的改革探索》,深圳重点推动"一项加强、三项改进",加强规划传导,改进编制方法,改进审批机制,改进实施监督,以标准单元贯穿于各级各类国土空间规划,并运用于规划编制、传导管控与实施监督各个管理环节。

1) 落实逐级传导要求,建立权责对等的规划传导体系

考虑特大城市、存量土地开发、市场经济发达的特征,结合市、区两级行政事权划分,深圳市构建"总体规划—区级总规(分区规划)—法定图则"的规划传导体系(图8-17)。市级国土空间总体规划强调宏观统筹与指导作用,提出全域国土空间的管控性要素与指标,制定分区指引,通过边界、指标、位置、名录等传导载体,将"三条控制线"、"人—地—房"规模、市级重大公共服务与基础设施、生态修复重大工程等强制性内容分解落实至分区规划中。区级国土空间总体规划(分区规划)是总体规划与法定图则之间的规划传导层次,起到承上启下的作用,全面落实全市国土空间总体规划的战略性与强制性管控内容,对人口与建筑规模、市区级配套设施、蓝绿体系进行分解落实与规划传导,指导法定图则编制,保障规划的有效传导。[①]法定图则对总体规划、分区规划和专项规划的

---
① 钱竞,郑沁,赖寿有.新时期深圳市国土空间规划体系重构的思考[J].国土资源情报,2020(8):53.

目标、布局、指标进行分解落实与有效传导，并对城市更新、土地整备等规划实施方案进行传导管控。

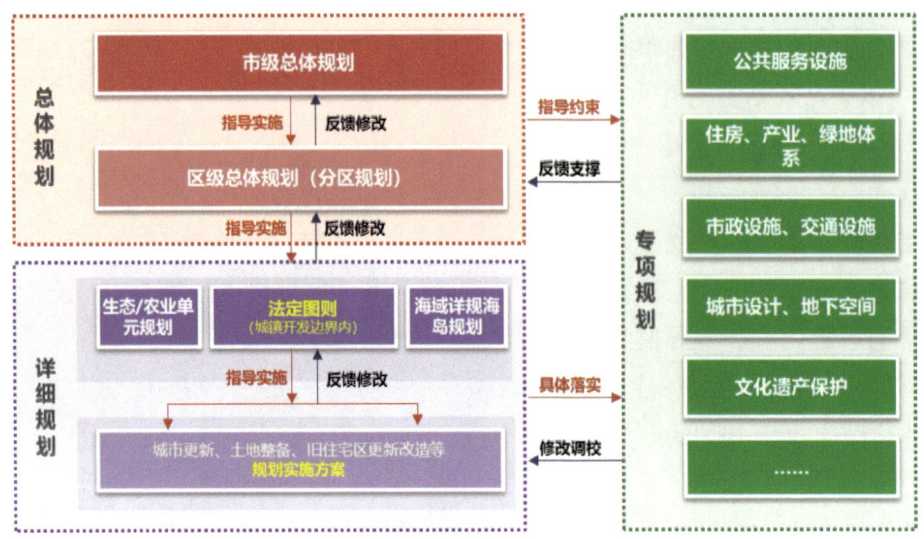

图8-17　深圳市"两级三类"国土空间规划体系示意图
资料来源：《标准单元模式法定图则改革试点——深圳市龙岗（大运枢纽站及其周边地区）法定图则》

2）改进编制方法，以标准单元为核心载体构建规划传导体系

结合存量土地开发形势下法定图则改革需求，深圳在原法定图则标准分区的基础上，重新划定了国土空间规划标准单元，作为共同传导单元，在体系层级、作用职能、应用范围等三个方面实现了"升级"：从原来仅仅作用于法定图则单一规划层次，升级成为各级各类国土空间规划共同、通用的空间基础单元；从原来单一的编制技术单元，升级为融合编制传导管控和实施监督等职能为一体的空间管理单元；从原来以规划国土体系内部为主，升级为自然资源与社会管理信息实时对接的空间信息单元[①]。在"两级三类"规划传导体系下，标准单元作为基础空间单元贯穿于深圳规划体系的各个层级（表8-2）。

表8-2　深圳市国土空间规划标准单元传导框架一览表

规划层次	传导单元载体	传导单元规模和个数	标准单元传导要素		
			布局传导	指标传导	名录传导
总体规划	行政分区	10个分区	主导功能（二级规划分区）	—	—

---

① 陈敦鹏．深圳市国土空间规划标准单元制度探索与思考［J］．城市规划，2022（9）：14．

续表

规划层次	传导单元载体	传导单元规模和个数	标准单元传导要素		
			布局传导	指标传导	名录传导
区级总规（分区规划）	功能组团	约5—15个功能组团，每个功能组团5—15标准单元	主导功能（大类用地性质），市、区级公共服务与市政交通基础设施空间布局	人口规模、建设增量规模、蓝绿空间规模	市、区级公共服务与市政交通基础设施的名录、等级与规模，市级及以上文物、历史建筑、传统风貌保护区名录
法定图则	标准单元	1—10个标准单元，每个标准单元1—2平方千米	主导功能（中类用地性质），市、区级公共服务与市政交通基础设施的空间布局	建筑增量规模、各级公共服务与市政交通基础设施的用地面积、公共绿地用地规模	各级公共服务与市政交通基础设施的名录、等级与规模，文物、历史建筑、传统风貌保护区、不定级文化遗产名录

资料来源：结合《深圳市国土空间规划标准单元制度探索与思考》优化绘制

总体规划以行政管辖分区为传导载体，以标准单元为空间载体划定二级规划分区，作为标准单元的主导功能，成为上下位规划传导和用途管制的基础依据（图8-18）。区级国土空间总体规划（分区规划）、法定图则落实总体规划所确定的标准单元主导功能，不得随意调整，可按照城市用地分类的"大类"和"中类"对用地结构、空间布局进行深化与细化。总体规划将二级规划分区和标准单元主导功能合二为一，有利于保障总体规划用地功能结构的有效传导，同时解决了传统总体规划用地规划图斑与下位规划冲突的问题。

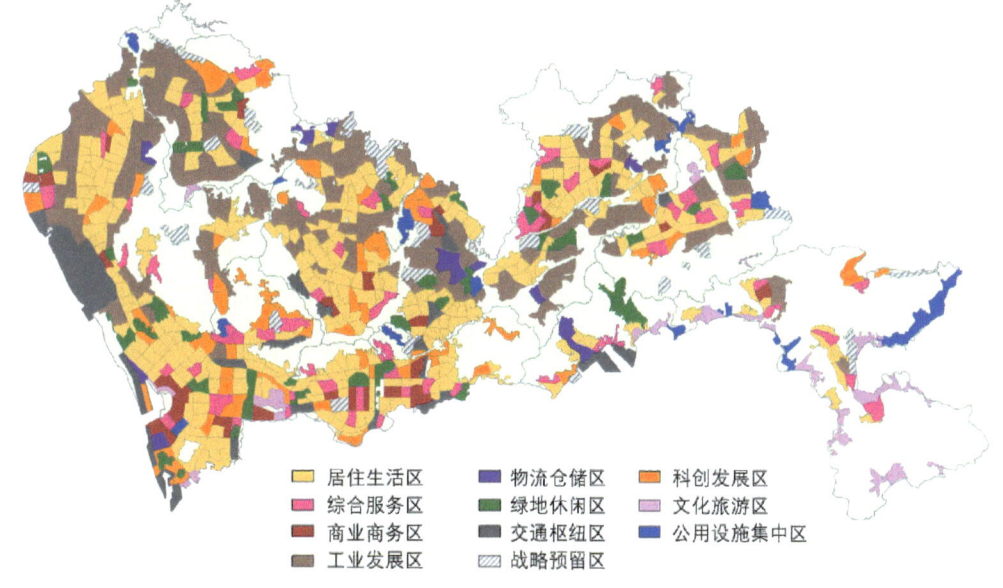

图8-18　深圳市国土空间总体规划主导功能分区图
资料来源：《深圳市国土空间总体规划（2021—2035年）》（公示草案）

区级国土空间总体规划（分区规划）以功能组团为空间单元，对人口规模、主导功能、建筑增量规模、市区级配套设施、蓝绿体系等规划控制要求进行分解落实与规划传导，实行刚性管控，法定图则不得突破。功能组团与街道范围尺度相当，一般为10—20平方千米，包含5—15个标准单元（图8-19）。同时，分区规划对各个标准单元的规划指标提出指引性要求，引导法定图则编制。区级国土空间总体规划（分区规划）"编到单元、管到组团"，功能组团的控制要求是刚性的，标准单元控制要求是指引性的，兼顾分区规划的刚性传导与弹性指引。

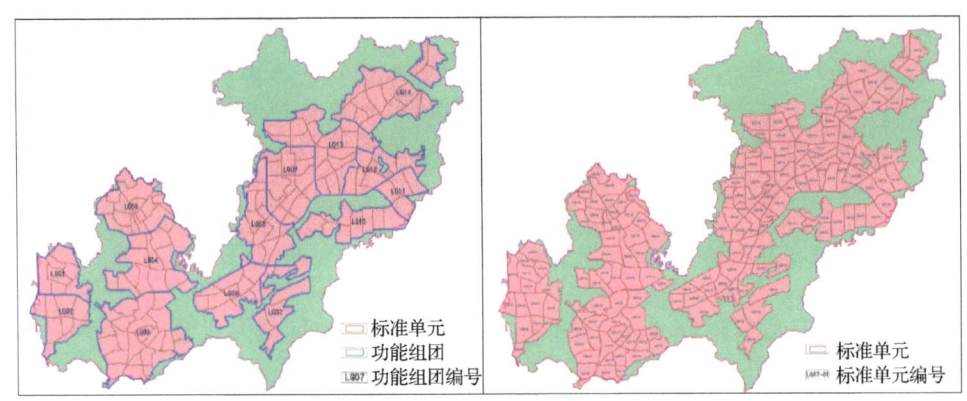

图8-19 深圳市某分区功能组团和标准单元划定对照图
资料来源：陈敦鹏.深圳市国土空间规划标准单元制度探索与思考[J].城市规划,2022(9): 17.

除了不对控制线进行传导之外，标准单元承担布局传导、指标传导和名录传导，包括主导功能、人口规模、建筑增量规模、公共服务与市政交通基础设施、公共绿地、历史文化遗产等规划控制要素。与传统上下位规划定性衔接传导方式不同，标准单元重点承担规划指标的定量化刚性传导，保障总体规划"人口、用地、建筑"指标的分解与落实，特别是存量土地开发形势下城市二维用地结构向三维建筑规模指标的规划传导。

3）改进实施监督，强化规划权威

标准单元传导模式下分区规划对法定图则的管控，由原来具体项目管理转向单元总量管控、蓝图式静态管理转向动态实时管控、事中管理转向事前事中事后全流程管控。区级国土空间总体规划（分区规划）以功能组团为单位建立信息台账，对范围内法定图则标准单元的编制审批进行管控与监督，聚焦于标准单元层级刚性管控指标的规划传导、动态管控、规划实施和监督预警。

广州、深圳均响应了当前国土空间规划体系传导和统筹的新要求，并结合自身不同的发展阶段和存量时代特征，探索因地制宜的规划传导内容，但经验做法殊途同归。区级国土空间总体规划（分区规划）大多从底线传导、目标传导、功能传导和设施传导四个方面，对上传导市级国土空间总体规划确定的目标、指标和任务，对下为下级规划提供指导依据。

8.2.4 国际经验

纵观世界各国空间规划体系，日本、新加坡、加拿大的规划体系在传导层次、管控方式上，与我国空间规划体系具有一定的相似性：均编制城市总体规划作为空间的总体性、纲领性指导，落实土地利用、交通、基础设施等宏观布局，实现城市空间资源分配的最大利益；下位详细规划必须符合总体规划的原则，并满足具体开发要求；均采用由粗到细的方式，落实空间的用途管制，并实现了两个层级规划的传导衔接。面向总体规划、详细规划不同的用途管制模式和传导方式，对于探索我国空间规划用途管制体系具有较大的借鉴价值[1]。

1. 日本——总规—分区—用地逐级传导，明确传导规则

1）四级纵向传导机制

日本采用自上而下的规划理念，规划纵向传导机制在"国家—广域—都道府县—市町村"四层级中运行。上级规划是下级规划的原则和依据，形成了逐层递进、逐步深化的层级传导特征。国家层级规划侧重战略性，通过发展愿景规划《全国国土形成规划》和空间愿景规划《全国国土利用规划》提出宏观的政策和总纲，为广域、都道府县和市町村提供战略方向和规划指标。广域级规划侧重协调性，通过《国土形成规划广域地方规划》协调国家与地方诉求。都道府县和市町村层面侧重实施性，重在"定功能与坐标"，细化落实国家和广域层面的目标和方针，都道府县级规划通过《都道府县国土利用规划》提出不同地区发展目标、空间布局和相应的土地管制要求，细化上位规划，引导市町村落实空间规划[2]。在相关法律的支持下，这种自上而下传导机制得到较好的贯彻落实。同时配套的还有财政手段和技术手段（图斑的划定等），共同构成日本规划层级传导系统的一部分[3]（图8-20）。此外，对于某一地区而言，依据《城市规划法》等专项法律，开展专项类的空间规划编制，国土空间规划对单项规划具有统筹和协调作用，并细化了不同类型用地的重叠协调方针。

2）"刚弹"结合传导

日本空间规划体系中的刚性传导方式主要是法定性内容。日本空间规划体系通过《国土形成规划法》和《国土利用规划法》及各专项法律，实现逐层递进的刚性纵向传导；通过法定规划中提出的规划政策，国家、广域及都道府县制定的发展方向、目标规模、规划指标得以实现有效的纵向传导；各层级土地利用规划和专项规划中的图斑、边界和相应的区域转换规则也实现了纵向逐层深入细化传导，横向协调传导。弹性传导方面，

---

[1] 张晓苒,袁鹏洲,单瑞琦.城市总体规划中结构性分区的创新探讨[J].上海城市规划,2023(6):146.
[2] 袁源琳,韩雅敏,李隽.日本国土空间规划体系特征及启示[C]//2019年中国城市规划年会论文集.2019:11.
[3] 汪劲柏.国土空间规划层级传导模式的多国经验分类研究与启示[J].北京规划建设,2023(1):132.

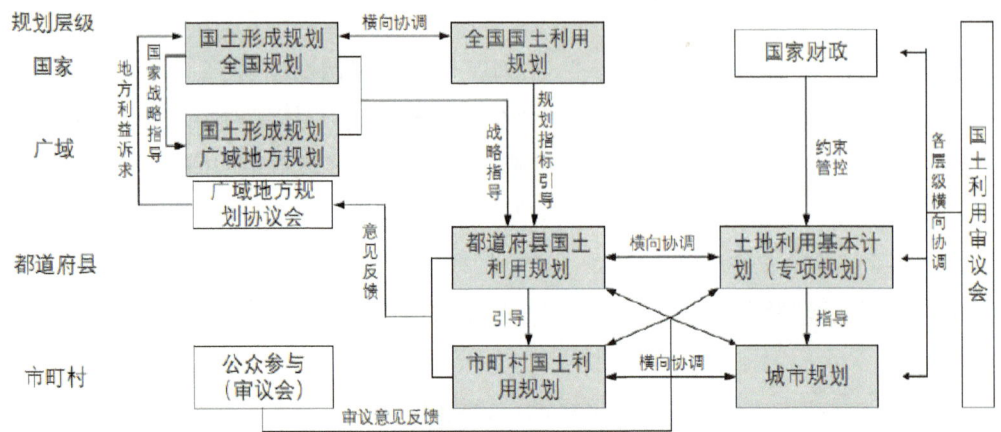

图8-20　日本规划体系传导机制分析图（灰色框为法定,白色框为非法定）

资料来源：汪劲柏.国土空间规划层级传导模式的多国经验分类研究与启示[J].北京规划建设,2023(1):133.

国家、广域和都道府县提出的战略原则作为基础共识实现纵向传导；国家通过财政手段对都道府县、市町村及民间机构提出的开发项目进行弹性约束和管控；此外，通过国土利用审议会以及各层级规划委员会审议会，为各部门之间提供横向协调传导，并增加公众参与实体，自下而上传导审议意见反馈[①]。

3）总规—分区—用地逐级传导

在总体规划层面，采用结构性分区，其结构性分区包括以办公、商业为主的用地，以住宅为主的用地，以工业、物流为主的用地，以绿地、农田为主的用地4类（图8-21）。其中，以绿地、农田为主的用地重点划定城市生态空间、农业空间的专用分区，落实严格的

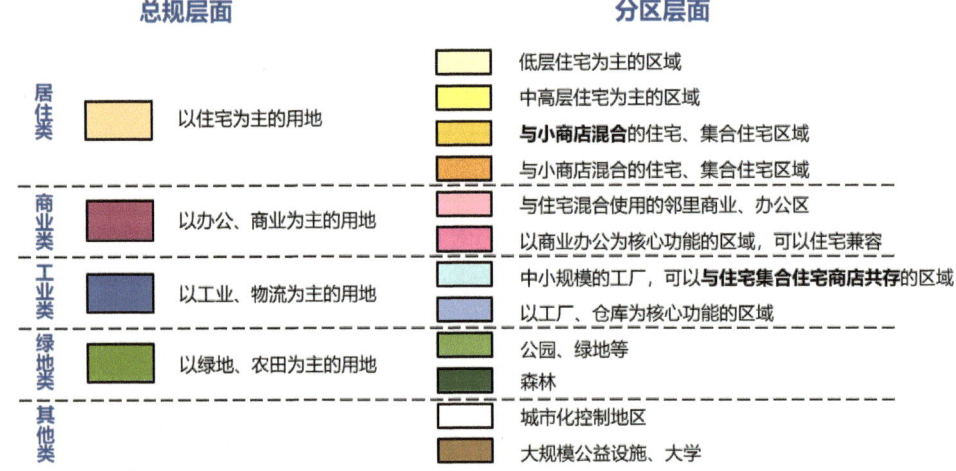

图8-21　日本总规与分区层面用途传导图

资料来源：南京市规划和自然资源局.南京市国土空间规划传导路径和机制研究[R].2024.

---

① 蔡玉梅,刘畅,苗强,等.日本土地利用规划体系特征及其对我国的借鉴[J].中国国土资源经济,2018,31(9):24.

生态保护政策,保证城市发展不能突破的底线。其他3类结构性分区以主导功能为表达方式,指导分区内城市功能发展的主体功能。结构性分区的用途管制模式采用简洁明了的分类方式,凸显了总体规划的结构性、战略性意图,达到"可为"的引导和"不可为"的开发控制双重目的[①]。

分区规划层面,以结构性分区为基础,以建设用途及其负外部性为主要原则,细分为12类用途管制分区;在用地准入层面建立允许建造相应类型建筑物的用地准入规则。此外,针对非建设用地,包括农地、林地等,对于公益性高的区域、项目许可准入建设也建立准入规则。

2. 新加坡——以结构性分区为抓手,建立弹性区划用途及功能传导正负面清单

1) 采取分层控制,层层深入进行规划控制引导

新加坡通过战略性的概念规划（concept plan）和实施性的总体规划（master plan）形成二级规划传导体系。其中,概念规划起到战略性、总体性引导的作用,等同于我国的总体规划,主要提出具有战略高度的宏观发展目标方向、具有指导意义的发展框架和可操作的实施发展策略。总体规划作为开发控制的法定依据,内容类似于我国的控规,主要根据概念规划的宏观架构和策略落实明确各地区的详细规划。

2) 通过结构性分区明确"刚弹"结合的传导内容

《新加坡概念规划（2011）》在制定战略性土地使用和基础设施需求的长期计划时,采用类似于结构性分区概念,将全域空间划分为居住、商业、产业、开放休闲农林、基础设施、公共机构、特殊用途、储备区、水体、潜力拓展区10类结构性分区,以及道路、轨道2类线性空间（图8-22）。针对未来发展的重大机遇,远景预留储备区、潜力拓展区2类战略

图8-22　新加坡概念规划图（2011年）

资料来源：张晓帝,袁鹏洲,单瑞琦.城市总体规划中结构性分区的创新探讨[J].上海城市规划,2023(6):147.

---

① 张晓帝,袁鹏洲,单瑞琦.城市总体规划中结构性分区的创新探讨[J].上海城市规划,2023(6):147.

性的结构性分区。新加坡概念规划对特殊用途、开放休闲农林两类结构性分区,明确了底线要求。以结构性分区的形式,以主导功能优化为政策导向,为详细规划传达了城市空间总体布局的要求,实现了保护底线空间、表达宏观发展战略意图的双重目标。

3)采取"分区+用地分类"的管控措施,明确功能传导正负面清单

新加坡将结构性分区细分为居住、商住混合、商业等31类土地区划用途,其中11类通过弹性传导多种非本区划属性(图8-23)。比如,新加坡概念规划中的居住类结构性分区,在总体规划中可进一步细分为居住用地、一层商业用途的居住用地,可纳入教育、公园、医疗等公共服务设施用地,最高比例可达到25%;同时禁止建设公墓等妨害性用地,通过用地负面清单的建立,得以保障用途功能的约束性和开放性传导。

图8-23 概念规划与总体规划对比——蔡厝港案例
资料来源:根据相关资料整理绘制

4)因地制宜,形成差异化传导要求

新加坡采取因地制宜的差异化管控,通过通则和专项导则(特殊详细控制规划)对地块的公共空间保障提出具体要求,一般地区采用一般性的通则式控制,特殊地区加深控制内容,实现不同层次内容规划的纵向衔接和不同类型规划的横向协调,由单一的规划控制手段走向多类型、不同深度的规划控制和引导。如滨海湾金沙酒店作为白地开发仍需依据公共空间保障的要求预留直达地铁站的畅通廊道,规划也对公共交通空间以及项目在城市尺度中承担街区联系的公共通廊进行了规定。

3. 加拿大多伦多——以开发建设为导向,明确"分区—用地"的用途传导规则

加拿大多伦多市采用"官方规划+区划"两级规划体系。官方规划为总体规划,以构建城市基本框架、引导空间结构性增长为目标,重点落实用地政策与空间划分。在《多伦多官方规划(2019)》中,用途传导通过林荫大道、中心区、产业区、市中心和中央滨水

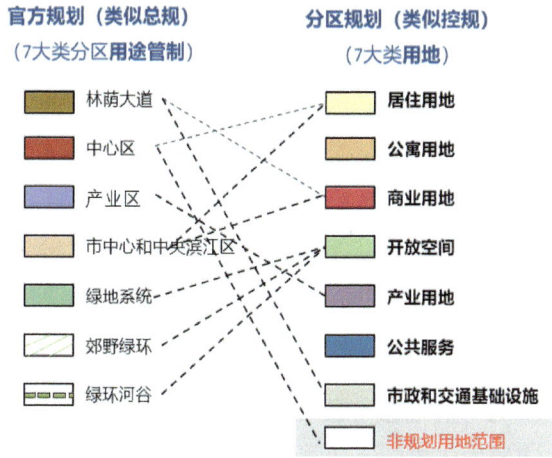

图8-24 加拿大多伦多"分区—用地"传导示意图
资料来源：南京市规划和自然资源局.南京市国土空间规划传导路径和机制研究[R].2024.

区、绿地空间系统、郊野绿环、绿环河谷7大类"结构性分区"落实，框定城市发展结构，传达空间政策，实现城市建设宏观发展意图的有效传导。《多伦多市区划（2019）》按照结构性分区要求，将用地分为7大类（图8-24、8-25），并以7大类用地的具体特征、与相关设施的交叉关系为依据，形成26小类用途功能，提出无条件相容、有条件相容、现状相容3种传导类型，明确各类用地与城市设施的相容关系，有序引导城市用地开发控制。

图8-25 加拿大多伦多官方规划分区图（左）和区划图（右）
资料来源：南京市规划和自然资源局.南京市国土空间规划传导路径和机制研究[R].2024.

8.3 规划传导的总体思路

国土空间规划强调事权与行政管理权责一致，一级政府、一级规划、一级事权，规划权力的层级划分体现了上下级政府对空间治理权力的博弈；此外，超大、特大城市规划编制的综合性、复杂性远超于中小城市，对规划传导提出了差异化需求。国土空间规划传导如何遵循权责一致的原则进行分级规划管理、因地制宜分区传导以及把握好"总量控制、动态投放"是需要重点关注的问题。基于国内外经验的总结借鉴，结合《若干意见》等一系列规划编制要求文件，市区县总体规划传导思路重点聚焦以下三个方面：

8.3.1 对应事权的分层传导

《市级指南》明确提出市级国土空间总体规划对下位规划和专项规划的传导内容和形式，要求市级国土空间总体规划对市辖县（区、市）提出规划指引，按照主体功能区定位，落实市级国土空间总体规划确定的规划目标、规划分区、重要控制线、城镇定位、要素配置等规划内容。制定市辖县（区、市）的约束性指标分解方案，下达调控指标，确保约束性指标的落实。可见,"事权对应、分层管控"是面向实施的国土规划工作应当充分落实的基本要求,通过分层传导构建具有实施性的权责清单。

总体规划应当注重明确约束指标、总体格局、资源保护、底线管控与用途管制的刚性传导内容,基于行政主体层级对应事权边界,建立统筹的市、区县、部门、镇街的分层传导布局原则,创造适应管控刚性和市场弹性需求的"刚弹"结合灵活空间,有效落实事权对应的分层传导思路,促进国土空间规划现代化治理水平的提升。以南京为例,在省级国土空间总体规划的指导下,强调市级国土空间总体规划—区级国土空间总体规划(分区规划)自上而下的传导要求,制定分区指引,明确市级规划传导内容,国土空间总体规划的底线管控、约束性指标、区域协调、重大设施布局、保护名录等要求,通过市级—县区级—街镇级国土空间总体规划进行纵向传导,保障市级国土空间总体规划的有效落实(图8-26)。

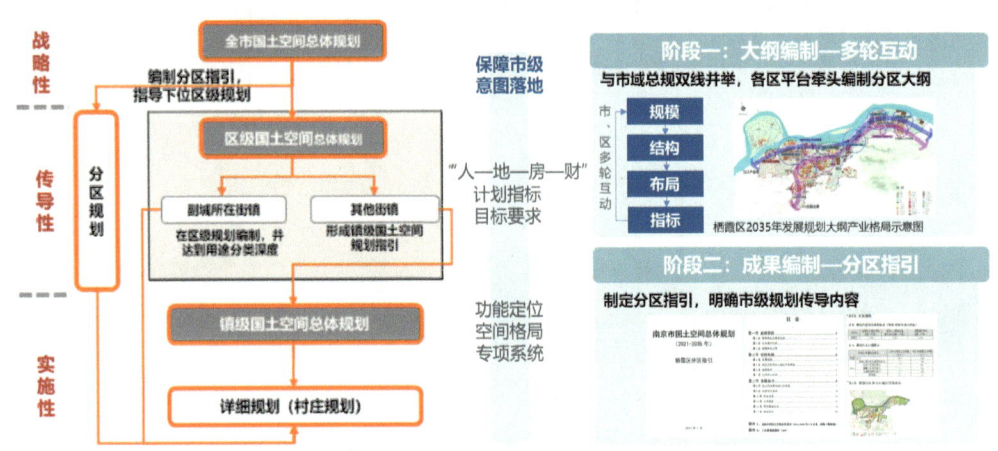

图8-26 南京市级—区级国土空间总体规划传导实践示意图

资料来源:作者自绘

8.3.2 因地制宜的分区传导

《若干意见》提出,各地可根据实际情况,在市级国土空间总体规划基础上,大城市可以行政区或规划片区为单元编制分区规划(相当于县区级国土空间总体规划),中小城市可直接划分详规单元,加强对详细规划的指引和传导。涉及中心城区范围的县(区、市)的国土空间总体规划,应落实市级国土空间总体规划对中心城区的国土空间安排。特别是超大、特大城市由于其规划的综合性、复杂性远超于中小城市,亟须在市级层面建立完善的规划传导体系。目前,江苏、广东、安徽等省市结合各地实际情况逐步探索建立规划纵向传递的空间管控机制,进一步深化了国土空间总体规划编制要求以及对市辖县(区、市)国土空间总体规划、专项规划的传导重点,细化下级国土空间总体规划传导内容。应结合主导功能分区,明确不同县区、不同主导功能区的传导要求。

8.3.3 适应动态平衡的传导尺度

面向实施的国土规划工作应当建立规划保障机制,注重规划工作的尺度容差,把握总量规模控制,适应动态平衡的传导尺度思路。规划期限内各要素总量不变,如何通过科学有效的规划调整实现国土规划工作中各项要求的动态平衡、构建国土空间规划的"一张蓝图",是当下规划工作的传导思路要点。国土规划传导应当落实由点及线、由虚到实、由线至面的表达形式变化,落实"总量控制,动态投放"的基本原则,对国土空间资源进行合理细化分配,确保规划区域的可持续发展。

8.4 市级国土空间总体规划—县区级国土空间总体规划传导

由于国土空间规划编制时间紧、任务重,市级、县区级国土空间总体规划处于同步编制状态,导致两级规划编制内容和深度趋同,除城镇开发边界、新增建设用地指标、稳定耕地指标等刚性指标实现了层层传导、上下贯通之外,市级国土空间总体规划中关于目标定位、空间结构、发展规模、公共服务、市政交通等内容的层级传导路径尚不明晰。当前,国土空间规划体系的建立和相关改革已经进入了攻坚期,如何实现规划内容的有效传导是关键,各地也在不断探索和总结经验,本章以南京市为例,介绍南京市探索市级国土空间总体规划—县区级国土空间总体规划的传导内容和具体方式。

8.4.1 市级国土空间总体规划—县区级国土空间总体规划的传导体系

《市级指南》要求市级国土空间总体规划"对市辖县(区、市)提出规划指引,按照主体功能区定位,落实市级国土空间总体规划确定的规划目标、规划分区、重要控制线、城镇定位、要素配置等规划内容。制定市辖县(区、市)的约束性指标分解方案,下达调控指标,确保约束性指标的落实"。

参照市级指南要求,结合对国内外案例研究的总结,南京市从五大传导维度、四大传导类型、四大传导路径入手,构建上下贯通的规划传导体系(图8-27、8-28)。其中,五大传导维度主要包括底线传导、目标传导、功能传导、设施传导和风貌传导五方面,四大传导类型主要包括定性传导、定量传导、空间传导、名录传导,传导路径主要为落实、深化、

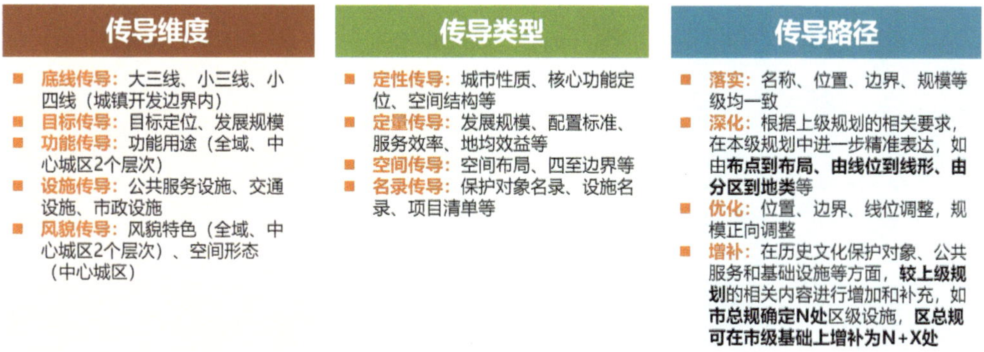

图8-27 南京市规划传导体系构建思路

资料来源:南京市规划和自然资源局.南京市国土空间规划传导路径和机制研究[R].2024.

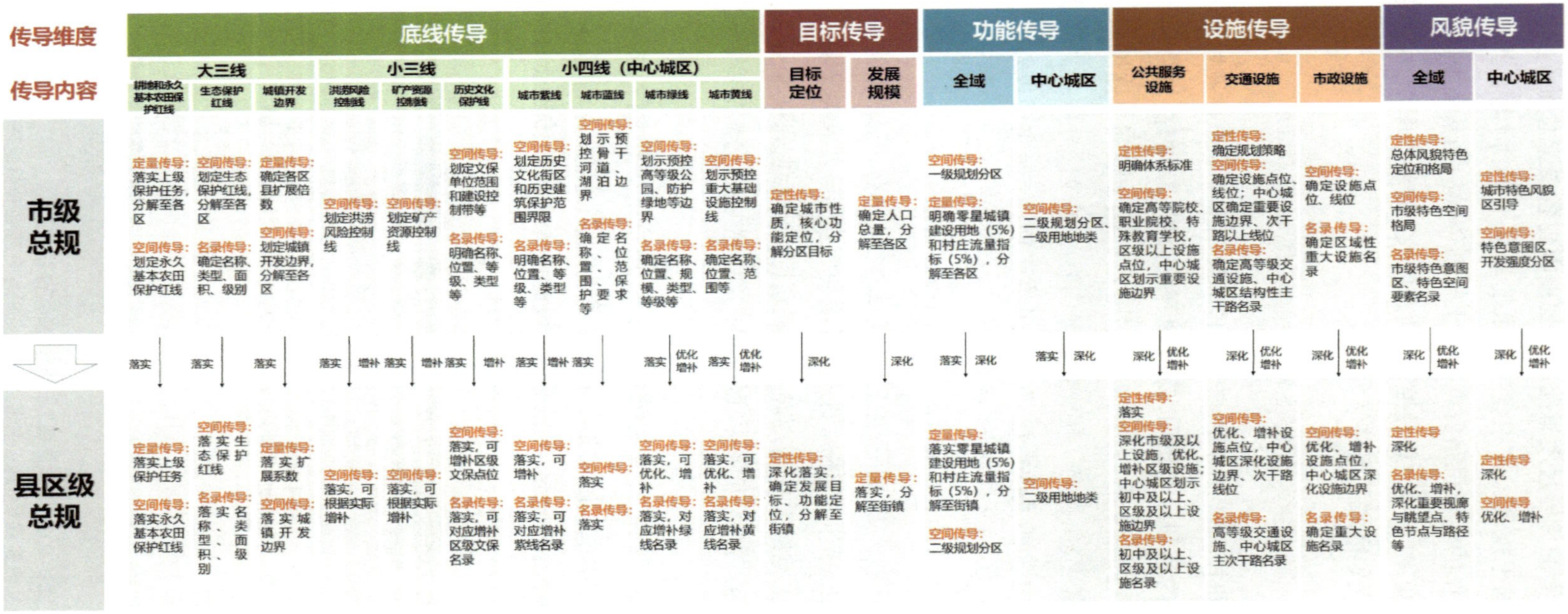

图8-28 南京市国土空间总体规划传导体系示意图

资料来源：作者自绘

优化、增补。针对空间难以落地的,应强化名录传导的方式,以列表的形式表达管控要求,加强保护和弹性管制,侧重引导性。

8.4.2 市级国土空间总体规划—县区级国土空间总体规划传导内容和方式

1. 底线传导

在可持续发展观念和构建生态文明环境的背景下,面向实施的国土空间总体规划应当将底线思维作为规划编制工作的重要基础和工作核心,积极落实底线管控传导机制。底线传导内容主要包括"大三线"、"小三线"和"小四线",在具体规划实施过程中应基于国家事权、地方事权确定不同的刚性管控程度,采取差异化的传导方式,在向下传导的过程中逐级强化保护与开发的空间格局,将生态保护、粮食安全、历史文化保护和绿地开敞空间等内容逐级落实至空间布局。

1)"大三线"

"大三线"即"三条控制线",包括耕地和永久基本农田保护红线、生态保护红线、城镇开发边界。各级国土空间规划应严格落实"三条控制线",通过定量传导、空间传导的方式传导落实规模和布局。其中,耕地和永久基本农田保护线任务指标由市级—县区级—街镇级国土空间总体规划逐级分解落实;市级国土空间总体规划按照省级国土空间总体规划确定的任务指标划定永久基本农田保护线,县(区)级、街镇级国土空间总体规划严格落实,形成双管控模式。市级国土空间总体规划划定的生态保护红线、城镇开发边界,在县(区)级、街镇级国土空间总体规划中也应严格落实。"三条控制线"应按照"数、线、图"的一致要求,在国土空间规划"一张图"实施监督信息系统中上图入库,落实到具体地块,直接作为用地用海报批的依据。以南京市江宁区为例,在区级总体规划中,严格落实市级国土空间总体规划划定的耕地和永久基本农田保护红线、生态保护红线和城镇开发边界三条控制线的数量规模、空间布局及名录清单(图8-29)。

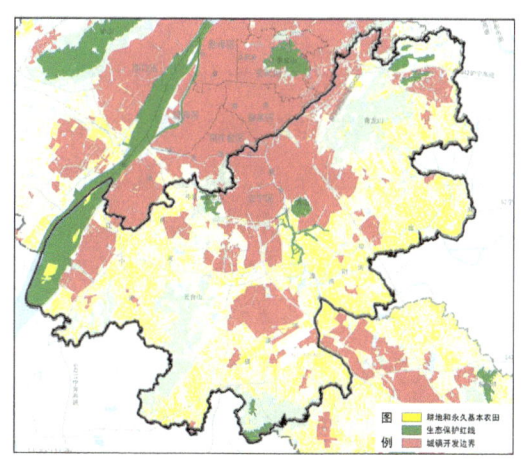
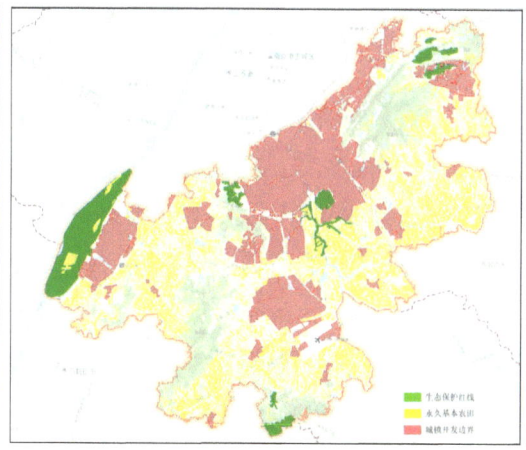

图8-29 南京市市域三线划定图(截取部分地区)(左)和江宁区三线划定图(右)

资料来源:《南京市国土空间总体规划(2021—2035年)》《南京市江宁区国土空间总体规划(2021—2035年)》

2)"小三线"

"小三线"包括矿产资源控制线、洪涝风险控制线、历史文化保护线,通过空间传导、目录传导的方式传导落实。县区级、街镇级国土空间总体规划应严格落实市级国土空间总体规划划定的矿产资源控制线、洪涝风险控制线、历史文化保护线,并结合实际情况进行增补、深化。

以南京市鼓楼区为例,区级国土空间总体规划在落实市级历史文化保护线边界和名录的基础上,结合实际增补区级文物保护单位(图8-30)。

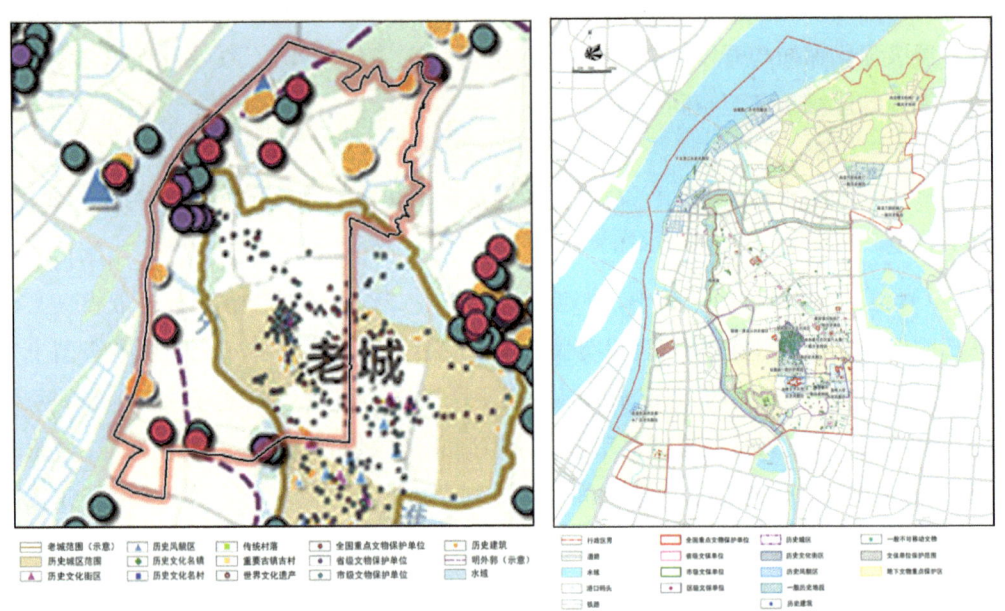

图8-30 南京市市域历史文化保护线规划图(截取部分)(左)和鼓楼区历史文化保护线规划图(右)
资料来源:《南京市国土空间总体规划(2021—2035年)》《南京市鼓楼区国土空间总体规划(2021—2035年)》

3)"小四线"

"小四线"指城市紫线、城市蓝线、城市绿线以及城市黄线,主要通过空间传导、名录传导的方式分解落实。市级国土空间总体规划划定城市紫线、城市蓝线,划示城市绿线、城市黄线,明确名称、规模。区级国土空间总体规划应严格落实市级国土空间总体规划划定的城市紫线、城市蓝线,城市紫线可结合实际情况进行增补;城市绿线在保障功能不降低、规模不减少的前提下,在下层次规划中逐级细化落位,保持系统性和连通性;城市黄线应结合交通、市政等专项规划,在国土空间规划"一张图"上统筹确定,控制预留的空间不被侵占。城市绿线、城市黄线在详细规划中优化落实。

以南京市栖霞区为例,区级国土空间总体规划落实了市级国土空间总体规划划示的仙林湖公园与大湖公园的范围、名录,具体边界结合建设发展需求,按照详细规划边界优化落实(图8-31)。

图8-31　南京市市级总规中心城区绿线规划图（左）和栖霞区总规中心城四线规划图（右）
资料来源：《南京市国土空间总体规划（2021—2035年）》《南京市栖霞区国土空间总体规划（2021—2035年）》

2. 目标传导

按照《若干意见》的要求，国土空间总体规划应当分发挥国土空间总体规划的规划引领作用，并在下位规划中进行细化落实。目标定位的传导落实是国土空间总体规划发挥引领作用的关键之一，明确的目标定位能够为整个区域的发展指明方向。国土空间总体规划中确定的人口规模、用地规模等发展规模指标，需要在下位规划中得到具体的分配和安排（表8-3）。做好国土空间总体规划目标定位和发展规模的传导落实，对于优化国土空间布局、促进区域协调发展具有重要意义。

表8-3　南京市目标传导维度一览表

传导内容	市级国土空间总体规划	区级国土空间总体规划
目标定位	确定城市性质和核心功能定位，分解分区目标	深化落实市级国土空间总体规划，确定发展目标、功能定位
发展规模	确定人口总量，分解至各区	落实市级国土空间总体规划确定的人口总量

资料来源：作者自绘

1）目标定位

在目标定位方面，市级国土空间总体规划确定城市性质和核心功能定位，提出分区指引，由县区级国土空间总体规划结合自身情况予以落实。南京在市级国土空间总体规划层面确定了"江苏省省会、东部地区重要的中心城市、国家历史文化名城、国际性综合交通枢纽"的城市性质和"全国先进制造业基地、国家区域科技产业创新中心、国家现代服务业中心城市"的核心功能定位,并在文本中明确各分区发展目标,各区国土空间总体规划再进一步明确各区发展目标与功能定位(表8-4)。

表8-4 南京市分区发展目标及各区总规发展目标及功能定位

行政区名称	市级总规分区发展目标	区级总规发展目标	区级总规功能定位
玄武区	南京市科技创新、商贸文旅产业的重要承载地	展示中国式现代化的典范城区	国家历史文化名城核心区、国际消费中心城市中心区、东部现代服务业中心核心区、东部数据和绿色低碳产业融合发展示范区、长三角数字贸易样板区
秦淮区	南京历史文化名城保护与彰显利用示范地,以及商务金融、商贸服务、文化旅游、科创功能的重要承载地	秦淮河畔社会主义现代化城市样板城区	国家历史文化名城核心区、国际消费中心城市中心区、南京都市产业创新高地、秦淮河畔人文宜居城区
建邺区	南京市重要的金融集聚区、滨江活力生态宜居城区	中国式现代化的典范城市中心	现代化国际性城市中心、重要金融中心核心集聚区、东部地区数字经济创新高地、滨江活力宜居城区
鼓楼区	省会功能核心区,以及南京市现代服务业和科技创新产业、历史文化名城保护和展示利用重要承载地	社会主义现代化建设典范城区	国家历史文化名城核心区、省会功能核心区、长三角科教创新中心区、东部地区高端服务业集聚区、长江中下游滨江航运物流先行区
栖霞区	重点突出高新技术产业和先进制造业、海港枢纽以及科教创新等功能定位	展示中国式现代化的典范城市核心区	东部产业科技创新引领区、新旧动能转换示范区、高端智能制造样板区、港产城融合发展创新区
雨花台区	重点突出数字经济创新、枢纽经济等功能定位	南京展示中国式现代化城市实践的窗口	东部数字经济创新中心、区域枢纽经济示范区、产城融合的高品质城区、绿色生态宜居典范区
江宁区	重点突出创新智造、空港枢纽经济等功能定位	中国式现代化先行示范区	区域产业科技创新示范区、国家级临空经济示范区、南京新质生产力先行区、南京都市圈城乡融合发展先行区
浦口区	重点发展高新技术产业、先进制造业、现代服务业和文化旅游产业	人民满意的中国式现代化新浦口	产城融合南京新主城、区域产业创新高地和智能制造示范基地、承东启西双向开放枢纽、南京都市圈特色休闲旅游度假胜地
六合区	突出南京都市圈辐射安徽和苏北地区的重要节点,市域北部地区的综合服务中心,区域重要先进制造业基地等功能定位	社会主义现代化新六合样板	南京北部重要增长极、城乡融合发展都市田园和生态宜居新副城、区域科技创新转化和先进制造基地

续表

行政区名称	市级总规分区发展目标	区级总规发展目标	区级总规功能定位
溧水区	突出创新智造、空港型物流、农业高新技术产业等发展,建设宁杭生态经济带上的重要节点城市,市域南部地区的综合服务中心	中国式现代化的溧水新图景	区域先进制造业重要基地、南京南部重要增长极、东部地区农业科技创新中心、国家城乡融合发展样板区
高淳区	突出苏皖交界地区的综合服务中心的功能定位,建设成为宁杭生态经济带上的生态宜居城区	中国绿色创新发展先行示范区	东部地区绿色创新发展样板区、南京南部重要增长极、南京生态宜居新副城
江北新区	自主创新先导区、新型城镇化示范区、长三角地区现代产业集聚区、长江经济带对外开放合作重要平台	创见未来、质领长江的社会主义现代化先行样板区	自主创新先导区、新型城镇化示范区、长三角地区现代产业集聚区、长江经济带对外开放合作重要平台

资料来源:结合各区国土空间总体规划成果,作者自绘

2)人口规模

人口规模规划在国土空间规划中对土地利用、公共服务设施配置、交通规划、环境保护和资源利用等方面都有着重要的影响,是实现国土空间合理开发和可持续发展的重要基础。南京规划常住人口1 250万—1 300万人,通过定量传导方式分解至各区,各区进行落实、深化(表8-5)。

表8-5 南京市各区规划人口规模分解一览表

行政辖区名称	市级总规规划人口分解规模(万人)	区级总规人口规模(万人)
玄武区	48—50	48—50
秦淮区	77—80	77—80
建邺区	67—70	67—70
鼓楼区	88—90	88—90
栖霞区	137—142	137—142
雨花台区	92—95	92—95
江宁区	284—295	284—295
浦口区	72—75	72—75
六合区	85—90	85—90
溧水区	79—82	79—82

续表

行政辖区名称	市级总规规划人口分解规模（万人）	区级总规人口规模（万人）
高淳区	61—66	61—66
江北新区	160—165	160—165
合计	1 250—1 300	1 250—1300

资料来源：结合各区国土空间总体规划成果，作者自绘

3. 用地使用功能传导

1）功能传导内容

市级国土空间总体规划主要明确市域规划分区和市级中心城区用地分类，县区级国土空间总体规划针对规划分区按照"一级分区—二级分区"逐级深化细化（图8-32），细化县区国土空间总体规划中心城区内用途分类，实现由主导功能引导向用途管制的空间管控传导（图8-33）。

由于乡村地区产业发展预测的不确定性较大，其所需新增建设用地一般按照全市新增城乡建设用地规模的一定比例预控，并以不确定空间布局的方式分解到各县区单元进行指标控制。市级国土空间总体规划明确对零星城镇建设用地（江苏省规定为城镇开发边界内新增城镇建设用地规模的5%）及村庄流量指标（江苏省规定为城镇开发边界内新增城镇建设用地规模的5%）要求，县区级国土空间总体规划按照规模指标深

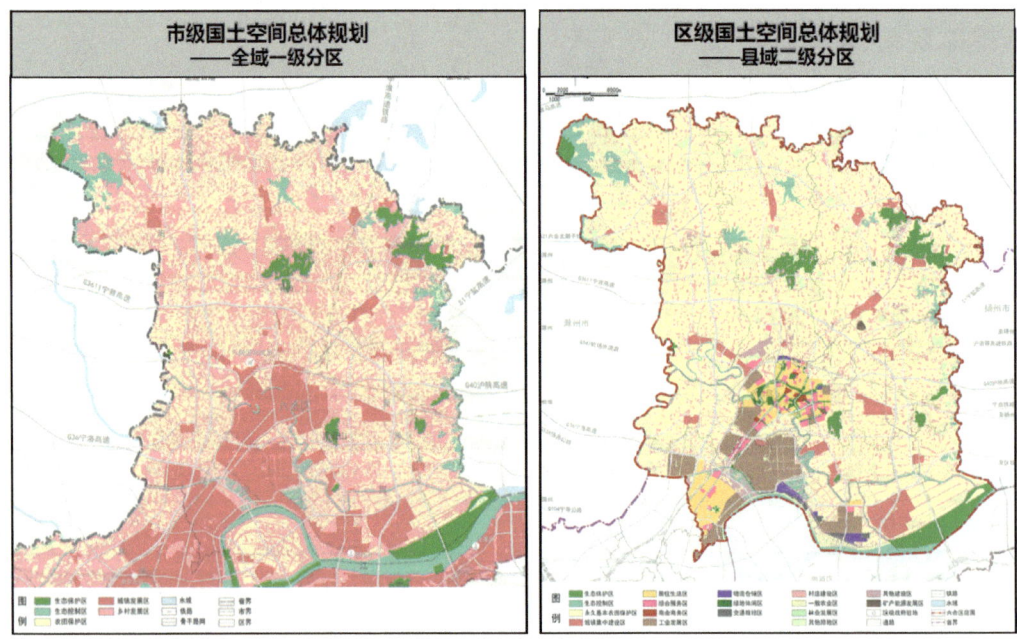

图8-32 南京市总规全域规划一级规划分区图（截取部分）（左）、六合区总规二级规划分区图（右）

资料来源：《南京市国土空间总体规划（2021—2035年）》《南京市六合区国土空间总体规划（2021—2035年）》

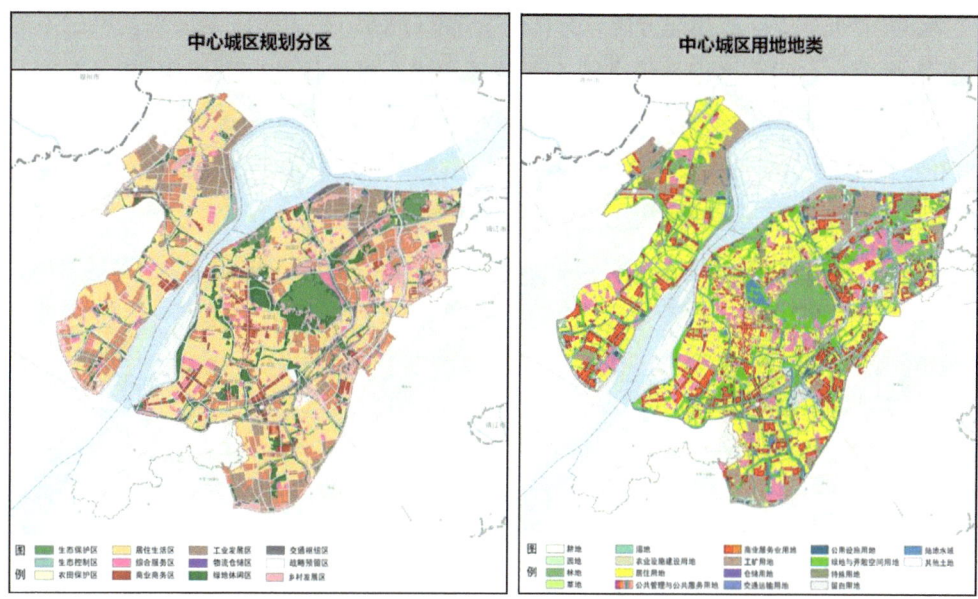

图8-33 中心城区规划分区图(左)和中心城区土地使用图(右)
资料来源:《南京市国土空间总体规划(2021—2035年)》、各区国土空间总体规划

化细化至空间布局,通过划示二级规划分区予以传导落实,实现"总量—用途"的细化传导(表8-6)。

表8-6 市级国土空间总体规划—县区级国土空间总体规划功能传导内容一览表

传导内容		市级国土空间总体规划	区级国土空间总体规划
全域		明确一级规划分区	划定二级分区
其中	中心城区(市级)	明确二级规划分区、一级地类	深化二级地类
	中心城区(区级)	明确一级规划分区	二级规划分区、二级地类
	中心城区外城镇集中建设区	明确一级规划分区	深化二级规划分区
	城镇开发边界外零星城镇建设用地	明确零星城镇建设用地(5%),分解至各区	落实零星城镇建设用地(5%),分解至街镇;划定规划分区
	乡村地区	明确村庄流量指标(5%),分解至各区	明确村庄流量指标(5%),分解至街镇;划定二级分区

资料来源:作者自绘

2)土地使用功能传导规则

随着规划编制的深化,不同用地功能的组合及用途分类不可避免地会产生交集,因此明确土地使用功能传导规则至关重要,既能维系各规划分区之间、规划分区与用途地类之间的关联性,又能保持各自的管控理性。为体现市级国土空间总体规划的用途管制要求,县区级国土空间总体规划应进一步明确"一级分区—二级分区—用途地类"的传导规则，制定向下传导的用途分类"正负面"清单（图8-34）。考虑到未来发展的不确定性，县区级国土空间总体规划的全域规划分区和中心城区用地应秉持"宜粗不宜细"的原则，满足混合布局需求。对于各类规划分区，尤其是城镇集中建设区，应明确主导功能比例和布局要求，重点制定不允许布局的"负面清单"，通过正负面清单为县区级国土空间总体规划向下传导、深化细化用地边界提供依据（表8-7）。

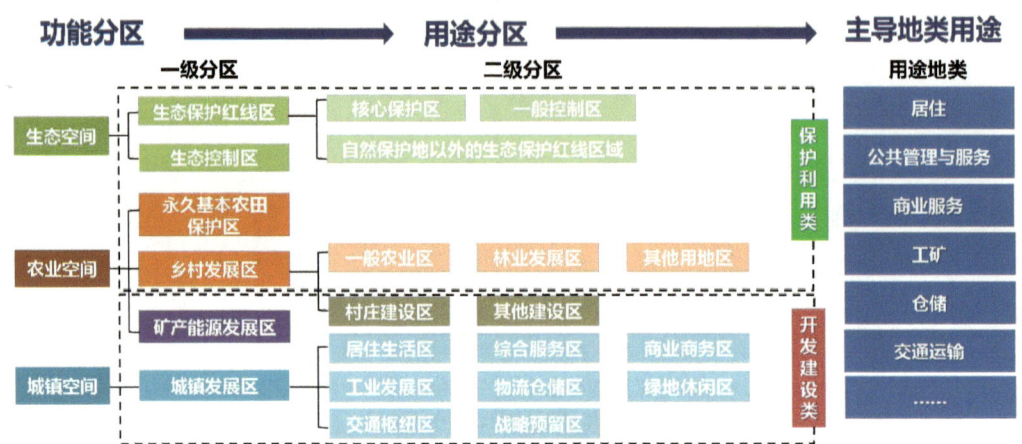

图8-34 "功能分区—用途分区—地类用途"的功能传导体系示意图
资料来源：作者自绘

表8-7 规划分区传导正负面清单一览表

一级规划分区	建设用地准入类	建设用地禁止类	备注
生态保护红线区	按照生态保护红线管控要求	按照生态保护红线管控要求	
生态控制区	能源类、交通类、水利类、市政公用设施、军事设施、旅游服务设施	禁止产业类、农产品初加工、种植和养殖配套设施、农业园区配套设施、村民建房、公共服务设施、特殊建设类项目	需符合准入要求
永久基本农田保护区	按照永久基本农田保护线管控要求	按照永久基本农田保护线管控要求	
城镇发展区	各类建设项目，按照城镇开发边界管控要求	按照城镇开发边界管控要求	
乡村发展区	能源类、交通类、水利类、市政公用设施、军事设施、农产品初加工、种植和养殖配套设施、农业园区配套设施、村民建房、公共服务设施、旅游服务设施、矿产资源初加工、特殊建设类	仅允许依托本地农产品的初加工以及依托本地矿产资源的初加工产业类项目进入，禁止其他产业类建设项目进入，产业类项目应入园区	需符合准入要求
矿产能源发展区	能源类、交通类、水利类、市政公用设施、军事设施、矿产资源开采及初加工、村民建房、公共服务设施、旅游服务设施、特殊建设类	禁止农产品初加工、种植和养殖配套设施、农业园区配套设施等项目	需符合准入要求

资料来源：作者自绘

①市级国土空间总体规划一级规划分区—县区国土空间总体规划二级规划分区传导

根据《市级国土空间总体规划编制指南（试行）》，县区级国土空间总体规划应落实市级国土空间总体规划确定的规划分区，充分考虑生态环境保护、经济布局、人口分布、国土利用等因素，为本行政区域国土空间保护开发做出综合部署和总体安排，生态保护区、乡村发展区、城镇集中发展区应细化至二级规划分区。"各地可结合实际补充二级规划分区类型"的要求，也为地方预留按需设置规划分区的空间，一定程度上赋予了规划分区传导的开放性。

A. 生态保护区

在不违背一级分区的主导功能，且紧密衔接管理政策的原则下，将生态保护区细分为自然保护地核心保护区、自然保护地一般控制区以及自然保护地以外的生态保护红线区域三类二级规划分区。以南京市浦口区为例，县区级国土空间总体规划严格落实生态保护红线，按照自然保护地体系细分，禁止布局其他规划分区（图8-35）。

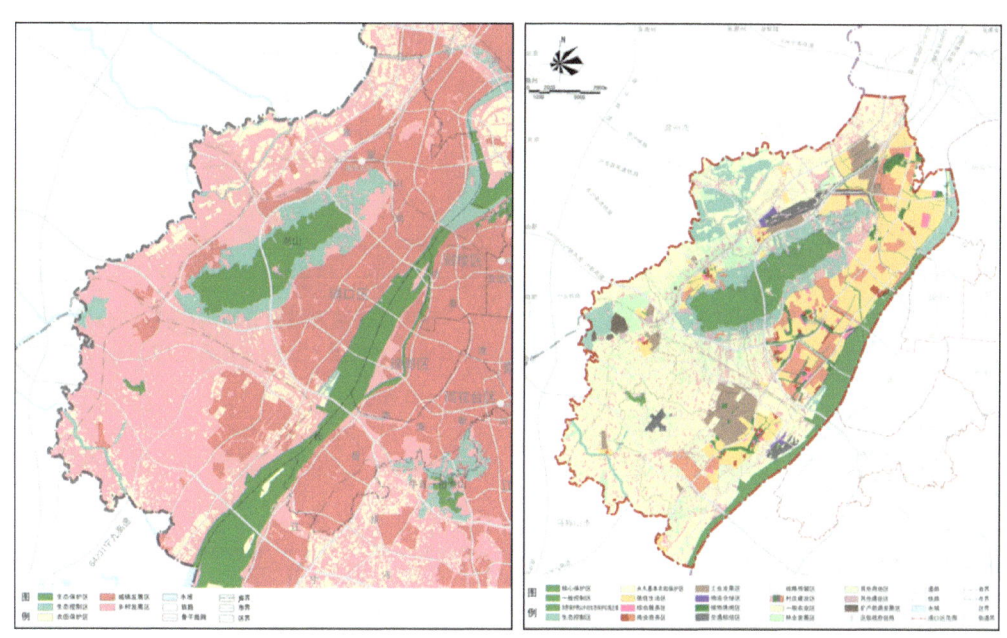

图8-35　南京市总规全域规划一级分区（截取部分）（左）和浦口区总规规划分区图（右）
资料来源：《南京市国土空间总体规划（2021—2035年）》《南京市浦口区国土空间总体规划（2021—2035年）》

B. 乡村发展区

在不违背一级分区的主导功能，且紧密衔接管理政策的原则下，市级乡村发展区可在县区级国土空间总体规划中细化传导为村庄建设区、一般农业区、林业发展区、其他用地区和其他建设区等二级规划分区。村庄建设区和其他建设区为城镇开发边界外的"允许建设区"，不得进行集中城镇建设，其中村庄建设区在现状村庄建设用地基础上结合农民建房项目、公共服务与基础设施完善项目、一二三产融合项目及其他农村集体经营性建设项目划定,新增部分应位于"已批建设用地"和"已备案村庄规划"范围内,新增建设用地规模应控制在村庄流量指标(5%)内;考虑到特殊用地、交通运输用地、水工设施用地、采矿用地等未纳入城镇开发边界的现状城镇建设用地的情况以及独立选址的建设需求,在《市级指南》的基础上增加"其他建设区",结合城镇开发边界外现状零星城镇建设用地划定,除"已批建设用地"外,原则上暂不考虑新增零星城镇建设用地,新增建设用地规模应控制在零星城镇建设用地(5%)内,未来可结合城镇开发边界调整落实。市级国土空间总体规划的乡村发展区有条件纳入县区级国土空间总体规划的生态控制区,其准入比例一般不超过20%(图8-36)。

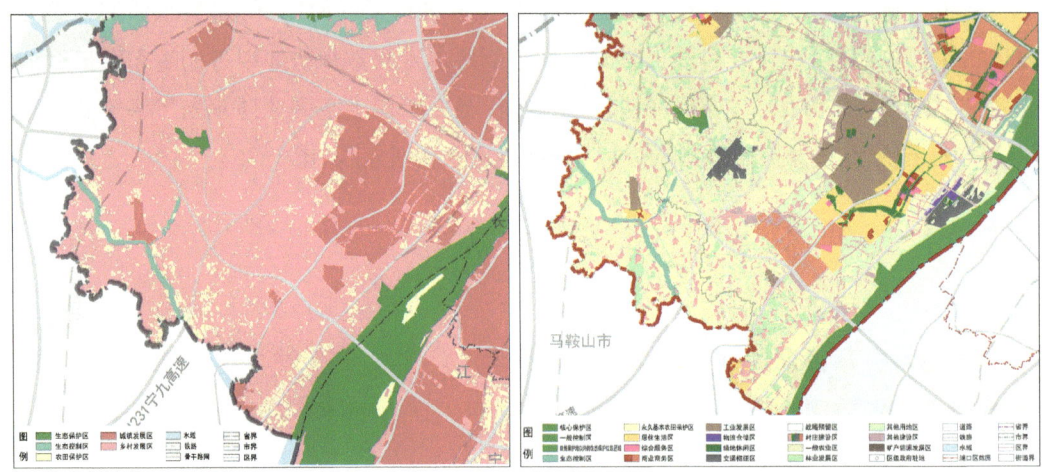

图8-36　南京市总规全域规划一级分区(截取部分)(左)和浦口区总规规划分区图(截取部分)(右)
资料来源:《南京市国土空间总体规划(2021—2035年)》《南京市浦口区国土空间总体规划(2021—2035年)》

C. 城镇发展区

根据《市级指南》,市级国土空间总体规划规划分区表达至一级规划分区深度,县区级国土空间总体规划应深化细化至二级规划分区。县区级国土空间总体规划重点对城市功能的空间布局进行结构化控制,可细化传导至居住生活区、综合服务区、商业商务区、工业发展区、物流仓储区、交通枢纽区、绿地休闲区和战略预留区等二级规划分区。在市级国土空间总体规划绿地休闲区中,县区级国土空间总体规划可结合实际情况深化布局综合服务区、商业商务区、交通枢纽区二级规划分区,比例不超过20%。战略预留区应实现市级国土空间总体规划到县区级国土空间总体规划的完全传导,禁止布局其他功能分区。

以南京市六合区为例,基于规划管理需求,结合中心城区内外采取差异化深度表达,中心城区外规划分区仅表达至"城镇集中建设区",中心城区内规划分区进一步深化细化"城镇集中建设区",细化传导为居住生活区、综合服务区等8类二级规划分区。

根据市级国土空间总体规划与县区级国土空间总体规划规划分区之间的干扰性和

影响性，可分为允许布局、限制/有条件布局、禁止布局三种传导关系。其中，"允许布局"是指市级国土空间总体规划与县区级国土空间总体规划的规划分区之间没有明显干扰和影响，可以进行规划分区布局，主导规划分区的用地规模比例原则上应超过60%；"限制布局/有条件布局"是指市级国土空间总体规划与县区级国土空间总体规划的规划分区之间存在可能的干扰或影响，须明确相关分区的布局、规模、交通、环境及准入比例等方面具体要求，才能允许分区布局；"禁止布局"是指市级国土空间总体规划与县区级国土空间总体规划的规划分区之间存在明显的干扰或影响，不允许布局的分区类型（表8-8）。

表8-8 一级规划分区—二级规划分区传导规则一览表

区县级国土空间总体规划			市级国土空间总体规划											
			城镇开发边界外				城镇开发边界内							
			生态保护区	生态控制区	农田保护区	乡村发展区	居住生活区	综合服务区	商业商务区	工业发展区	物流仓储区	交通枢纽区	绿地休闲区	战略预留区
开发边界外	生态保护区	核心保护区	√	×	×	×								
		一般控制区	√	×	×	×								
		自然保护地以外的生态保护红线区域	√	×	×	×								
	生态控制区		×	√	×	○								
	乡村发展区	永久基本农田保护区	×	×	√	×								
		一般农业区	×	√	×	√								
		村庄建设区	×	○	×	√								
		林业发展区	×	√	×	√								
		其他建设区	×	○	×	√								
		其他用地区	×	√	×	√								
	矿产能源发展区		×	○	×	√								
开发边界内	城镇发展区	居住生活区					√	√	√	√	√	√	×	×
		综合服务区					√	√	√	√	√	√	○	×
		商业商务区					√	√	√	√	√	√	○	×
		工业发展区					○	√	√	√	√	√	×	×
		物流仓储区					○	√	√	√	√	√	×	×
		交通枢纽区					○	√	√	√	√	√	×	×
		绿地休闲区					√	√	√	√	√	√	√	×
		战略预留区					×	×	×	×	×	×	×	√

备注：√为允许布局，○为限制布局/有条件布局，×为禁止布局。
资料来源：南京市规划和自然资源局.南京市国土空间规划传导路径和机制研究[R].2024.

② 中心城区规划分区细化至用地分类的传导

根据部、江苏省有关规定,中心城区应明确用途结构优化方向,确定各类建设用地总量和结构,形成地类深度的土地使用规划图。因此,中心城区土地使用功能应加强规划分区传导管控,明确规划分区—地类用途传导规则,既确保规划层级传导,又能够施行有效的分区管控(图8-37、表8-9)。

图8-37 建邺区总规中心城区规划分区图(左)和建邺区总规中心城区土地使用规划图(右)
资料来源:《南京市国土空间总体规划(2021—2035年)》《南京市建邺区国土空间分区规划(2021—2035年)》

表8-9 主导功能比例及正负面清单一览表

二级规划分区	主导功能建议比例	建议禁止功能用地
居住生活区	居住用地比例≥60%	工业用地、物流仓储用地
综合服务区	公共管理与公共服务用地比例≥60%	工业用地、物流仓储用地
商业商务区	商业服务业用地比例≥60%,其中市级、副市级、地区级以上的中心商业服务业用地比例≥80%	工业用地、物流仓储用地
工业发展区	工业用地比例≥60%	—
物流仓储区	物流仓储用地比例≥60%	—
交通枢纽区	交通运输用地比例≥80%	—

续表

二级规划分区	主导功能建议比例	建议禁止功能用地
绿地休闲区	绿地与开敞空间用地比例≥80%	居住用地、工业用地、物流仓储用地
战略预留区	留白用地	—

备注：主导功能建议比例为引导性要求，原则上，允许布局的用途地类应符合该比例要求。
资料来源：作者自绘

根据主导规划分区与用地类型之间的干扰性和影响性，可分为允许布局、限制布局、禁止布局三种传导关系，指导空间规划分区到具体地类规划的安排。其中，"允许布局"是指主导规划分区与用地类型没有明显干扰和影响，可以允许安排布局的用地类型，规划分区内，不属于同类功能的用地规模比例不得超过40%；"限制布局"是指主导规划分区与用地类型存在可能的干扰或影响，须限制安排的用地类型，用地规模比例不得超过规划分区面积的30%；"禁止布局"是指主导规划分区与兼容用地类型存在明显的干扰或影响，不得安排布局的用地类型。

4. 设施传导

基础设施是国土空间总体规划的重要内容，是城市发展的承载基础。南京市重点从公共服务设施、交通设施和市政设施三个方面明确管控传导要求。

基础设施传导呈现三方面特征。一是按照"一级政府，一级事权"，不同层级、不同类型规划之间的传导并不是事项的简单上传下达和分解，而应与不同层次规划中各类空间要素对应的空间治理事权主体及其治理方式相挂钩[①]。二是基础设施基于不同层级在等级标准、布点规模、用地边界等方面具有显著的分层管控要求，在规划过程中应当基于分层传导机制指导规划实施。三是基础设施的规划传导要厘清与相关专项规划的关系，在县区级国土空间总体规划层面侧重于目标标准、主要设施用地落实，以及协同基础设施与功能布局之间的关系，对于不确定的项目，可建立"清单+指标"的管控规则。因此，在市级—县区级国土空间总体规划中，基础设施可以通过定性传导、规则传导、空间传导、名录传导等多种方式进行传导。

1）公共服务设施

市级国土空间总体规划确定公共服务设施的标准体系、市级以上公共服务设施的名录和点位，通过规则传导、空间传导、名录传导等方式向下进行分解落实。县区级国土空间总体规划应当注重覆盖率和配置标准的优化提升，可对市级国土空间总体规划确定的

---

① 陈川，徐宁，王朝宇，李海燕.市县国土空间总体规划与详细规划分层传导体系研究[J].规划师，2021(15)：79.

公共服务设施进行落实、深化、优化、增补。鉴于教育设施与其他公共设施的不同特点，采取区别传导，县区级国土空间总体规划落实市级国土空间总体规划确定的配置标准，通过列名录、定空间的方式表达，考虑到未来规划空间布局的不确定性，仅表达高校、职业学校、特殊教育学校以上点位布局（表8-10）。

表8-10 公共服务设施传导规则一览表

类型	市级国土空间总体规划		县区级国土空间总体规划	
	管控方式	规划深度	传导方式	规划深度
教育	定标准	—	列名录、定点位/边界	确定高校、职业学校、特殊教育学校的点位，划示中心城区内初中及以上教育设施边界
			点位表达（公共设施体系规划图）	其中 高校、职业学校、特殊教育学校
文化体育医疗养老	定体系、定标准、列名录、定点位	市级以上	列名录、定规模、定点位/边界	中心城区外确定区级以上设施点位，中心城区内划示区级以上设施边界

资料来源：作者自绘

2）交通设施

市级国土空间总体规划确定重要交通设施的名录、点位、线位，通过定性传导、空间传导、名录传导等方式向下进行分解落实。县区级国土空间总体规划应当注重路网密度、里程等总体性要求，可对市级国土空间总体规划确定的交通设施进行落实、深化、优化、增补。鉴于线型交通设施存在较大不确定性，县区级国土空间总体规划层面难以全部予以明确，因此除部分明确的大型交通设施采取划界的方式管控外，其他大多采取线控、点控的方式，仅明确交通设施的位置和走向（表8-11）。

表8-11 交通设施传导规则一览表

类型	市级国土空间总体规划		县区级国土空间总体规划	
	管控方式	规划深度	传导方式	规划深度
航空	列名录定点位	民用机场、军用机场、通用机场点位	列名录定点位	民用机场、军用机场、通用机场点位
水运		沿江港口、内河港口位置	定点位定边界	中心城区内划示边界，中心城区外点位控制

续表

类型	市级国土空间总体规划		县区级国土空间总体规划	
	管控方式	规划深度	传导方式	规划深度
铁路	列名录 定线位	高速铁路、普速铁路及场站位置	定线位 定边界/点位	中心城区内场站落实布局
公路		高速公路、干线公路	定线位 定边界	中心城区内道路边界
城市道路		次干道以上(中心城区)	定线位	中心城区内次干道以上
轨道交通		轨道线网，轨道场段点位	定线位 定边界	轨道线网布局，划示轨道场段布局
停车公交	—	—	定点位	公交首末站和停保场
交通枢纽	列名录 定点位	城市客运枢纽，综合货运枢纽	定点位	综合交通枢纽、物流枢纽、货运站等
绿色交通	定策略	明确规划方向引导	定线位	慢行重点范围、市级与区级绿道线路

资料来源：作者自绘

3) 市政设施

市级国土空间总体规划确定重要市政设施的名录、点位、线位，通过定性传导、空间传导、名录传导等方式向下进行分解落实。县区级国土空间总体规划应当注重重大基础设施的布点和线位走向，可对市级国土空间总体规划确定的市政设施进行落实、深化、优化、增补。不同类型的市政设施具有不同的规划特征，市级国土空间总体规划—县区级国土空间总体规划的传导要求和深度也各不相同。鉴于线型市政设施存在较大不确定性，县区级国土空间总体规划层面难以全部予以明确，因此除部分明确的大型市政设施采取划界的方式管控外，其他大多采取线控、点控的方式，仅明确市政设施的位置和走向（表8-12）。

表8-12 市政设施传导路径一览表

类型	市级国土空间总体规划		县区级国土空间总体规划	
	管控方式	规划深度	传导方式	规划深度
给水	列名录 定点位	水厂	定点位/边界 定线位	水厂(中心城区内定边界)、增压泵站(定点位)、输水干管(定线位)

续表

类型	市级国土空间总体规划		县区级国土空间总体规划	
	管控方式	规划深度	传导方式	规划深度
雨水	定标准列名录定点位	—	定点位/边界定线位	雨水泵站(定点位)、雨水干管(定线位)
污水		主城、副城、新城污水处理厂		污水处理厂(中心城区内定边界)、污水泵站(定点位)、污水干管(定线位)
电力		电厂、500 kV变电站及以上变电站布局、高压廊道线路	定点位(中心城区外)定边界(中心城区内)	电厂、全域220 kV、中心城区110 kV及以上变电站布局、高压廊道线路
通信		通信枢纽	定边界定线位	中心城区内通信枢纽机房、核心机房、通信管道布局
邮政		中心局	定边界	中心城区内中心局、中心支局、转运站
燃气		门站、分输站、高压调压设施、LNG储配站、高压与次高压燃气管	定边界(中心城区内)定线位	中心城区内门站、储配站、调压站;全域次高压及以上、中心区中压干管布局
环卫		市、区级环保产业园市级转运站	定点位(中心城区外)定边界(中心城区内)	环保产业园、垃圾转运站以上等
消防		特勤站、战勤站、水上站、航空站	定点位定边界	特勤站(中心城区内定边界)、战勤站、水上站、航空站
人防		人均人防建筑面积	定点位定线位	指挥、医疗救护、疏散通道等
避难场所		中心避难场所	定点位	中心、固定避难场所

资料来源:作者自绘

5. 风貌传导

国土空间规划鼓励对空间形态、风貌特色等控制引导,提升城镇空间品质。以南京为例,市级国土空间总体规划确定全市总体风貌特色和风貌分区,县区级国土空间总体规划深化城市空间特色格局,划定特色意图区(图8-38)。通过定性传导(文字描述)、空间传导(城市空间特色格局示意图)和名录传导(市级特色意图区与特色空间要素一览表)等方式,对城市风貌轴线、高度形态控制、特色节点进行引导。县区级国土空间总体规划进行深化落实,可增补深化特色意图区、重要视廊与眺望点、特色节点与路径等要素,细化中心城区开发强度分区,具体地块的管控指标由国土空间详细规划进一步确定。

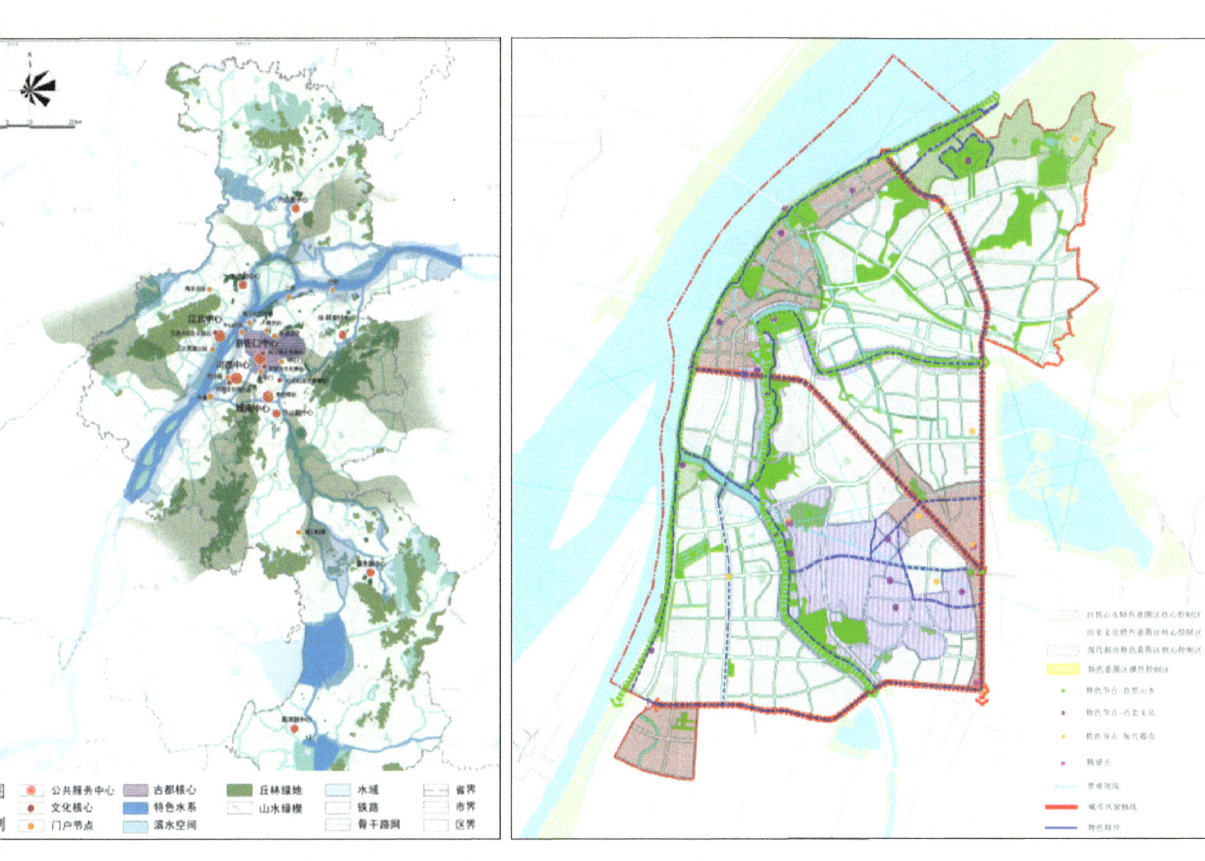

图8-38　南京市城市空间特色格局示意图(左)和建邺区空间特色格局示意图(右)

资料来源:《南京市国土空间总体规划(2021—2035年)》《南京市建邺区国土空间总体规划(2021—2035年)》

第九章 规划成果数据库

国土空间规划数据库是国土空间规划成果的重要组成部分，是推动国土空间规划全生命周期管理和国土空间优化的基础，也是国土空间规划"一张图"建设的首要任务[①]。《国土空间规划"一张图"建设指南（试行）》《市级国土空间规划编制指南（试行）》《自然资源部关于进一步加强国土空间规划编制和实施管理的通知》（自然资发〔2022〕186号）等文件明确要求，市级、县级国土空间总体规划矢量数据库随国土空间总体规划成果同步上报，纳入全国国土空间规划"一张图"系统。各地在开展国土空间规划编制过程中应改变传统的编制方法和技术方式，重视规划成果数据库建设，推进国土空间规划编制的全域、全程数字化，通过国土空间规划"一张图"建设，支撑国土空间规划的编制、审查、实施、监测、评估和预警等。

9.1 规划成果数据库定位

9.1.1 数据库发展历程

1. 原城市国土空间总体规划数据库建设与报批

城乡规划领域中所涉及的数据库主要是指空间数据库，它以空间目标为存储对象，以GIS（地理信息系统）为基础和核心，包含空间图形和属性信息两部分数据内容。空间数据库在城乡规划工作中的应用起步较晚，无论是在数据库标准、操作规范，还是在数据库质量要求、数据更新机制等方面依然存在较大不足。

原建设部出台的《城市规划编制办法（2005）》未对城市总体规划成果提出规划数据库建设与报批的相关要求，其后出台的《城市总体规划编制审批管理办法（征求意见稿）》提出建立城市规划地理信息系统和全市"一张图"的城市规划管理信息平台，但对数据库标准、规划数据库成果等未提出相关要求。由于原城市国土空间总体规划不重视规划数据库建设，原城市国

[①] 林常春，周彩琴，贺文龙，等. 国土空间规划数据库建设研究——以规划方案在数据库中的表达及图数一致性为例[J]. 农业工程，2022（2）：83.

土空间总体规划实施缺乏有效的管控手段，经常出现其确定的强制性内容被下层级规划突破等问题。因此，为强化国土空间规划实施管理，通过规划数据库对规划进行信息化管理，落实规划传导要求，是国土空间规划的必然选择①。

2. 原国土空间总体规划数据库建设与报批

依据周志永等关于数据库视角下的国土空间规划变革的学术交流报告，原国土资源管理体系在空间数据库建设、动态更新、共享应用方面已经形成了一套十分完备的工作体系。早在1998年国土资源部组建之初，其就把加强信息系统建设作为重要任务；1999年通过新一轮国土大调查基本形成全国土地和矿产两大数据库；2009年结合第二次全国土地调查，完成了全国土地利用现状数据库；2010年以国土资源"一张图"为基础的数据中心建设，为国土资源数据库的整合应用奠定了坚实的基础，可见国土体系对于信息化和数据库的重视和依赖程度（图9-1）。

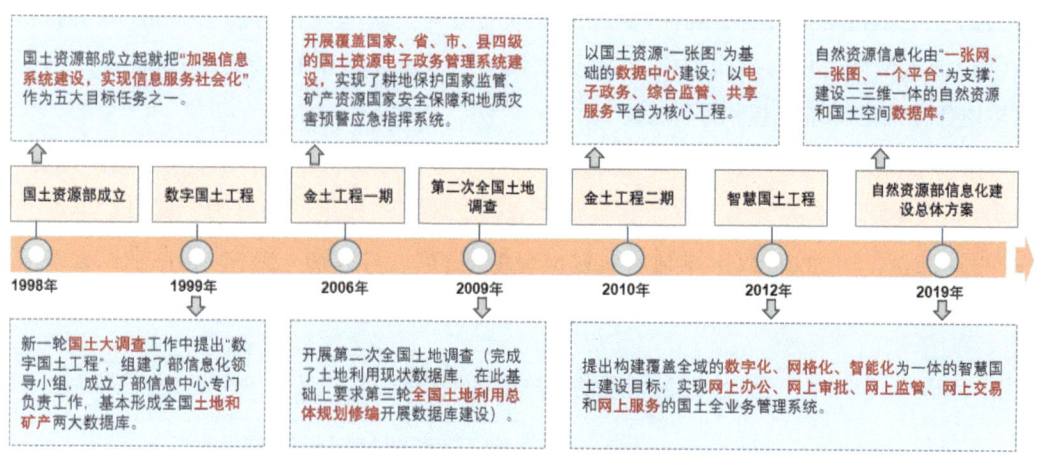

图9-1　国土资源数据库发展历程
资料来源：根据相关资料整理

土地利用规划中引入空间数据库，是结合第三轮土地利用总体规划修编开展的。自1986年《土地管理法》颁布实施以来，我国共组织编制了三轮全国性土地利用规划。在二调土地利用现状数据库建立后，以土地现状为基础叠加土地规划数据用于农转用报批、基本农田保护、城镇增长边界管控等显得尤为重要和紧迫。依托土地利用总体规划数据库，土地规划的管理实现了从以图纸管理到依靠数据库管理的转变，特别是在耕地保有量、建设用地总规模等指标管控和土地用途区、限建/禁建区等用途管控方面，形成强有力的矢量空间数据支撑（图9-2）。

---

① 赖权有，钱竞，唐欣，等.市级国土空间总体规划数据库建设与报批内容研究[J].地理空间信息，2023（9）：85.

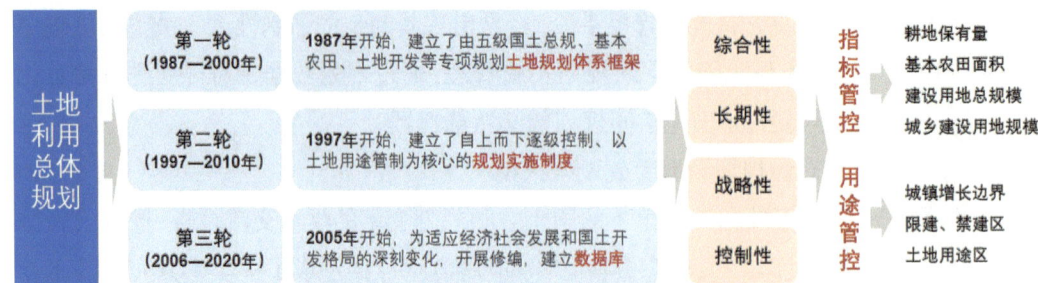

图9-2 我国三轮全国性土地利用规划发展历程
资料来源：根据相关资料整理

国土部门在数据库标准及数据汇交、质检等方面的成果和经验积累十分丰富。早在2002年就编制完成了《县（市）级土地利用规划数据库标准》。2009年又将土地利用规划数据库标准与《基本农田数据库标准》等进行充分衔接，开展修订。2010年考虑到与市、县、乡土地利用规划编制规程，制图规范等的协调一致，编制完成了市（地）级、县级、乡（镇）级土地利用规划数据库标准，并通过国土资源部公告第18号文件公布执行，为土地规划数据库的标准化提供了指引。

为高效汇交数据，国土资源部还编制并发布了数据库汇交规定，对汇交数据的内容、格式、文件组织方式甚至是文件命名规则都进行了详细的规定。同时为了提升数据准确性、可靠性，还专门针对数据库制定质量检查细则，重点对数据完整性、属性数据标准符合性以及空间图形拓扑规则等方面进行质检核查（图9-3）。

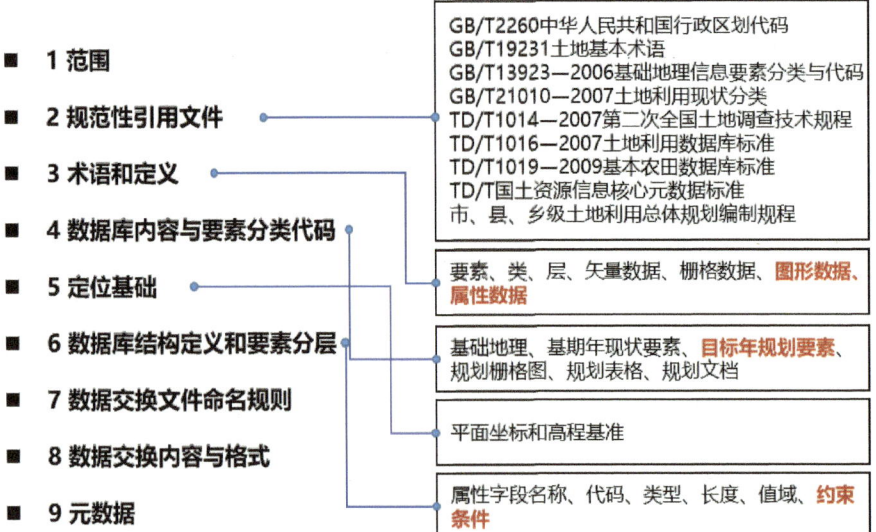

图9-3 土地利用规划数据库标准结构
资料来源：根据相关资料整理

总体来看,原土地利用总体规划审查报批特点为:第一,部级层面统一制定市、县、乡3级土地利用总体规划数据库标准,明确不同层级规划成果内容,为建立全国统一的规划"一张图"并实施严格的土地用途管制制度奠定基础;第二,根据各层级规划明确不同深度的成果内容,如基本农田在市、县、乡级规划中分别表达为基本农田集中区、基本农田保护区、基本农田地块等;第三,采用质量检查软件对规划数据库实施人机交互的质量检查,并规定规划数据库验收通过是规划获批的前提,确保规划成果标准化,有利于规划实施管理;第四,制定严密的规划数据库审查规则,确保相关规划内容的图、文、数、表一致,保障规划意图和相关指标的传导落实。

2019年5月中共中央、国务院《若干意见》正式印发,标志着"五级三类"的国土空间规划体系顶层设计基本形成。新的国土空间规划体系更加侧重于规划的实施和监督工作,《若干意见》提出到2020年初步形成全国国土空间开发保护"一张图",这"一张图"的核心应是集成基础地理、现状调查、规划成果等数据内容,形成体系完备的空间数据库。本次国土空间规划改革继承原土地利用规划关于规划数据库的主要内容,将数据库作为国土空间总体规划成果的重要组成部分,设置形式以及其他非矢量数据表的主要形式与原国土规划中的《市(地)级土地利用总体规划数据库标准》基本一致,支撑各类规划编制、提升规划工作效率(图9-4)。

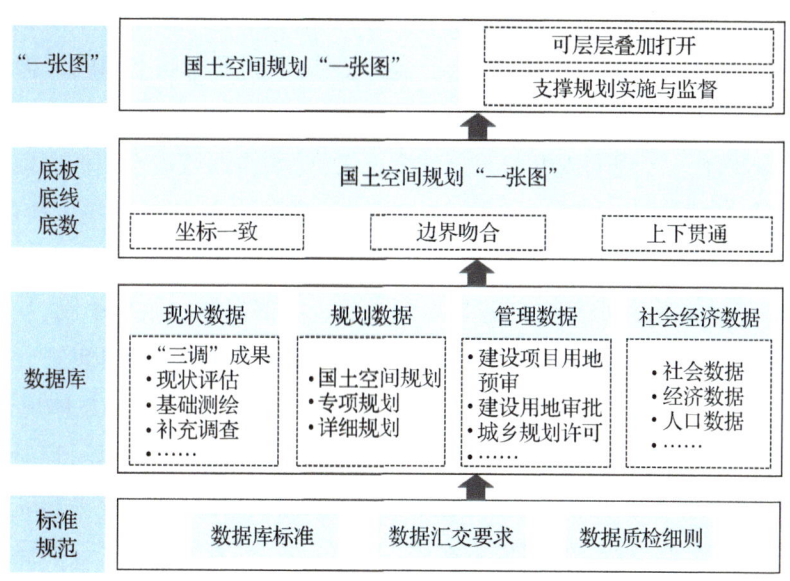

图9-4 国土空间规划数据资源体系建设需求
资料来源:作者自绘

9.1.2 数据库定位与作用

随着国土空间规划体系的逐步建设,国土空间规划数据库建设标准与技术指引已相对成熟。自2021年起,自然资源部陆续印发了《国务院审批规划城市国土空间总体规划成果数据汇交要求（试行）》（简称《汇交要求》）、《市级国土空间总体规划数据库规范（2022修订版）》（简称《市级数据库规范（2022修订版）》）、《县级国土空间总体规划数据库规范（试行）》（简称《县级数据库规范（试行）》，与《市级数据库规范（2022修订版）》（简称《数据库规范》）等文件，为市县级国土空间总体规划数据库建设提供了指导性意见。其中，《汇交要求》主要规定了国务院审批规划城市国土空间总体规划成果数据的汇交要求，包括数据汇交总体要求、数据内容、格式、命名要求以及成果数据组织形式、数据质量要求等，其他市级和县级国土空间总体规划成果数据汇交可参照执行，规范了全国各地国土空间总体规划成果数据汇交标准，为规划成果的审查、管理和应用打下坚实基础。《数据库规范》主要规定了市县级国土空间总体规划数据库的内容、要素分类代码、数学基础、数据分层、属性数据结构、属性值代码等，提出了原则性、导向性要求。后各省（自治区、直辖市）出台的市县级国土空间总体规划数据库规范，皆在该规范基础上，根据地方实际，对国土空间规划的空间要素、文档资料信息、表格信息以及栅格图信息等方面进行补充、细化。

依据国内关于市级国土空间总体规划数据库规程及基数转换的相关学术交流报告，国土空间规划数据库通过空间范围、应用主体、矢量成果、管控手段等四个方面的转变，支撑国土空间规划体系的建设。

一是空间范围，从多规并存到全域全类统筹。过去，城乡规划重点聚焦城镇空间的功能分区、用地布局、交通体系等内容；土地利用规划侧重农业空间的保护，以及建设活动的扩展边界；生态环境保护规划则侧重生态空间的保护。而现在，国土空间总体规划实现了"多规合一"，规划内容覆盖全域全要素，除了协调城镇空间的用地布局，还需要对生态空间、农业空间、海洋空间做出统筹安排，需要综合协调、统筹安排的内容大大增加。

二是应用主体，从多个部门自编自用到自然资源部门统一主导编制、应用与维护。由于各部门专项成果坐标系未完全统一，难以实现成果的协调统筹和动态化管理，原城乡规划部门的规划与国土、林草等部门很难进行彼此协调。国土空间总体规划成果全部以数据库管控，国土空间基础信息平台由多部门整合后，市域统一建设、市县区联动，并与国家级平台对接。数据库的建立为成果审查和管理的数字化提供了基础，上位规划要求的刚性管控要素、约束性指标可以直接进行数字化审查，管控刚性明显加强。

三是矢量成果，从CAD文件到GIS矢量图斑、属性及表格等多元要素数据库。传统城市总体规划的成果管理形式以文本、图集、CAD文件为主，而国土空间总体规划成果的主要载体除了传统的文本图集外，更重要的是GIS空间数据库。GIS空间数据库不仅囊括了传统城市总体规划关注的城区用地结构布局、基础支撑体系等城区规划图层，还进一步新增了"双评价"等市域现状分析评价图层，生态空间、农业空间与城镇空间等市域国土空间规划图层，及行政区划图层等。文本、图集、规划表格等内容也要求按照统一格式置入数据库中，形成符合"坐标一致、边界吻合、上下贯通"要求的统一底图数据，成果的系统性、完整性得到提升。同时，结合地方规划动态调整后的备案机制更新规划成果。

四是管控手段，从强制性内容为核心的传统管理方式到信息平台和"一张图"实施监督系统的全流程管控。传统城市总体规划的管控形式以强制性内容为重点，包括建设用地规模、城市四线、公益性公共设施、公共绿地、自然与历史文化遗产保护、市政基础设施及防灾等内容，下位控制性详细规划可以对城市总体规划除强制性内容之外的其他内容进行合理化调整。除了少数发达地区的城市建立"多规合一"平台逐步实现了部分数字化管理外，大部分城市规划管理还是相对传统的管控手段，难以适应未来发展的实际需要。而国土空间总体规划将规划成果连同现状数据、评估评价数据、管理类数据和社会经济数据等，全部纳入信息平台和"一张图"实施监督系统，提升了各项指标统计的精确性与成果实施应用的精细化，实现了从规划评估、编制、传导、实施与监督的全流程管理。

9.2 数据库建设标准

数据库建设是将国土空间总体规划数据按照一定的逻辑结构和物理结构入库。数据库建库标准包括数据基础、数据库内容、要素分类与编码、要素组织管理等。

9.2.1 数据基础

数据基础是准确描述空间数据位置特性的基础，包括坐标系统、高程系统、地图投影与分带等。其中，坐标系统采用"2000国家大地坐标系（CGCS2000）"；高程系统采用"1985国家高程基准"；地图投影与分带采用"高斯—克吕格投影"、国家标准分带。

专栏9-1　坐标计算方式

1.地理坐标系和投影坐标系

坐标系，也被称作地图投影，是空间数据的任意表征。它们可为地球表面上某一特定地点或区域提供共同的沟通基础。使用坐标系最关键的问题有两个：一是要了解使用的是何种投影；二是将正确的坐标系信息与数据集相关联。坐标系有两种类型，即地理坐标系和投影坐标系。地理坐标系就是常用的CGCS2000、WGS84等坐标系，而经过地图投影后，地理坐标系就变成了投影坐标系。要注意的是，坐标系是数据或地图的属性，而投影是坐标系的属性。从地理坐标系到投影坐标系，发生了立体到平面的转变，因此每个投影坐标系必然包括一个地理坐标系。如下图（图9-5），两张比例尺相同的某市行政区范围，左部是地理坐标系

CGCS2000，右部是投影坐标系CGCS2000_3_Degree_GK_Zone_40，同样是城市行政区，投影之后的行政区感觉被压缩，其实是以经度120°为中心向两边将地图展开，尽可能地用平面图去拟合地球曲面，这就是感官上最明显的区别[1][2][3]。

图9-5 某市地理坐标系（左）和投影坐标系（右）示意图
资料来源：作者自绘

在ArcGIS软件中地理坐标系按照地理区位内置了众多地区或全球使用的地理坐标系统，如：WGS1984、北京54、西安80、CGCS2000坐标。投影坐标系则按照投影方式内置了常用的投影坐标系统，如高斯—克吕格投影（Gauss-Kruger）。下图所示是ArcGIS软件内置的部分地理坐标系和投影坐标系（图9-6）。在ArcGIS中，因为涉及数据的叠加、裁剪以及空间分析等，一般都将数据由地理坐标系转换成项目需要的投影坐标系，方便后续的操作处理。

2. ArcGIS中的"带号"计算

上文提到的投影坐标系的投影方式有多种，目前我们接触较多的是UTM投影和高斯—克吕格投影，在选择这两种投影方式时，要正确地根据中央经线选择对应的带号。

UTM投影带计算公式如下（北半球N，南半球S）：带号=（经度整数位/6）的整数，部分+31，例如东经102°51′—103°44′，即103/6≈17+31=48，在WGS84地理坐标系下对应的投影坐标系为WGS_1984_UTM_Zone_48N。

---

[1] 郑溪.空间规划GIS应用基础案例实习教程[M].昆明：云南大学出版社，2020.
[2] 牛强.城乡规划GIS技术应用指南：GIS方法与经典分析[M].北京：中国建筑工业出版社，2018.
[3] 宋小冬，钮心毅.地理信息系统实习教程（第三版）[M].北京：科学出版社，2013.

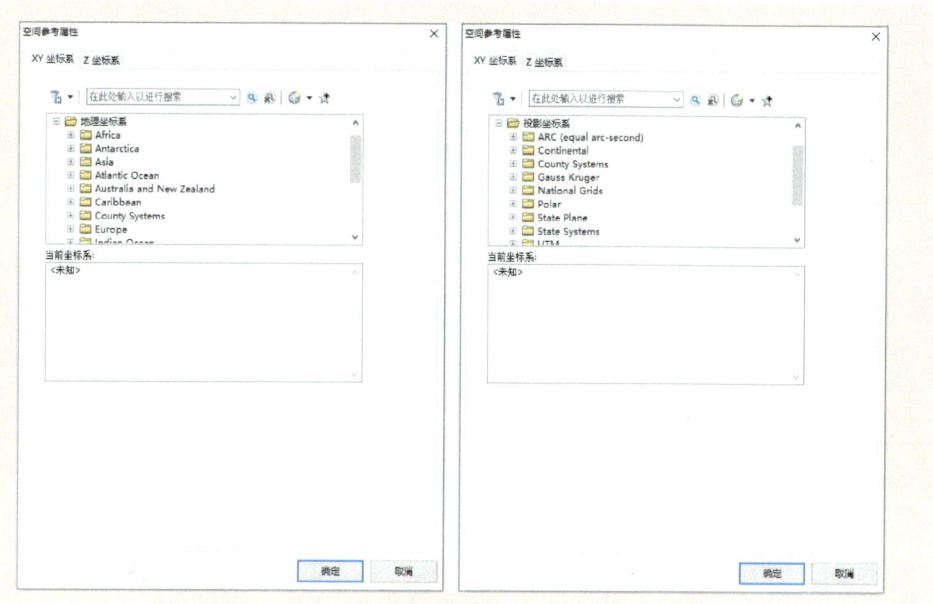

图9-6 某市地理坐标系(左)和投影坐标系(右)示意图
资料来源:作者自绘

高斯—克吕格投影带分为3°带和6°带,且有横坐标加不加带号之分(视具体情况有无带号):

① CGCS2000_3_Degree_GK_CM_105E 即3°分带下的35带投影(横坐标没有带号);

② CGCS2000_3_Degree_GK_Zone_35 即3°分带下的35带投影(横坐标有带号);

③ CGCS2000_GK_CM_105E 即6°分带下的18带投影(横坐标没有带号);

④ CGCS2000_GK_Zone_18 即6°分带下的18带投影(横坐标有带号);

带号计算方式:

3°带带号=(经度+1.5°)/3取整;

6°带带号=(经度+6°)/6取整,例如东经116°51′,即118.33/3≈39,CGCS2000坐标系下对应的3°分带投影坐标系(横坐标有带号)为CGCS2000_3_Degree_GK_Zone_39。

3. 查看数据坐标

加载数据到视图区,可以立即看到数据显示如下图所示(图9-7)。在【内容列表】中,双击数据图层打开数据的【图层属性】对话框。点击【源】选项卡即可查看该图层数据的坐标系信息。如下图所示,该数据的坐标系为:地理坐标系,CGCS2000。

ArcGIS软件加载了有坐标信息的数据后,界面右下角会显示鼠标位置对应

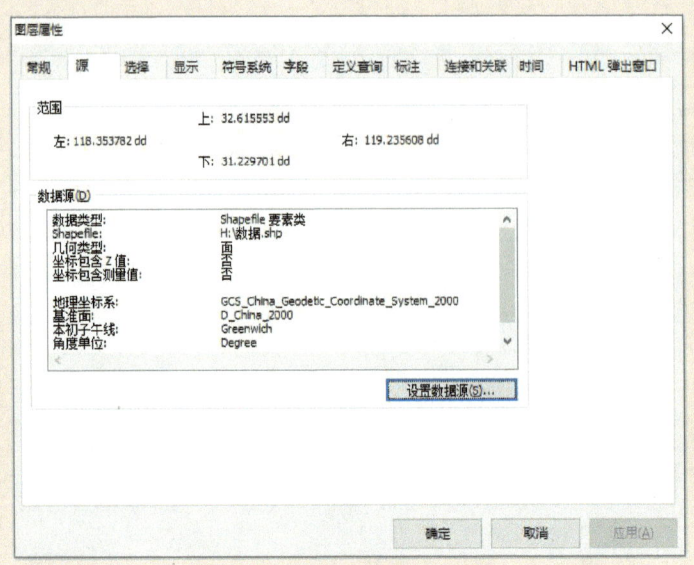

图9-7　ArcGIS软件查看数据坐标
资料来源：作者自绘

的该数据的即时坐标信息。如果首次加载的数据为地理坐标系，则右下角会显示【经度 纬度 十进制度】字样；若首次加载的数据是投影坐标系，则右下角会显示【X坐标 Y坐标 米】字样；若首次加载的数据并不含有任何坐标信息，则右下角会显示【X坐标 Y坐标 未知单位】字样。

4. 坐标投影

坐标投影是指地理坐标系通过"投影"转换为投影坐标系或投影坐标系通过"投影"转换为地理坐标系的过程。通常每一种投影坐标系都有其对应的特定地理坐标系，即投影坐标系和其对应的地理坐标系是"包含"和"附属"关系，"投影"只是同一坐标系下的不同表达方式。ArcGIS对不同类型的数据采用不同的投影工具进行投影转换，分为矢量投影和栅格投影（图9-8）。

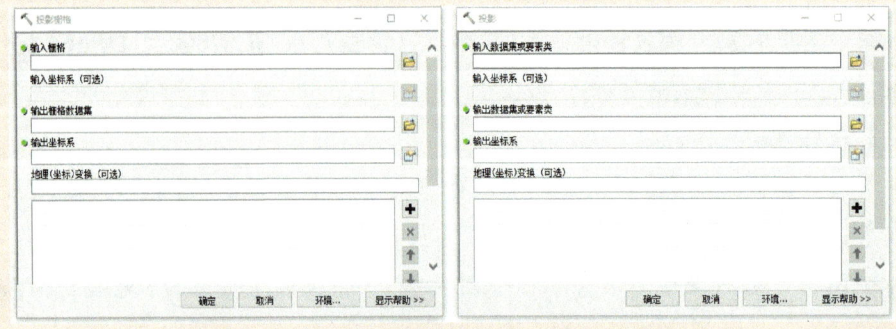

图9-8　ArcGIS软件矢量投影（左）和栅格投影（右）
资料来源：作者自绘

5. 定义投影

此工具的作用是对导入 ArcGIS 的数据集定义坐标系，使用此工具时必须获知该数据集本身的正确坐标系。这里的数据集可以是矢量数据也可以是栅格数据。例如：将 CAD 的 dwg 文件加载到 ArcGIS 中时是没有坐标系的，但在 CAD 画图时本身是有坐标系的，这时候就可以利用此工具将 dwg 定义成自身正确的坐标系（图 9-9）。

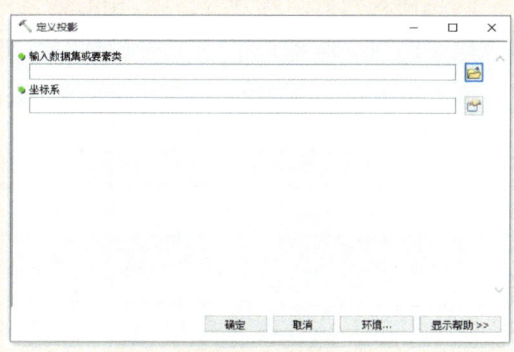

图 9-9　ArcGIS 软件定义投影
资料来源：作者自绘

6. 坐标系转换

不同于坐标投影转换，坐标系变换是完全不同的两个地理坐标系或者不同的投影坐标系之间的变换。我们在对某一地理坐标系进行投影时，如果选择的不是与其对应的投影坐标系，是需要设置坐标转换参数的，因为两个坐标在系统默认设置中可能没有任何关系。其中，地方坐标系和 CGCS2000 坐标系之间转换需要通过参数，该参数一般是保密数据，建议向自然资源部门申请数据坐标系转换。

7. ArcMap 的动态投影

在 ArcGIS 中还有一个关于坐标系操作的重要知识叫作动态投影。这是指 ArcGIS 的坐标系统会默认以第一个加载到 ArcGIS 视图界面中的文件的坐标系统为准，后续加载进来的数据如果和第一个数据坐标不同，将会被自动进行投影变换，从而在当前坐标系统中显示出来。虽然这种动态投影方式能够显示多重数据，但是这些数据文件所存储的实际坐标信息并没有发生改变，只是显示形态上变化成当前的坐标系统而已，因此称为动态投影。

9.2.2　数据库内容

衔接市县级国土空间总体规划编制内容要求，数据库内容包括基础地理信息要素、评价分析信息要素和国土空间规划信息要素。其中，基础地理信息要素即境界与行政区；评价分析信息要素包括基础分析与双评价的空间要素、文档资料要素、表格要素、栅格图要素等；国土空间规划信息要素包括基期年现状空间要素、目标年规划空间要素、规划文档资料要素、规划表格要素、规划栅格图要素等。

根据《数据库规范》，市县级国土空间总体规划数据库分为全域、中心城区两个内容层级，以满足数据收集统筹、纳入平台以及后期管理需要。地方可根据实际补充细化，如江苏省即结合《江苏省市县国土空间总体规划编制指南（试行）》和江苏省规划管理需要，进行了数据库内容的扩展，在市级国土空间总体规划数据库"全域+中心城区"层级基础上增设"市辖区"层级，即分为市域、市辖区、中心城区三个内容层级，同时明确县级国土空间总体规划数据库分为县域、中心城区两个内容层级（图9-10，图9-11）。其中，市辖区层级的图层保留大部分市域层级图层，并增加工业区块线、村庄布点等具有江苏省特色的多个图层，县域层级的图层与市辖区层级的图层保持一致。

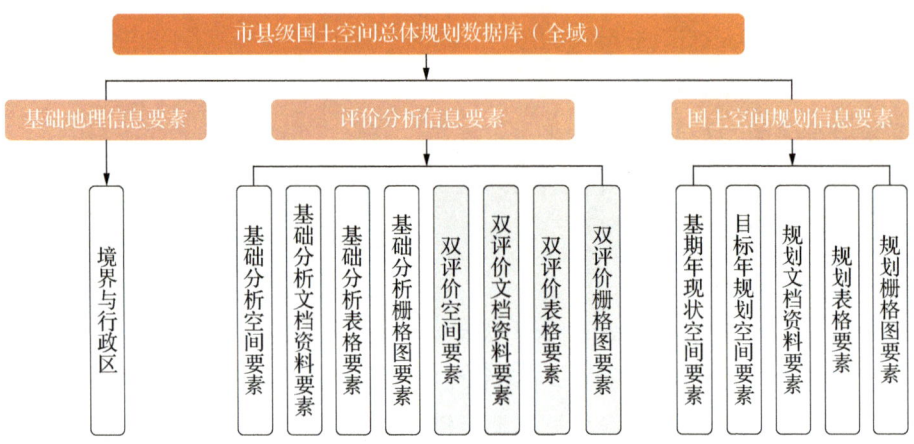

图9-10　市县级国土空间总体规划数据库（全域）内容图
资料来源：作者自绘

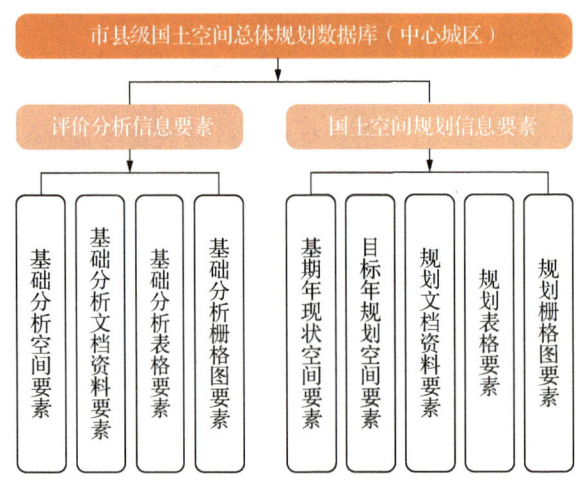

图9-11　市县级国土空间总体规划数据库（中心城区）内容图
资料来源：作者自绘

9.2.3　要素分类与编码

要素分类大类采用面分类法，小类以下采用线分类法。根据分类编码通用原则，依次按大类、小类、一级类、二级类、三级类、四级类划分，分类代码采用十位数字层次码组成（图9-12），其结构如下：

1）大类码为专业代码，设定为二位数字码，基础地理专业码为10，土地专业码为20，其他专业码为30；小类码为业务代码，设定为二位数字码，空位以0补齐，分析评价的业务代码为80，国土空间规划的业务代码为90；一至四级类码为要素分类代码，一级类码为二位数字码、二级类码为二位数字码、三级类码为一位数字码、四级类码为一位数字码，空位以0补齐。

2）基础地理要素的一级类码、二级类码、三级类码和四级类码引用GB/T 13923中的基础地理要素代码结构与代码。

3）各要素类中如含有"其他"类，则该类代码直接设为"9"或"99"（表9-1）。

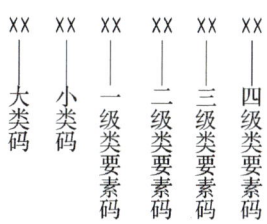

图9-12 要素分类示意图
资料来源：作者自绘

表9-1 市级国土空间总体规划数据库（全域）要素分类与代码表（节选部分）

要素代码	要素名称	说明
1000000000	基础地理信息要素	
1000600000	境界与行政区	
1000640100	市级行政区	
1000650100	县级行政区	
1000660100	乡级行政区	
2080000000	评价分析信息要素	
2080010000	基础分析空间要素	预留
2080020000	基础分析文档资料要素	预留
2080030000	基础分析表格要素	
2080030201	六普人口	
2080030202	七普人口	
2080040000	基础分析栅格图要素	
2080040201	市域国土空间用地用海现状图	
2080040202	市域自然保护地分布图	
2080040203	市域历史文化遗存分布图	
2080040204	市域自然灾害风险分布图	
2080050000	双评价空间要素	
2080050100	生态保护重要性评价结果	
2080050200	农业生产适宜性评价结果	
2080050300	城镇建设适宜性评价结果	

资料来源：自然资源部．市级国土空间总体规划数据库规范（2022修订版）[R]．2022：3-8．

9.2.4 空间要素组织管理

空间要素即矢量数据，是以坐标或有序坐标串表示的空间点、线、面等图形数据及与其相联系的有关属性数据的总称，采用gdb文件格式。市县国土空间总体规划矢量数据库不是简单的"数据拼凑"，而是要从更深层次回答市级国土空间总体规划"编什么、报什么、管什么、怎么管"的核心问题，需要涉及国土空间规划编制的多个行政部门、技术单位共同研究形成。以《数据库规范》提出的矢量要素图层为基础，按照"突出重点抓主要矛盾，分级管理分级审批，管什么就批什么"的基本思路确定市级国土空间总体规划矢量数据库建设[①]。

1. 规划图件与矢量数据的关系

传统城市规划成果中，规划图件是法定成果，缺乏规划数据库的支撑。作为市县级国土空间总体规划成果的组成部分，规划图件、矢量数据等经批准后必然作为法定成果。为避免规划图件表达与矢量数据入库内容不匹配对规划实施的影响（如规划图纸未表达，但矢量数据已入库或矢量数据未入库，但规划图纸已表达等），借鉴原土地利用总体规划方法，通过审查规则明确规划图件的制图文档必须关联数据库中的矢量数据，保持规划成果"图数表一致"，避免规划图件和矢量数据出现"两张皮"。

2. 空间要素图层组织

空间要素采用分层的方法进行组织管理。以市级国土空间总体规划数据库为例，全域数据库包括境界与行政区、评价分析、基期年现状、目标年规划四大类空间要素集，共有要素80项，其中28项必选（M）、19项可选（O）、33项条件必选（C）；中心城区数据库仅包括基期年现状、目标年规划两大类空间要素集（表9-2），共有要素29项，其中18项必选（M）、7项可选（O）、4项条件必选（C）。具体空间要素图层分类、名称、几何特征、属性表名、属性数据结构、属性值代码等依照《数据库规范》及地方相关规范要求执行。

表9-2　市级国土空间总体规划数据库（中心城区）要素图层

序号	图层分类	图层名称	几何特征	属性表名	约束条件	备注
1	基期年现状	中心城区现状用地用海	面	ZXCQXZYDYH	M	
2	目标年规划	中心城区范围	面	ZXCQFE	M	
3		中心城区规划分区	面	ZXCQGHFQ	M	
4		中心城区规划用地用海	面	ZXCQGHYDYH	M	
5		中心城区绿地与开敞空间	面	ZXCQLDYKCKJ	C	

---

① 赖权有，钱竞，唐欣，等.市级国土空间总体规划数据库建设与报批内容研究[J].地理空间信息，2023（9）：86.

续表

序号	图层分类	图层名称	几何特征	属性表名	约束条件	备注
6	目标年规划	中心城区地下空间开发重点区域	面	ZXCQDXKJKFZDQY	C	
7		中心城区保障住房	面	ZXCQBZZF	O	
8		中心城区城市蓝线	面	ZXCQCSLX	M	
9		中心城区城市绿线	面	ZXCQCSLX	M	
10		中心城区城市紫线	面	ZXCQCSZX	M	
11		中心城区城市黄线	面	ZXCQCSHX	M	
12		中心城区开发强度分区	面	ZXCQKFQDFQ	M	
13		中心城区视线通廊	面	ZXCQSXTL	O	
14		中心城区公共服务设施(点)	点	ZXCQGGFWSSD	M	
15		中心城区公共服务设施(面)	面	ZXCQGGFWSSM	O	
16		中心城区市政公用设施(点)	点	ZXCQSZGYSSD	M	
17		中心城区市政公用设施(线)	线	ZXCQSZGYSSX	M	
18		中心城区市政公用设施(面)	面	ZXCQSZGYSSM	O	
19		中心城区交通设施(点)	点	ZXCQJTSSD	M	
20		中心城区交通设施(面)	面	ZXCQJTSSM	O	
21		中心城区道路中心线	线	ZXCQDLZXX	M	
22		中心城区道路红线	线	ZXCQDLHX	M	
23		中心城区防灾减灾设施(点)	点	ZXCQFZJZSSD	M	
24		中心城区防灾减灾设施(线)	线	ZXCQFZJZSSX	M	
25		中心城区防灾减灾设施(面)	面	ZXCQFZJZSSM	O	
26		中心城区灾害风险区	面	ZXCQZHFXQ	M	
27		中心城区城市更新重点区域	面	ZXCQCSGXZDQY	O	
28		中心城区城市更新单元	面	ZXCQCSGXDY	C	
29		中心城区详规单元	面	ZXCQXGDY	C	

注：约束条件取值：M(必选)、O(可选)、C(条件必选)。其中,条件必选为地方具有该内容的编制成果时必选。下同

资料来源：自然资源部.市级国土空间总体规划数据库规范(2022修订版)[R].2022:8-9.

3. 空间要素属性数据结构

空间要素属性数据结构是对空间要素图层的具体内容填写要求进行定义，通常包含字段名称、字段代码、字段类型、字段长度、小数位数、值域、约束条件等方面。在空间要素属性数据结构字段名称中，行政区代码、行政区名称是考虑数据管理及应用需要的基础字段，在无特殊注明要求时，默认填写到市级行政区；若地方行政区划管理制度存在特殊情况，可根据实际情况填写并在图层备注中说明（表9-3）。

表9-3 市级行政区、县级行政区、乡级行政区属性结构描述表

序号	字段名称	字段代码	字段类型	字段长度	小数位数	值域	约束条件	备注
1	标识码	BSM	Char	18			M	见注1
2	要素代码	YSDM	Char	10			M	
3	行政区代码	XZQDM	Char	12			M	见注2
4	行政区名称	XZQMC	Char	100			M	见注3
5	计算面积	JSMJ	Float	15	2	>0	M	单位：平方米 见注3
6	备注	BZ	Char	255			O	

注1：标识码编号规则为：行政区代码(6位)+扩展码(4位)+顺序码(8位)。其中，本规范扩展码为"0000"。

注2：县及县以上行政区代码采用GB/T2260中的6位数字码，行政区名称采用GB/T 2260中的名称。乡级行政区代码在县级行政区代码的基础上扩展3位，即：县级行政区划代码+乡级行政区划代码，乡级行政区名称直接采用乡镇名称。在无特殊注明要求时，行政区划代码、行政区名称默认填写到市级行政区，如涉及跨行政区特殊情况可在备注中说明。下同。

注3：指根据行政区界线坐标计算的椭球面积。本标准中所有面积字段如无特殊说明，均指椭球面积。

资料来源：自然资源部.市级国土空间总体规划数据库规范(2022修订版)[R].2022:14.

专栏9-2 字段类型

ArcGIS中的字段类型非常重要，因为它们决定了属性表中每列数据的性质和存储方式。根据GIS软件操作手册，不同的字段类型可以容纳不同类型的数据，从数值到文本再到日期等。以下是ArcGIS中常见的字段类型以及它们的详细描述：

一、文本(Text)：用于存储任何形式的字符数据，包括字母、数字、符号和空格。文本字段的大小可以定义，以限制可以输入的最大字符数。这种类型适用于存储如名称、地址或任何其他非数值信息。

二、长整型(Long Integer)：用于存储没有小数部分的整数，通常用于计数或

者可以不包含小数的数据。它能够存储的值的范围较大,适用于需要较大数值范围的应用场景。

三、短整型(Short Integer):也用于存储没有小数部分的整数,但它的值的范围较长整型小。短整型适用于数值较小的整数数据,如ID编号、等级、顺序等。

四、浮点型(Float):用于存储包含小数部分的数值。浮点型适用于精度要求不是非常高的小数数据,如温度、长度、面积等。

五、双精度型(Double):也用于存储小数数据,但比浮点型有更高的精度,适用于需要高精度计算的场景,如经纬度坐标、精确的测量数据等。

六、日期(Date):用于存储日期和时间数据,可以包括年、月、日、时、分、秒。这种类型非常适用于记录事件发生的时间,如观测日期、记录创建或修改的时间等。

七、二进制大对象(Blob):用于存储大量的二进制数据,如图像、多媒体文件或其他非结构化数据。Blob字段不是直接用来显示数据,而是用来存储数据的原始二进制形式。

八、对象标识符(OID):这是一种特殊的字段类型,用于存储每个记录的唯一标识符。在ArcGIS中,每个要素或行都会自动分配一个唯一的OID,以确保数据的唯一性和完整性。

九、全局ID(Global ID):这是一个自动生成的唯一标识符,用于在数据库中唯一标识记录。全局ID通常用于数据同步和集成过程中,确保数据的一致性。

了解以上这些字段类型对于有效地使用ArcGIS来管理和分析地理信息系统数据至关重要。选择合适的字段类型不仅可以确保数据的准确存储,还可以优化查询性能和数据分析的效果。

9.2.5 非空间要素组织管理

1. 非空间要素图层组织

非空间要素包括规划文本、栅格图件、规划表格等,采用非空间数据管理方式,即按文件夹组织管理。具体非空间要素分类、属性数据结构、属性值代码等依照《数据库规范》及地方相关规范要求执行(表9-4)。

1)规划文本。即市县级国土空间总体规划成果中的规划文本、规划说明、专题研究报告、资源环境承载能力和国土空间开发适宜性评价报告,以及规划编制开展情况的说明、规划环境影响评价说明、国土空间规划"一张图"系统评估报告、规划批复等其他材料,采用pdf、word两种文件格式。

2)栅格图件。即市县级国土空间总体规划成果中的栅格格式的规划图件,采用jpg

文件格式。

3）规划表格。即市县级国土空间总体规划成果中的表格数据，采用mdb文件格式。

表9-4 市级国土空间总体规划数据库非空间要素分类表

要素类型	要素名称	属性表名	约束条件	备注
规划文本	资源环境承载能力和国土空间开发适宜性评价报告	GHWB	M	
	规划文本		M	
	规划说明		M	
	专题研究报告		M	
	规划编制开展情况的说明		M	
	规划环境影响评价说明		M	
	国土空间规划"一张图"系统评估报告		M	
	规划批复		C	
	其他文档		C	
栅格图件	县级行政区主体功能定位分布图	SGTJ	M	
	乡级行政区主体功能定位分布图		C	
	市域国土空间总体格局规划图		M	
	市域国土空间控制线规划图		M	
	市域耕地和永久基本农田保护红线图		M	
	市域生态保护红线图		M	
	市域城镇开发边界图		M	
	市域生态系统保护规划图		M	
	市域农（牧）业空间规划图		C	
	市域城镇体系规划图		M	
	市域历史文化保护线规划图		C	
	市域洪涝风险控制线图		M	
	市域城乡生活圈和公共服务设施规划图		M	
	市域综合交通规划图		M	
	市域基础设施规划图		M	
	市域国土空间规划分区图		M	
	市域生态修复和综合整治规划图		M	

续表

要素类型	要素名称	属性表名	约束条件	备注
栅格图件	市域矿产资源规划图	SGTJ	M	
	市域造林绿化空间规划图		M	
	海洋功能分区图		M	"必选"只适用于涉海城市
	海岸带分区图		M	"必选"只适用于涉海城市
	区域发展协同示意图		O	
	中心城区国土空间规划分区图		M	
	中心城区土地使用规划图		M	
	中心城区开发强度分区规划图		M	
	中心城区控制线规划图		M	
	中心城区历史文化保护规划图		C	
	中心城区城市更新规划图		C	
	中心城区绿地系统和开敞空间规划图		M	
	中心城区公共服务设施体系规划图		M	
	中心城区市政基础设施规划图		M	
	中心城区道路交通规划图		M	
	中心城区综合防灾减灾规划图		M	
	中心城区地下空间规划图		C	
	市域国土空间用地用海现状图		M	
	市域自然保护地分布图		C	
	市域历史文化遗存分布图		C	
	市域自然灾害风险分布图		M	
	中心城区国土空间用地用海现状图		M	
	生态保护重要性评价结果图		M	
	农业生产适宜性评价结果图		M	
	城镇建设适宜性评价结果图		M	
	生态保护极重要区内开发利用地类分布图		O	
	种植业生产不适宜区内耕地分布图		O	

续表

要素类型	要素名称	属性表名	约束条件	备注
栅格图件	城镇建设不适宜区内城镇建设用地分布图	SGTJ	O	
	耕地空间潜力分析图		O	
	城镇建设空间潜力分析图		O	
	生态系统服务功能重要性分布图		O	
	生态脆弱性分布图		O	
	多年平均降水量分布图		O	
	人均可用水资源总量分布图		O	
	地质灾害危险性分区图		O	
	地下水超采与地面沉降分布图		O	
规划表格	六普人口	LPRK	M	
	七普人口	QPRK	M	
	生态保护重要性评价结果汇总表	STBHZYXPJ	M	
	农业生产适宜性评价结果汇总表	NYSCSYXPJ	M	
	城镇建设不适宜区结果汇总表	CZJSBSYQ	M	
	城镇建设适宜区结果汇总表	CZJSSYQ	M	
	土地资源约束下可承载耕地规模评价结果汇总表	TDYSKCZGDGM	C	
	水资源约束下可承载耕地规模评价结果汇总表	SYSKCZGDGM	C	
	土地资源约束下城镇建设承载规模评价结果汇总表	TDYSCZCZGM	C	
	水资源约束下城镇建设承载规模评价结果汇总表	SYSCZCZGM	C	
	规划指标表	GHZBB	M	
	规划指标分解表	ZBFJB	M	
	乡级行政区主体功能定位表	XZZTGNDWB	C	
	市域国土空间功能结构调整表	GTKJJGTZB	M	
	自然保护地一览表	ZRBHDYLB	C	
	历史文化资源一览表	LSWHZY	C	
	无居民海岛一览表	WJMHD	M	"必选"只适用于涉海城市
	重点建设项目安排表	ZDXMAPB	M	
	中心城区城镇建设用地结构规划表	ZXCQYDJG	M	

资料来源：自然资源部. 市级国土空间总体规划数据库规范（2022修订版）[R]. 2022：46-49.

2. 非空间要素属性数据结构

非空间要素属性数据结构是对非空间要素图层的具体内容填写要求进行定义，通常包含字段名称、字段代码、字段类型、字段长度、小数位数、值域、约束条件等方面。在非空间要素属性数据结构字段名称中，行政区代码、行政区名称是考虑数据管理及应用需要的基础字段，在无特殊注明要求时，默认填写到市级行政区；若地方行政区划管理制度存在特殊情况，可根据实际情况填写并在图层备注中说明（表9-5）。

表9-5 规划文本属性结构描述表（属性表名：GHWB）

序号	字段名称	字段代码	字段类型	字段长度	小数位数	值域	约束条件	备注
1	要素代码	YSDM	Char	10			M	
2	行政区代码	XZQDM	Char	12			M	
3	行政区名称	XZQMC	Char	100			M	
4	文档名称	WDMC	Char	100			M	
5	文档文件	WDWJ	Char	255			M	
6	备注	BZ	Char	255			O	

资料来源：自然资源部. 市级国土空间总体规划数据库规范（2022修订版）[R]. 2022：49.

9.2.6 数据库属性代码值

数据库属性代码是对空间与非空间要素属性数据结构中部分字段值域的定义（表9-6）。

表9-6 规划分区代码表

代码	规划一级分区	规划二级分区
100	生态保护区	
200	生态控制区	
300	农田保护区	
400	城镇发展区	
410		城镇集中建设区
411		居住生活区
412		综合服务区
413		商业商务区
414		工业发展区
415		物流仓储区

续表

代码	规划一级分区	规划二级分区
416		绿地休闲区
417		交通枢纽区
418		战略预留区
420		城镇弹性发展区
430		特别用途区
500	乡村发展区	
510		村庄建设区
520		一般农业区
530		林业发展区
540		牧业发展区
600	海洋发展区	
610		渔业发展区
620		交通运输用海区
630		工矿通信用海区
640		游憩用海区
650		特殊利用区
660		海洋预留区
670	矿产能源发展区	

注：参考《市级国土空间总体规划编制指南（试行）》

资料来源：自然资源部.市级国土空间总体规划数据库规范（2022修订版）[R].2022：68-69.

9.3 数据库汇交要求

9.3.1 总体要求

1. 数据汇交材料

需报国务院审批的城市国土空间总体规划数据汇交材料包括纸质数据报送文件和电子成果数据。其中，电子成果数据包括规划文本、栅格图件、规划表格、矢量数据和数据说明文档，以及规划成果基本信息、成果报送清单等。其中，规划文本、栅格图件、规划表格即规划数据库中的非空间要素；矢量数据即规划数据库中的空间要素；数据说明文档指市级国土空间总体规划数据建设中涉及的市级国土空间总体规划数据库建设报告、数据质量检查报告、数据质量检查记录等相关说明文档；规划成果基本信息是描述市级国土空间总体规划编制的基本信息；成果报送清单是用于说明本成果包含的数据内容，列明各个矢量图层名称、文档名称、表格名称和栅格图名称等。

2. 数据基础要求

与《数据库规范》要求一致。另外，各类图形面积计算，统一采用椭球面积。

> **专栏9-3　平面面积与椭球面积的内涵与计算**
>
> 1. 平面面积与椭球面积的内涵
>
> 根据GIS软件操作手册，平面面积是地球的近似椭球按照一定的投影方法投影到平面上的面积，也称"投影面积"；椭球面积是一种相对于平面面积而言的三维面积，相对于投影面积只能计算二维情况下图斑的面积，椭球面积则是基于三维的球面面积，椭球面积能够进一步提高国土面积的计算精度，是国土空间规划以及测绘行业广泛采用的面积计算方式。在较小范围内、投影变形很小的情况下，投影面积可以代替椭球面积。但在大范围内，要按要求计算准确的椭球面积。
>
> 2. 平面面积与椭球面积的计算
>
> 国土空间规划统一使用国家2000地理坐标（大地坐标）和3°带高斯投影坐标（平面坐标）。平面面积计算利用ArcGIS软件在数据属性表中【计算几何】即可。椭球面积计算模型是参照《TDT 1055—2019第三次全国国土调查技术规程》附录D，通过椭球面上任一梯形图框面积（S）计算公式将任意图斑平面坐标（高斯投影坐标）换算为相应椭球的大地坐标，再用高斯投影反解变换（x,y-B,L）公式计算图斑椭球面积。利用ArcGIS软件在数据属性表中，新建面积Area字段（字段名称可自拟），右击字段选【字段计算器】，进入页面后选择【python】，输入【!shape.geodesicArea!】即可（图9-13）。
>
>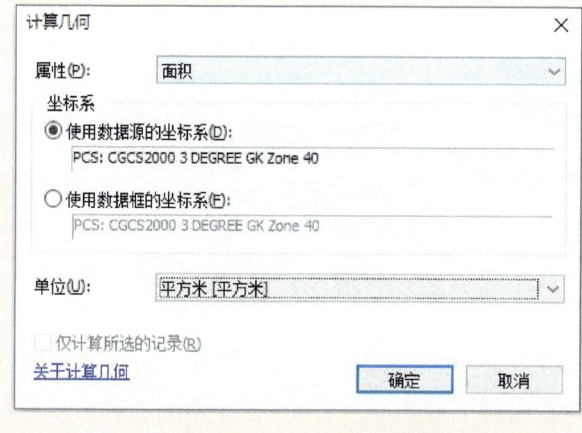
>
> 图9-13　平面面积（左）与椭球面积（右）计算方式示意图
>
> 资料来源：作者自绘

3. 行政区一致要求

根据自然资源部《国务院审批规划城市国土空间总体规划成果数据汇交要求（试行）》文件要求，各级行政边界、行政区代码、行政区名称与2020年度国土变更调查成果保持一致。如确因行政区调整，行政边界与2020年度国土变更调查不一致的，需要单独提交行政区边界图层及行政区划调整批复文件，确保行政区边界之间不重不漏。

9.3.2 数据内容、格式和命名要求

国土空间总体规划汇交数据的内容、格式和命名按照《汇交要求》执行，其中汇交数据内容与《数据库规范》要求基本一致。

9.3.3 成果数据组织形式

1. 组织单元

市级国土空间总体规划电子成果数据，以本行政辖区为组织单元。市级国土空间总体规划电子成果数据的汇交，采用逐级汇交上报形式。市级自然资源部门将电子成果数据汇交到省，省级自然资源部门组织预检，经预检合格后以市为单位汇交到自然资源部。

2. 文件组织结构

报送的市级国土空间总体规划电子成果数据以文件夹形式组织，相应数据存储到相应的文件夹下。目录结构如右图所示，根目录按照"行政区代码+行政区名称"+"市级国土空间总体规划电子成果数据"+"_"+"成果类别"的规则命名（图9-14）。其中，行政区代码、行政区名称为市级；成果类别包括报审和备案。根目录下存放规划文本、栅格图件、规划表格、矢量数据和数据说明文档，以及规划成果基本信息、成果报送清单等电子成果内容。

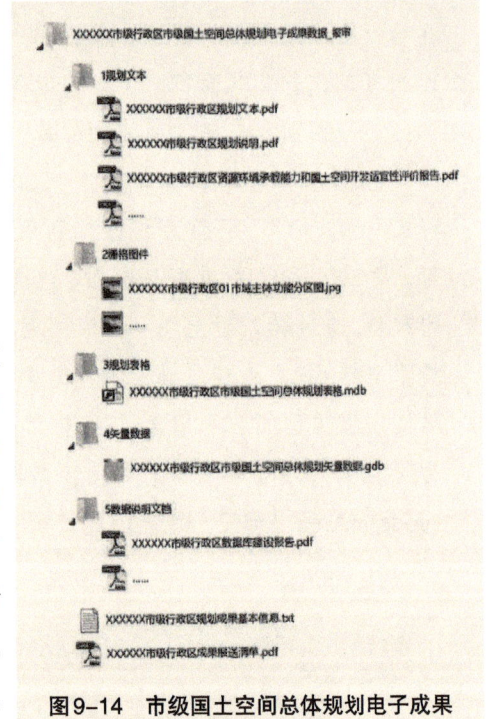

图9-14 市级国土空间总体规划电子成果目录结构示意图

资料来源：自然资源部.国务院审批规划城市国土空间总体规划成果数据汇交要求（试行）[R].2022.

9.3.4 数据质量要求

1. 质检流程

质检流程可以分为市级自检—省级预检—部级复检三步。即在市级国土空间总体规划电子成果提交之前，地方需使用自然资源部统一下发的《国土空间规划数据质检软件》，对拟提交的市级国土空间总体规划电子成果进行自检，并保留质检软件自动生成的检查结果记录；地方根据质检结果修改完善后，由市级自然资源部门提交至省级自然资

源部门，由省级自然资源部门组织省级预检，可委托第三方出具技术审查报告；经预检合格后以市为单位汇交到自然资源部，由部进行质量复检，未通过检查的不予上图入库，地方据实修改完善后重新报送（图9-15）。

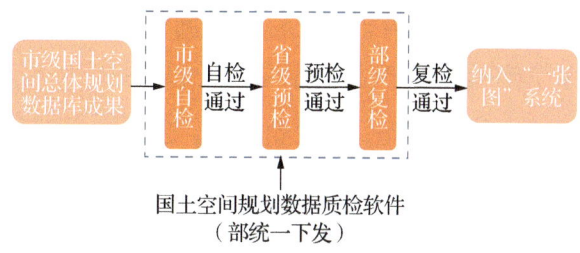

图9-15 数据质检流程示意图
资料来源：作者自绘

依照《汇交要求》，按照优先保证规划报批进度、兼顾国土空间规划"一张图"数据质量的工作原则，需报国务院审批的城市国土空间总体规划成果数据"一次性汇交、分步质检"。第一阶段只对规划审查必备数据进行质检，即开展业务审查，其他数据可于县级国土空间总体规划报批前完成在全国国土空间规划"一张图"系统中的质检和入库工作。

2. 质检内容

数据质量检查内容包括数据完整性检查、空间数据基本检查、空间属性数据标准性检查、空间图形数据拓扑检查、表格数据检查等。

1）数据完整性检查

应保证数据目录及文件规范性以及数据格式正确性。国土空间总体规划电子成果数据内容、目录结构、文件命名等应符合《汇交要求》规定，避免存在缺失。同时，国土空间总体规划电子成果数据应严格与《汇交要求》规定的文件格式保持一致。

2）空间数据基本检查

空间数据基本检查包括数据基础检查和行政区范围检查。即国土空间总体规划数据成果的坐标系统、高程系统、地图投影分带等应符合《汇交要求》规定。市县国土空间总体规划所依据的行政区划范围应与2020年度国土变更调查成果保持一致，同时确保除行政区划以外的图层要素不超出行政区划范围。

3）空间属性数据标准性检查

空间属性数据需满足图层完整性、属性数据结构一致性、代码一致性、数值范围符合性、编号唯一性、字段必填性、图层内属性一致性、图层间属性一致性等要求。空间数据应确保图层完整，必选图层齐备，且图层名称、别名、类型等符合《市级数据库规范（2022修订版）》要求。图层中属性字段的数量、名称、别名、类型、长度、小数位数以及图层要素代码、数值取值范围等均需与《市级数据库规范（2022修订版）》保持一致。此外，确保编号字段唯一，必填字段不能空缺等。

4）空间图形数据拓扑检查

根据GIS软件操作手册，空间图形数据拓扑检查主要包括点层内拓扑关系、线层内拓扑关系、面层内拓扑关系、线面间拓扑关系、面层间拓扑关系、碎线检查和碎面检查等，保证层内要素不交叉、不重叠、没有缝隙（表9-7，表9-8，表9-9）。

表9-7 常用面要素拓扑规则

不能重叠 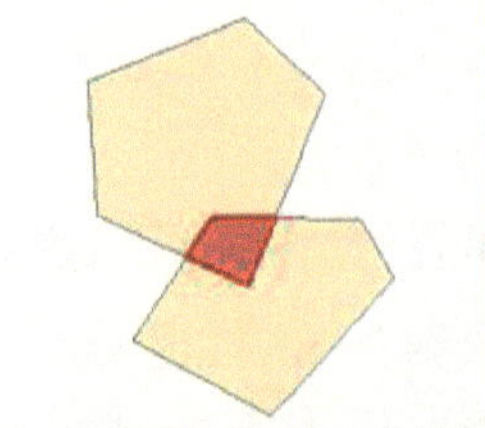	不能有空隙 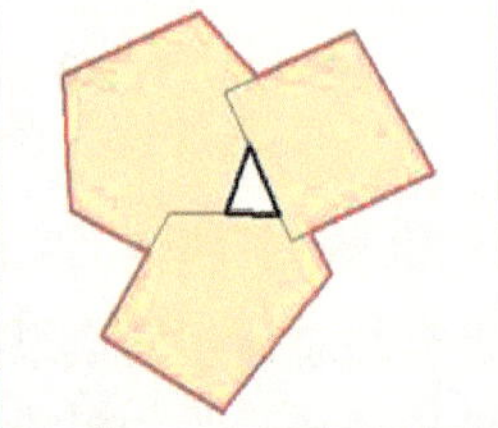	不能与其他要素重叠 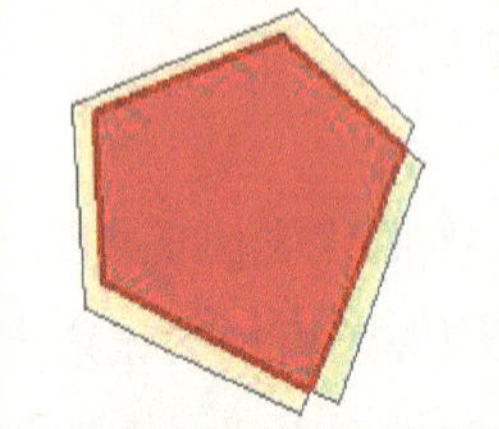	必须相互覆盖 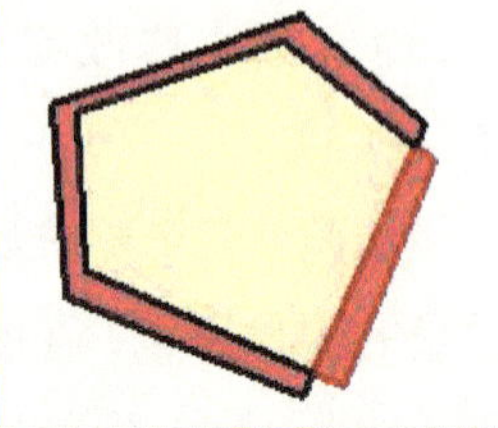

资料来源：根据相关资料整理

表9-8 常用线要素拓扑规则

不能重叠 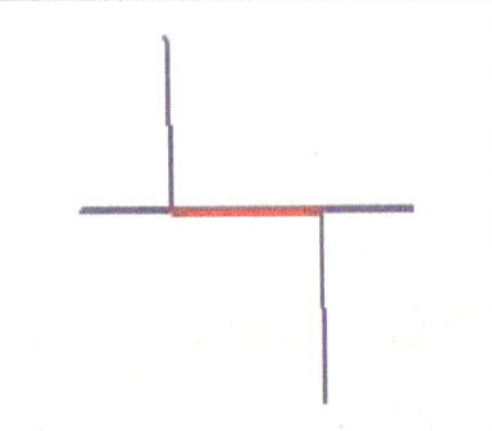	不能相交 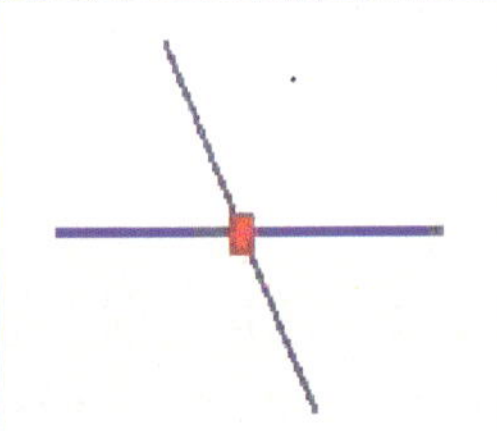	不能有悬挂点 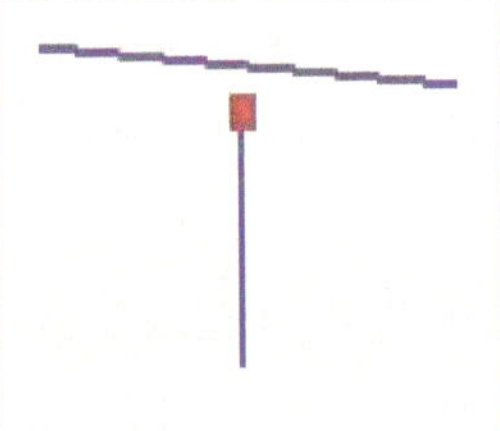	不能有伪结点 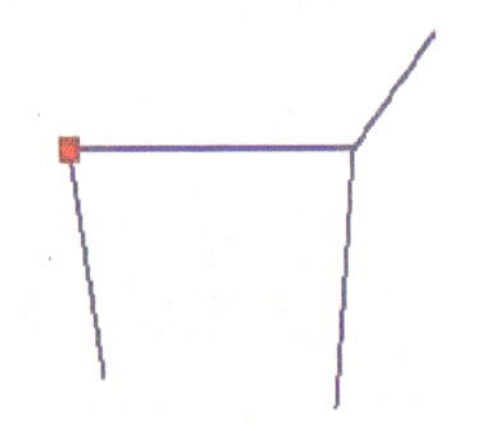

资料来源：根据相关资料整理

表9-9 常用点要素拓扑规则

必须不相交 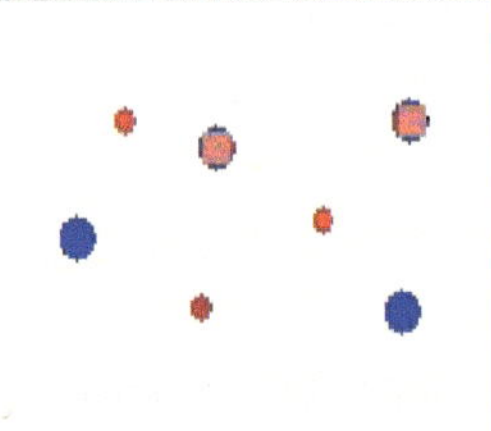	必须被其他要素覆盖 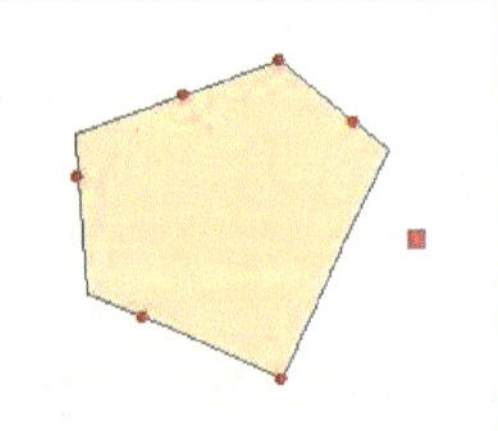	必须完全位于内部 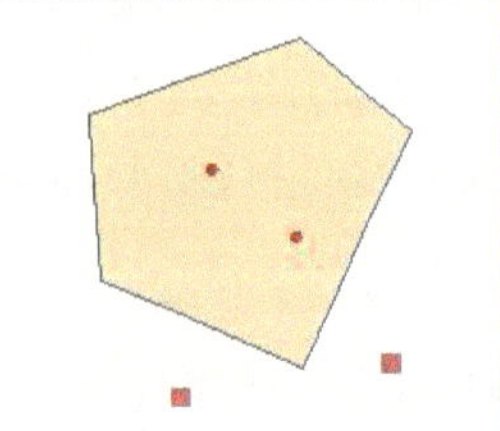	点必须被线覆盖 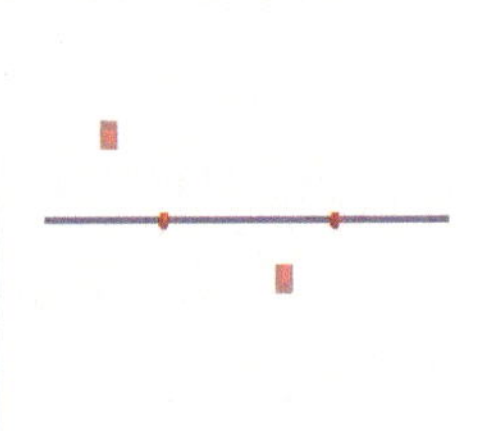

资料来源：根据相关资料整理

5）表格数据检查

表格数据检查主要包括表格完整性、表格数据结构一致性、表格数据代码一致性、表格数值范围符合性、表格字段编号唯一性、表格字段必填性等。表格数据应确保完整，必选表格齐备，且表格名称等符合《市级数据库规范（2022修订版）》要求。表格中字段的数量、名称、别名、类型、长度、小数位数以及表格数据代码、数值取值范围等均需与《市级数据库规范（2022修订版）》保持一致。此外，确保编号字段唯一，必填字段不能空缺等。

此外，还应核查数据成果的有效性，确保国土空间总体规划数据文件完整有效，所有数据文件能正常打开。并应开展成果一致性检查，包括图文一致性、图数一致性、图表一致性、指标符合性等（图9-16，表9-10）。

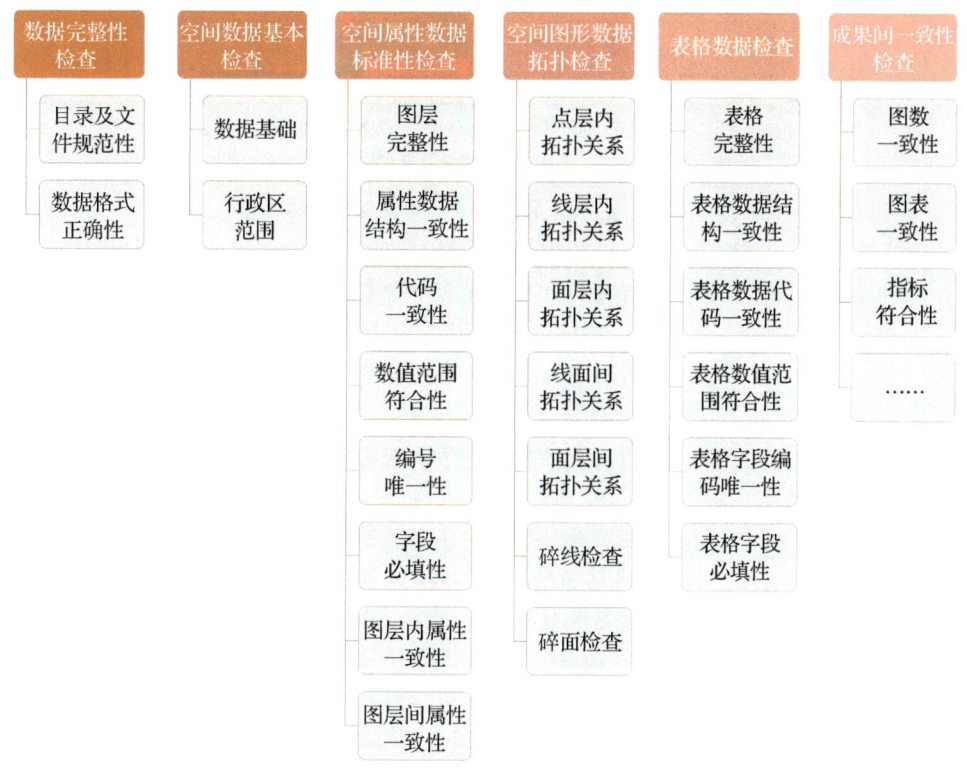

图9-16　市县级国土空间总体规划数据质量检查内容
资料来源：作者自绘

表9-10　质检结果统计一览表（示意）

检查分类	检查项目	检查内容	检查编码	错误数
数据完整性检查	目录及文件规范性	是否符合《汇交要求》对电子成果数据内容的要求，是否存在缺失	1101	XX
		是否符合《汇交要求》对目录结构和文件命名的要求	1102	XX
	数据格式正确性	是否符合《汇交要求》规定的文件格式	1201	XX
空间数据基本检查	数据基础	坐标系统是否采用"2000国家大地坐标系"，投影方式是否采用高斯—克吕格投影，分带是否采用国家标准分带	2101	XX
		高程系统是否采用"1985国家高程基准"	2102	XX
	行政区范围	除行政区划以外的图层要素是否超出行政区划范围	2201	XX

续表

检查分类	检查项目	检查内容	检查编码	错误数
空间属性数据标准性检查	图层完整性	必选图层是否齐备,是否符合《市级数据库规范(2022修订版)》要求	3101	XX
		图层名称是否符合《市级数据库规范(2022修订版)》的要求	3102	XX
		图层别名是否符合《市级数据库规范(2022修订版)》的要求	3103	XX
		图层类型是否符合《市级数据库规范(2022修订版)》的要求	3104	XX
	属性数据结构一致性	图层属性字段的数量是否符合《市级数据库规范(2022修订版)》的要求	3201	XX
		图层属性字段的字段名称是否符合《市级数据库规范(2022修订版)》的要求	3202	XX
		图层属性字段的字段别名是否符合《市级数据库规范(2022修订版)》的要求	3203	XX
		图层属性字段的字段类型是否符合《市级数据库规范(2022修订版)》的要求	3204	XX
		图层属性字段的字段长度是否符合《市级数据库规范(2022修订版)》的要求	3205	XX
		图层属性字段的字段小数位数是否符合《市级数据库规范(2022修订版)》的要求	3206	XX
	代码一致性	字段值是代码的字段取值是否符合《市级数据库规范(2022修订版)》的要求	3301	XX
		每个图层中要素代码字段的取值是否符合《市级数据库规范(2022修订版)》的要求	3302	XX
	数值范围符合性	字段取值是否符合《市级数据库规范(2022修订版)》规定的值域范围	3401	XX
	编号唯一性	编号字段取值是否唯一	3501	XX
	字段必填性	必填字段是否不为空	3601	XX
	图层内属性一致性	检查行政区代码字段值与行政区名称字段值是否匹配	3701	XX
		检查国土空间规划分区代码字段值与国土空间规划分区名称字段值是否匹配	3702	XX
		检查用地用海分类代码字段值与用地用海分类名称字段值是否匹配	3703	XX
	图层间属性一致性	所有属性结构表中行政区代码字段值与行政区划图层中行政区代码字段值是否一致	3801	XX

续表

检查分类	检查项目	检查内容	检查编码	错误数
空间图形数据拓扑检查	点层内拓扑关系	层内要素是否重叠	4101	XX
	线层内拓扑关系	层内要素是否重叠	4201	XX
		层内要素是否自重叠	4202	XX
		层内要素是否自相交	4203	XX
	面层内拓扑关系	层内要素是否重叠	4301	XX
		层内要素是否有缝隙	4302	XX
	线面间拓扑关系		4400	XX
	面层间拓扑关系	城市控制线互不重叠	4502	XX
	碎线检查	线层是否存在实地小于0.2米的碎线	4601	XX
	碎面检查	面层是否存在实地小于200平方米的碎片	4701	XX
表格数据检查	表格完整性	必选表格是否齐备,是否符合《市级数据库规范(2022修订版)》要求	5101	XX
		表格名称是否符合《市级数据库规范(2022修订版)》的要求	5102	XX
	表格数据结构一致性	表格字段的数量是否符合《市级数据库规范(2022修订版)》的要求	5201	XX
		表格字段的字段名称是否符合《市级数据库规范(2022修订版)》的要求	5202	XX
		表格字段的字段别名是否符合《市级数据库规范(2022修订版)》的要求	5203	XX
		表格字段的字段类型是否符合《市级数据库规范(2022修订版)》的要求	5204	XX
		表格字段的字段长度是否符合《市级数据库规范(2022修订版)》的要求	5205	XX
		表格字段的字段小数位数是否符合《市级数据库规范(2022修订版)》的要求	5206	XX
	表格数据代码一致性	字段值是代码的字段取值是否符合《市级数据库规范(2022修订版)》的要求	5301	XX
		每个表格要素代码字段的取值是否符合《市级数据库规范(2022修订版)》的要求	5302	XX
	表格数值范围符合性	字段取值是否符合《市级数据库规范(2022修订版)》规定的值域范围	5401	XX

续表

检查分类	检查项目	检查内容	检查编码	错误数
表格数据检查	表格字段编号唯一性	编号字段取值是否唯一	5501	XX
	表格字段必填性	必填字段是否不为空	5601	XX
总计		XX		

资料来源：自然资源部关于市级国土空间总体规划电子成果数据质检报告示意

9.4 数据库建设实践

9.4.1 软件准备

国土空间总体规划数据库建设主要基于通用GIS软件，建议选择ArcGIS10.2版本（该版本软件适用性强、稳定性高、兼容性高），尽量避免更低版本的ArcGIS软件，避免出现部分功能不支持的情况[1]。

9.4.2 数据准备

规划成果数据建库之前，应先按照规划编制、数据库建设标准、成果汇交要求等收集整理市县级国土空间总体规划相关成果资料，包括但不限于矢量数据（CAD或GIS格式数据）、规划文本、栅格图件数据、规划表格数据以及相关说明文档数据等。

鉴于市县国土空间总体规划成果数据量大且结构复杂，各类数据的空间坐标、分类语义、格式标准等不统一，建库的首要任务就是进行数据整理，对各类现状数据和规划成果数据进行整理和分析，依照《数据库规范》要求进行转换处理，形成统一坐标系统、边界、标准、格式等的规划图形数据。对图形数据进行图层处理，包括标准化处理实体要素、去除重复数据、修整冗余数据（悬挂线、重复面等）和拓扑关系等，检查数据的完整性、准确性。确保在数据入库之前，各类矢量数据无错误，以降低后期质检报错率。

> **专栏9-4 其他数据转为GIS数据**
>
> 在进行部门调研和收集数据或下载免费数据时，往往得到的空间数据以CAD格式为主，部分栅格图纸，甚至纸质材料拍照得到的是彩色照片。这类数据往往在国土空间规划中需要转换为GIS数据进行整合或者分析。
>
> 1. CAD数据转为GIS数据。由于以往工作基础数据或制图人员工作习惯等原因，在国土空间规划中经常需要将CAD数据转GIS数据。CAD数据往往是分层管理的，将CAD数据转成ArcGIS数据，最担心的莫过于丢失属性数据，ArcGIS

---

[1] 王慧，陈慧媛，熊娟. 国土空间总体规划数据库建库与质检问题研究[J]. 房地产世界，2021（18）：59.

提供了一种方法。根据GIS软件操作手册，在保证空间坐标一致性的基础上，在ArcGIS中选择【转换工具】|【转出至地理数据库】【CAD至地理数据库】工具，在打开的【CAD至地理数据库】对话框中进行相应设置，输入CAD数据集，选择需要转换的CAD文件完成转换操作。需要注意的是，当CAD中的多图层数据转换成要素类后，不会自动对多图层进行筛选，图层信息被存储在Layer字段中，需要借助【按属性选择工具】人为进行筛选。（图9-17）

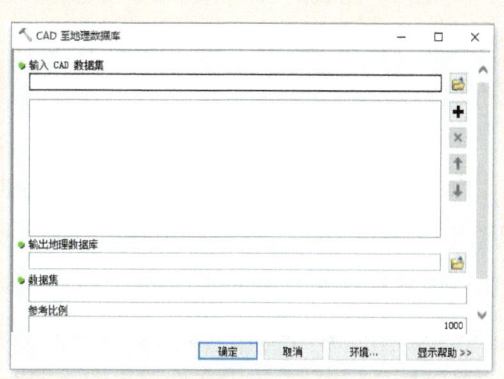

图9-17　CAD数据转为ArcGIS数据主要操作界面示意图

资料来源：作者自绘

2. 栅格图片转为GIS数据。该方法类似于在Photoshop中用魔棒抠图，有一定的像素精度问题，不能完全替代人工绘图，需要高精度的时候仍然需要人工编辑和处理。首先，需要对基础数据进行地理配准。在ArcGIS中打开jpg【定义投影】、【地理配准】，将相应的jpg纳入对应的空间坐标。其次，对图面要素重分类。将当前栅格数据中各像元（像素）存储的值分成两类。具体操作是在栅格数据的右键菜单属性上单击"符号系统"，然后将显示框的内容选择为"已分类"，并且分类类别设置成两类。而作为两类分界的中断值，其确定则需要根据当前栅格数据色调情况进行多次尝试，设置一个合适值的目的，是让所有需要的数据能正确显示出来。再次，对要素矢量化。通过ArcScan工具的【矢量化】|【生成要素】菜单，系统即开始执行当前栅格数据的全自动矢量化处理，整个处理过程的优点是速度快、效率高。但是所有矢量化出来的线段存放在一个图层，其中的文字注记也将变成不同的线段，超过一定宽度的线自动转换成面要素，后期处理工作量大，实际工作中更多的是使用交互式矢量化（半自动矢量化）。最后，矢量化后数据修正。由于原图纸可能会存在非常多的文字边界信息，矢量化过程中分割了有用图斑，以及图例信息等也矢量化，因此要做一定的人工修整（图9-18）。

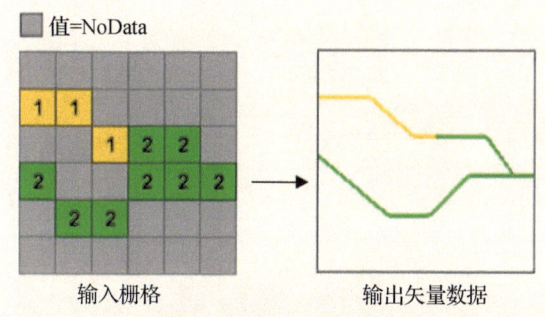

图9-18　栅格数据转为矢量数据原理示意图

资料来源：根据相关资料整理

9.4.3 数据建库

数据准备完成后,结合《数据库规范》与《汇交要求》文件要求,正式建立数据库。规划数据库采用GeoDataBase数据模型,按照"数据库—要素集—要素类"的方式进行组织管理,具体建库步骤如下:

1. 建立标准空库

1)创建空白数据库。创建一个文件型地理数据库(*.gdb),将其命名为"XXX市(县)国土空间总体规划数据库.gdb"。

地理数据库可以统一管理国土空间总体规划数据信息,其中文件型地理数据库(*.gdb)大小不受限制,个人地理数据库(*.mdb)最大不超过2GB。由于国土空间总体规划数据信息量较大,故使用文件型地理数据库较为合适。

2)建立要素集。一般而言,数据库下可以直接存放多个要素类,但采用要素集的形式集中放置同类型的数据会使数据库结构更加清晰,同时也方便未来"一张图"信息平台的数据汇集。因此,一般先建立要素集,再建立要素图层。鉴于要素集下不可再新建要素集,建议直接按要素图层分类建立要素集。以全域数据库为例,即需创建四个要素集,分别命名为"境界与行政区"、"评价分析"、"基期年现状"和"目标年规划"(图9-19)。

图9-19 南京市国土空间总体规划数据库要素集构建示意图
资料来源:作者自绘

在建立要素集时注意需按照《数据库规范》要求统一数据基准,坐标系采用"2000国家大地坐标系(CGCS2000)",高程系统采用"1985国家高程基准",同时统一XY容差(图9-20)。

图9-20 南京市国土空间总体规划数据库坐标系设置示意图
资料来源:作者自绘

专栏9-5　xy容差内涵

根据GIS软件操作手册，容差值为坐标之间的最小距离。如果一个坐标在另一个坐标的容差值范围内，二者则会视为同一位置。当需要确定两个点是足够近（可以给定相同的坐标值）还是足够远（各自具有其自己的坐标值）时，会在关系运算和拓扑运算中使用此值。

例如，在图9-21的同一个要素类中有两个同等级的线要素。在拓扑验证过程中，如果一个折点v2位于另一个折点v1的x、y容差内（反之亦然），则这两个折点都会被移动到一个新位置（例如，坐标之间的加权平均距离）。

默认容差设定值为0.001米，或者为其等效值（以地图单位表示）。这是默认分辨率值的10倍，大多数情况下推荐使用此设置。可以设置一个自定义x、y容差值，但是该容差值不应接近数据采集分辨率，并且允许的最小x、y容差值是x、y分辨率的两倍。

对于关系运算和拓扑运算，不同的容差值可能会产生不同的答案。例如，如果使用非常小的容差，两个几何可能属于不相交几何（没有共有的点），如果使用较大的容差，则这两个几何可能属于重合几何并被指定相同的坐标位置。

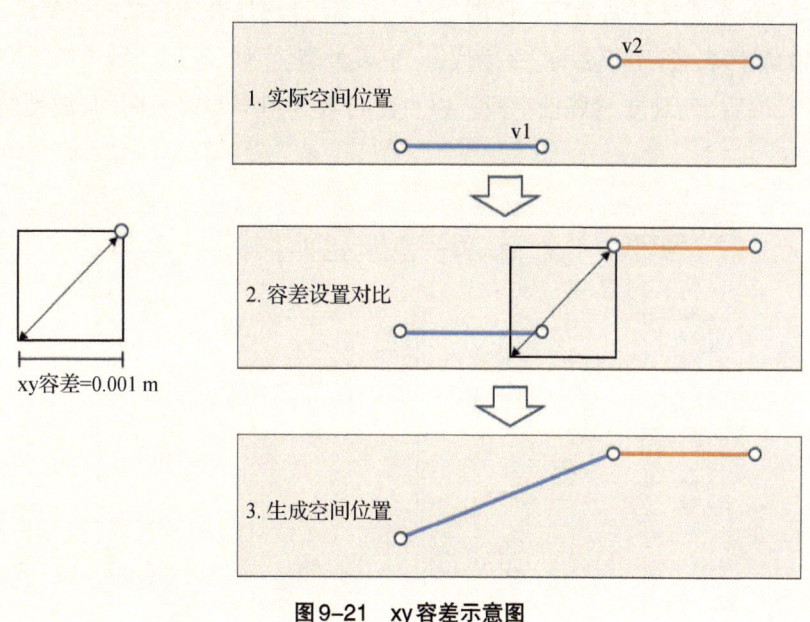

图9-21　xy容差示意图
资料来源：作者自绘

3）建立要素图层。依据《数据库规范》对要素图层的要求，以及要素图层分类、图层名称、几何特征、属性表名、约束条件等的定义说明，在对应要素集下新建所需要素图层（图9-22）。

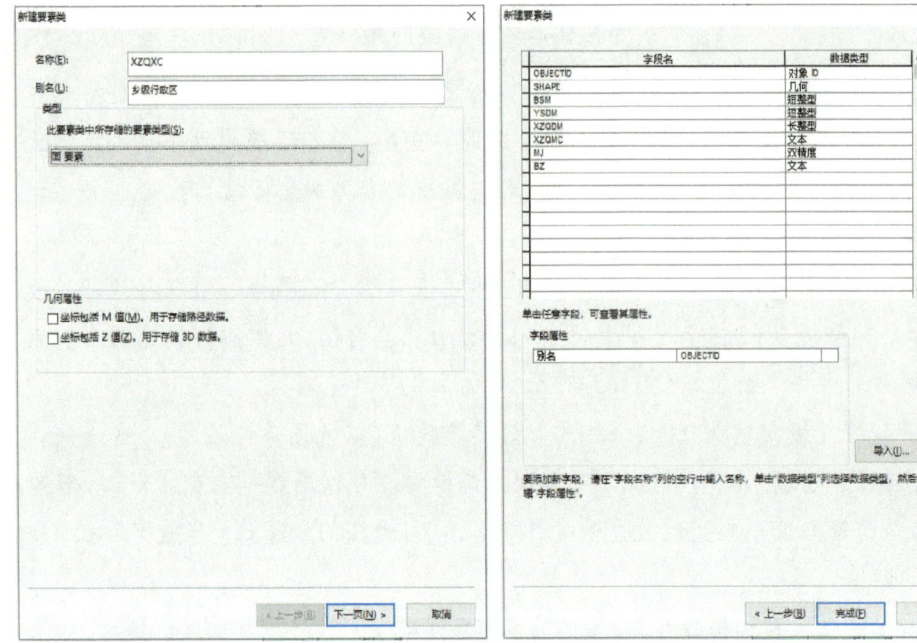

图9-22　南京市国土空间总体规划新建乡级行政区要素类数据示意图
资料来源：作者自绘

4）定义要素属性数据结构。依据《数据库规范》对属性数据结构的要求，以及属性数据结构的属性表名、字段名称、字段代码、字段类型、字段长度、小数位数、值域、约束条件等的定义说明，新建要素属性字段。以乡级行政区图层要素为例，其属性结构如下所示（图9-23）。

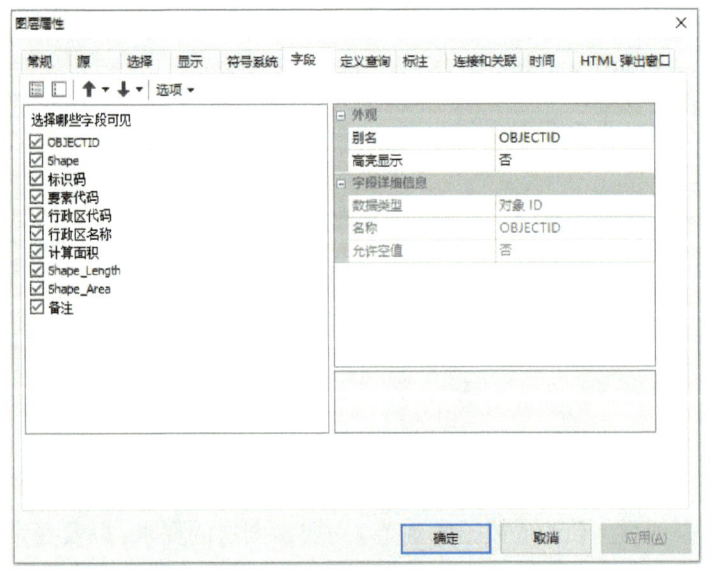

图9-23　南京市乡级行政区属性结构示意图
资料来源：作者自绘

以此类推，定义好所有图层要素的属性数据结构。自此，规划成果数据库标准空库建立完毕（图9-24）。

图9-24　南京市国土空间总体规划数据库空库示意

资料来源：作者自绘

2. 数据入库

1）矢量数据入库。依据《数据库规范》中要素图层和属性结构，结合数据实际情况，选择目标要素类图层，通过简单数据加载程序将准备好的不同格式的原始数据加载至标准空库中。其中，SHP、MDB、GDB格式数据可直接导入，CAD格式数据需先转为标准GIS格式数据（图9-25）。

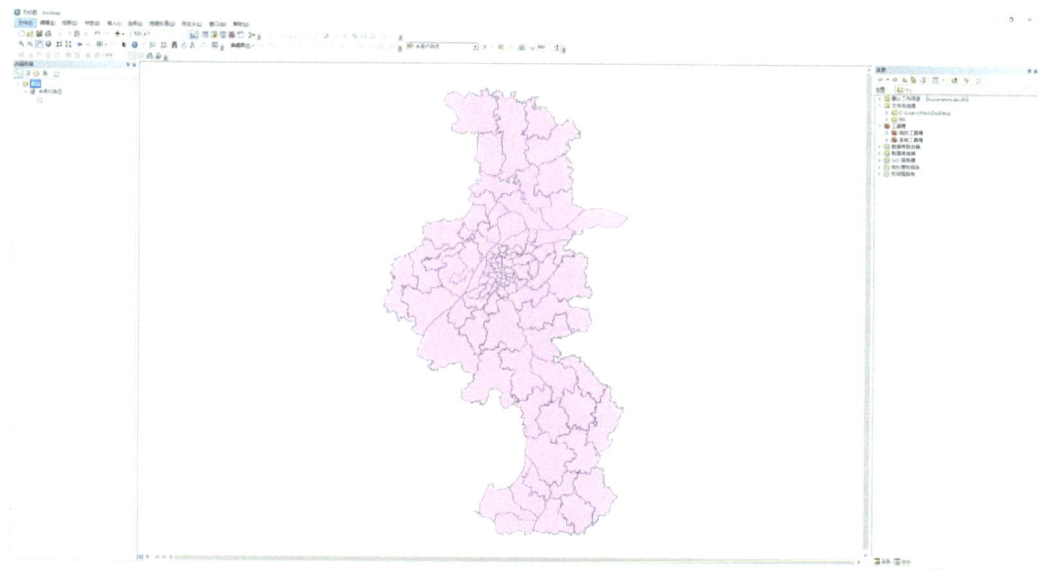

图9-25　南京市乡级行政区矢量数据导入示意图

资料来源：作者自绘

2）属性数据入库。依据《数据库规范》中要素分类代码、属性结构定义和属性值代码表，结合地方实际情况，将要素图层的必选属性、条件必选属性、可选属性信息在该图层的属性表内使用编辑功能填写完整。其中，SHP、MDB、GDB格式数据可通过选择与目标字段相匹配的源字段实现属性关联；CAD格式数据可以将CAD文件中的图层、注记信息转化成规划数据库属性表中对应的属性字段，可基于ArcGIS、FME等软件进行图形数据、属性数据之间的关联建库，实现图属关联；对于无法从CAD文件中获取的其他必要字段，可以采用从纸质档案资料中提取属性信息、手工录入的方法。以此类推，完成所有要素类图层的数据加载汇集工作（图9-26）。

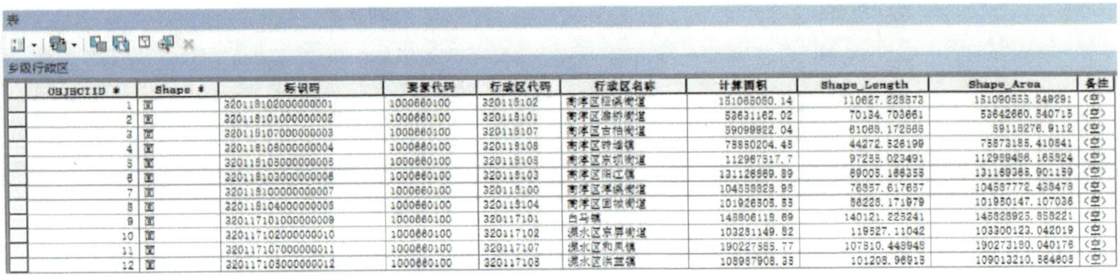
表
乡级行政区

OBJECTID *	Shape *	标识码	要素代码	行政区代码	行政区名称	计算面积	Shape_Length	Shape_Area	备注
1	面	320118102000000001	1000660100	320118102	高淳区桠溪街道	151065050.14	110627.228573	151090553.249291	<空>
2	面	320118101000000002	1000660100	320118101	高淳区漆桥街道	53631162.02	70134.703661	53642660.540715	<空>
3	面	320118107000000003	1000660100	320118107	高淳区古柏街道	59099922.04	61069.172566	59118276.9112	<空>
4	面	320118108000000004	1000660100	320118108	高淳区砖墙镇	75850204.48	44272.526199	75873185.410841	<空>
5	面	320118105000000005	1000660100	320118105	高淳区东坝街道	112967517.7	97256.023491	112989456.165924	<空>
6	面	320118103000000006	1000660100	320118103	高淳区阳江镇	131126969.89	69005.166356	131169365.901159	<空>
7	面	320118100000000007	1000660100	320118100	高淳区淳溪街道	104559828.98	76857.617657	104587772.438478	<空>
8	面	320118104000000008	1000660100	320118104	高淳区固城街道	101926505.55	88226.171979	101950147.107036	<空>
9	面	320117101000000009	1000660100	320117101	白马镇	145806118.69	140121.225241	145826925.858221	<空>
10	面	320117102000000010	1000660100	320117102	溧水区东屏街道	103281149.82	119527.11042	103300123.042019	<空>
11	面	320117107000000011	1000660100	320117107	溧水区和凤镇	190227585.77	107810.448948	190273180.040176	<空>
12	面	320117108000000012	1000660100	320117108	溧水区洪蓝镇	108957908.35	101208.96918	109013210.564608	<空>

图9-26　南京市乡级行政区属性数据入库示意图

资料来源：作者自绘

9.4.4　数据检查

数据质量是指数据精度和原始数据的可靠性。在数据库建库过程中，影响数据质量的因素较多，主要包括原始资料存在的误差、采集人员在实际矢量化过程中产生的误差、数据投影转换存在的误差等。误差传播的结果会直接影响到最后的数据质量①。数据质量的高低关系到数据库建库的成败，是数据库建库过程中的重要问题。

数据检查方法一般包括三种，即人工检查、软件自动检查和人机交互检查。鉴于自然资源部已经研究并统一下发了《国土空间规划数据质检软件》，可以采取人工检查与软件自动检查相结合的方式，确保成果数据完整、一致、有效。

数据检查内容主要是对照《汇交要求》提出的数据质量要求，逐条对国土空间总体规划数据库进行质量检查，包括数据完整性检查、空间数据基本检查、空间属性数据标准性检查、空间图形数据拓扑检查、表格数据检查、图数一致性检查等（图9-27）。

9.4.5　问题处理

规划数据库根据质检结果修改完善，通过自然资源部质量检查后，尚可上图入库。常见质检问题包括数据不完整、空间数据基础错误、空间属性数据不标准、空间图形数据拓扑错误、表格数据错误、图数不一致等。

① 李昕，吴泉源，孙静恩．省级国土空间规划数据库建库中的质量检查方法探讨［J］．测绘与空间地理信息，2014（11）：3．

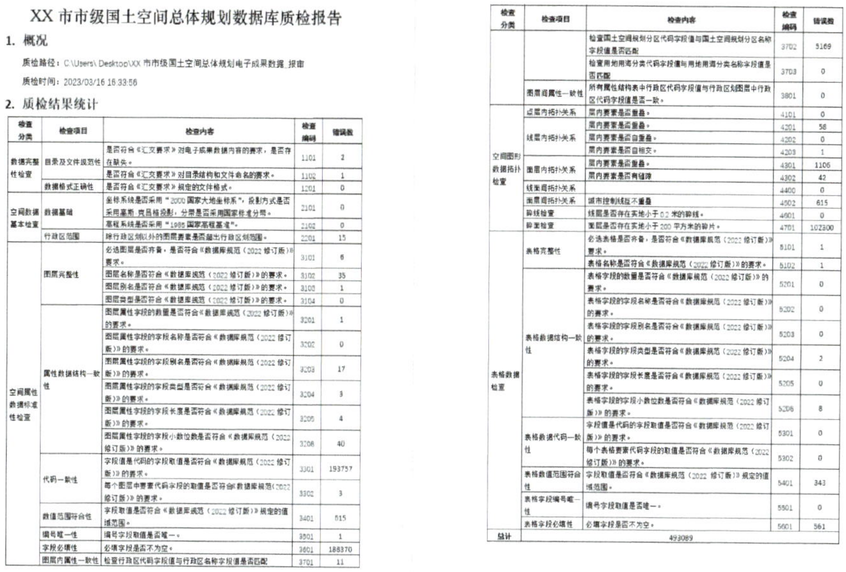

XX 市市级国土空间总体规划数据库质检报告

1. 概况

质检路径：C:\Users\ Desktop\XX 市市级国土空间总体规划电子成果数据_报审

质检时间：2023/03/16 16:33:56

2. 质检结果统计

检查分类	检查项目	检查内容	检查编码	错误数
数据完整性检查	目录及文件规范性	是否符合《汇交要求》对电子成果数据内容的要求，是否存在缺失。	1101	2
		是否符合《汇交要求》对目录结构和文件命名的要求。	1102	1
	数据格式正确性	是否符合《汇交要求》规定的文件格式。	1201	0
空间数据基本检查	数据基础	坐标系统是否采用“2000 国家大地坐标系”，投影方式是否采用高斯-克吕格投影，分带是否采用国家标准分带。	2101	0
		高程系统是否采用“1985 国家高程基准”。	2102	0
	行政区范围	除行政区划以外的图层要素是否超出行政区划范围。	2201	15
空间属性数据标准性检查	图层完整性	必选图层是否齐备，是否符合《数据库规范（2022 修订版）》要求。	3101	6
		图层名称是否符合《数据库规范（2022 修订版）》的要求。	3102	35
		图层别名是否符合《数据库规范（2022 修订版）》的要求。	3103	1
		图层类型是否符合《数据库规范（2022 修订版）》的要求。	3104	0
	属性数据结构一致性	图层属性字段的数量是否符合《数据库规范（2022 修订版）》的要求。	3201	1
		图层属性字段的字段名称是否符合《数据库规范（2022 修订版）》的要求。	3202	0
		图层属性字段的字段别名是否符合《数据库规范（2022 修订版）》的要求。	3203	17
		图层属性字段的字段类型是否符合《数据库规范（2022 修订版）》的要求。	3204	3
		图层属性字段的字段长度是否符合《数据库规范（2022 修订版）》的要求。	3205	4
		图层属性字段的字段小数位数是否符合《数据库规范（2022 修订版）》的要求。	3206	40
	代码一致性	字段值是代码的字段取值是否符合《数据库规范（2022 修订版）》的要求。	3301	193757
		每个图层中要素代码字段的取值是否符合《数据库规范（2022 修订版）》的要求。	3302	3
	数值范围符合性	字段取值是否符合《数据库规范（2022 修订版）》规定的值域范围。	3401	615
	编号唯一性	编号字段取值是否唯一。	3501	1
	字段必填性	必填字段是否不为空。	3601	188370
	图层内属性一致性	检查行政区代码字段值与行政区名称字段值是否匹配	3701	11

检查分类	检查项目	检查内容	检查编码	错误数
		检查国土空间规划分区代码字段值与国土空间规划分区名称字段值是否匹配	3702	5169
		检查用地用海分类代码字段值与用地用海分类名称字段值是否匹配	3703	0
	图层间属性一致性	所有属性结构表中行政区代码字段值与行政区划图层中行政区代码字段值是否一致。	3801	0
空间图形数据拓扑检查	点层内拓扑关系	层内要素是否重叠。	4101	0
	线层内拓扑关系	层内要素是否重叠。	4201	58
		层内要素是否自重叠。	4202	0
		层内要素是否自相交。	4203	1
	面层内拓扑关系	层内要素是否重叠。	4301	1106
		层内要素是否有缝隙	4302	42
	线面间拓扑关系		4400	0
	面层间拓扑关系	城市控制线互不重叠	4502	615
	碎线检查	线层是否存在实地小于 0.2 米的碎线。	4601	0
	碎面检查	面层是否存在实地小于 200 平方米的碎片。	4701	102300
表格数据检查	表格完整性	必选表格是否齐备，是否符合《数据库规范（2022 修订版）》要求。	5101	1
		表格名称是否符合《数据库规范（2022 修订版）》的要求。	5102	1
	表格数据结构一致性	表格字段的数量是否符合《数据库规范（2022 修订版）》的要求。	5201	0
		表格字段的字段名称是否符合《数据库规范（2022 修订版）》的要求。	5202	0
		表格字段的字段别名是否符合《数据库规范（2022 修订版）》的要求。	5203	0
		表格字段的字段类型是否符合《数据库规范（2022 修订版）》的要求。	5204	2
		表格字段的字段长度是否符合《数据库规范（2022 修订版）》的要求。	5205	0
		表格字段的字段小数位数是否符合《数据库规范（2022 修订版）》的要求。	5206	8
	表格数据代码一致性	字段值是代码的字段取值是否符合《数据库规范（2022 修订版）》的要求。	5301	0
		每个表格要素代码字段的取值是否符合《数据库规范（2022 修订版）》的要求。	5302	0
	表格数值范围符合性	字段取值是否符合《数据库规范（2022 修订版）》规定的值域范围。	5401	343
	表格字段编号唯一性	编号字段取值是否唯一。	5501	0
	表格字段必填性	必填字段是否不为空。	5601	561
总计	493089			

图9-27　市国土空间总体规划数据库质检报告示意图

资料来源：根据相关资料整理

1. 数据不完整

1）目录及文件不规范：一般为不符合《汇交要求》对规划电子成果数据内容的要求，必选图层存在丢失和遗漏，目录结构和文件命名错误。此类问题应补充必选图层，并且严格按照《数据库规范》《汇交要求》文件要求进行数据库构建，修改错误文件名称。如若必选图层中确实无法提供数据图层，如针对栅格图件海洋功能分区图，南京等不涉海城市可以提供白图作为栅格图件，按照规则要求命名（图9-28）。

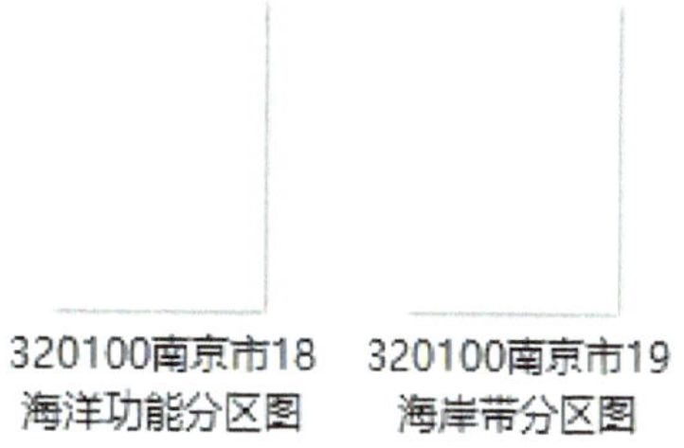

图9-28　南京市必选图层白图文件示意图

资料来源：根据相关资料整理

2）数据格式不正确：此类问题应仔细核查各类数据文件格式，其中规划文本需同时提交pdf和word两种格式，栅格图件采用jpg文件格式，规划表格采用mdb文件格式，矢量数据采用gdb文件格式，数据说明文档和成果报送清单采用pdf文件格式，规划成果基本信息采用txt文件格式。

3）数据文件打开不正常：一般为属性表打开只有字段名称，没有属性内容，多是源数据本身为空或数据加载错误，导致创建数据失败。此类问题只需重新加载数据或者补充源数据字段内容即可。

2. 空间数据基础错误

1）数据基础错误：此类问题应按照《汇交要求》采用正确的CGCS2000坐标系，对没有投影坐标系的图层进行投影（不建议使用定义投影工具，不稳定，易再次报错）；检查三度分带是否为标准格式"CGCS2000_3_Degree_GK_Zone_XX"，通常是由于"3"度分带标注为"3.000000000"所导致的错误。

2）行政区范围问题：一般为行政区范围与第三次全国土地调查使用的行政区范围不一致，或是不同行政等级的边界在相交处存在局部范围不一致。根据《汇交要求》，行政区数据应以2020年度国土变更调查成果为标准，尤其有飞地的市县需要重点关注。针对局部边界不吻合的情况，建议使用ArcGIS追踪工具沿正确的行政边界进行补划或裁剪（图9-29）。

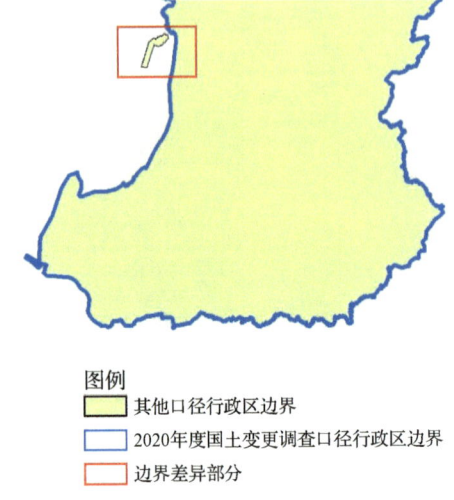

图9-29 不同口径行政区边界示意图
资料来源：作者自绘

3. 空间属性数据不标准

1）图层不完整：补充必选图层，检查图层名称是否为对应英文简称、别名是否为对应中文，按照《汇交要求》进行修改。

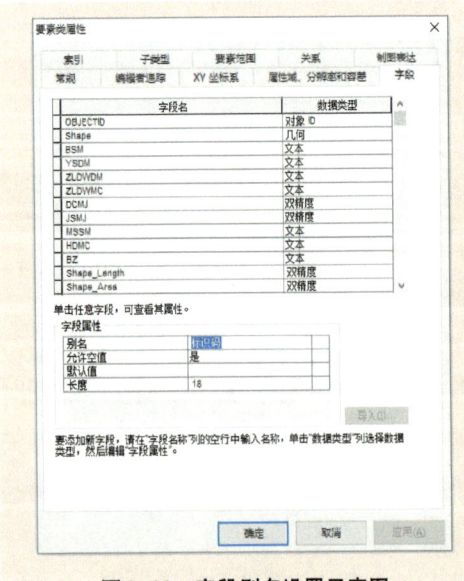

图9-30 字段别名设置示意图
资料来源：作者自绘

专栏9-6 字段别名设置

在国土空间规划中以国土变更调查为基础，图层内的字段非常多，且名称一般是英文，难以理解，可以通过将字段别名设置为中文，方便浏览与使用。需要将图层文件导入文件地理数据库后，将字段别名修改为中文。因为常规SHP图层属性表字段设置的别名，仅仅是临时存储，关闭属性表后便不再存在（图9-30）。

2）属性数据结构不一致：检查图层属性字段是否齐全，按照《汇交要求》，对字段名称、别名、类型、长度、小数位数进行修改，可直接通过ArcGIS的catalog目录树，打开图层属性进行修改（图9-31）。

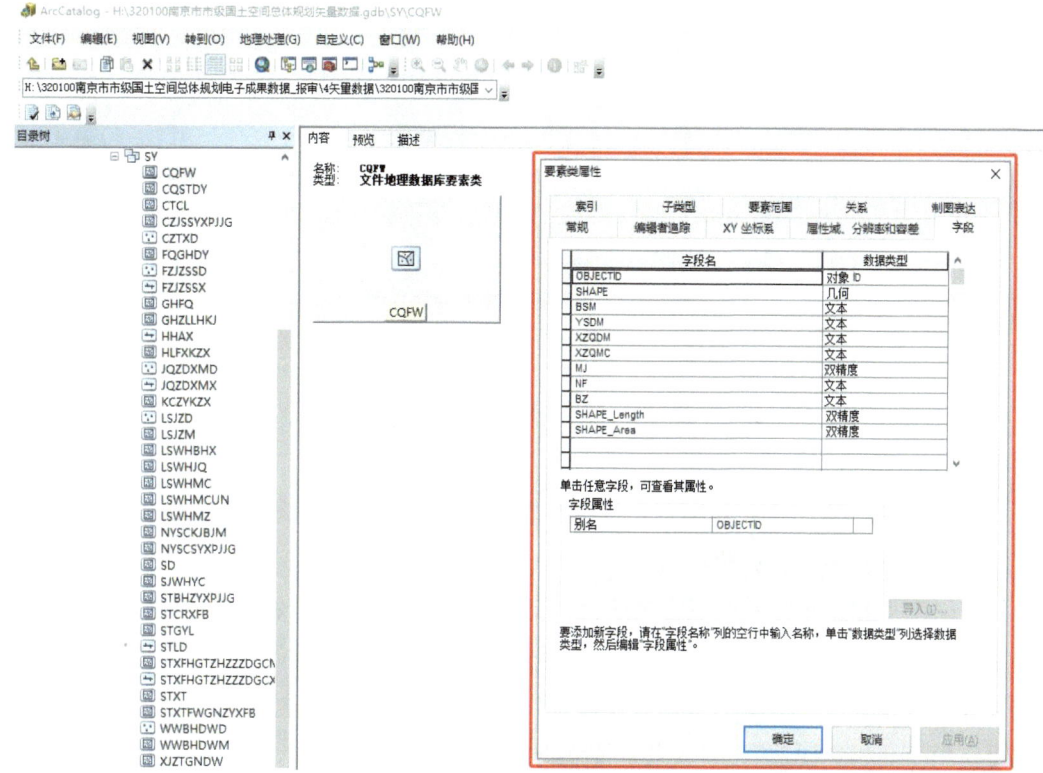

图9-31 catalog目录树示意图
资料来源：作者自绘

3）代码不一致、字段取值不在规定值域范围内：按照《汇交要求》进行修改。

4）标识码不是唯一值：此类问题可通过脚本代码批量赋值解决，确保每个标识码都是唯一值。

专栏9-7 创建唯一值BSM（标识码）

在数据入库时，需要按一定的规则给BSM字段赋值，一般会以12位行政区代码加6位顺序码进行创建。在ArcGIS中可以通过python代码计算字段创建。

在ArcGIS中打开数据属性表，此时标识码字段为空，右击BSM字段，选择计算字段器，解析程序选python，在下方输入【!XZQDM! +str（!OBJECTID!）.zfill(6)】，确定后得到BSM。因为这是字符串相加，所以必须先把OBJECTID转换为字符串，其中.zfill在对话框右侧的字符串中查找，表示以零填充补齐6位（图9-32）。

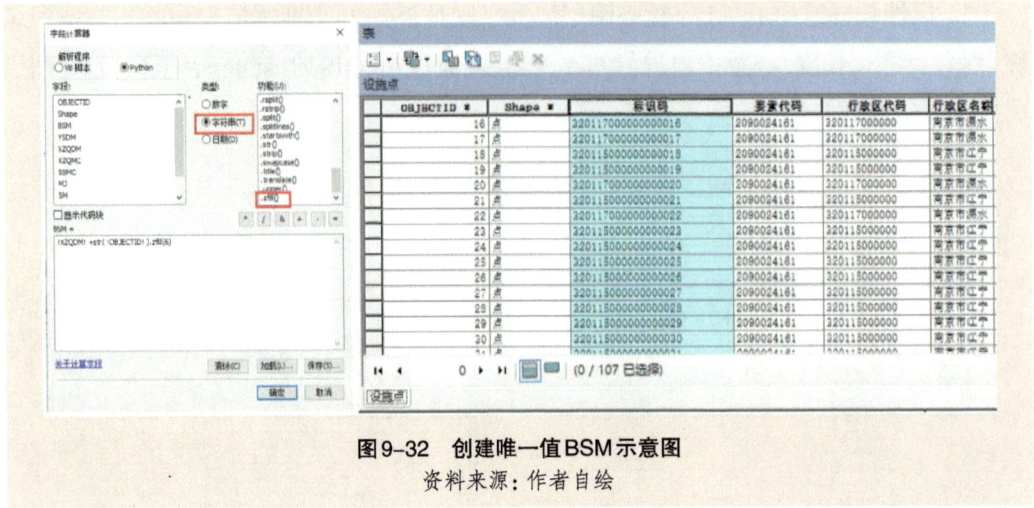

图9-32 创建唯一值BSM示意图
资料来源：作者自绘

5）必填字段为空：此类问题需仔细核查漏填字段，必填字段如实填写，若无数据，可暂填"0"。

6）图层内、图层间属性不一致：此类问题按照《汇交要求》核实修改即可。

4. 空间图形数据拓扑错误

空间图形数据拓扑错误主要包括自相交、重叠、空隙、未闭合、悬挂等类型，其中悬挂结点是只与一个线要素相连的孤立结点，悬挂结点有多边形不封闭、结点不重合、未及和过伸等几种情形。面对不同的拓扑错误，需要采取不同的修改方法。例如：线层部分重叠可使用打断相交线功能，删除完全重叠或部分重叠的线；面层重叠可使用联合工具、合并以及消除工具进行多样化处理；对于点或线的端点的拓扑错误，要修改或者调整点或者线的端点位置，则可使用工具箱中的捕捉工具进行修改。

专栏9-8 国土空间规划两种常见拓扑错误检查及修复方法

在当前的国土空间规划中，用地图斑的空间拓扑关系都是反映规划成果严谨性和准确性的重要影响因素之一，正确的空间拓扑才会输出准确的空间统计结果，否则其统计结果必然存在较大误差甚至是严重的指标错误。依据中国测绘学会科普内容，本次对实际项目经验中常见的"空间重叠"和"环形空间"类拓扑错误进行概述，并简要介绍其检查和修复方法。

一、"空间重叠"类拓扑错误

1. 错误描述

如图9-33所示是常见的用地规划图，其中方案一、方案二在图面上观察并无差异，但是从统计数据看却存在明显不同，其中A地块在方案一、二中的面积分别为7.53 ha、15.06 ha；B地块在方案一、二中的面积分别为7.53 ha、8.37 ha；只有C

地块在两个方案中的面积相等。由此对比可以发现其中必有一个方案存在错误,这种错误在特殊设置的实验条件下很容易被发现,但是在实际项目中往往不存在这样的对比,一般是完成方案编制后直接统计并输出面积,这种错误往往不易被发现,但其通常又是很容易出现的,这就会成为方案成果中一个很大的技术漏洞,也会成为后期规划管理中的技术隐患。

图9-33　不同方案统计结果对比图
资料来源:根据相关资料整理

2. 原因分析

如图9-34所示,分别表达了方案一、方案二中的用地叠加情况,其中方案一中的A、B、C三块用地彼此以各自对应的边界衔接,不存在彼此叠加的情况;而方案二中存在A、B地块以及A、C地块部分重叠的情况,且重叠之后因为图层要素绘制顺序是C在顶层,B在底层,因此在CAD中所呈现的可视化效果和方案一是相同的,无法凭肉眼直接识别出来,这种情况在实际项目中由于绘制精度及多次修改等原因很容易出现,也就导致空间统计结果必然存在较大的误差甚至是错误。

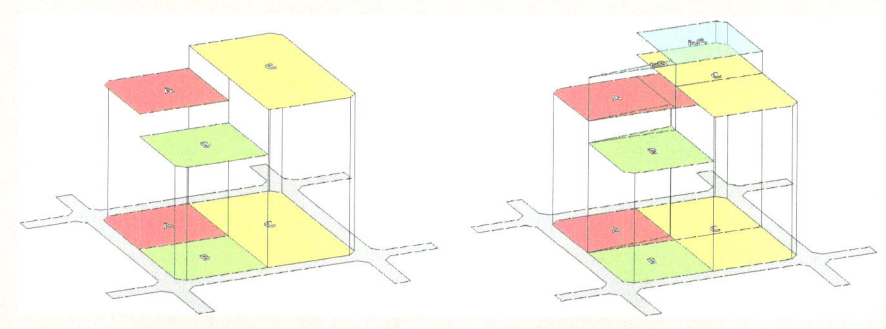

图9-34　方案一(左)和方案二(右)图层空间关系示意图
资料来源:根据相关资料整理

通过将以上图斑导入 ArcGIS 进行拓扑检查即可发现图中所示错误，如图 9-35 所示，方案二中深红色部分即为检查出来存在图斑重叠的空间拓扑错误。

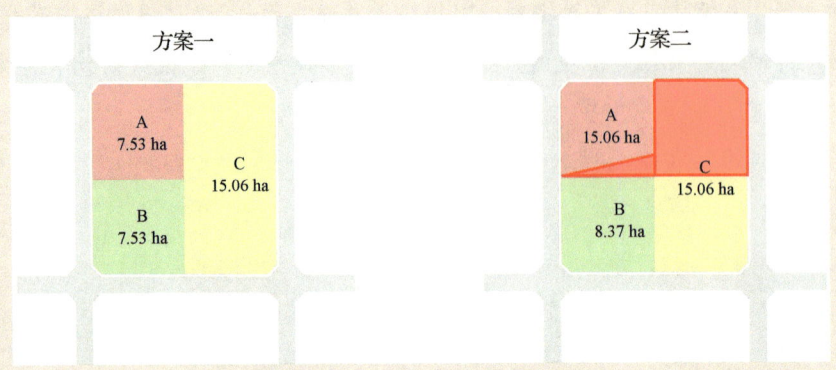

图 9-35　拓扑检查结果图
资料来源：根据相关资料整理

3. 错误修正

通过 ArcGIS 软件新建一个用于拓扑检查的数据集，将"用地图斑"要素数据存到该数据集中。对新建拓扑各步骤及参数进行设置，完成设置并验证拓扑规则。检查拓扑错误后，对有拓扑错误的数据进行修复，总体思路是启动数据编辑，根据标识出来的拓扑错误，对有重叠错误的图斑进行裁剪、筛选、删除。具体操作请查询相关文档，本文不再赘述。

二、"环形空间"类拓扑错误

1. 错误描述

如图 9-36 所示，是国土空间规划中常见的用地组合情况，即某类用地被另一类用地呈环状包围，这类数据在进行面积统计时极其容易出现空间拓扑错误引起

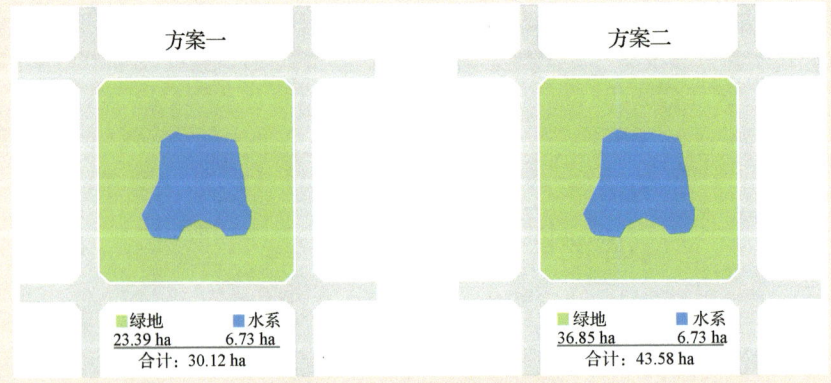

图 9-36　环形空间用地示意
资料来源：根据相关资料整理

的面积误差。图中所示的方案一绿地面积为23.39 ha,水系6.73 ha,而同样的用地,在方案二中绿地面积却为36.85 ha,比方案一多了13.46 ha,是中间水系面积的两倍,也就是说方案二在对绿地面积统计的时候没有扣除中间的水系,反而对其重复计算了两次。

2. 原因分析

该类拓扑错误与前文所述第一类拓扑错误不同,并非因为图斑重叠造成,而是由于环形空间内外边界绘图顺序造成,如图9-37所示,绿地作为环形空间在方案一中的内外边界绘制顺序为反方向,而在方案二中为相同方向,这就是问题所在,在计算机制图中,环形空间有两种不同表达方式,如果是内外边界同向,则表示内部为非空,若内外边界异向,则表示内部为空,基于此所以方案二中对绿地进行统计的时候把内部当作非空进行了重复统计,最终导致统计面积累加,这很明显和实际情况不相符,需要修正。

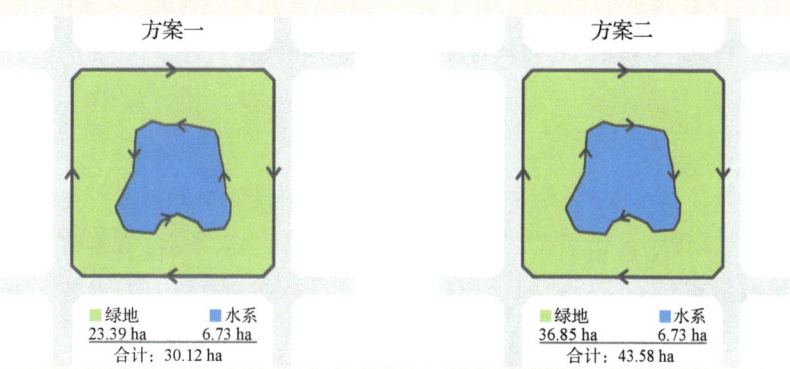

图9-37　环形拓扑错误示意
资料来源:根据相关资料整理

3. 错误修正

这种拓扑错误有别于前文所述第一种拓扑错误,在图面上没有明显的错误标识,更具有隐蔽性,如果只是在CAD系统中进行图斑绘制及面积统计,几乎很难被发现。对该错误的修正建议就是避免在CAD中绘制环线空间(可以分开填充),或者通过ArcGIS进行拓扑规则设置避免该类错误,如图9-38即为将数据导入ArcGIS中统计面积的结果,两个方案面积一致,有效避免了环形空间错误造成的统计错误。

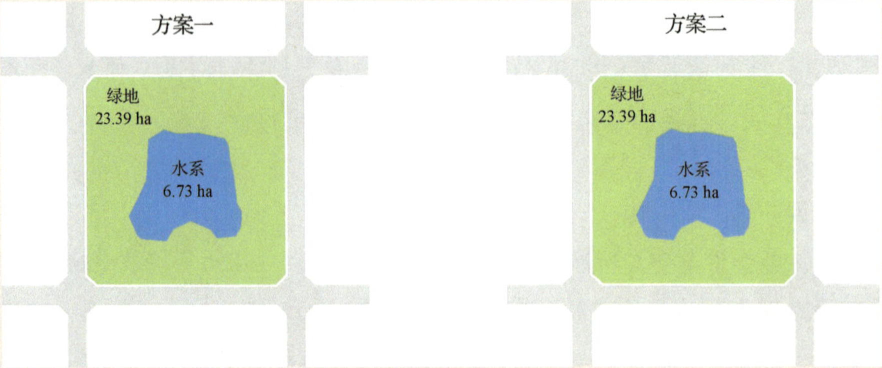

图 9-38　ArcGIS 统计结果
资料来源：根据相关资料整理

碎小图斑的消除，可以使用制图综合工具中的消除工具进行批量消除。另外，自相交错误存在使用 ArcGIS 检查不出、几何修复也未出现问题的情况，这是由于自相交小于文件数据库设置拓扑容差范围，无法检测到这些错误问题。

专栏 9-9　碎小图斑

规划数据在通过相交、标识、更新等操作后或者是栅格转矢量可能存在很多的细碎图斑，达不到上图面积，为了保证全域全要素的空间数据，需要将这些细碎图斑合并进最近的图斑。ArcGIS 中的【消除工具】是通过将面与具有最大面积或最长公用边界的邻近面合并来消除面（图 9-39）。

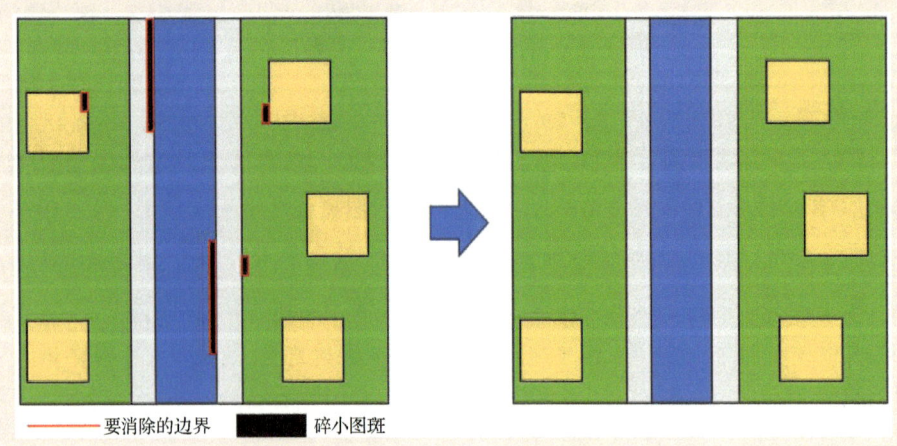

图 9-39　碎小图斑消除前（左）与消除后（右）对比
资料来源：作者自绘

5. 表格数据错误

修改方式与"空间属性数据不标准"问题的修改方式基本一致。

6. 图数不一致

1）图斑面积超出容差范围：根据图形计算出的平面几何面积超出了设定的容差范围，一般是对图斑进行分割、合并等操作后未重新计算面积导致的。此外，未按要求计算椭球面积也是导致此类错误的原因之一。此类问题需在对图斑进行分割、合并等操作后，对图斑面积重新计算，并且按照椭球面积计算公式进行计算。

2）面积统计错误：未正确计算面积，例如，将图斑面积（毛面积）计算为图斑地类面积（净面积）。图斑面积是根据图形算出的平面几何面积，应按照不同的面积类型准确统计图斑面积。

3）图表不一致：一般为矢量数据图斑统计数据与规划表格中数据不一致，此类问题需校核相关数据，确保数据一致性。

4）指标不符合：具体表现为约束性指标未控制在上级下达范围内，或下级指标之和与上级总指标不一致。此类问题需重新核实国土空间总体规划成果中的相关指标，保证指标符合性。

以上为国土空间总体规划数据库质检常见问题与解决措施。为减少质检结果误差，建议将数据存储在根目录或桌面等较浅的路径位置后再进行质检。另外，在建库时需注意，国土空间总体规划底图底数以2020年度国土变更调查成果为基础，"三调"及其后年度国土变更调查成果在地类统计时，城镇村庄范围按闭合范围统计，不能打开统计。市级国土空间总体规划须按要求提交本级成果（包括矢量和栅格数据等），不可直接使用下级上报成果简单拼接，如使用下级规划数据，需按比例尺进行缩编。

专栏9-10　国土变更调查城镇村闭合与打开

国土变更调查有打开和闭合两种口径。其中城镇村打开口径是指严格按照"三调"及变更中"所见即所得"的原则，识别具体土地用途，如住宅用地、工业用地、林地等，可以通过数据库中的DLBM四位编码识别。由于"三调"及变更中经常有将已经征收供应的建设用地调查为非建设用地，如暂时停止建设的工地由于长草调查为草地、校园内的绿地调查为林地等，后续自然资源部随着"三调"及变更单独下发CZCDYD（城镇村等用地类型）图层作为城镇村闭合口径，即国土空间规划的建设用地底数，其中城镇村闭合包络线范围的非建设用地被称为其他建设用地（图9-40）。

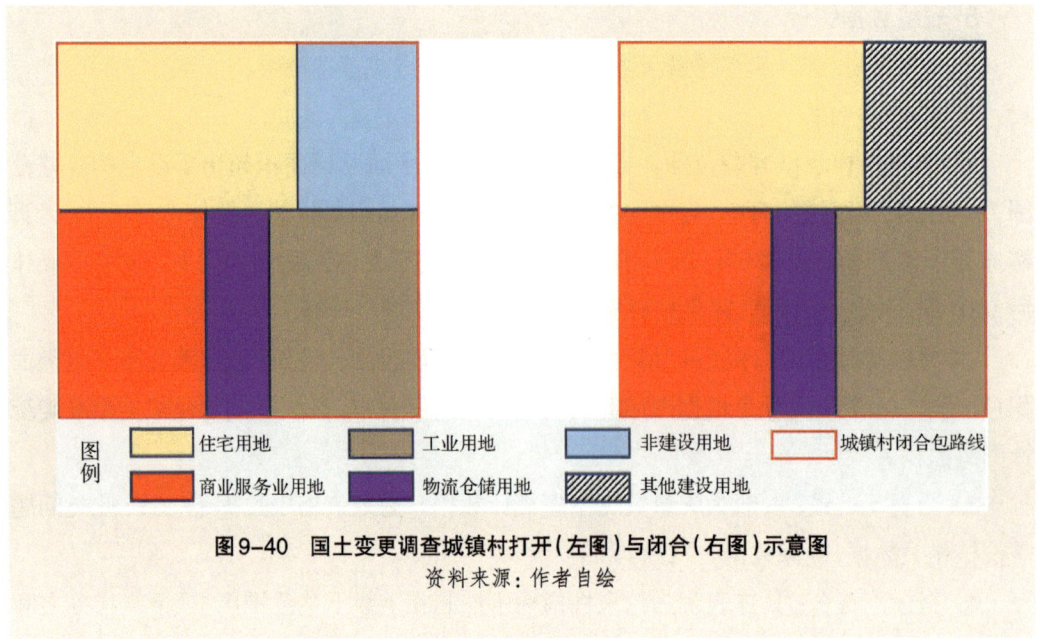

图9-40　国土变更调查城镇村打开（左图）与闭合（右图）示意图
资料来源：作者自绘

9.5　数据库建设思考

目前，市县级国土空间总体规划数据库主要依照《数据库规范》和《汇交要求》建设，相比原土地利用总体规划，国土空间总体规划的研究内容多、分析层次多、数据类型多、数据间逻辑关系多，导致数据库也相对复杂。各地在数据库建设实践过程中发现现有数据库建设标准存在数据内容庞杂且深度过细、市县"管什么编什么"的要求较难落实等问题。从有效衔接规划编制与实施管理工作的角度，国土空间规划数据库建设还存在以下问题值得探讨：

1. 立足事权划分、立足审批管理需求。规划建议进一步明确市级、县级总体规划数据库的深度差异，市级偏重宏观层面规划内容的统筹，县级偏重微观层面的规划实施落地，充分发挥国土空间五级三类体系的优势，提升规划传导的可实施性和规划编制过程中的弹性。以交通设施为例，市域层级的综合交通规划应以高速、国省道、快速路、铁路、机场、港口码头、公路枢纽等设施的统筹规划布局为主，具体至城市主干路、次干路、支路等内容应在县级国土空间总体规划层面深化，更加符合"市—县"两级规划不同层级的要求。

同时建议聚焦规划编制、实施、管理的重点，精简结构性、示意性、非必要规划内容要素的数据库管理，减少数据库冗余度，提高规划审查行政效率，增加可实施性。例如将生态廊道等示意性、引导性内容形成矢量数据成果并标准化建库，在实际操作中存在难度；耕地质量等级分区数据为农业农村部门的专项成果，与自然资源管理、国土空间规划的实施管理关联不大，可不纳入总体规划数据库。

2. 区分管理数据与成果数据，分别发挥刚性管控与规划传导作用。总体规划是征地报批的依据，详细规划是其他规划资源管理工作的依据，建议进一步明确总体规划数据库成果深度要求和工作重点，以便实现国土空间总体规划与详规的管控传导，既保证规划的刚性内容得到贯彻落实，又为以后城市实际建设对规控进行优化和细化留下可能，从而更好地适应城市建设的动态弹性要求。例如，总体规划数据库中的"三线"是管理数据库，应发挥刚性管控作用，严格落实到图斑地块；其他数据多为成果数据库，主要发挥传导作用，相应在国土空间总体规划层面划示即可，具体在详细规划层面予以分级分类细化和落实，如中心城区规划分区、中心城区"四线"等内容。

第十章 规划成果和规划报批

市县国土空间总体规划关系国家以及省重大战略和上位规划落实、社会经济发展、群众切身利益、环境质量等多方面，为确保规划的科学性、合理性、规范性和可行性，必须按照规定程序进行审批。市县国土空间总体规划在前期编制工作中通过公示、听证、论证和人大常委会审议完善规划成果后，由编制机关按程序逐级上报有审批权限的机关。有审批权限的自然资源主管部门牵头负责国土空间总体规划的审查工作，待所有意见修改完善或协商一致后，由自然资源主管部门向审批机关提出拟同意批准的意见。

10.1 规划公示

规划公示是贯彻落实"人民城市人民建，人民城市为人民"理念，坚持开门编规划，建立全流程、多渠道的公众参与和社会协同机制。

10.1.1 公示方式与期限

国土空间规划需要对各种利益关系进行协调，因此在其制定和实施过程中需建立一定磋商机制来平衡多方利益。同时，随着社会的发展、生活水平的提高，公众越来越重视生活的环境和质量，对规划的参与意识不断增强，"开门做规划"成为国土空间规划的基本要求。

国土空间总体规划应全方位、全过程引入公众参与，重点是在公众参与的范围上有所拓展、形式上有所创新，凝聚社会共识，广泛吸纳社会各界对国土空间和自然资源的开发、利用和保护的意见和建议。根据规定，国土空间总体规划公示（简称规划公示）即国土空间总体规划编制完成后，在报送审批前，组织编制机关应当向社会公示不得少于30日，征求公众意见。

规划部门可根据公示事项的重要程度、影响范围等明确具体公示方式，每种方式均明确起止时间及意见反馈途径。其中，政府门户网站公示为必须采取的公示方式。随着新媒体的兴起，公众参与形式也呈现多样化，从最初的纸质问卷调查逐步转变为线上线下结合、新媒体和传统媒体相结合的方式。

第十章 规划成果和规划报批

图10-1 南京市国土空间总体规划草案公示
方式（部分）
资料来源：南京市人民政府官网、南京市规划
和自然资源局微博、微信公众号、江苏广电总台

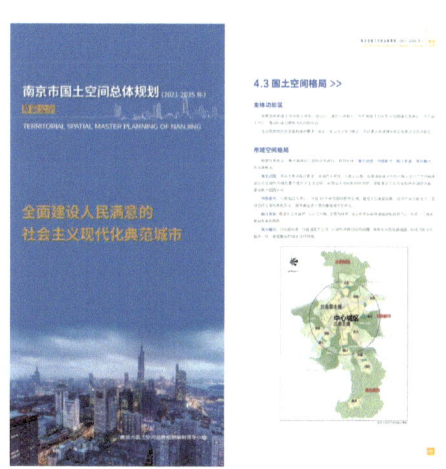

图10-2 《南京市国土空间总体规划（2021—
2035年）草案公示稿》（部分）
资料来源：《南京市国土空间总体规划（2021—
2035年）草案公示稿》

例如，《南京市国土空间总体规划（2021—2035年）》坚持"公众参与、开门规划"，于2022年10月28日至11月26日开展公众意见征询活动，其中，10月28日召开新闻发布会，通报并解读规划编制情况。公众意见征询期间，全网涉及本期发布会相关信息覆盖纸媒、网站、微博、微信、客户端等多平台。之后，《新华日报》、《南京日报》、《南京快报》、南京广播电视台、龙虎网等媒体均予以集中报道。网易、搜狐、今日头条等商业网站及客户端商业媒体积极转载传播，助推舆论声量上升（图10-1）。如《新华日报》"更南京，一座特大城市的升级之路"，澎湃江苏"南京真的需要'第二机场'吗？业界人士：是必须也是必然选择"，《现代快报》"南京最新规划草案：定位国家中心城市"，南京楼市"高质量发展引领长三角！"等成为全网关注热词。

10.1.2 公示内容

根据《中华人民共和国城乡规划法》《中华人民共和国政府信息公开条例》以及各地发布的国土空间规划条例、国土空间规划公示制度等文件要求，国土空间总体规划上报审批前公示的内容应当包括规划编制的依据、规划草案文本的主要内容和图纸等。

随着国土空间总体规划编制工作的逐步推进，各地陆续开展市级、县级国土空间总体规划公示工作，其中《南京市国土空间总体规划（2021—2035年）草案公示稿》成果因系统规范、内容全面、重点突出、表达简明，被公众与从业人员誉为"最有诚意的规划草案公示稿"。规划草案公示稿通过将专业性的表达转化为公众理解的语言，融入大量的示意图，达到通俗易懂、喜闻乐见的效果，利于公众广泛参与（图10-2）。

专栏10-1 《南京市国土空间总体规划（2021—2035年）草案公示稿》主要内容

前言

主要包括关于南京市国土空间总体规划历程、规划范围、规划期限、规划依据、规划组织、规划成果体系等。

01　夯实基础工作　深化认知评估

1.1　规划历程

1.2　规划实施评估

1.3　风险挑战

1.4　资源环境承载能力与国土空间开发适宜性评价

02　承担国家责任　谋划高质量发展

2.1　落实国家和区域发展要求

2.2　指导思想

2.3　规划原则

2.4　城市性质

2.5　分阶段目标

2.6　指标体系

2.7　发展规模

03　深化区域协同　提升中心地位

3.1　融入长三角更高质量一体化发展

3.2　引领南京都市圈一体化建设

3.3　全力保障省会城市功能

04　构建理想格局　优化城镇布局

4.1　生态安全格局

4.2　空间底线管控

4.3　国土空间格局

4.4　都市区空间格局

4.5　市域功能分区

4.6　功能体系

4.7　城镇发展引导

4.8　市域国土空间用地结构调整

05　坚持生态优先　推动绿色转型

5.1　保护目标与总体格局

5.2 自然资源保护与利用

5.3 生态修复

5.4 长江生态保护与绿色发展

5.5 推进碳达峰碳中和

06 落实耕地保护 加速乡村振兴

6.1 农业发展目标与格局

6.2 耕地保护与利用

6.3 乡村振兴

07 坚持节约集约 高效内涵发展

7.1 节约集约用地

7.2 高效利用城镇及工业用地

7.3 加强空间立体复合利用

7.4 城市更新

7.5 稳步提高农村建设用地节约水平

08 坚持创新驱动 优化产业布局

8.1 产业发展策略

8.2 产业空间总体布局

8.3 创新功能布局

8.4 先进制造业布局

8.5 现代服务业布局

09 加强名城保护 彰显魅力特色

9.1 历史文化保护

9.2 特色风貌塑造

9.3 文化高地建设

10 强化交通引领 构建高水平枢纽都市

10.1 交通目标与战略

10.2 国际门户型综合交通枢纽城市

10.3 国际标杆型绿色交通示范城市

11 着力民生服务 建设高品质宜居城市

11.1 住房保障

11.2 城乡公共服务体系

11.3 绿地系统

12 提升安全守护 建设高标准韧性城市
12.1 绿色基础设施
12.2 新型基础设施
12.3 提高城市韧性
12.4 环境保护
12.5 绿色低碳
13 保障规划实施 建立高效能管理机制
13.1 全域规划编制传导体系
13.2 全过程规划实施行动机制
13.3 全流程一体化规划管理机制
13.4 加强国土空间规划立法保障
后记

10.1.3 公示意见采纳

依据"人民城市人民建,人民城市为人民"原则,规划公示结束后需要对公众反馈的意见与建议进行梳理并专项研究。

例如,《南京市国土空间总体规划(2021—2035年)草案公示稿》最终收集公众意见2 628份,包括问卷1 536份、留言建议1 092条。从被调查人群结构来看,男性、南京本地户占比均达到三分之二,50岁以下中青年、大学及以上学历占比均超过九成。总体来看,近八成市民对本规划草案感到满意,超过六成给予80分以上评分。其中,针对发展目标、市域空间格局、生态安全格局、城镇体系、创新空间结构、乡村振兴等规划核心内容,公众表达出充分的肯定,各项内容认同比例均超过九成。舆论认为历时3年完成的这份跨度15年的发展蓝图,刚性底线贯穿始终,突出责任和担当,集中体现国家意志和发展理念,彰显城市优势和个性,堪称中国式现代化在一座城市的阶段性展现。

针对问卷结果及留言建议所反映出的居民看法及诉求,编制团队认真分析,共采纳意见近2000条,主要包含历史文化保护、长江生态保护、公共服务设施配置、功能板块优化和市政公用设施体系完善等方面,促进了规划成果内容的进一步完善。

10.2 规划成果审查

审查报批工作是保障国土空间总体规划编制质量的重要环节,是确保规划编制成果科学性、规范性、全面性的重要手段,是国土空间总体规划在投入使用前的"把关者""守门员"。作为衔接规划编制和实施的关键环节,审查工作质量关系到国土空间总体规划编制成果在后期监督实施中能否真正提升空间治理效能,能否真正推动国家空间治理体系和治理能力的现代化①。

10.2.1 审查程序

2019年5月23日,为建立国土空间规划体系并监督实施,改善规划审批流程复杂、周期过长等问题,中共中央、国务院印发《关于建立国土空间规划体系并监督实施的若干意见》(简称《若干意见》),要求按照谁审批、谁监管的原则,分级建立国土空间规划审查备案制度;精简规划审批内容,管什么就批什么,大幅缩减审批时间;减少需报国务院审批的城市数量,直辖市、计划单列市、省(自治区)人民政府所在地城市及国务院指定城市的国土空间总体规划由省级人民政府报国务院审批;其他市县国土空间总体规划由省级人民政府根据当地实际,明确规划编制审批程序要求和内容。

为贯彻落实《若干意见》有关要求,自然资源部于2019年5月28日印发《关于全面开展国土空间规划工作的通知》(自然资发〔2019〕87号),明确国土空间规划报批审查的要点,改进规划报批审查方式。2023年2月25日,国务院印发《需报国务院审批的国土空间规划审查办法》(简称《审查办法》),进一步规范了需报国务院审批的国土空间规划审查及有关工作。

根据《审查办法》,需报国务院审批的城市国土空间总体规划,审查程序包括以下环节(图10-3):

图10-3 需报国务院审批的城市国土空间总体规划审查流程图
资料来源:作者自绘

1. 前期工作。由市级政府组织编制,在深入调查研究、充分评估论证、向社会公示并征求有关部门和军事机关意见,形成高质量的规划文本及说明等规划成果后,报同级人大常委会审查。

2. 地方上报。经同级人大常委会审议后,由省级政府按程序上报国务院;国务院收到后,转自然资源部会同有关部门和单位研究办理。

3. 联合审查。自然资源部及时送有关部门和单位征求意见,联合审查环节一般不超过20个工作日。

4. 修改完善。自然资源部汇总有关部门和单位意见,沟通形成审查意见后反馈省级政府;市级政府根据审查意见组织修改完善,将修改后的规划成果和审查意见采纳情况报自然资源部。修改完善环节一般不超过25个工作日。

5. 校核呈报。自然资源部会同有关方面对修改后的规划成果再次校核,纳入全国国土空间规划"一张图"实施监督信息系统,按程序呈报国务院审批规划,其中建议国务院发文批复的应一并呈报批复代拟稿。校核呈报环节一般不超过15个工作日。

---

① 刘海涛,李红军,赵旸,等.管理事权视角下区县级国土空间总体规划审查方法初探[C]// 2022中国城市规划年会论文集,2023:5.

其他市县国土空间总体规划编制审批一般在省级政府,具体由省级政府根据当地实际,明确规划编制审批内容和程序要求。如《江苏省市县国土空间总体规划编制指南(试行)》提出,规划成果上报省政府前需由省自然资源主管部门组织省国土空间规划委员会有关成员单位开展联合审查和专家论证;浙江省多部门联合制定了国土空间规划机关内部"一件事"事项办事指南及办事流程图,明确了市级、县级国土空间总体规划的审查流程,将省级审查环节分为技术性审查和程序性审查,其中技术性审查由自然资源行政主管部门委托第三方完成并出具技术审查意见,程序性审查由自然资源行政主管部门组织规划编制议事协调机构成员单位进行审查,书面征求各部门意见并组织会审(图10-4,图10-5)。

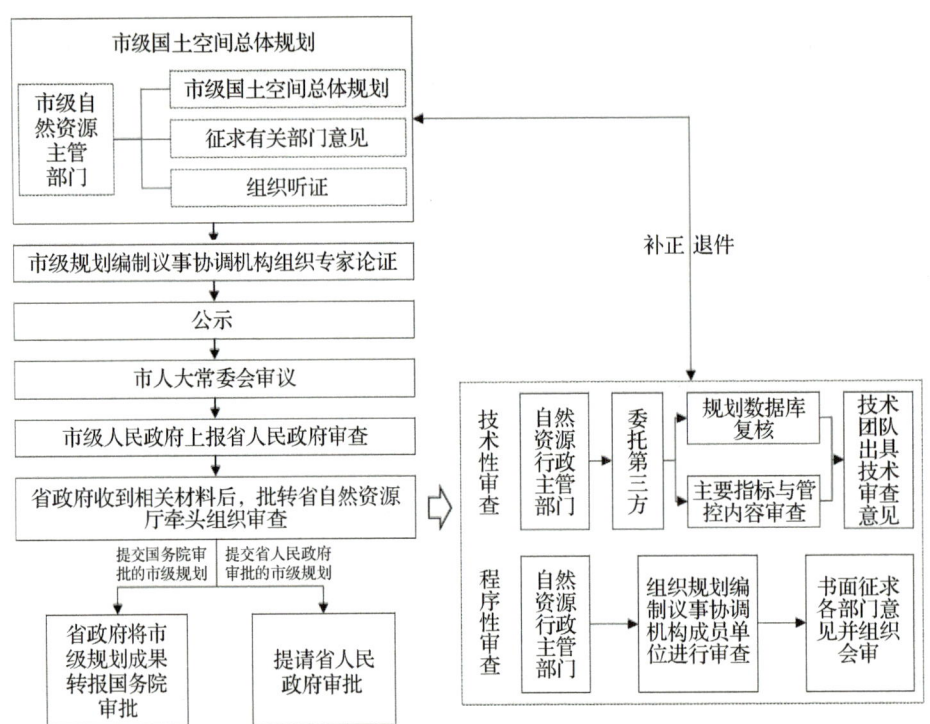

图10-4　市级国土空间总体规划审查流程图(浙江省)
资料来源:浙江省自然资源厅等.关于印发国土空间规划机关内部"一件事"事项办事指南及办事流程图的通知[R].2021

10.2.2　审查内容

按照"管什么就批什么"的原则,规划审查侧重对市县级国土空间总体规划的控制性审查,重点审查目标定位、底线约束、控制性指标、相邻关系等,并对规划程序和报批成果形式做合规性审查。需报国务院审批城市的审查要点具体依据《自然资源部关于全面开展国土空间规划工作的通知》(自然资发〔2019〕87号)及《审查办法》执行,其他城市的审查要点由各省(自治区、直辖市)根据本地实际参照执行。

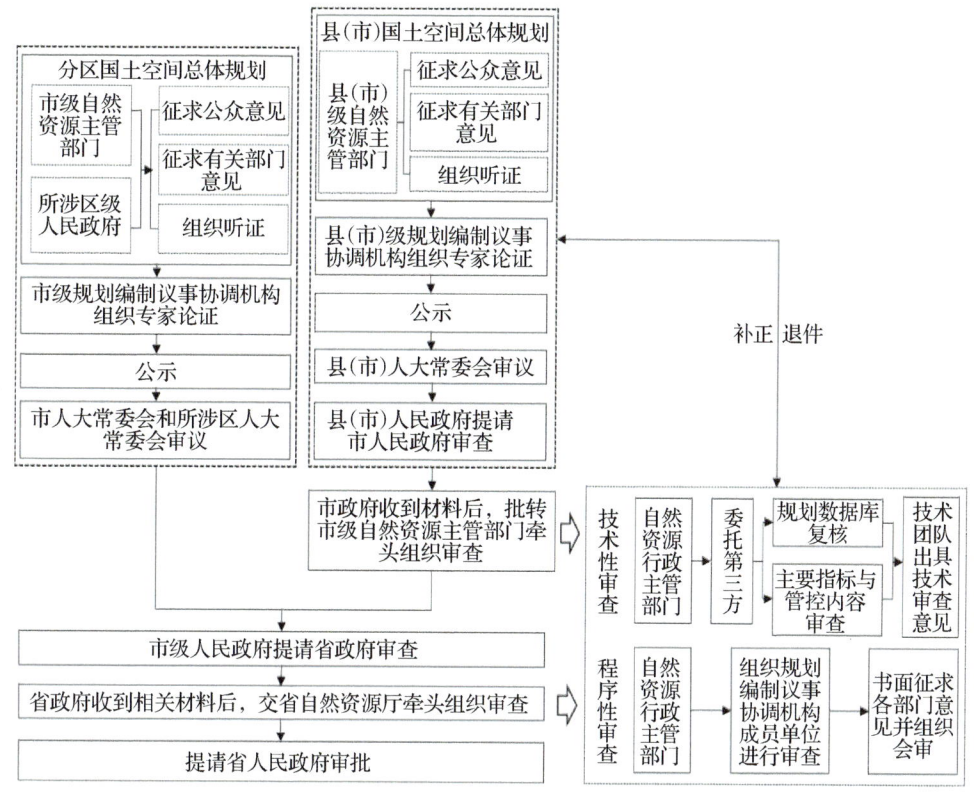

图 10-5　县级国土空间总体规划审查流程图（浙江省）

资料来源：浙江省自然资源厅等.关于印发国土空间规划机关内部"一件事"事项办事指南及办事流程图的通知[R].2021.

其中，市县国土空间总体规划审查要点主要包括（图10-6）：

1. 国家发展战略和规划落实。是否就全面实施国家发展战略、国家发展规划、《全国国土空间规划纲要》所确定的战略目标和任务，对空间发展做出战略性系统性安排；是否就落实区域重大战略、区域协调发展战略、主体功能区战略、新型城镇化战略、乡村振兴战略，明确空间发展目标，确定空间发展策略；是否对党和国家、军队有关规划确定的重大工程项目做出合理空间保障；是否有利于落实总体国家安全观、增强维护国家安全能力。

2. 空间底线约束落实。是否严格落实耕地和永久基本农田、生态保护红线、城镇开发边界等控制线划定成果和空间底线管控要求，确保"数、线、图"一致；是否依法明确文化遗产和自然遗产保护的空间引导管控要求；是否明确洪涝、地质灾害、海洋灾害、地震等自然灾害防御以及疫情防控的空间保障要求。

3. 约束性指标分解落实。是否落实《全国国土空间规划纲要》确定的国土空间开发保护主要指标；是否将耕地保有量、永久基本农田保护面积、生态保护红线面积等约束性指标进一步向下级国土空间规划分解；是否明确城镇建设用地控制规模等主要指标；是否对下一级国土空间规划提出传导要求。

4. 国土空间规划统筹衔接。是否在国土空间规划"一张图"上统筹各类专项规划空间需求并与相邻、相关区域国土空间规划进行有效衔接；是否对区域性的交通、水利、能源资源等基础设施、公共服务设施、生态系统保护格局、自然灾害防御应急以及疫情防控的空间需求进行统筹安排；是否坚持陆海统筹、区域协调、城乡融合、地上地下空间统筹；是否对军地各行业领域专项规划及重大项目的空间需求进行统筹安排，确保空间布局不冲突、功能结构更合理。

5. 程序性、合规性、完备性。是否履行向社会公示、报人大常委会审议、征求有关部门和军事机关意见等法定程序，是否开展规划环境影响评价并将环境影响篇章或说明作为规划成果组成部分一并报送。

6. 其他审查重点。包括城市核心功能定位、人口规模与密度、生产生活生态空间用地布局结构、战略留白、资源保护与节约集约、防灾减灾等要求和强制性内容的落实情况。

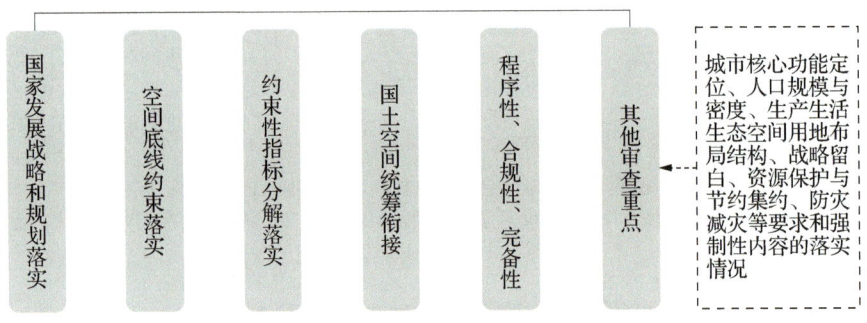

图10-6　城市国土空间总体规划审查要点

资料来源：作者自绘

10.3　审查意见修改

规划审查意见原则上需要全部采纳，确实难以采纳的需要与提出审查意见的部门沟通并达成一致意见。在采纳意见修改完善成果时，需要准确把握审查意见提出的原因，并根据不同原因选择不同的修改策略，避免出现修改不到位的情况。

10.3.1　审查意见修改原则

《审查办法》明确指出："在联合审查过程中，各有关部门和单位之间有分歧的，自然资源部应发挥牵头作用、主动沟通协商；协商后仍不能取得一致意见的，由自然资源部列明各方理据，提出办理建议，与有关部门和单位会签后呈报国务院。"

相关城市在依据审查意见修改中，需按照自然资源部提出的应采尽采原则，认真研究有关部门和单位提出的意见。同时可由市级政府组织工作专班，由市级各部门针对修改意见积极对各自条线进行对上沟通，准确把握意见提出的真实目的，视情况做出相应的策略性选择,对提出的合理意见应予以采纳,不予采纳的应做出说明并与有关部门达成共识。

10.3.2 审查意见修改建议

《若干意见》提出将主体功能区规划、土地利用规划、城乡规划等空间规划融合为统一的国土空间规划,实现"多规合一"。但由于各行政主管部门对国土空间规划以及"多规合一"的理解不一致,因此在成果审查过程中,部门会围绕利益调配、管理事权等方面展开博弈[①],尤其是部际联席成员审查国批城市国土空间总体规划成果时,发改部门和住建部门会结合自身管理事权针对国土空间规划的工作定位提出要求;而在省际联席成员审查中,更多聚焦国土空间规划具体内容是否落实相关要求。

1. 利益调配相关意见修改

发改、教育、民政、生态环境、交通、水利、文旅等部门会结合自身部门职能发展需求,要求国土空间规划衔接并协调相关专项规划,加强对水利、交通、能源、环境等设施的空间统筹,对国家发展规划明确的重大项目落地加强空间保障。

针对此类意见,第一是需要在规划编制与修改阶段加强部门协同、上下统筹,依托国土空间规划"一张图"协调各类基础设施和建设项目的选址和布局,谋划各类水利、交通、能源、环境等基础设施项目,合理预留基础设施用地空间和通道,强化空间统筹。第二是需要在规划修改中加强与各部门的各类专项规划以及政策文件衔接一致,支撑各类空间协调发展。如与流域综合规划、防洪规划等各类专项规划衔接一致,强调"以水四定",保护水资源,强化水资源刚性约束,促进水土关系协调。第三是进一步梳理国家发展规划明确的重大项目,完善能源交通、水利等重大项目安排,纳入重点建设项目安排表,加强重大基础设施和公共服务设施的空间预留,做好项目落地的空间保障。

2. 管理事权相关意见修改

由于国土空间规划属于国家规划体系和"规建管"体系中的一部分,涉及相关规划事权的发改部门和住建部门会要求国土空间总体规划内容结合自然资源部门事权进行精简。

(1)国家规划体系

《中华人民共和国国民经济和社会发展第十四个五年规划和2035年远景目标纲要》提出要加快建立健全以国家发展规划为统领,以空间规划为基础,以专项规划、区域规划为支撑的国家规划体系。发改部门负责组织编制发展规划,要求国土空间规划聚焦"三区三线"内容,强化对发展规划的空间支撑保障作用,细化落实国家发展规划中的国土空

---

① 张国磊,曹志立. 上下左右——部门征求意见中的利益吸纳和责任排斥[J]. 公共行政评论,2020 (6):6.

间开发保护要求，依据国家发展规划完善国土空间规划调整机制，精简或删除应属于专项规划、区域规划的内容。

针对此类意见，第一是进一步强化"三区三线"的内容，章节内容突出以"三条控制线划定与管控"为基础，强化三条控制线划定、结构布局及管控要求等内容，将"三区三线"约束性指标分解下达到各区，明确下级国土空间规划要落实《市级国土空间总体规划》确定的底线管控、约束性指标等内容，构建国土空间开发保护格局。同时，按照"统一底图、统一标准、统一规划、统一平台"的要求建立国土空间规划"一张图"实施监督信息系统，确保耕地和永久基本农田保护目标任务等足额带位置下达到地块、上图入库。第二是以发展规划为依据，细化落实发展规划与上位国土空间规划中的国土空间格局、农业空间格局、生态安全格局、城镇体系等格局要求。第三是完善规划调整机制，明确因上位规划修改、国家和省市重大战略实施、重大政策及发展规划调整、重大项目建设、行政区划调整等确需修改规划的，按照法定程序修改、报批。第四是精简规划中的发展规划内容，从空间保障角度编制规划。

（2）"规建管"体系

2018年国务院机构改革方案中将国家发展和改革委员会的组织编制主体功能区规划职责、住房和城乡建设部的城乡规划管理职责并入自然资源部。《若干意见》提出，建立国土空间规划体系并监督实施，将主体功能区规划、土地利用规划、城乡规划等空间规划融合为统一的国土空间规划，实现"多规合一"，强化国土空间规划对各专项规划的指导约束作用，是党中央、国务院作出的重大部署。有的专家认为，整体来说，本次机构改革中将规划回归为对空间资源的分配管理，建设按照批准的规划执行，仍由住建部管理，意味着一直以来的"规建管"体系面临重新调整，规划权实施路径发生变化[①]。

在国务院机构改革后，自然资源部和住建部的职能配置、内设机构和人员编制规定已经明确，但是在具体工作如国土空间总体规划编制过程中，住建部和自然资源部关于规划认知存在较大分歧。住建部认为国土空间规划的根本目的是保障国家战略安全，核心是划定落实"三区三线"；国土空间规划不是对其他部门专项规划的替代。目前，《全国国土空间规划纲要（2021—2035年）》（简称《纲要》）已经印发，核心内容就是"三区三线"。市级国土空间总体规划应依据《纲要》，深化细化"三区三线"管控内容，强化国土空间用途管控。同时，应处理好与城镇开发边界内城市建设专项规划等规划的关系，精简城市房屋和市政基础设施建设等。

因此，住建部基于国土空间规划理解，在审查广州、南京、深圳、成都等第一批国批城市国土空间总体规划成果时，提出国批城市国土空间总体规划成果删除与建设相关的内

---

① 黄玫. 国土空间规划体系变革影响规划权实施的博弈研究[J]. 北京规划建设，2019（5）：85.

容等修改意见,具体涉及删除中心城区范围、住房保障、城乡公共服务体系、城镇生态空间布局、人居环境、地下空间、城市更新、历史文化保护、城市紫线、特色风貌、城市设计、交通设施、基础设施等相应附表、图纸等内容。

广州、南京、深圳、成都等城市与自然资源部沟通反馈后,依据《若干意见》明确国土空间规划的定位,认为国土空间规划是一个统筹的规划,需要综合考虑人口分布、经济布局、国土利用、生态环境保护等因素,整体谋划新时代国土空间开发保护格局;在坚定国土空间总体规划要统筹全域全要素规划管理定位的基础上,对照住建部的意见进行逐条研究,对不属于市级国土空间总体规划而属于其他层次或者部门的内容进行精简,如宅基地盘活利用、农村危房改造等内容。对照落实《若干意见》《纲要》《审查办法》《城乡规划法》等要求,以及国家在历史保护、乡村振兴等方面的国家最新法规政策文件要求,确需在市级国土空间规划层面明确做出空间统筹和要素安排的内容,考虑住建部意见,结合教育部、体育部等其他部委意见,重点从空间布局优化、空间支撑保障的角度对成果有关建设要求的内容进行优化调整。

> **专栏10-2　国批城市落实住建部关于国土空间总体规划修改建议示意**
>
> 示意1:落实删除相关内容要求。
>
> 住建部要求删除"美丽乡村"章节内容"农村危房改造"具体内容。
>
> 国批城市考虑该内容确实不属于国土空间总体规划必须涉及内容,采纳该意见。
>
> 示意2:从空间布局优化、空间支撑保障的角度对有关建设内容进行优化调整。
>
> 住建部要求删除"美丽乡村"章节内容"建设乡村公共服务设施和基础设施……加强乡村水、电、路、气、环卫、通信、广电、物流等基础设施建设"。
>
> 国批城市将该内容修改为"统筹乡村公共服务设施和基础设施布局……为补齐乡村水、电、路、气、环卫、通信、广电、物流等基础设施短板提供空间保障"。
>
> 示意3:从用地角度重新诠释有关建设内容。
>
> 住建部要求删除"绿色开敞空间"章节内容"…统筹城市公园规划布局,提升郊野空间的休闲游憩设施配置标准和水平,构筑城乡一体、布局合理、层次丰富、生物多样、景观优美、特色鲜明的城市绿地系统……"。
>
> 国批城市将该内容由"绿色开敞空间"章节融入"中心城区用地结构和布局优化"章节,内容修改为"规划构建以XX绿地为骨架,以滨河绿地为纽带,山林绿地有机联系,公园绿地均衡分布的中心城区绿地系统,结合城镇片区结构和人口分布,规划绿地与开敞空间用地XX平方千米……"。

广州、南京、深圳、成都等城市将修改后的国土空间总体规划成果交予住建部再次审查时，住建部对国土空间总体规划设施建设等内容转变为国土空间保障表示认可，但是在再次审查反馈意见中仍然坚持要求删除住建部涉及的内容，如地下空间、城市更新、城市开发强度控制等。

经过高位协调后，住建部要求各城市依据《若干意见》中规范国土空间规划体系表达以及进一步精简非空间的、涉及其他行业管理的相关表述，比如提高服务水平、提升智慧交通水平等，同意各城市在国土空间总体规划中保留关于城市路网、绿地系统、市政基础设施等内容。

结合住建部和自然资源部两个部门在国土空间总体规划中的工作意见，可以发现二者对于国土空间规划的理解是有不同之处的。自然资源部认为国土空间规划是全域全要素的空间安排，是统筹的规划；住建部认为国土空间规划的重点是"三区三线"划定落实与管控，需要精简专项规划的内容。

3. 规划编制内容体系优化完善建议

2020年9月印发的《市级国土空间总体规划编制指南（试行）》（简称《指南》），规定了规划的主要内容和深度。由于国土空间规划编制尚处于实践探索阶段，随着顶层设计深化、地方实践探索以及深入交流学习，市县国土空间规划内容应在《指南》基础上逐渐完善。

（1）城市性质和核心功能定位

城市性质、城市职能、城市发展目标等规划内容在相关规划中一直处于重要地位，不可或缺，是原来的城市总体规划、目前的各地各级国土空间总体规划的审查要点之一。《指南》规定围绕"两个一百年"奋斗目标和上位规划部署，结合本地发展阶段和特点，并针对存在问题、风险挑战和未来趋势，确定城市性质和国土空间发展目标，提出国土空间开发保护战略。由于《指南》有相关研究规定，市县国土空间总体规划中均已进行专题研究并通过各级审查。

根据中办国办关于转变超大特大城市发展方式的文件和国务院关于报国务院审批的国土空间规划审查办法的有关要求，国批城市规划文本中应明确"城市性质和核心功能定位"。由于核心功能定位内涵接近城市职能，各地在研究过程中认为城市核心功能定位支撑城市性质，是实现城市性质的重要公共政策；在表述上要求科学概括和高度凝练，区别于目标愿景的畅想性、愿景式、公众化。国家发改委和自然资源部按照"国家所需、城市所长、发展所向"三条原则，在全盘考虑超大特大城市特点，统筹兼顾各方意见建议的基础上，形成各个城市的具体方案并下发至各个城市，并要求超大特大城市在国土空间总体规划中予以落实。

（2）土地使用规划图

土地使用规划是国土空间规划的核心内容，是实施国土空间用途管控的重要支撑，也是国土空间规划"一张蓝图"的"基础总图"。其中《指南》规定市域国土空间规划分区图、中心城区土地使用规划图、中心城区国土空间规划分区图3张土地使用规划图需要提交。

《市级国土空间总体规划制图规范(试行)》基本明确了3张土地使用规划图的制图规则。其中市域和中心城区国土空间规划分区图,重点是明确不同主导功能空间的结构分区问题,更多是从规划状态确定分区用途类型,不能直观反映现状用途地类情况,因此具有一定的弹性空间,同时可以通过规划指引和主导功能分区传导规则,指导下一层级的用途总图深化[①]。

但是中心城区土地使用规划图直接反映用地规划用途,已经达到开展规划实施的详细规划深度。在各地常态化的调整用地性质以落实项目或优化城市功能形态的情况下,如若批复是否会直接作为日后规划实施和监督管理的依据,是地方现实面临的困境。

自然资源部在了解地方诉求后要求中心城区要细化土地使用,在规划报批时需保留"中心城区土地使用规划图"作为规划图集中的必备图件,同时在数据汇交时也应汇交有关数据。为了化解地方的顾虑,提出可在文本中如"中心城区用地结构优化"章节,增加"具体地块用途、边界定位、开发建设强度、用地兼容等规划管控要求在详细规划中确定";在附图中,"中心城区土地使用规划图"中增加"本图不作为规划实施和监督管理的直接依据,具体用地方案在详细规划中细化落实"的注释。

(3)规划指标表

规划指标体系是对目标和策略的具体量化,是落实目标管理的重要手段,是规划目标任务分解和落实以及规划实施效果评价的重要度量工具[②]。《指南》从空间底线管控、空间结构与效率优化、空间品质提升三个方面提出35项基本管控指标,并提出各地可因地制宜增加相应指标。随着国土空间规划编制工作深入开展,规划指标表需要在《指南》基础上优化调整。

① 规划指标表优化调整

第一,删除6项指标。一方面,根据中办国办关于转变超大特大城市发展方式的文件要求,合理调控人口规模,因此删除规划指标表中"常住人口规模""常住人口城镇化率"2项指标,但要求在正文体现现状和规划指标的数值。由于国批城市一般都是特大城市,其中"常住人口规模"正文表述为"常住人口规模控制在不超过XX万人",国批城市在规划文本中应同时明确"中心城区人口密度"的控制数值,其他涉及人口数量、比例的指标也不宜放规划指标表。另一方面,考虑规划指标需要进一步聚焦于空间,以及结

---

① 程茂吉,罗海明,陶修华.市级国土空间总体规划市域总图表达研究[J].城市规划,2023,47(03):60.
② 程茂吉,陶修华.市县国土空间总体规划[M].南京:东南大学出版社,2022.

合住建部关于删除部分指标的意见,删除"中心城区降雨就地消纳率""中心城区城镇生活垃圾回收利用率""农村生活垃圾处理率""中心城区道路网密度"4项指标。

第二,增加1项指标。考虑到国土空间规划进一步聚焦"三区三线",将"城镇开发边界扩展倍数"纳入规划指标表。

第三,深化调整3项指标。首先,指标"自然和文化遗产"进一步拓展为"世界文化遗产、历史文化名城名镇名村、传统村落、历史文化街区、文物保护单位、历史建筑、地下文物埋藏区"等多项子指标;其次,进一步规范指标名称,将"每万元GDP水耗"调整为"每万元地区生产总值用水量";最后,进一步体现集约节约用地导向,将"每万元GDP地耗"调整为"单位地区生产总值建设用地使用面积下降"。

② 规划指标数值填写规则调整

第一,中心城区"人均公园绿地面积"填写规则。由于城镇开发边界划定时有扩展倍数限制,各地在划定时以保障城镇建设用地为主,将中心城区范围内部分公园绿地以开天窗形式剔除,如南京市中心城区城镇开发边界范围内不包含"秦淮新河—明外郭百里绿廊"等公园绿地,造成中心城区"人均公园绿地面积"指标计算面积偏低,不符合"国家园林城市"考核要求。为此,地方与自然资源部反馈后,将中心城区公园绿地范围延展为城镇开发边界内详细规划确定的公园绿地,以及城镇开发边界外人文、自然景观资源佳,游憩文教等功能具备,服务设施配套成熟,交通出行便捷的具有休闲游憩功能的部分绿色开敞空间,共同构筑成服务中心城区的公园绿地。

第二,林地保有量。"林地保有量"指标并不在规划指标表中,是在规划文本和市域国土空间功能结构调整表中体现。由于各地普遍出现林地与耕地空间矛盾以及林地内部结构中以其他林地为主等因素,依据优先保障耕地的原则,林地保有量难以直接依据"三调"变更确定,需要结合耕地保有量、规划建设等审批数据、规划造林绿化空间等方面综合确定。

(4) 三条控制线指标表达

耕地和永久基本农田、生态保护红线、城镇开发边界三条控制线是国土空间规划核心要素和强制性内容。其中耕地和永久基本农田有任务数和划定数的区分,任务数是由上一层国土空间规划分解,划定数是本地落实分解任务实际划定的最终数量。理论来说,划定数必须大于任务数,但由于永久基本农田存在易地代保情况,也会存在划定数小于任务数的情况。为此,规划文本中体现地方落实任务数即可,但是在三条控制线规划指标分解表中,需要明确耕地和永久基本农田的任务数、划定数以及易地代保的情况,保障数据逻辑的合理性。

(5) 重点建设项目安排表

纳入规划的重点建设项目安排表视同符合国土空间规划,可以作为项目用地用海审批依据。原则上重点建设项目安排表只保留国家级、省级、市级重点项目,只列出能源、交通、水利、矿山等单独选址项目。对于卫生、养老、教育、文化、体育等公共服务设施,以及城市交通、市政等基础设施的相关项目安排,可以通过文本以专栏形式或者增加表格"其他公共服务和基础设施建设项目安排表"表达。由于部分项目在规划编制期间难以明确,为了保障后续项目调整路径,建议增加表格备注说明"本表所列项目是总体规划编制阶段研究提出的重点项目,规划实施过程中,项目将根据经济社会背景变化适时调整"。同时,需要明确表格所列项目仅作为用地保障依据,不作为项目论证、立项和推进的依据。

10.4 报批成果

修改后的规划成果经过自然资源部会同有关方面校核后,纳入全国国土空间规划"一张图"实施监督信息系统,后续即可按程序呈报国务院审批规划。根据《国土空间规划局关于报国务院审批国土空间规划报批成果要求的函》(自然资空间规划函〔2022〕262号),报批成果内容包括文本、规划说明、有关材料、规划环境影响评价、承诺事项落实、规划成果数据库等。

10.4.1 规划文本

文本包括正文、附表和图件等内容。

1. 规划文本正文

文本正文是以条款的形式,根据规划内容确定规定性要求的文件。根据自然资源部《市级国土空间总体规划编制指南(试行)》及各地相应编制指南规定,市县可结合各地实际情况,对其中章节内容进行优化。

> **专栏10-3 规划文本正文目录参考**
>
> 前言
> 主要说明规划背景、过程、定位等。
> 第一章 总则
> 包括规划目的、指导思想、规划原则、规划依据、规划范围与期限、规划效力等。
> 第二章 现状基础和问题风险
> 第一节 现状特征
> 第二节 问题风险
> 第三章 城市性质和目标战略
> 第一节 城市性质和核心功能定位

第二节　发展目标与国土空间战略
第三节　发展规模与规划指标体系
第四章　国土空间格局
第一节　三条控制线划定与管控
第二节　市域空间总体格局
第三节　国土空间规划分区
第五章　农业空间与乡村振兴
第一节　农业空间发展目标与格局
第二节　耕地保护
第三节　乡村振兴
第四节　农村土地综合整治
第六章　生态空间与自然资源保护利用
第一节　生态空间保护目标与格局
第二节　自然资源保护利用
第三节　生态修复
第七章　城镇空间与功能布局完善
第一节　城镇体系规划
第二节　居住生活空间
第三节　公共服务空间
第四节　产业发展空间
第五节　开敞空间
第八章　中心城区空间布局
第一节　城市功能布局
第二节　城市控制线管控
第九章　历史文化保护与城乡风貌塑造
第一节　历史文化保护
第二节　城乡风貌塑造
第十章　综合交通体系
第一节　综合交通目标与战略
第二节　区域交通网络
第三节　城市交通设施
第十一章　市政基础设施与城市公共安全

第一节　市政基础设施
第二节　城市公共安全
第三节　环境保护
第十二章　国土空间节约集约与高质量利用
第一节　国土空间节约集约利用机制
第二节　城镇建设用地高效复合利用
第三节　存量空间更新提升（存量空间盘活利用）
第十三章　海洋保护与利用（涉海地区）
第一节　海洋保护利用目标
第二节　海洋空间分区
第三节　海岛保护利用
第四节　海岸线保护利用
第十四章　区域协同发展
第一节　服务构建新发展格局
第二节　融入XX城市群高质量一体化发展
第三节　引领XX都市圈现代化建设
第十五章　规划实施保障
第一节　全域规划编制传导体系
第二节　全过程规划实施行动机制
第三节　全流程一体化规划管理机制
第四节　国土空间规划法规制度和标准

2. 规划文本附表

文本附表包括：

1）规划指标体系表

2）耕地、永久基本农田、生态保护红线、城镇开发边界规划指标分解表

3）市域国土空间功能结构调整表

4）自然保护地一览表

5）中心城区规划分区一览表

6）中心城区城镇建设用地结构规划表

7）历史文化资源一览表

8）无居民海岛一览表

9）重点建设项目安排表

3. 规划文本图件

文本图件包括现状图和规划图两类图纸。

1）现状图

其中，应提交的现状图件包括：市域国土空间用地用海现状图，市域自然保护地分布图，市域历史文化遗存分布图，市域自然灾害风险分布图，中心城区用地用海现状图。

其他现状图件包括反映自然地理、生态环境、能源矿产、区域发展、经济产业、人口社会、城镇化、乡村发展、灾害风险等方面现状与分析评价的必要图件。

2）规划图

其中，应提交的规划图件包括：市域国土空间控制线规划图，市域耕地和永久基本农田保护红线图，市域生态保护红线图，市域城镇开发边界图，市域国土空间总体格局规划图，县级行政区主体功能定位分布图，市域国土空间规划分区图，市域农（牧）业空间规划图，市域生态系统保护规划图，市域造林绿化空间规划图，市域矿产资源规划图，市域生态修复和综合整治规划图，市域城镇空间布局结构规划图，市域城乡生活圈和公共服务设施规划图，市域历史文化保护线规划图，市域综合交通规划图，市域基础设施规划图，中心城区国土空间规划分区图，中心城区土地使用规划图，中心城区开发强度分区规划图，中心城区绿地系统和开敞空间规划图，中心城区历史文化保护规划图，中心城区城市更新（存量空间盘活利用）规划图，中心城区控制线规划图（绿线、蓝线、紫线、黄线），中心城区公共服务设施体系、道路交通、市政基础设施、综合防灾减灾、地下空间规划图等。涉海城市还应提交海洋功能分区图、海岸带分区图。

其他规划图件包括住房保障、社区生活圈、慢行系统、城乡绿道、通风廊道、景观风貌、详规单元等内容的规划图件。

根据需要，可将若干张图件合并表达，也可以分为多张图件表达。

专栏10-4 规划图集目录参考

一、市域

01 区域关系分析图

02 市域国土空间用地现状图（2020年）

03 市域自然保护地分布图

04 市域历史文化遗存分布图

05 市域自然灾害风险分布图

06 中心城区国土空间用地现状图（2020年）

07 市域三条控制线图

08 市域耕地和永久基本农田保护红线图

09 市域生态保护红线图

10 市域城镇开发边界图

11 市域国土空间总体格局规划图

12 市域国土空间规划分区图

13 县(区)级行政区主体功能定位分布图

14 市域农业空间结构图

15 市域农业空间规划图

16 市域生态系统保护规划图

17 市域造林绿化空间规划图

18 市域矿产资源规划图

19 市域生态修复和综合整治规划图

20 市域城镇空间布局结构规划图

21 市域公共服务中心体系结构图

22 市域城乡生活圈和公共服务设施规划图

23 市域创新空间结构图

24 市域制造业空间结构图

25 市域历史文化保护线规划图

26 城市空间特色格局示意图

27 市域综合交通规划图

28 市域综合枢纽布局示意图

29 市域城市轨道交通系统规划示意图

30 市域市政基础设施规划图

31 市域综合防灾减灾示意图

32 市域洪涝风险控制线图

33 长江生态保护与绿色发展规划示意图

34 区域发展协同(南京都市圈一体化发展)示意图

二、中心城区

35 中心城区国土空间规划分区图

36 中心城区土地使用规划图

37 中心城区开发强度分区规划图

38 中心城区历史文化保护规划图

39 中心城区公共服务设施体系规划图

40 中心城区绿地系统和开敞空间规划图

41 中心城区道路交通规划图

42 中心城区市政基础设施规划图

43 中心城区综合防灾减灾规划图

44 中心城区地下空间规划图

45 中心城区城市更新(存量空间盘活利用)规划图

46 中心城区紫线规划图

47 中心城区蓝线规划图

48 中心城区绿线规划图

49 中心城区黄线规划图

10.4.2 规划说明

规划说明是对规划的意图、依据、对策、标准等进行综合阐述和解释的文件,是对规划文本的支撑和说明。具体包括规划决策的编制基础、技术分析和编制内容,是规划实施中配合规划文本和图件使用的重要参考。至少应包括资源环境承载能力和国土空间开发适宜性评价、规划约束性指标和强制性内容、国家战略和规划落实情况。涉海的市级规划说明还应包括有关海洋空间功能分区的说明等。

专栏10-5　规划说明目录参考

第一章　规划概述
第一节　规划背景与规划作用
第二节　规划范围期限与依据
第三节　指导思想与规划思路
第四节　规划组织与成果体系
第二章　夯实基础工作,深化城市认知与风险评估
第一节　梳理国土空间底盘底数
第二节　开展资源环境承载能力和国土空间开发适宜性评价
第三节　开展规划实施评估与现状分析
第四节　开展灾害风险评估
第五节　深化城市风险挑战认知
第三章　体现时代担当,谋划新理念下的城市发展目标
第一节　面向百年新征程确立城市目标愿景
第二节　统筹发展与安全制定国土空间战略

第三节　综合多要素分析研判城市发展规模
第四节　立足多维度视角构建量化指标体系
第四章　落实国家战略，构建开放协同的区域发展格局
第一节　落实国家、区域和江苏省战略
第二节　服务构建新发展格局
第三节　融入长三角更高质量一体化发展
第四节　引领南京都市圈现代化建设
第五章　坚持保护优先，构建高质量国土空间新格局
第一节　秉持传承发展，构建市域理想空间格局
第二节　加强底线管控，统筹划定三条控制线
第三节　推进乡村振兴，构筑现代绿色农业空间格局
第四节　坚持生态优先，构建系统韧性生态空间格局
第五节　提升城市功能，构建高效均衡城镇空间格局
第六节　优化用地结构，明确全域国土空间规划分区
第六章　转变发展方式，制定国土空间保护开发策略
第一节　坚持三位一体，实施耕地集中保护和综合整治
第二节　完善生态系统，加强自然资源保护和生态修复
第三节　突出节约集约，推进建设用地高效利用和城市更新
第四节　推动绿色转型，加强长江保护和滨江特色塑造
第五节　强化创新引领，优化产业发展格局和空间布局
第七章　聚力现代化建设，营造宜居韧性智慧的人民城市
第一节　加强历史文化保护，彰显绿色与文化融合的古都魅力特色
第二节　优化综合交通体系，建设高效畅达的绿行枢纽都市
第三节　完善公共服务供给，营造全龄友好的宜居家园
第四节　强化基础设施支撑，建立绿色智慧的运行保障系统
第五节　提高防灾减灾能力，构建安全可靠的韧性城市
第六节　加强污染防控治理，保障环境保护基础设施建设
第八章　提高综合服务能力，优化中心城区空间布局
第一节　优化片区功能和用地布局
第二节　加强特色塑造和形态控制
第三节　完善绿地与开敞空间系统
第四节　引导城市更新（存量空间盘活利用）

> 第五节　优化城市交通系统
> 第六节　统筹地下空间规划
> 第七节　划定城市控制线
> 第九章　保障规划实施，建立高效能的全流程管理机制
> 第一节　建立全域规划编制传导体系
> 第二节　强化全过程规划实施行动机制
> 第三节　完善全流程一体化规划管理机制
> 第四节　推进国土空间规划法规制度和标准建设

10.4.3　有关材料

包括人大审议意见、部门征求意见采纳情况表、专家论证意见、公众参与情况说明、相邻城市意见采纳情况表等。

> **专栏10-6　规划编制开展情况的说明目录参考**
>
> 第一部分　市级审查
> 一、第XX届人民代表大会常务委员会审议
> 二、市委常委会审议
> 三、市政府常务会审议
> 四、市政协主席会议审议
> 五、部门意见
> 六、平台意见
> 七、各区意见
> 八、周边城市或市（区县）意见
>
> 第二部分　省级审查
> 一、省自然资源厅意见
> 二、其他省级部门意见
> 三、专家会审议意见
>
> 第三部分　部级审查
> 一、自然资源部审议意见
> 二、部际联席成员单位意见
>
> 第四部分　公众参与

10.4.4　规划环境影响评价

即对规划编制实施造成的环境影响评价作出说明。主要从可持续发展角度对国土

空间发展目标、总体格局、产业结构与布局、城镇体系、市政基础设施建设等规划内容进行环境影响评价,对规划实施可能造成的不良环境影响开展分析、预测和评估,包括资源环境承载力分析、不良环境影响的分析和预测,以及与相关规划的环境协调性分析,结合"三线一单"环境管理,提出预防或减缓不良环境影响的对策与措施,促进国土空间集约高效利用和经济高质量发展。

> **专栏10-7　规划环境影响评价篇章目录参考**
>
> 1　总则
> 1.1　规划背景
> 1.2　评价内容与重点
> 2　区域概况
> 2.1　资源禀赋与利用情况
> 2.2　环境质量状况
> 2.3　生态状况与生态功能
> 2.4　污染物排放现状与变化
> 2.5　环境治理能力建设
> 2.6　重点环境问题分析
> 3　规划概述与分析
> 3.1　规划概述
> 3.2　规划相符性分析
> 4　环境影响识别与评价指标体系构建
> 5　环境影响预测与评价
> 5.1　生态影响预测与评价
> 5.2　地表水环境影响预测与评价
> 5.3　大气环境影响预测与评价
> 5.4　固体废物影响评价
> 5.5　土壤、地下水环境影响分析
> 5.6　声环境影响预测与评价
> 5.7　岸线资源开发利用预测与评估
> 5.8　环境风险评价
> 5.9　资源环境承载力分析
> 6　规划方案综合论证和优化调整建议
> 6.1　规划方案环境合理性论证

6.2 规划优化调整建议

6.3 环境影响篇章与本轮规划互动情况

7 环境影响减缓对策与措施

8 跟踪监测和评价计划

8.1 环境跟踪监测

8.2 跟踪评价计划

9 评价结论

10.4.5 承诺事项落实

即过渡期用地用海审批、开发区审查中涉及国土空间规划承诺的事项落实情况。

> **专栏10-8　承诺事项落实情况说明目录参考**
>
> 一、总述
>
> 二、已批用地衔接落实情况
>
> 三、成片开发方案衔接落实情况
>
> 四、开发区审查衔接落实情况
>
> 五、附件

10.4.6 规划成果数据库

按照《市级数据库规范（2022修订版）》等要求，提交市县国土空间总体规划各类空间关联数据，纳入国土空间规划"一张图"实施监督系统。

> **专栏10-9　规划成果数据库报送清单参考**
>
> （一）规划文本（报送DOCX及PDF格式）
>
> XX市资源环境承载能力和国土空间开发适宜性评价报告
>
> XX市国土空间总体规划（2021—2035年）文本
>
> XX市国土空间总体规划（2021—2035年）规划说明
>
> XX市国土空间总体规划编制开展情况的说明
>
> XX市国土空间规划环境影响评价说明
>
> XX市国土空间规划"一张图"系统评估报告
>
> XX市专题01-土地利用总体规划实施评估
>
> XX市专题02-资源环境承载能力和国土空间开发适宜性评价
>
> XX市专题03-XX市国土空间总体规划基数转换研究
>
> XX市专题04-XX市城市总体规划实施评估

XX市专题05-XX市人口规模预测研究

XX市专题06-XX市生态环境综合治理与修复研究

XX市专题07-资源紧约束下XX市城市规模与应对策略研究

XX市专题08-人本视角下的XX市城市发展动力研究

XX市专题09-创新和新经济视角下XX市城市发展动力研究

XX市专题10-国家视角下XX市中心城市功能定位研究

XX市专题11-XX市总体城市设计研究

XX市专题12-人文城市视角下XX市城市软实力与宜居性研究

XX市专题13-XX市区域协调发展研究

XX市专题14-XX市非集中建设地区规划研究

XX市专题15-XX市强度分区规划

XX市专题16-大数据视角下的XX市城市发展研究

XX市专题17-现代治理体系下XX市国土空间总体规划实施机制研究

XX市专题18-转型期特大城市国土空间总体规划改革研究

XX市专题19-XX市国土空间总体规划公众参与创新

(二)栅格图件(报送JPG格式)

XX市01 县(区)级行政区主体功能定位分布图

XX市02 市域国土空间总体格局规划图

XX市03 市域国土空间控制线规划图

XX市04 市域耕地和永久基本农田保护红线图

XX市05 市域生态保护红线图

XX市06 市域城镇开发边界图

XX市07 市域生态系统保护规划图

XX市08 市域农业空间规划图

XX市09 市域城镇体系规划图

XX市10 市域历史文化保护线规划图

XX市11 市域城乡生活圈和公共服务设施规划图

XX市12 市域综合交通规划图

XX市13 市域市政基础设施规划图

XX市14 市域国土空间规划分区图

XX市15 市域生态修复和综合整治规划图

XX市16 市域矿产资源规划图

XX 市 17 市域造林绿化空间规划图
XX 市 18 海洋功能分区图
XX 市 19 海岸带分区图
XX 市 20 中心城区国土空间规划分区图
XX 市 21 中心城区土地使用规划图
XX 市 22 中心城区开发强度分区规划图
XX 市 23 中心城区控制线规划图
XX 市 24 中心城区历史文化保护规划图
XX 市 25 中心城区城市更新（存量空间盘活利用）规划图
XX 市 26 中心城区绿地系统和开敞空间规划图
XX 市 27 中心城区公共服务设施体系规划图
XX 市 28 中心城区市政基础设施规划图
XX 市 29 中心城区道路交通规划图
XX 市 30 中心城区综合防灾减灾规划图
XX 市 31 中心城区地下空间规划图
XX 市 32 市域国土空间用地现状图（2020 年）
XX 市 33 市域自然保护地分布图
XX 市 34 市域历史文化遗存分布图
XX 市 35 市域自然灾害风险分布图
XX 市 36 市域洪涝风险控制线
XX 市 37 中心城区国土空间用地现状图（2020 年）
XX 市 38 生态保护重要性评价结果图
XX 市 39 农业生产适宜性评价结果图
XX 市 40 城镇建设适宜性评价结果图
XX 市 41 乡级行政区主体功能定位分布图
XX 市 42 区域发展协同（XX 市都市圈一体化发展）示意图
XX 市 43 生态系统服务功能重要性分布图
XX 市 44 生态脆弱性分布图
XX 市 45 多年平均降水量分布图
XX 市 46 人均可用水资源总量分布图
XX 市 47 地质灾害危险性分区图
XX 市 48 地下水超采与地面沉降分布图

XX 市 49 区域关系分析图
XX 市 50 市域农业空间结构图
XX 市 51 市域公共中心体系结构图
XX 市 52 市域创新空间结构图
XX 市 53 市域制造业空间结构图
XX 市 54 城市空间特色格局示意图
XX 市 55 市域综合枢纽布局示意图
XX 市 56 市域城市轨道交通系统规划示意图
XX 市 57 市域综合防灾减灾示意图
XX 市 58 长江生态保护与绿色发展规划示意图

（三）规划表格（报送 MDB 格式）

XX 市市级国土空间总体规划表格

含以下内容：

1. 生态保护重要性评价结果汇总表
2. 农业生产适宜性评价结果汇总表
3. 城镇建设不适宜区结果汇总表
4. 城镇建设适宜区结果汇总表
5. 土地资源约束下可承载耕地规模评价结果汇总表
6. 水资源约束下可承载耕地规模评价结果汇总表
7. 土地资源约束下城镇建设承载规模评价结果汇总表
8. 水资源约束下城镇建设承载规模评价结果汇总表
9. 规划指标表
10. 规划指标分解表
11. 市域国土空间功能结构调查表
12. 自然保护地一览表
13. 历史文化资源一览表
14. 重点建设项目安排表
15. 中心城区城镇建设用地结构规划表
16. 六普人口
17. 七普人口

（四）矢量数据（报送 GDB 格式）

XX 市市级国土空间总体规划矢量数据

含以下内容：
1. 城区范围
2. 城区实体地域
3. 传统村落
4. 城镇建设适宜性评价结果
5. 城镇体系（点）
6. 分区规划单元
7. 防灾减灾设施（点）
8. 防灾减灾设施（线）
9. 规划分区
10. 规划造林绿化空间
11. 河湖岸线
12. 洪涝风险控制线
13. 近期重大项目（点）
14. 近期重大项目（线）
15. 矿产资源控制线
16. 历史建筑（点）
17. 历史建筑（面）
18. 历史文化保护线
19. 历史文化街区
20. 历史文化名城
21. 历史文化名村
22. 历史文化名镇
23. 农业生产空间布局（面）
24. 农业生产适宜性评价结果
25. 湿地
26. 世界文化遗产
27. 生态保护重要性评价结果
28. 生态脆弱性分布
29. 生态公益林
30. 生态廊道
31. 生态修复和国土综合整治重大工程（面）

32. 生态修复和国土综合整治重大工程(线)
33. 生态系统(面)
34. 生态系统服务功能重要性分布
35. 文物保护单位(点)
36. 文物保护单位(面)
37. 县级行政区主体功能定位
38. 现状历史文化遗存分布
39. 市级行政区
40. 县级行政区
41. 乡级行政区
42. 现状用地用海
43. 现状自然保护地分布
44. 现状自然灾害风险分布
45. 重大基础设施(点)
46. 重大基础设施(线)
47. 重大交通基础设施(点)
48. 重大交通基础设施(线)
49. 自然保护地
50. 中心城区城市更新重点区域
51. 中心城区城市黄线
52. 中心城区城市绿线
53. 中心城区城市蓝线
54. 中心城区城市紫线
55. 中心城区道路红线
56. 中心城区道路中心线
57. 中心城区地下空间开发重点区域
58. 中心城区范围
59. 中心城区防灾减灾设施(点)
60. 中心城区防灾减灾设施(线)
61. 中心城区公共服务设施(点)
62. 中心城区规划分区
63. 中心城区规划用地用海

64. 中心城区交通设施（点）
65. 中心城区开发强度分区
66. 中心城区绿地与开敞空间
67. 中心城区市政公用设施（点）
68. 中心城区市政公用设施（线）
69. 中心城区现状用地用海
70. 中心城区灾害风险区

主要参考文献

[1] 冯银静,苏墨,廖琦,等.三调视野下的自然资源调查探索与思考[J].中国国土资源经济,2020,33(3):48-51.

[2] 程茂吉,陶修华.市县国土空间总体规划[M].南京:东南大学出版社,2022.

[3] 程进明,何海洋,陈亚威.森林资源管理"一张图"与"国土三调"数据融合分析[J].江苏林业科技,2022,49(6):33-37,43.

[4] 胡利娟.新《森林法》:实现森林资源永续利用[J].中国科技财富,2020(1):85-86.

[5] 程伟亚,张镯漫,王涵,等.森林资源管理"一张图"与国土"三调"差异分析及整合探讨[J].林业资源管理,2021(6):6-11.

[6] 王瑾钰.江西省水资源—水环境耦合承载力评价研究[D].武汉:华中师范大学,2022.

[7] 冷疏影,李秀彬.土地质量指标体系国际研究的新进展[J].地理学报,1999(2):83-91.

[8] 石淑芹,陈佑启,姚艳敏,等.东北地区耕地自然质量与利用质量评价[J].资源科学,2008,30(3):378-384.

[9] Dumanski J, Pieri C. Land quality indicator: research plan[J]. Agriculture Ecosystems & Environment,2000,81(2):93-102.

[10] 鲁明星,贺立源,吴礼树.我国耕地地力评价研究进展[J].生态环境,2006(4):866-871.

[11] 李婷,吴克宁.基于遥感技术的耕地质量评价研究进展与展望[J].江苏农业科学,2018,46(15):5-9.

[12] 祖健,郝晋珉,陈丽,等.耕地数量、质量、生态三位一体保护内涵及路径探析[J].中国农业大学学报,2018,23(7):84-95.

[13] 陈桂坤,张蕾娜,程锋,等.数量质量并重管理的耕地保护政策研究[J].中国土地科学,2009,23(12):39-43.

[14] 姚敏,杨帆,黎韶光.永久基本农田储备区的划定及管理[J].中国土地,2019(10):24-26.

[15] 程茂吉.保护责任与发展权利统筹:"三线"划定的理论基础和规则研究[J].城市规划,2024(7):55-66.

[16] 孙雪东.国土空间规划体系中"三区三线"的基本考虑[J].城市规划,2023(6):51-56,88.

[17] 叶斌,郑晓华,罗海明,等."三区三线"统筹划定:现象剖析、技术逻辑与南京经验[J].城市规划学刊,2024(1):54-62.

[18] 祁帆,谢海霞,王冠珠.国土空间规划中三条控制线的划定与管理[J].中国土地,2019(2):26-29.

[19] 潘海霞,赵民.关于国土空间规划体系建构的若干辨析及技术难点探讨[J].城市规划学刊,2020(1):17-22.

[20] 郑姗姗,陈景,寇宗淼,等.坚持规划引领永久基本农田划定的思考:以北京市为例[J].中国土地,2024(1):32-35.

[21] 程茂吉.从空间蓝图走向管制规划:市级国土空间总体规划的实践和探索[J].城市发展研究,2023(10):8-16,35.

[22] 林坚,乔治洋,叶子君.城市开发边界的"划"与"用":我国14个大城市开发边界划定试点进展分析与思考[J].城市规划学刊,2017(2):37-43.

[23] 张兵,林永新,刘宛,等.城镇开发边界与国家空间治理:划定城镇开发边界的思想基础[J].城市规划学刊,2018(4):16-23.

[24] 董祚继.对大城市边界划定的正确理解和认识[J].中国土地,2014(12):9-11.

[25] 程茂吉,罗海明,秦萧.总体国家安全观:国土空间总体规划的探索与思考[J].规划师,2024(2):49-57.

[26] 张尚武,刘振宇,王昱菲."三区三线"统筹划定与国土空间布局优化:难点与方法思考[J].城市规划学刊,2022(2):12-19.

[27] 张尚武.国土空间规划编制技术体系:顶层架构与关键突破[J].城市规划学刊,2022(5):45-50.

[28] 李作臣.论城市人口预测和城市资源与环境容量的关系[J].广州大学学报(综合版),2001(5):81-83,91.

[29] 武廷海.国土空间规划体系中的城市规划初论[J].城市规划,2019,43(8):9-17.

[30] 胡海波,唐小龙.国土空间规划多元传导机制构建:基于南通地区多层次规划实践的探索[J].城乡规划,2021(1/2):38-48.

[31] 程茂吉,罗海明,陶修华.市级国土空间总体规划市域总图表达研究[J].城市规划,2023(3):56-65.

[32] 王新哲,钱慧,刘振宇.治理视角下县级国土空间总体规划定位研究[J].城市规划学刊,2020(3):65-72.

[33] 宣晓伟.央地关系改革背景下我国土空间规划体系的构建[J].区域经济评论,2021(5):32-42.

[34] 周宜笑.国土空间规划土地用途管制思考:基于德国土地利用可持续发展的规划实践[J].城市规划,2020,44(10):40-50.

[35] 谭纵波,高浩歌.日本国土利用规划概观[J].国际城市规划,2018,33(6):1-12.

[36] 傅泽强,蔡运龙,杨友孝,等.中国粮食安全与耕地资源变化的相关分析[J].自然资源学报,2001(4):313-319.

[37] 漆信贤,张志宏,黄贤金.面向新时代的耕地保护矛盾与创新应对[J].中国土地科学,2018,32(8):9-14.

[38] 梁鑫源,金晓斌,孙瑞,等.多情景粮食安全底线约束下的中国耕地保护弹性空间[J].地理学报,2022,77(3):697-713.

[39] 黄润秋.划定生态保护红线守住国家生态安全的底线和生命线[J].时事报告(党委中心组学习),2017(5):50-65.

[40] 李干杰."生态保护红线":确保国家生态安全的生命线[J].求是,2014(2):44-46.

[41] 汪云,夏巍,刘菁,等.武汉城市生态空间转型发展策略与路径研究[J].城市规划,2018,42(S2):38-43,63.

[42] 程茂吉,陶修华,张彦.生态空间的系统化构建和差异化管控研究[J].规划师,2020(2):48-53.

[43] 燕守广,林乃峰,沈渭寿.江苏省生态红线区域划分与保护[J].生态与农村环境学报,2014,30(3):294-299.

[44] 中国国土勘测规划院.中国生态保护红线蓝皮书(2023年)[M].北京:中国大地出版社,2023.

［45］张书海,王小羽.城镇开发边界的划定与管理［J］.中国土地,2019(1):29-31.

［46］王晨跃,叶裕民,范梦雪.论城镇开发边界划定与管理的三大关系:基于"城市人"理论的理念辨析［J］.城市规划学刊,2021(1):28-35.

［47］程茂吉.城镇开发边界的划定原则和管控政策探讨［J］.城市规划,2019(8):69-74.

［48］徐晶,杨昔.国土空间规划传导体系与实施机制探讨［J］.中国土地,2020(8):21-24.

［49］张立,李雯骐,汪劲柏.空间规划的传导协同:治理视角下的国际实践与启示［J］.国际城市规划,2022(5):1-13.

［50］程遥,赵民.国土空间规划用地分类标准体系建构探讨:分区分类结构与应用逻辑［J］.城市规划学刊,2021(4):51-57.

［51］王珊珊,杨贺,徐碧颖,等.北京市"街区指引"创新:国土空间规划总规与详规的传导和统筹［J］.规划师,2023(9):78-82.

［52］黄慧明,韩文超,朱红.面向全域全要素的广州市国土空间规划传导体系研究［J］.热带地理,2022(4):554-566.

［53］朱红,霍子文,李丹妮,等.广州国土空间总体规划—详细规划传导路径的优化思考［J］.规划师,2024(7):32-40.

［54］钱竞,郑沁,赖权有.新时期深圳市国土空间规划体系重构的思考［J］.国土资源情报,2020(8):51-56.

［55］陈敦鹏.深圳市国土空间规划标准单元制度探索与思考［J］.城市规划,2022,46(9):13-39.

［56］张晓苕,袁鹏洲,单瑞琦.城市总体规划中结构性分区的创新探讨［J］.上海城市规划,2023(6):145-151.

［57］汪劲柏.国土空间规划层级传导模式的多国经验分类研究与启示［J］.北京规划建设,2023(1):130-136.

［58］蔡玉梅,刘畅,苗强,等.日本土地利用规划体系特征及其对我国的借鉴［J］.中国国土资源经济,2018,31(9):19-24.

［59］陈川,徐宁,王朝宇,李海燕.市县国土空间总体规划与详细规划分层传导体系研究［J］.规划师,2021(15):75-81.

［60］林常春,周彩琴,贺文龙,等.国土空间规划数据库建设研究:以规划方案在数据库中的表达及图数一致性为例［J］.农业工程,2022,12(2):83-86.

［61］赖权有,钱竞,唐欣,等.市级国土空间总体规划数据库建设与报批内容研究［J］.地理空间信息,2023,21(9):85-88,97.

［62］郑溪.空间规划GIS应用基础案例实习教程［M］.昆明:云南大学出版社,2020.

［63］牛强.城乡规划GIS技术应用指南:GIS方法与经典分析［M］.北京:中国建筑工业出版社,2018.

［64］宋小冬,钮心毅.地理信息系统实习教程(第三版)［M］.北京:科学出版社,2013.

［65］王慧,陈慧媛,熊娟.国土空间总体规划数据库建库与质检问题研究［J］.房地产世界,2021(18):58-60.

［66］李昕,吴泉源,孙静愚.省级国土空间规划数据库建库中的质量检查方法探讨［J］.测绘与空间地理信息,2014,37(11):3.

［67］张国磊,曹志立.上下左右:部门征求意见中的利益吸纳和责任排斥［J］.公共行政评论,2020,13(6):1-20.

［68］黄玫.国土空间规划体系变革影响规划权实施的博弈研究［J］.北京规划建设,2019(5):85-90.